DIRECCIÓN DE PRODUCCIÓN

Decisiones Tácticas

DIRECCIÓN DE PRODUCCIÓN

Decisiones Tácticas

CUARTA EDICIÓN

JAY HEIZER

Jesse H. Jones. Profesor de Administración de Empresas
Texas Lutheran College

BARRY RENDER

Charles Harwood. Profesor de Dirección de Operaciones
Crummer Graduate School of Business
Rollins College

TRADUCCIÓN

Esperanza Barenys de Lacha
Departamento de Contabilidad
Universidad de Barcelona

REVISIÓN TÉCNICA

José Luis Martínez Parra
Departamento de Economía de la Empresa
Universidad Autónoma de Barcelona

PRENTICE HALL
Madrid • Upper Saddle River • Londres • México • Nueva Delhi • Rio de Janeiro •
Santafé de Bogotá • Singapur • Sydney • Tokio • Toronto

datos de catalogación bibliográfica

HEIZER J., RENDER B.
Dirección de la producción.
Decisiones tácticas, 4.ª ed.
PRENTICE HALL IBERIA. Madrid, 1997

ISBN: 84-89660-13-1
MATERIA:
Economía en general 33

Formato 195 X 250 mm Páginas 392

HEIZER J., RENDER B.
Dirección de la producción. Decisiones tácticas, 4.ª edición.

ISBN: 84-89660-13-1
Depósito Legal: TO-1058-1998
1ª. reimpresión: 1998

Traducido de:
PRODUCTION AND OPERATIONS MANAGEMENT.
Strategic and Tactical Decision, 4 th ed.(Capítulos 12 al 18).
PRENTICE HALL, INC.— Simon & Schuster International Group
A Viacom Company
Copyright © MCMXCVII
ISBN 0-13-439985-4

Edición en español:
Editor: Andrés Otero
Diseño de cubierta: Marcelo Spotti
Composición: Herrero y Asociados
Impreso por: GRAFILLES (Grupo Fuproin)

IMPRESO EN ESPAÑA - PRINTED IN SPAIN

Este libro ha sido impreso con papel y tintas ecológicos.

Keith Davis,
profesor, discípulo,
mentor, amigo
y
Albert J. Simone,
por establecer siempre
las normas para una alta
calidad académica

SOBRE LOS AUTORES

JAY HEIZER está al frente de la cátedra Jesse H. Jones de Dirección de Empresa en el Texas Lutheran College de Seguin, Texas. Obtuvo su BBA y MBA en la Universidad de North Texas y su Ph.D. en Gestión y Estadística en la Arizona State University (1969). Fue anteriormente profesor de la Memphis State University, de la University de Oklahoma, de la Virginia Commonwealth University y de la University de Richmond. Fue también profesor visitante en la Boston University y en la George Mason University.

El Dr. Heizer posee también una amplia experiencia industrial. Aprendió el aspecto práctico de la dirección de producción y de operaciones como aprendiz de maquinista en Foringer and Company, planificador de la producción en la Westinghouse Airbrake y en General Dynamics, donde trabaja en organización e ingeniería. Además ha trabajado como consultor en las áreas de POM y MIS para una gran diversidad de organizaciones, entre las que se incluyen Philip Morris, Firestone, Dixie Container Corporation, Columbia Industries y Tenneco. El Dr. Heizer posee el título CPIM, de la American Production and Inventory Control Society.

El Profesor Heizer ha sido coautor de cuatro libros y ha publicado tres docenas de artículos sobre diferentes temas de gestión. Sus artículos han aparecido en *Academy of Management Journal, Journal of Purchasing, Personnel Psychology, Production and Inventory Control Management, APICS The performance Advantage,* y *Engineering Management,* entre otras revistas. El Dr. Heizer ha impartido cursos de dirección de producción y operaciones en niveles de graduados y posgraduados, así como en programas ejecutivos.

BARRY RENDER es Profesor de Dirección de Operaciones en la cátedra Charles Harwood de la Crummer Graduate School of Business del Rollins College, en Winter Park, Florida. Obtuvo su MS en Investigación Operativa y el doctorado en Análisis Cuantitativo en la Universidad de Cincinnati (1975). Anteriormente fue Profesor en la George Washington University, University of New Orleans, Boston University y George Mason University, donde fue Catedrático de Ciencias de la Decisión en la GM Foundation y Director del Departamento de Ciencias de la Decisión. El Dr. Render también ha trabajado en la industria aeroespacial para General Electric, McDonnell Douglas y la NASA.

El Profesor Render ha sido coautor de nueve libros en Prentice-Hall, incluyendo *Quantitative Analysis for Management, Service Operations Management, Principles of Operations Management, Introduction to Management Science* y *Cases and Readings in Management Science.* Sus más de cien artículos sobre diferentes aspectos de la gestión de empresas han aparecido en *Decision Sciences, Interfaces, Information and Management, Journal of Management Information Systems, Socio-Economic Planning Sciences* y *Operations Management Review,* entre otras publicaciones.

El Dr. Render ha sido también distinguido como AACSB Fellow y nominado Senior Fulbright Scholar en 1982 y de nuevo en 1993. Fue dos veces vicepresidente del Decision Science Institute Southeast Region y actuó como Software Review Editor para Decision Line durante seis años. Es consultor de ediciones para libros de Ciencias de la Decisión de Prentice-Hall. Finalmente, el profesor Render ha realizado tareas de consultor para el gobierno y para muchas corporaciones, incluyendo entre ellas a la NASA, FBI, U.S. Navy, Fairfax County, Virginia, y C & P Telephone. Enseña dirección de producción y operaciones en programas de MBA y Executive MBA en el Rollins College. En 1995 fue designado Mejor Profesor del Año en dicha escuela.

INTRODUCCIÓN

La Dirección de Producción y Operaciones es una de las áreas más interesantes y demandadas en cualquier currículum empresarial. Esta cuarta edición de *Dirección de Producción y Operaciones: Decisiones Estratégicas y Tácticas* tiene por objetivo proporcionarle una introducción actual, completa y práctica a este campo. El texto está diseñado para utilizarlo en cursos introductorios de diplomatura, licenciatura o MBA.

Se da énfasis a las decisiones que toman los directivos de las empresas y el papel que éstos juegan en el incremento de la productividad en la economía mundial. Esperamos que los estudiantes, una vez finalizado el curso, apreciarán el papel que juegan los directivos de producción y operaciones en la mejora de las vidas de todos nosotros. Los autores sabemos que la mayoría de nuestros lectores no son conocedores de POM; sin embargo, pensamos que los estudiantes de dirección, marketing, finanzas, económicas, contabilidad, métodos cuantitativos y sistemas de información encontrarán este texto interesante y útil a la vez. Más de 100.000 lectores de las primeras tres ediciones parecen apoyar esta afirmación.

ENFOQUE DE LA CUARTA EDICIÓN

Contenido

DECISIONES ESTRATÉGICAS Y TÁCTICAS PARA SATISFACER LAS NECESIDADES DE LOS CLIENTES. Como en las ediciones anteriores, hemos equilibrado el estudio de temas de dirección y estrategia con el conjunto de decisiones para satisfacer las necesidades de los clientes. Para permitir la máxima flexibilidad hemos incluido ocho suplementos de capítulo que tienen relación con técnicas de toma de decisiones, tales como programación lineal, colas, simulación y curvas de aprendizaje. Ello permite a los profesores repartir el tiempo disponible del curso académico como crean necesario en cada una de las partes.

EJEMPLOS INTERNACIONALES. Como la productividad y la economía mundial están tan íntimamente ligadas con la nuestra, hemos realizado un esfuerzo especial en incluir ilustraciones internacionales en el texto, problemas, casos y cuadros de *POM en acción*. Este énfasis está unido al enfoque dado a cada capítulo de cómo alcanzar los estándares de clase mundial en la actuación empresarial. Discutimos los logros de firmas internacionales; Volvo, British Airways, Nissan, Toyota, Komatsu, Michelin, y Siemens son algunos de los ejemplos discutidos. Hemos aumentado el contenido del Capítulo 2 del volumen *Decisiones Estratégicas* sobre estrategia de POM, para poder incluir temas sobre la competencia internacional.

ACTUALIZACIÓN DE TEMAS. Al objeto de estar al día en todos los temas, hemos añadido o aumentado el contenido de herramientas de la gestión de calidad total (TQM), rectángulos de calidad (house of quality), benchmarking, programación finita, competitividad basada en el tiempo, células de trabajo, simulación animada, cofabricantes (keiretsu), organizaciones virtuales y layout japonés.

DIRECCIÓN DE CALIDAD. A causa de su creciente importancia en todos los procesos, hemos revisado y aumentado de manera significativa los capítulos dedicados al importante tema de la calidad. Hemos situado este material en los Capítulos 3 y 4 del volumen *Decisiones Estratégicas*. Esto nos ayuda a desarrollar una aproximación a cualquier otra decisión de POM. Con un mayor tratamiento de las normas de calidad europeas (ISO

9000) y japonesas, los Premios Baldrige, rectángulos de calidad (house of quality), benchmarking, poka-yoke, Kaizen y diagramas causa-efecto (diagramas de espina de pez o, fishbone diagram), introducimos los últimos conceptos en el área de calidad.

EQUILIBRIO ENTRE APLICACIONES EN SERVICIOS Y FABRICACIÓN. Aparte de su tradicional aspecto de fabricación, POM tiene también una total aplicación en empresas de servicios. Esta cuarta edición tiene una marcada orientación hacia estos últimos. Muchos capítulos incluyen aspectos de las operaciones en servicios, y otros tienen secciones especiales que resaltan la distinción entre servicios y fabricación en POM. Por ejemplo, en las secciones de medida del trabajo, se han utilizado ejemplos de trabajos de servicios. De manera similar, el layout de oficinas recibe especial énfasis, haciéndose lo mismo en los temas de localización, gestión de la calidad, y dirección de proyectos aplicados a servicios.

Pedagogía

PROBLEMAS RESUELTOS. En la presente edición incluimos de nuevo problemas resueltos. Se presentan como modelos para los estudiantes para cuando deban resolver los problemas planteados.

APLICACIONES DE BASE DE DATOS. Una nueva característica denominada "Aplicaciones de base de datos" aparece en los capítulos de control de calidad, programación lineal, previsiones, estrategia de localización, modelos de transporte, layout, planificación agregada, planificación de necesidades de materiales (MRP), programación a corto plazo y gestión de proyectos. Estos problemas de gran tamaño están pensados para resolverlos con computador. Permiten a los estudiantes dedicar un tiempo mayor a la interpretación de los resultados de problemas reales, completando las habilidades desarrolladas en la resolución de los problemas normales.

CASOS. En esta cuarta edición hemos introducido 17 nuevos casos. La mayoría han sido desarrollados por destacados profesores de POM de los Estados Unidos. Los casos son generalmente de una o dos páginas, siendo por lo tanto suficientemente cortos para poder realizar uno por semana. Pero también tratan las situaciones de una manera realista y detallada que añade profundidad a cada capítulo. Casi todos los casos están basados en compañías del mundo real.

TRES NIVELES DE PROBLEMAS. Se ha aumentado en un 25% el número de problemas de fin de capítulo, y cada uno se identifica con uno de los siguientes tres niveles: introductorio (un punto), medio (dos puntos) y alto (tres puntos). Además, estos problemas están enfocados hacia el planteamiento del mismo e interpretación, así como su resolución. Se han añadido también más de 100 nuevas preguntas de discusión.

Cuadros de POM en acción. En todos los capítulos y suplementos, presentamos recientes ejemplos de la práctica de POM provenientes de fuentes diversas, tales como *Wall Street Journal, Fortune, Harvard Business Review* y *Forbes.* Estos cuadros acercan la POM a la vida real y ayudan a asimilar los conceptos tratados en los capítulos. Estas situaciones reales de POM pueden despertar el interés de los estudiantes y desatar discusiones en el aula. En esta cuarta edición aparecen 65 nuevos cuadros de *POM en Acción.*

EJERCICIOS DE RAZONAMIENTO CRÍTICO. Esta cuarta edición es el primer texto de POM que presenta una nueva característica que plantea al estudiante temas críticos de los negocios actuales. A esta nueva característica que aparece en cada capítulo y suplemento la llamamos "Ejercicio de Razonamiento Crítico". Los estudiantes, trabajando en pequeños grupos o equipos, deberán abordar el tema presentado. Muchos de los ejercicios de razonamiento crítico se refieren a temas éticos y decisiones o cuestiones para las que no existen claras respuestas. Esperamos que conduzcan a interesantes debates en el aula.

PERFILES DE CLASE MUNDIAL. En esta edición hemos aumentado de manera importante nuestros característicos *tours* a todo color de empresas de clase mundial. Cada uno de los capítulos empieza ahora con una serie de fotos de una empresa elegida por su liderazgo en el área de POM tratada en el capítulo. La mayoría de las fotos de los *tours* de esta edición son nuevas.

COMENTARIOS. Además de los *tours* de clase mundial, en esta edición aparecen más de 150 comentarios, en recuadros sombreados detallados al margen, que se ligan a los contenidos de cada capítulo y a conceptos específicos de los mismos. Estos comentarios aumentan el interés de los estudiantes, añadiendo a este texto una profundización en los temas que no se encuentra en otros libros sobre el mismo tema.

AB:POM SOFTWARE. Está disponible el software denominado AB:POM (desarrollado por Howard Weiss de la Temple University) comercializado por Prentice Hall. Este paquete, el Software de Soporte a la Decisión más popular en el estudio de POM en las universidades, continúa mejorando tanto en lo referente al número de funciones como a la facilidad de uso para los usuarios. El software incluye más de una docena de programas de aplicación de POM, entre los que se pueden mencionar, como ejemplo, previsiones, colas, equilibrado de líneas, gestión de proyectos, MRP, etc. Pensamos que los estudiantes apreciarán la experiencia de utilizar el computador en la resolución de los problemas. Los profesores, sin embargo, pueden organizar el curso con o sin la utilización del software. Al final de la mayoría de los capítulos, el estudiante encontrará una explicación acerca de cómo usar el software para cada aplicación particular. Además, en el Apéndice E encontramos instrucciones detalladas de cómo usar el software. Para un aprendizaje más efectivo, el software ha sido estructurado de forma que sus términos, notación y aproximación sean las del texto.

IMPRESIONES SIMBÓLICAS DE HOJA DE CÁLCULO. Una hoja de cálculo "simbólica" nos muestra las fórmulas utilizadas en la realización de los cálculos. Además de la aproximación de "caja negra" del AB:POM, los profesores y los estudiantes pueden desarrollar sus propias fórmulas a través de una hoja de cálculo para resolver sus problemas en previsiones, simulación, estudios de tiempo, PERT, y la mayor parte de las demás áreas de aplicación. Esta edición es uno de los primeros textos de POM que incluyen esta nueva característica, y que incluyen esta aproximación alternativa a la de los paquetes cerrados de software. El software de hoja de cálculo se muestra junto a las salidas de AB:POM al final de once capítulos y suplementos.

ÍNDICE POR NOMBRES, ÍNDICE POR COMPAÑÍAS E ÍNDICE GENERAL. Hemos desarrollado tres índices en esta cuarta edición. Un nuevo índice presenta una lista de los autores que aparecen citados en el libro. El índice por compañías muestra el gran número de organizaciones del mundo real que están descritas en el texto.

ORGANIZACIÓN DEL LIBRO

Hemos identificado diez decisiones que son claves para una eficiente dirección de producción y operaciones. Estas diez decisiones están divididas en decisiones estratégicas y decisiones tácticas, y son presentadas en un entorno realista, global y dinámico. Esperamos que esta aproximación presente las decisiones de POM de una manera que ayude a los actuales y futuros directivos a entender cómo gestionar las operaciones de manera eficaz.

La Primera Parte presenta una introducción a la POM, a la productividad, a la estrategia de POM y a temas internacionales que dirigen las decisiones de las operaciones.

La Segunda Parte está orientada a identificar las necesidades de los clientes. Sus tres capítulos tratan de calidad y previsiones. La calidad suministra una visión global, porque desarrollar un plan de calidad es a la vez estratégico (Capítulo 3 del volumen *Decisiones Estratégicas*) y táctico (Capítulo 4 del volumen *Decisiones Estratégicas*) por naturaleza.

La Tercera Parte se centra en seis decisiones estratégicas de gestión, más allá de las de calidad, para satisfacer las necesidades de los clientes. Éstas son: diseño de productos, selección de tecnología de los procesos, localización de instalaciones, layout de instalaciones, recursos humanos y compras/JIT.

La Cuarta Parte introduce tres decisiones tácticas de la dirección de operaciones para satisfacer las necesidades de los clientes. Éstas son: planificación (a medio plazo en el Capítulo 4 del volumen *Decisiones Tácticas*, a corto plazo en el Capítulo 5 del volumen *Decisiones Tácticas*, y orientada a proyectos en el Capítulo 6 del volumen *Decisiones Tácticas*,), control de inventarios y mantenimiento. Esta filosofía de cuatro partes en el libro se resume en la figura siguiente.

Hemos incluido una gran variedad de temas en el libro al objeto de presentar una visión completa de la POM. Sin embargo, abarcar todos los temas en un curso semestral nos parece realmente difícil. En consecuencia, hemos desarrollado el esquema mostrado en la figura anterior que permite una importante flexibilidad a los profesores. Algunos pueden omitir muchos de los suplementos de los capítulos técnicos (tales como Programación Lineal, curvas de aprendizaje, medida del trabajo, simulación, modelos de transporte y colas). Por otro lado, aquellos profesores que prefieran los tratamientos cuantitativos apreciarán especialmente muchos de los suplementos, y de los numerosos ejemplos cuantitati-

PARTE UNO Introducción
Introducción a P/OM (Cap. 1 del volumen *Decisiones Estratégicas*)
Productividad, Estrategia de Operaciones y Competencia Global (Cap. 2 del volumen *Decisiones Estratégicas*)

⇓

PARTE DOS Identificación de Necesidades
Dirección de Calidad Total (Cap. 3 del volumen *Decisiones Estratégicas*)
Control Estadístico de la Calidad (Cap. 4 del volumen *Decisiones Estratégicas*)
Previsiones (Cap. 5 del volumen *Decisiones Estratégicas*)

⇓

PARTE TRES Decisiones Estratégicas para Satisfacer las Necesidades de Clientes
Producto (Cap. 6 del volumen *Decisiones Estratégicas*)
Proceso (Cap. 7 del volumen *Decisiones Estratégicas*)
Tecnología (Cap. 8 del volumen *Decisiones Estratégicas*)
Localización (Cap. 9 del volumen *Decisiones Estratégicas*)
Layout (Cap. 10 del volumen *Decisiones Estratégicas*)
Dirección de Recursos Humanos (Cap. 11 del volumen *Decisiones Estratégicas*)
Compras y JIT (Cap. 1 del volumen *Decisiones Tácticas*)

⇓

PARTE CUATRO Decisiones Tácticas para Satisfacer las Necesidades de Clientes
Gestión de Inventarios (Caps. 2 y 3 del volumen *Decisiones Tácticas*)
Planificación
A medio plazo (Agregada) (Cap. 4 del volumen *Decisiones Tácticas*)
A corto plazo (Cap. 5 del volumen *Decisiones Tácticas*)
Proyecto (Cap. 6 del volumen *Decisiones Tácticas*)
Mantenimiento y Fiabilidad (Cap. 7 del volumen *Decisiones Tácticas*)

vos, problemas resueltos, el software AB:POM y las formulaciones de hojas de cálculo. Aquéllos que prefieran un tratamiento más cualitativo de la POM pueden dar énfasis a los numerosos estudios de casos y a nuestros "Ejercicios de Pensamiento Crítico". Pensamos que el resultado es un texto que permite a los profesores explicar los contenidos a su manera y al ritmo que deseen.

AGRADECIMIENTOS

Queremos agradecer a todas aquellas personas que han tenido la amabilidad de ayudarnos en este enorme esfuerzo realizado, desde la redacción de la primera edición en 1986 hasta esta cuarta edición diez años más tarde. Sin la ayuda de todos estos profesores, nunca habríamos recibido el *feedback* necesario para elaborar conjuntamente un texto utilizable por los alumnos. Estos Profesores, enumerados por orden alfabético, son:

Sema Alptekin
University of Missouri–Rolla

Jean-Pierre Amor
University of San Diego

Moshen Attaran
California State University–Bakersfield

John H. Blackstone
University of Georgia

Theodore Boreki
Hofstra University

Mark Coffin
East Carolina University

Henry Crouch
Pittsburgh State University

Barbara Flynn
Iowa State University

Damodar Golhar
Western Michigan University

Jim Goodwin
University of Richmond

James R. Gross
University of Wisconsin–Oshkosh

Marilyn K. Hart
University of Wisconsin–Oshkosh

James S. Hawkes
University of Charleston

George Heinrich
Wichita State University

Ziaul Huq
University of Nebraska–Omaha

Paul Jordan
University of Alaska

Arthur C. Meiners, Jr.
Marymount University

Larry LaForge
Clemson University

Hugh Leach
Washburn University

Laurie E. MacDonald
Bryant College

Mike Maggard
Northeastern University

Joao Neves
Trenton State College

Niranjan Pati
University of Wisconsin–La Crosse

David W. Pentico
Duquesne University

Leonard Presby
William Patterson State College of New Jersey

M. J. Riley
Kansas State University

Narendra K. Rustagi
Howard University

Teresita S. Salinas
Washburn University

Robert J. Schlesinger
San Diego State University

Avanti P. Sethi
Wichita State University

Girish Shambu
Canisius College

Susan Sherer
Lehigh University

Viki L. Smith-Daniels
University of Minnesota–Twin Cities

Stan Stockton
Indiana University

John Swearingen
Bryant College

Kambiz Tabibzadeh
Eastern Kentucky University

Además, agradecemos a las excelentes personas de Prentice-Hall que nos han ayudado y animado durante esta revisión a lo largo de los años: Rich Wohl, nuestro jefe de edición; Tom Tuckler, nuestro editor; David Cohen y Steven Deitmer, nuestros editores de desarrollo; Kathleen Kelly, nuestra editora de producción; Terri Stratford, nuestro investigador fotográfico y Permissions Group, nuestro editor de permisos. Reva Shader desarrolló los tres soberbios índices del texto. Kay Heizer y Jessie Render realizaron una impagable lectura de las pruebas.

También agradecemos el esfuerzo de nuestros colegas que nos han ayudado a dar forma al completo material de ayuda docente que acompaña a este texto: el Profesor Howard Weiss (Temple University) desarrolló el software AB:POM para microcomputadores; Ted Ashford (Rolligs College) preparó las transparencias y las presentaciones gráficas. Finalmente, los siguientes Profesores elaboraron los excelentes estudios de casos que se encuentran en esta edición:

Rao J. Tatikonda
University of Wisconsin–Oshkosh

Bruce M. Woodworth
University of Texas–El Paso

Michael Ballot
University of the Pacific

James Evans
University of Cincinnati

Roger Gagnon
Wake Forest University

Marilyn Helms
University of Tennessee–Chattanooga

Jerry Kinard
Western Carolina University

William M. Lindsay
Northern Kentucky University

Curtis P. McLaughlin
University of North Carolina–Chapel Hill

Zbignew H. Przasnyski
Loyola Marymount University

Roger W. Schmenner
Indiana University

Kala Chand Seal
Loyola Marymount University

Bruce Simmons
University of Akron

Victor E. Sower
Sam Houston State University

Ralph M. Stair, Jr.
Florida State University

Richard J. Tersine
University of Oklahoma

Timothy L. Urban
University of Tulsa

Hemos sido muy afortunados de poder trabajar con todas estas personas.

Le deseamos una agradable y productiva introducción a la *Dirección de la Producción y de las Operaciones.*

PRÓLOGO

PRÓLOGO A LA CUARTA EDICIÓN DE DIRECCIÓN DE LA PRODUCCIÓN Y DE LAS OPERACIONES

Cuando comencé en el área de las operaciones de producción en 1952, el mundo de la empresa estaba dividido en dos partes, como lo había estado el Mar Rojo. Una parte hacía grandes cosas a partir de pequeñas cosas; la otra parte compraba las pequeñas cosas, encontraba clientes, cuidaba del dinero, vendía productos y se quejaba de lo que hacía la otra parte. Las dos porciones de la compañía no tenían nada en común y tenían poco interés la una en la otra.

A lo largo de los años se descubrió que no hay partes separadas en una organización. Es un cuerpo que necesita que todos sus componentes funcionen a la vez, como una unidad, si se quiere obtener una vida próspera.

Sin embargo, todos sabemos que el mundo fue hecho a partir de partes separadas. Se hablaba de mercados locales e internacionales. Estos últimos no eran parte de la organización y a menudo existía una gran dificultad en la obtención de información sobre planes, productos y personas. Ahora hemos aprendido que el mundo de los negocios no tiene fronteras y que sólo hay mercados locales. Hemos aprendido también que hay proveedores y clientes que no hablan nuestro idioma y que no tienen nuestras fiestas ni vacaciones.

Las diferentes funciones operativas solían ser responsables de cualquier actividad que encajara bajo su denominación. Fabricación de lo fabricado, compras de lo comprado, personal de los empleados, y la calidad la obtenía el departamento de calidad. Cuando era director de calidad, la alta dirección me hacía personalmente responsable si un cliente recibía algo que no era correcto. Todos los demás eran "malos chicos", intentando suministrar desperdicios por calidad y nosotros éramos los "buenos chicos". Cuando había suficientes cosas que iban mal, la práctica era descubrir al culpable, tarea de "hábiles policías". No se planteaba el conseguir que las cosas se hicieran bien.

Cuando empecé a "predicar" sobre la prevención de los problemas, lo que llamamos dirección de calidad, pasó bastante tiempo hasta que la gente lo entendió. El momento llegó con la determinación del "coste de la no calidad". Cuánto costaba hacer las cosas de manera errónea, y entonces repararlo. La mayoría de las empresas se dieron cuenta de que esto suponía el 25% o más de su cifra de ingresos. Ello supuso el comienzo de la revolución de la calidad.

Cuando cada año explico en el curso del Dr. Render, me impresiona siempre el que los estudiantes están aprendiendo a mirar el mundo desde una plataforma que no existía en los principios de mi carrera. La amplitud de miras de este texto ayudará a que esto tenga lugar. Proporciona una manera de empezar el estudio del futuro a partir de la revisión del pasado. Los estudiantes siempre quieren conocer la "realidad" de la dirección de la calidad, que es el tema principal de mi charla. Yo les digo que los conceptos básicos son la parte más importante en la dirección de empresas, que no existen "sistemas" para hacer el trabajo del ejecutivo. Los conceptos llegan a partir de entender las cosas, el entender empieza con el aprender, y aprender se obtiene examinando fuentes creíbles con un espíritu abierto.

Estoy seguro de que disfrutarán en este curso.

PHILIP CROSBY
Winter Park, Fl.

CONTENIDO

PARTE CUATRO DECISIONES TÁCTICAS PARA SATISFACER LAS NECESIDADES DE CLIENTES

1 Gestión de compras y justo-a-tiempo, 1

Perfil de clase mundial: Boeing, 2
Compras , 4
Entorno de operaciones, 4
Entornos de Servicios, 4
Fabricar o comprar, 5
La oportunidad de las compras, 6
Integración vertical, 6
Compañías virtuales, 9
Gestión de las compras, 9
El Enfoque de las compras, 9
Relaciones con el proveedor, 11
Técnicas de compra, 14
Compra justo a tiempo, 15
Objetivos de las compras justo a tiempo, 17
Preocupaciones del proveedor, 19
Análisis de punto de equilibrio aplicado a las compras, 20
Alcanzando los estándares mundiales, 21
Resumen, 22
Términos clave, 22
Problemas resueltos, 22
Preguntas de discusión, 24
Ejercicio de razonamiento crítico, 24
Problemas, 24
Casos de estudio, 25
Bibliografía, 28

1 Suplemento: Curvas de aprendizaje, 29

Aplicación de la curva de aprendizaje, 32
Método aritmético, 32
Método logarítmico, 33
Método del coeficiente de la curva de aprendizaje, 35
Implicaciones estratégicas de las curvas de aprendizaje, 36
Resumen, 39
Términos clave, 39
Utilizando AB:POM para las curvas de aprendizaje, 39
Problemas resueltos, 39
Preguntas de discusión, 40
Ejercicio de razonamiento crítico, 41
Problemas, 41
Caso de estudio, 43
Bibliografía, 44

2 Gestión de inventarios y técnicas de justo-a-tiempo, 45

Pérfil de clase mundial: Harley–Davidson, 46
Funciones y tipos de inventario, 48
Funciones del inventario, 48
Tipos de inventario, 49
Gestión de inventarios, 49
Análisis ABC, 49
Exactitud de los registros 51
Conteo cíclico, 52
Inventario justo a tiempo, 53
Variabilidad, 53
Kanban, 55
Modelos de inventario, 57
Demanda independiente vs dependiente, 57
Costes de almacenamiento, lanzamiento y preparación, 57
Modelos de inventario para demanda independiente, 58
Modelo básico de la cantidad de pedido económica o lote económico (EOQ), 58
Modelo de cantidad de pedido de producción, 66
Modelo de descuento por cantidad, 69

Modelos probabilísticos con plazo de entrega constante, 72
Sistemas de periodo fijo, 75
Análisis marginal, 76
Alcanzando estándares de clase mundial, 78
Resumen, 78
Términos clave, 78
Utilizando AB:POM y hojas de cálculo para resolver los problemas de inventarios, 79
Problemas resueltos, 81
Preguntas de discusión, 83
Ejercicio de razonamiento crítico, 83
Problemas, 83
Casos de estudio, 89
Bibliografía, 90

2 Suplemento: Simulación

Definición de simulación, 92
Ventajas y desventajas de la simulación, 93
Simulación Monte Carlo, 95
Simulación de un problema de colas, 98
Simulación y análisis de inventario, 101
El papel de los computadores en la simulación, 104
Resumen, 105
Términos clave, 105
Utilizando AB:POM y Hojas de cálculo para resolver problemas de simulación, 105
Problemas resueltos, 107
Preguntas de discusión, 109
Ejercicio de razonamiento crítico, 110
Problemas, 110
Caso de estudio, 118
Bibliografía, 119

3 Planificación de las necesidades de materiales (MRP), 121

Perfil de clase-mundial Industrias Collins, 122
Requirimientos del modelo de inventario dependiente, 124
Programa maestro de producción, 125
Especificaciones o listas de materiales, 126
Registros de inventario exactos, 129
Pedidos de compra pendientes, 129
Plazos (Lead Times) para cada componente, 129
Estructura MRP, 130
Dinámica MRP, 135
Técnicas de dimensionado del lote, 137
Extensiones en MRP, 141
MRP de bucle cerrado, 141
Planificación de la capacidad, 141
Planificación de las necesidades de materiales II (MRP II), 142
MRP en servicios, 146
Planificación de los recursos de distribución (DRP), 146
Estructura DRP, 146
Asignación, 147
Alcanzando estándares de clase mundial, 148
Resumen, 148
Términos clave, 149
Usando AB:POM para resolver problemas de MRP y de lotificación, 149
Problemas resueltos, 152
Preguntas de discusión, 155
Ejercicio de razonamiento crítico, 155
Problemas, 155
Caso de estudio, 162
Bibliografía, 162

4 Planificación agregada, 165

Perfil de clase mundial: Anheuser–Busch, 166
El proceso de planificación, 168
La naturaleza de la planificación agregada, 169
Estrategias de planificación agregada, 170
Opciones de capacidad, 171
Opciones de demanda, 172
Mezclar las opciones para desarrollar un plan, 173
Programación nivelada, 174
Métodos para la planificación agregada, 174
Métodos de gráficos y tablas, 175
Métodos matemáticos para la planificación, 180
Comparación de los métodos de planificación agregada, 183
Desagregación, 184

Planificación agregada en servicios, 184
Restaurantes, 184
Servicios varios, 185
Cadenas nacionales de pequeñas empresas de servicios, 185
Industria de líneas aéreas, 185
Hospitales, 185
Alcanzando los estándares de clase mundial, 186
Resumen, 186
Términos clave, 186
Usando AB:POM para resolver los problemas de la planificación agregada, 187
Problemas resueltos, 188
Preguntas de discusión, 191
Ejercicio de razonamiento crítico, 191
Problemas, 192
Aplicación de base de datos, 198
Caso de estudio, 198
Bibliografía, 200

5 Tácticas de programación a corto plazo, 201

Pérfil de clase mundial: LTV, 202
Conceptos de programación, 204
Programación hacia adelante y hacia atrás, 204
Criterio de programación, 206
Programación de los centros de trabajo enfocados al proceso, 207
Carga de los centros de trabajo, 207
Control input-output, 208
Diagramas de Gantt, 209
El método de asignación, 211
Secuenciación de trabajos en los centros de trabajo, 215
Reglas de prioridad para ejecutar trabajos, 215
Índice crítico, 219
Programar N trabajos en dos máquinas: Regla de Johnson, 220
Programar N trabajos en tres máquinas, 221
Programar N trabajos en M máquinas, 222
Centros de trabajo cuello de botella, 223
Limitaciones de los sistemas basados en reglas, 223
Avances en programación y secuenciación, 224
Sistemas expertos, 224
Programación finita, 224
Fabricación repetitiva, 225
Programación en los servicios, 228
Programación personal de un banco con programación lineal, 228
Programando enfermeras con programación cíclica, 228
Alcanzando los estándares de clase mundial, 231
Resumen, 232
Términos clave, 232
Utilizar AB:POM para resolver problemas de programación, 232
Problemas resueltos, 234
Preguntas de discusión, 239
Ejercicio de razonamiento crítico, 239
Problemas, 240
Aplicación de la base de datos, 246
Caso de estudio, 247
Bibliografía, 248

6 Dirección de proyectos, 251

Perfil de clase mundial: BECHTEL, 251
Planificación del proyecto, 255
Programación del proyecto, 256
Control de proyectos, 258
Técnicas de dirección de proyectos: PERT y CPM, 259
El marco de PERT y CPM, 260
Actividades, sucesos (etapas) y grafos (redes), 261
Actividades y sucesos ficticios, 263
PERT y las estimaciones de duración de las actividades, 264
Análisis del camino crítico, 265
Probabilidad de finalización del proyecto, 269
Caso de estudio de PERT: Schware Foundry, 271
PERT/Cost, 274
Una crítica de PERT y CPM, 276
Alcanzando los estándares de clase mundial, 277
Resumen, 277
Términos clave, 278
Usando AB:POM y hojas de cálculo para resolver los problemas de dirección de proyectos, 278
Problemas resueltos, 280

Preguntas de discusión, 285
Ejercicio de razonamiento crítico, 286
Problemas, 286
Caso de estudio, 294
Bibliografía, 297

7 Mantenimiento y fiabilidad, 299

Pérfil de clase mundial: Orlando Utilities Comisión, 300
Fiabilidad, 303
Mejorar los componentes individuales, 303
Proporcionar redundancia, 306
Mantenimiento, 306
Implementación del mantenimiento preventivo, 307
Aumentar las capacidades de reparación, 311
Otras técnicas de política de mantenimiento, 311
Alcanzando los estándares de clase mundial, 312
Resumen, 313
Términos clave, 313
Usando AB:POM para resolver problemas de fiabilidad, 313
Problemas resueltos, 314
Preguntas de discusión, 314
Ejercicio de razonamiento crítico, 315
Problemas, 315
Caso de estudio, 318
Bibliografía, 319

APÉNDICE A
Áreas bajo la curva de la normal estándar 322

APÉNDICE B
Valores de la distribución Poisson 323

APÉNDICE C
Valores de $e^{-\lambda}$ 325

APÉNDICE D
Tabla de números aleatorios 325

APÉNDICE E
Utilizando AB:POM 326

Solución a los problemas pares 335

Glosario 341

Índice por nombres 347

Índice por compañías 351

Índice analítico 353

1

GESTIÓN DE COMPRAS Y JUSTO-A-TIEMPO

CONTENIDO DEL CAPÍTULO

PERFIL DE CLASE MUNDIAL: BOEING

COMPRAS
- Entorno de operaciones
- Entorno de servicio
- Fabricar o Comprar

LA OPORTUNIDAD DE LAS COMPRAS

INTEGRACIÓN VERTICAL

COMPAÑÍAS VIRTUALES

GESTIÓN DE LAS COMPRAS
- El Enfoque de Compras
- Relaciones con el Proveedor
- Técnicas de Compra

COMPRA JUSTO A TIEMPO (JIT)
- Objetivos de las Compras Justo a Tiempo
- Preocupaciones del Proveedor

ANÁLISIS DE PUNTO DE EQUILIBRIO APLICADO A LAS COMPRAS

ALCANZANDO LOS ESTÁNDARES DE CLASE MUNDIAL

RESUMEN

TÉRMINOS CLAVE

PROBLEMAS RESUELTOS

PREGUNTAS DE DISCUSIÓN

EJERCICIO DE RAZONAMIENTO CRÍTICO

PROBLEMAS

CASOS DE ESTUDIO

BIBLIOGRAFÍA

OBJETIVOS DE APRENDIZAJE

Cuando acabe este capítulo debería ser capaz de:

Identificar o Definir:
- Compras
- Integración Vertical
- Gestión de Materiales
- Compañías Virtuales

Explicar:
- Compras Justo a Tiempo
- Decisiones de Fabricar o Comprar

PERFIL DE CLASE MUNDIAL: BOEING

BOEING DESCUBRE UNA VENTAJA COMPETITIVA CON LAS COMPRAS INTERNACIONALES

La relación con los proveedores en el negocio de los aviones es compleja. El sistema de diseño del avión y el tremendo riesgo financiero exigen que los proveedores sean una parte de la idea desde el principio.

El nuevo Boeing 777 supuso una inversión de 4 mil millones de dólares. El desembolso de Boeing fue de 2,5 mil millones de dólares, y los proveedores invirtieron los restantes 1,5 mil millones. Con inversiones de esta magnitud, los diseñadores y el personal de compras de Boeing trabajan con los proveedores pronto y con intensidad. Los motores, el tren de aterrizaje y miles de otras piezas y componentes obtenidos de otros, son una parte integral del diseño del avión. Por lo tanto, los proveedores participan desde las primeras fases del diseño. A menos que las ventas del 777 alcancen 6 o 7 aviones por mes con unas ventas totales de 300 aviones, Boeing podría perder dinero en el avión. Cuando los riesgos son tan elevados, los "socios" proveedores deben también tomar un compromiso.

Una gestión de compras efectiva no sólo encuentra proveedores excepcionales dondequiera que estén, sino que también debe encontrar proveedores que deseen correr el riesgo asociado con nuevos productos. Esos proveedores son diversos. Boeing encuentra a esos "socios" por todo el mundo, en más de una docena de países desde el Oriente Medio hasta la orilla del Pacífico.

La obtención internacional de los componentes distribuye el riesgo de Boeing y tiene la ventaja añadida de incluir contenido local en el avión. Los países que tienen una participación en la fabricación del Boeing 777, es más probable que compren a Boeing que a la competencia, como puede ser McDonell Douglas o Airbus.

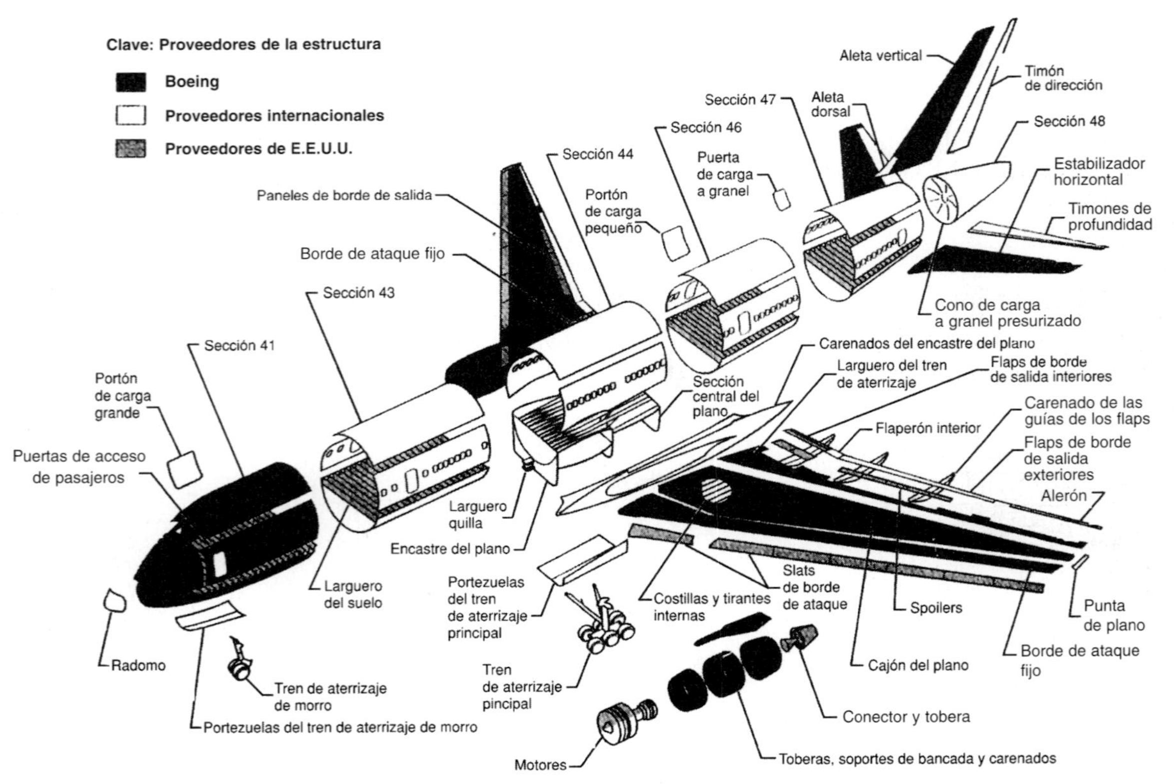

Compras Internacionales del Boeing 777. Esta figura muestra el esfuerzo de compra mundial del nuevo 777 de Boeing, con el 20% de la estructura del avión contratada a un consorcio japonés.

Parte del fuselaje del Boeing 777 girada. La sección de fuselaje del avión Boeing 777, o barriga del avión, se muestra girada verticalmente, después de ser montada en una posición boca abajo. Esta sección de 14.000 libras (6.256 kg.) comprende la bodega de carga inferior y la sección económica del interior de la cabina de pasajeros. Las secciones invertidas ofrecen a los empleados de Boeing un mejor acceso a todas las partes durante el montaje.

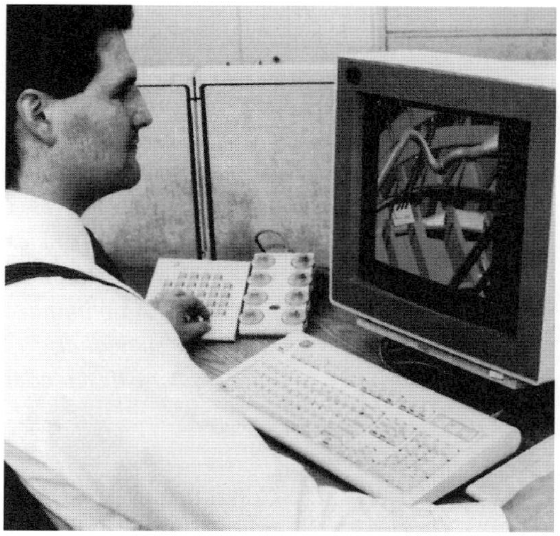

El diseño asistido por ordenado ayuda a los diseñadores de Boeing. El Boeing 777 fue diseñado completamente en pantallas de computador y montado sin maquetas. Los diseñadores crearon y manipularon imágenes 3D en color, que representaban las secciones y los sistemas del avión. El diseño del Boeing 777 fue "sin papel".

Montaje del Boeing 777 en Everett, Washington. El personal de compras trabaja con los proveedores para desarrollar los contratos: Estos contratos aseguran que componentes de calidad sean entregados a tiempo y en su coste a la cadena de montaje final en Everett, Washington.

Los proveedores del nuevo Dodge Stratus de Chrysler Corporation fueron elegidos antes, incluso, de que fueran diseñados los componentes. Chrysler evaluó a los proveedores según un conjunto de criterios, y virtualmente eliminó la puja tradicional de proveedores. Como parte de este nuevo y singular proceso, Chrysler ha adoptado contratos que se extienden ,al menos, a la vida del modelo. Además, los contratos garantizan reducciones periódicas de precios ya que el fabricante de coches ayuda a los proveedores a eliminar las fuerzas que hacen crecer los costes. Trabajando con Chrysler en estas "sociedades", los proveedores van a ser más eficientes, reduciendo los precios mientras que descienden por la curva de aprendizaje.♦

Como hemos visto en Boeing y Chrysler, ninguna organización encuentra que sea económico fabricar todo el material que utiliza. Las ventajas de la especialización son demasiado importantes. En consecuencia, algunos artículos se compran a otros fabricantes. La función de compras a menudo gasta más dinero que cualquier otra función en la empresa, así que compras proporciona una buena oportunidad para reducir los costes y aumentar los márgenes de beneficio.

Esto nos lleva a la creación de un departamento de compras (a veces denominado de aprovisionamiento), y al papel del agente de compras. Comprar es la adquisición de artículos y servicios. La actividad de **compras**

Compras

1. ayuda a identificar los productos y servicios que mejor se pueden obtener de forma externa;
2. desarrolla, evalúa y determina el mejor proveedor, precio y entrega de estos productos y servicios.

COMPRAS

Entornos de operaciones

Agente de compras

En los entornos de operaciones, la función de compras es generalmente manejada por un **agente de compras**, quien posee la autoridad legal para ejecutar contratos en nombre de la empresa. En una empresa grande, el agente de compras puede también tener personal que incluye compradores y despachadores. Los compradores representan a la compañía y llevan a cabo todas las actividades del departamento de compras, excepto la firma de los contratos. Los despachadores ayudan a los compradores en el seguimiento de las compras, para asegurar entregas puntuales. En las empresas *manufactureras*, la función de las compras está respaldada por planos de ingeniería y especificaciones, documentos de control de calidad y actividades de pruebas, que evalúan los artículos comprados.

Entornos de servicios

En muchos entornos de *servicio*, el papel de compras es menos importante porque el producto final es intelectual. En las organizaciones legales y médicas, por ejemplo, los principales artículos que se deben conseguir son instalaciones de oficinas, mobiliario y equipo, automóviles y suministros. Sin embargo, en otros servicios tales como transporte y restaurantes, la función de compras es crítica. Una compañía aérea que compre aviones que no son eficientes para la estructura de su ruta o un restaurante especializado en bistecs que no sabe cómo comprar carne tendrá problemas.

TABLA 1.1 ■ Consideraciones para la decisión de fabricar o comprar.

RAZONES PARA FABRICAR:	RAZONES PARA COMPRAR:
1. Menor coste de producción	1. Menor coste de adquisición
2. Proveedores no adecuados	2. Mantener el compromiso con el proveedor
3. Asegurar el suministro necesario (en cantidad o instante de entrega)	3. Obtener habilidad técnica o de gestión
4. Utilizar los excedentes de mano de obra e instalaciones y hacer una contribución marginal.	4. Capacidad inadecuada
5. Obtener la calidad deseada	5. Reducir costos de inventario
6. Evitar la connivencia entre los proveedores	6. Asegurar fuentes alternativas
7. Obtener un producto único que acarrearía un compromiso prohibitivo para el proveedor	7. Recursos de gestión o técnicos inadecuados
8. Mantener las capacidades de la organización y proteger al personal de un despido	8. Reciprocidad
9. Proteger el diseño patentado o la calidad	9. El artículo está protegido por una patente o secreto industrial
10. Incrementar o mantener el tamaño de la compañía (preferencia de la dirección)	10. Libera a la dirección para ocuparse de su negocio principal

En el segmento de servicios mayoristas o detallistas, las compras se realizan a través de un **comprador** que es responsable de la venta y de los márgenes de beneficio de la mercancía comprada que será vendida. Los compradores en este ambiente no manufacturero sólo pueden tener un apoyo limitado en forma de documentación y especificaciones. Normalmente deben confiar en el comportamiento histórico del proveedor o en las clasificaciones estándares. Por ejemplo, una clasificación USDA (tales como huevos AA o carne de calidad de Estados Unidos), una mezcla o estándar textil, o tamaños estándar, pueden tomar el lugar de los planos de ingeniería y de los documentos de control de calidad que se encuentran en los entornos de fabricación.

Comprador

Fabricar o comprar

Un mayorista o un detallista compra todo lo que vende; en un entorno de manufactura esto raramente se hace. Los fabricantes, los restaurantes y los ensambladores de productos compran componentes y submontajes que van en los productos finales. Como se vio en el Capítulo 6 del volumen de *Decisiones Estratégicas*, la elección de productos y servicios que pueden obtenerse externamente como oposición a los producidos internamente se conoce como la **decisión de fabricar o comprar**. La Tabla 1.1 enumera una amplia variedad de consideraciones a tener en cuenta en la decisión de fabricar o comprar. Normalmente, el personal de compras, ingeniería y fabricación participa en estas decisiones. Sin embargo, la evaluación de proveedores alternativos y la preparación de los datos relevantes para la alternativa de compra sigue siendo responsabilidad del departamento de compras. Es necesaria una revisión periódica de la decisión de fabricar o comprar, ya que tanto la competencia de los proveedores y sus costes, como los costes y capacidades en la empresa, cambian.

Decisión de fabricar o comprar

TABLA 1.2 ■ Porcentaje de ventas gastado en compras por varias industrias

GRUPO DE INDUSTRIAS	COMPRAS DIVIDIDO POR VENTAS (EN PORCENTAJE)	GRUPO DE INDUSTRIAS	COMPRAS DIVIDIDO POR VENTAS (EN PORCENTAJE)
Todas las industrias, total	54	Imprentas y editoriales	35
Comida y productos similares	63	Químicos y productos relacionados	48
Productos de tabaco	27	Petróleo y productos de carbón	83
Ropa y otros productos textiles	49	Productos de piedra, arcilla y cristal	46
Productos de madera	60	Maquinaria, excepto eléctrica	48
Muebles y componentes	48	Equipos electrónicos y eléctricos	45
Papel y productos relacionados	54	Equipo de transporte	60

Fuente: Sacado de la Oficina del Censo de los Estados Unidos, Resumen Anual de las Manufactureras.

Cada compañía en cada industria hace su propio juicio sobre el grado apropiado de integración vertical. Jaguar está cambiando su aproximación a la integración vertical. En el pasado, Jaguar hacía casi todas las partes que podía, incluso donde tenía poco sentido. Fabricaban, incluso, algunos artículos sencillos como arandelas. Sin embargo, ahora se está centrando en aquellos artículos que hacen exclusivo a un coche: la carrocería, el motor y la suspensión. Proveedores externos con sus capacidades, experiencia y eficiencia, les proporcionan la mayoría de los otros componentes.

LA OPORTUNIDAD DE LAS COMPRAS

Con la creciente especialización, nuestra sociedad industrializada gasta una creciente proporción de ingresos en las compras. Esto sucede porque una parte del producto de la empresa es muy probable que sea fabricado de manera más eficiente por algún otro. En la Tabla 1.2 se muestra el porcentaje de ingresos gastado en compras por diferentes industrias. Como indica la tabla, muchas firmas gastan más de la mitad de sus ingresos en compras. En consecuencia, las mejoras en las compras proporcionan una tremenda oportunidad para reducir el coste. Como sugiere el apartado de POM en Acción, "La Escapada del Dr. José Ignacio López de Arriotua", tanto GM como Volkswagen entienden la oportunidad de las compras.

La Tabla 1.3 ilustra la enorme influencia de que dispone el director de operaciones mediante las compras. Las empresas que se gastan el 50% de su cifra de ventas (expresada en dólares) en compras y tienen un beneficio neto del 6%, necesitarían 3,57$ de ventas para igualar los ahorros que obtiene la compañía a partir del ahorro de 1$ en aprovisionamiento. Estos números indican el importante papel que las compras pueden jugar en la obtención de beneficios Esto es cierto tanto en organizaciones manufactureras como de servicios.

EJEMPLO 1.1

La Goodwin Company gasta el 50% de su cifra de ventas en comprar artículos. La empresa tiene un beneficio neto del 4%. Del 46% restante, el 23% es fijo y el 23% restante es variable. De la Tabla 1.3, vemos que la cifra de ventas necesaria para generar el mismo beneficio que resulta del ahorro de 1$ en compras sería de 3,70$.

INTEGRACIÓN VERTICAL

Integración vertical

Las compras se pueden ampliar para tomar la forma de integración vertical. Por **integración vertical** se entiende el desarrollo de la capacidad para producir bienes o servicios

TABLA 1.3 ■ Dólares de ventas adicionales necesarios para igualar 1$ ahorrado en las compras*

Porcentaje de beneficio neto de la empresa	Porcentaje de ventas gastado para las compras							
	20%	30%	40%	50%	60%	70%	80%	90%
2	2,44$	2,78$	3,23$	3,85$	4,76$	6,25$	9,09$	16,67$
4	2,38$	2,70$	3,13$	3,70$	4,55$	5,88$	8,33$	14,29$
6	2,33$	2,63$	3,03$	3,57$	4,35$	5,56$	7,69$	12,50$
8	2,27$	2,56$	2,94$	3,45$	4,17$	5,26$	7,14$	11,11$
10	2,22$	2,50$	2,86$	3,33$	4,00$	5,00$	6,67$	10,00$

*El aumento necesario en las ventas supone que el 50% de los costes, aparte de las compras, son variables y que la mitad de los restantes (menos beneficio) son fijos. Por lo tanto, en ventas de 100$ (50% de compras y 2% restante), el 50% son compras, el 24% son otros costes variables, el 24% son costes fijos y el 2% de beneficio. Aumentar las ventas en un 3,85% da lo siguiente:

Compras al 50%	51,93$
Otros Costes Variables	24,92$
Coste fijo	24,00$
Beneficio	3,00$
	103,85$

Con 3,85$ de ventas adicionales, hemos aumentado el beneficio en 1$, de 2$ a 3$. El mismo aumento en el margen se podría haber obtenido reduciendo los costes de compras en 1$.

comprados previamente, o en la actualidad, a un proveedor o a un distribuidor. La integración vertical puede ser hacia adelante o hacia atrás, como se muestra en la Figura 1.1. La integración hacia atrás indica que una empresa compra las empresas proveedoras como es el caso de Ford Motor Company cuando ha decidido fabricar sus propias radios de automóviles. La integración hacia adelante, por otra parte, sugiere que una empresa realiza el producto final. Un ejmplo es Texas Instruments, un fabricante de circuitos integrados; la empresa también produce calculadoras y computadores.

FIGURA 1.1 ■ La integración vertical puede ser hacia adelante o hacia atrás

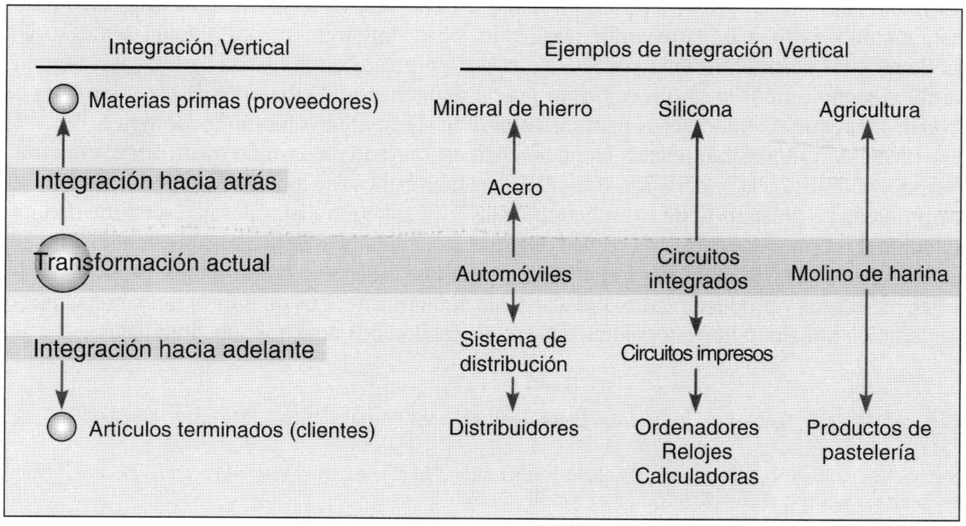

POM EN ACCIÓN

La escapada del Dr. José Ignacio López de Arriortua

Cuando General Motors trajo a José López de Europa para mejorar sus compras y rendimiento, él procedió a retar a los proveedores en el coste, la calidad y la entrega. Su metodología, denominada PICOS (en inglés, Purchasing Input Concept Optimizing Systems), era expulsar el despilfarro del proceso de adquisición y, a la vez, mejorar la calidad y la receptividad.

Como director de compras a nivel mundial de la compañía, López amenazó tanto a los proveedores internos como externos. Para las divisiones de GM que hacen partes para el producto final, juró que iría a la "opción externa" si los costes no se rebajaban drásticamente. A los proveedores externos, que contaban con un 30% de las partes necesarias de GM, López les pidió que redujeran los precios un 20% inmediatamente y 50% durante los próximos años. El resultado fue un alboroto y una rebelión entre los proveedores de General Motors. Sin embargo, la mayoría respondió con mejoras. Según algunas estimaciones, la productividad de los proveedores mejoró un 55% con reducciones similares en los tiempos de las entregas.

Observando las mejoras de GM, Volkswagen quería que López hiciera lo mismo para ellos. Le ofrecieron una oferta para volver a Europa; GM contraofertó. Volkswagen hizo otra oferta. Mientras GM mantenía una rueda de prensa para anunciar que López se quedaba en GM, él se encontraba embarcando en un avión para Alemania. Un número de personal de compras de GM clave y varias cajas de documentos también terminaron en Alemania. El resultado es que el Dr. López, Volkswagen, General Motors y un número de asociados han terminado en los tribunales alemanes. Esta aventura indica lo importantes que se han convertido las compras en las organizaciones de hoy en día.

Fuentes: Wall Street Journal (May 18,1994): A11, (Abril 4, 1994): B-3, y (Diciembre 1, 1993): A10.

La integración vertical puede ofrecer una oportunidad estratégica a los directivos de operaciones. Para las empresas cuyo análisis interno muestra que poseen el capital necesario, el talento directivo, y la demanda requerida, la integración vertical puede proporcionar oportunidades substanciales de reducción de costes. Otras ventajas en reducción de inventarios y en programación pueden acumularse para la compañía que gestione de forma efectiva la integración vertical o establezca relaciones de beneficio mutuo con los proveedores.

Como los artículos comprados representan una parte tan grande de los costes de las ventas, es obvio el porqué muchas organizaciones encuentra interés en la integración vertical. La integración vertical puede proporcionar una reducción del coste, asegurar la calidad y entregas puntuales. Además, la integración vertical parece funcionar mejor cuando la organización tiene gran cuota de mercado o tiene el talento de gestión necesario para manejar con éxito a un proveedor adquirido.[1] Sin embargo, la integración hacia atrás puede resultar particularmente peligrosa para las empresas en industrias que experimentan cambios tecnológicos si la dirección no puede mantenerse al corriente de esos cambios o invertir los recursos financieros necesarios para la siguiente evolución tecnológica.[2]

Keiretsu

Muchos grandes fabricantes japoneses han encontrado un término medio entre comprar a un subcontratista y la integración vertical. Estos fabricantes son a menudo socios financieros, por propiedad o préstamos, de los subcontratistas. Los subcontratistas pasan a ser parte de una coalición de compañías conocida como **Keiretsu**. Los miembros del keiretsu tienen relaciones garantizadas a largo plazo y, por lo tanto, se espera que funcionen como socios, prestando experiencia técnica y producción de calidad estable al fabricante. Los miembros del keiretsu pueden también trabajar como subcontratistas en una cadena de pequeños subcontratistas.

---

[1] Robert D. Buzzell, "Is Vertical Integration Profitable?" Harvard Business Review, 61, no. 1 (January/February 1983): 92–102.

[2] Véase el ejemplo, Robert H. Huyes y William J. Abernathy, "Managing Our Way to Economic Decline," Harvard Business Review, 58, no. 4 (July/August 1980): 72–73.

COMPAÑÍAS VIRTUALES

Las limitaciones de la integración vertical, como se dijo anteriormente, son grandes. Por otra parte, nuestra sociedad tecnológica continuamente demanda más especialización que además complica la integración vertical. En lugar de dejar que la integración vertical ate a una organización a un negocio que quizás no conozca, otro enfoque es encontrar buenos y flexibles proveedores. Una empresa que tiene un departamento o división para cada cosa quizás sea demasiado burocrática para ser de clase mundial. Las **compañías virtuales** confían en una variedad de relaciones con los proveedores que proporcionan los servicios que se demandan.[3] Las compañías virtuales tienen límites de organización fluidos y móviles, que les permiten crear una singular empresa capaz de hacer frente a las demandas cambiantes del mercado. (moda)

Compañías virtuales

Estas relaciones pueden proporcionar una variedad de servicios que incluyen hacer la nómina, contratar personal, diseñar los productos, proporcionar servicios de consultoría, fabricar componentes, realizar pruebas o distribuir los productos. La relación puede ser a corto o a largo plazo, verdaderos socios o sólo colaboradores, o simplemente proveedores y subcontratistas competentes. Pero cualquiera que sea la relación formal, el resultado puede ser un rendimiento de clase mundial. Las ventajas de las compañías virtuales comprenden habilidad de gestión especializada, baja inversión de capital, flexibilidad y rapidez. El resultado es eficiencia.

Como se discute en el apartado de *POM en Acción*, "Las Compras Se Mueven Hacia Compañías Virtuales", Silicon Valley ofrece un ejemplo contemporáneo de compañías virtuales. El negocio de la moda ofrece un ejemplo *tradicional* de organizaciones virtuales. Los diseñadores de ropa raramente fabrican sus diseños; ellos autorizan su fabricación. El fabricante debe entonces alquilar una nave, arrendar máquinas de coser y contratar la mano de obra. El resultado es una organización que tiene bajo coste general, es flexible y puede responder rápidamente al mercado. En la compañía virtual, la función de compra es exigente y dinámica.

GESTIÓN DE LAS COMPRAS

Una empresa que decide comprar material en lugar de hacerlo debe gestionar una función de compras. La **gestión de las compras** tiene en cuenta numerosos factores, tales como los costes de inventario y de transporte, la disponibilidad del suministro, la eficacia en las entregas y la calidad de los proveedores. Una empresa puede tener alguna competencia en todas las áreas de la gestión de las compras, pero una competencia excepcional requiere un enfoque más concreto.

Gestión de las compras

El enfoque de las compras

Un enfoque de las compras es la *gestión de la fuente*. La **gestión de la fuente** se ocupa de desarrollar nuevos proveedores fiables. El producto puede ser un artículo de alta tecnología, hecho a medida o especializado para el cual existen, si los hay, pocos proveedores. La gestión debe ser capaz de buscar proveedores adecuados, desarrollar su capacidad para producir y negociar relaciones aceptables.

Gestión de la fuente

---

[3] Las compañías virtuales también se conocen como corporaciones vacías o compañías en red.

POM EN ACCIÓN

Las compras se mueven hacia las compañías "virtuales"

Las compañías de clase mundial, despojadas de muchas actividades, con poco personal, están encargando a otros actividades, desde la nómina hasta el diseño para la fabricación. "La gente dice que no tenemos compañías, que tenemos compañías virtuales", dice Diosdado Banatao, quien dirige S3 Inc., una compañía de diseño de chips en Santa Clara. "Donde una vez hubo una fábrica integrada, nosotros tenemos socios que hacen láminas y que empaquetan y que hacen pruebas".

En la fábrica virtual, los proveedores tienen libertad para concentrarse en lo que mejor hacen. El resultado son productos que cuestan menos y a menudo funcionan mejor. En Visioneer, en Palo Alto, el software es escrito por diferentes socios, el hardware se fabrica por un subcontratista en Silicon Valley, los circuitos impresos se hacen en Singapore y las cajas de plástico se hacen en Boston, donde las unidades son probadas y empaquetadas para el transporte. En este enfoque de corporación "hueca," las fronteras entre las empresas, entre los clientes y proveedores y entre los competidores son borrosas. Estas compañías tienen relaciones entre proveedor y cliente fluidas y móviles que utilizan exactamente los talentos de organización necesarios para crear una ventaja competitiva.

Sin embargo, existe un lado oscuro en las compañías virtuales. Chips & Tecnology, una empresa que diseña semiconductores innovadores, confía en Texas Instruments para elaborar su producto en las enormes plantas de fabricación de TI. Esto funciona bien cuando las plantas de fabricación tienen capacidad en exceso y entrega puntual, Pero cuando Chips & Tecnology tuvo que esperar 14 semanas para una importante entrega de TI, perdió el mercado y vio números rojos (una pérdida de 57 millones de dólares con ventas de 141 millones de dólares en 1991). Lo que parece una manera inteligente de hacer negocios, con una inversión baja, tiene un lado oscuro.

Fuentes: Association for Manufacturing Excellence, Wheeling, Illinois; *New York Times* (July 17, 1994); *Forbes* (January 18, 1993): 88–89.

Gestión del suministro

De manera alternativa, las compras pueden enfocarse a la *gestión del suministro*[4]. Un enfoque de **gestión del suministro** sugiere una preocupación sobre la disponibilidad a largo plazo de las compras críticas o de alto precio; suministros futuros fiables son críticos para el éxito de la empresa. Un ejemplo es el desarrollo de proveedores de paladio y platino en General Motors porque debían tener materias primas fiables y de precio razonable para los convertidores catalíticos. La evaluación fue global y el desarrollo del proveedor fue caro. Un enfoque de gestión del suministro también es necesario si el valor monetario de las compras o las fluctuaciones del coste son importantes. El extremo de este enfoque es para que la empresa persiga la integración hacia atrás para asegurar los suministros futuros.

Gestión de los materiales

Las compras pueden combinarse con diferentes actividades de almacenamiento e inventario para formar un sistema de gestión de materiales. El propósito de la **gestión de los materiales** es obtener la eficiencia de las operaciones a través de la integración de toda las actividades de adquisición, movimiento y almacenaje de materiales en la empresa. Cuando los costes de transporte e inventario son sustanciales en ambos lados, input y output, del proceso de producción, un énfasis de gestión de los materiales puede ser apropiado. El potencial para la ventaja competitiva se encuentra a la vez mediante la reducción de los costes y la mejora del servicio al cliente. Muchas compañías manufactureras se han movido hacia alguna forma de estructura de gestión de los materiales.[5]

---

[4]Peter Kraljic, "Purchasing Must Become Supply Management," *Harvard Business Review*, 61, no. 5 (September/October 1983): 109–117.

[5]Jeffrey G. Miller y Peter Gilman, "Materials Managers: Who Needs Them?" *Harvard Business Review*, 57, no. 4 (July/August 1979): 143.

TABLA 1.4 ■ El Esfuerzo de Reducción del coste de Proveedores de Chrysler (SCORE) ha producido 161.000.000$ de ahorro en 2 años.

PROVEEDOR	SUGERENCIA	MODELO	AHORROS ANUALES
Rockwell	Utilizar seguros de puertas de coches de pasajeros en los camiones Dodge de 1991.	Camiones Dodge	280.000$
Rockwell	Simplificar el diseño y sustituir los materiales en los sistemas reguladores manuales de ventanas.	Varios	300.000$
3M	Cambiar las herramientas de los paneles de madera para permitir que se hicieran tres partes en una matriz en lugar de dos.	Caravan, Voyager	1.500.000$
Trico	Cambiar las especificaciones de la cuchilla del limpiador del parabrisas para eliminar la cubierta desechable de plástico que se utiliza durante el montaje y el trasporte	Varios	140.000$
Leslie Metal Arts	Sugerencias sobre iluminación exterior	Varios	1.500.000$

Fuente: James Welch, Laddie Cook y Joseph Blackburn, "The Bridge to Competitiveness, Building Supplier–Customer Linkages," *Target* (November/December 1992): 17–29. Reimpreso para Target con el permiso de la Association for Manufacturing Excellence.

Relaciones con el proveedor

Como compañía de telecomunicaciones de clase mundial, AT&T tiene una agresiva evaluación de proveedores y un programa de mejoramiento de calidad. Parte de este programa requiere que los proveedores ofrezcan información del perfil de la compañía y su capacidad. Esta información se proporciona a menudo en presentaciones formales. Una vez que los proveedores son aprobados y pasados los pedidos, AT&T da seguimiento a las variables claves del proveedor, tales como tiempo de ciclo del pedido y la calidad producida para determinar la efectividad del programa.

La ventaja competitiva que puede obtenerse a través de las compras sólo puede lograrse con unas sobresalientes relaciones con el proveedor. Ver al proveedor como un adversario es contraproductivo. Las relaciones cercanas y a largo plazo con unos pocos proveedores son una mejor forma (véase el Apartado *POM en Acción*, "Las empresas reducen de forma drástica las listas de proveedores"). Una buena relación con el proveedor es aquella en la que el proveedor está comprometido a ayudar al comprador a mejorar su producto y ganar pedidos. Los proveedores también pueden ser una fuente de ideas sobre nueva tecnología, materiales y procesos, como Chrysler descubrió con su programa "SCORE" (véase la Tabla 1.4). Las compras son un modo de transmitir dicha información a la gente apropiada en la organización.

Asimismo, las buenas relaciones también incluyen aquellas en las que el comprador está comprometido a mantener informado al proveedor de posibles cambios en el producto y en el programa de producción. La función de las compras y los proveedores deben desarrollar relaciones mutuamente ventajosas. Ya que una función de operaciones destacada requiere excelentes relaciones con el proveedor, las compras siguen un proceso de tres etapas.

EVALUACIÓN DEL PROVEEDOR. La primera fase, la *evaluación del proveedor*, implica encontrar proveedores potenciales y determinar la probabilidad de que se conviertan en buenos proveedores. Esta fase requiere el desarrollo de criterios de evaluación tales como los de la Figura 1.2. Tanto los criterios como los pesos dependen directamente de las necesidades de la organización. La selección de proveedores competentes es crítica. Si no se seleccionan buenos proveedores, entonces todos los demás esfuerzos de compras se desperdician. A medida que las empresas avancen hacia tener menos proveedores a largo

FIGURA 1.2 ■ Impreso para la Clasificación del Proveedor utilizado por J. M. Huber Corporation. A las variables de evaluación les damos peso de acuerdo con su importancia (por ejemplo, la variable "producto" tiene un peso de 1,25; "servicio" es el siguiente con 0,69). Los factores individuales (por ejemplo, calidad, entrega, etcétera.) tienen valores descendentes, a partir de 4 puntos para excelente hasta 1 punto para pobre. El total de puntos en cada variable se multiplica por su peso.

INFORME DE CALIFICACIÓN DEL PROVEEDOR J.M. HUBER CORPORATION

COMPAÑÍA CALIFICACIÓN TOTAL

Compañía:	Excelente (4)	Bueno (3)	Regular (2)	Pobre (1)
Tamaño y/o capacidad	4			
Capacidad financiera		3		
Beneficio operativo		3		
Rango de manufactura	4			
Instalaciones de investigación			2	
Servicio técnico		3		
Localizaciones geográficas	4			
Gestión		3		
Relaciones laborales		3		
Relaciones comerciales		3		
Total 32	12	18	2	
0,63 x Total = 20,16				

Servicio	Excelente (4)	Bueno (3)	Regular (2)	Pobre (1)
Entregas a tiempo	4			
Condiciones de llegada		3		
Instrucciones de seguimiento		3		
Número de rechazos	4			
Manejo de las reclamaciones		3		
Asistencia técnica			2	
Ayuda de emergencia		3		
Provisión de catálogos actualizados, etcétera.				1
Proporcionar rápidamente los cambios de precios	4			
Total 27	12	12	2	1
0,69 x Total = 18,63				

Productos:	Excelente (4)	Bueno (3)	Regular (2)	Pobre (1)
Calidad	4			
Precio		3		
Empaquetado	4			
Uniformidad		3		
Garantía	4			
Total 18	12	6		
1,25 x Total = 22,50				

Personal de ventas	Excelente (4)	Bueno (3)	Regular (2)	Pobre (1)
1. Conocimiento				
Su compañía		3		
Su producto	4			
Nuestra industria		3		
Nuestra compañía		3		
2. Llamadas de ventas				
Espaciadas adecuadamente	4			
Por cita		3		
Planeadas y preparadas		3		
Mutuamente productivas	4			
3. Servicio de ventas				
Obtener información		3		
Elaboración rápida de cotizaciones	4			
Seguimiento de órdenes		3		
Entrega rápida		3		
Manejo de reclamaciones		3		
Total 43	16	27		
0,48 x Total = 20,64				

Fuente: Stuart F. Heinritz, Paul V. Farrell, Larry Giunipero, y Michael Kolchin, *Purchasing: Principles and Applications*, 8th ed. (Englewood Cliffs, NJ: Prentice Hall, 1992), p. 180.

plazo, los aspectos de fuerza financiera, calidad, gestión, investigación y habilidad técnica, juegan un papel de creciente importancia. Estos atributos se deben tener en cuenta en el proceso de evaluación. Obsérvese el método de Motorola discutido en el Apartado *POM en Acción,* "Motorola quiere suministradores que envíen según prometen".

Desarrollo del proveedor. La segunda fase es el *desarrollo del proveedor*. Suponiendo que una empresa desea trabajar con un proveedor concreto, ¿cómo integra a este proveedor en su sistema? Compras se asegura de que el proveedor tenga una apreciación de los requerimientos de calidad, los cambios de ingeniería, los programas y las entregas, el sistema de pagos y las políticas de adquisición. El desarrollo del proveedor puede incluir diferentes aspectos desde el entrenamiento, hasta la ayuda en ingeniería y producción, y a los formatos para la transferencia electrónica de información. Las políticas de compras pueden incluir aspectos tales como el porcentaje de negocio hecho con cualquier proveedor o con negocios minoritarios.

POM EN ACCIÓN

Las compañías reducen de forma drástica las listas de proveedores

La campaña vigorosa de las empresas americanas por la calidad está presionando a miles de proveedores. La presión sobre los proveedores tiene su origen en la lucha de la industria americana por racionalizarse y estar al día para hacer frente a la competición global. Las compañías de todo el país están recortando el número de proveedores que utilizan en un 90%. Exigen niveles más altos de servicio y de calidad del producto a los supervivientes. Y están fomentando la teoría de que hacer las cosas bien desde el principio, a la larga, es más barato.

"Se está llevando a cabo una revolución en las relaciones entre los proveedores y los clientes", dice el experto en calidad J.M. Juran.

"En el cambio, muchos proveedores morirán," dice Richard Buetow, el vicepresidente superior de Motorola. En el clima actual de competencia a nivel mundial, añade, nadie puede "aceptar sólo el sudor; se tienen que mostrar resultados." Durante los últimos años. Motorola ha recortado su base de proveedores de 10.000 compañías en un 70% y está todavía reduciendo de forma drástica.

	NÚMERO DE PROVEEDORES		
	ACTUAL	ANTERIORES*	% CAMBIO
Xerox	500	5.000	–90
Motorola	3.000	10.000	–70
General Motors	5.500	10.000	–45
Ford Motor	1.000	1.800	–44
Texas Instruments	14.000	22.000	–36

*El número de proveedores que la firma tenía antes de empezar los programas de reducción.

Fuentes: Wall Street Journal (august 16, 1991): B1; and *Production & Inventory Management Journal* (Third Quarter 1991): 22–25.

NEGOCIACIONES. La tercera fase son las *negociaciones*[6]. Las **estrategias de negociación** se clasifican en tres tipos. Primero está el *modelo del precio basado en el coste*. Este modelo requiere que el proveedor abra sus libros al comprador. El precio contratado se basa entonces en el tiempo de mano de obra y los materiales enfocados o en un coste fijo con una cláusula de aumento para acomodar los cambios en la mano de obra del proveedor y en los costes de los materiales.

Estrategias de negociación

En segundo lugar está el *modelo de precio basado en el mercado*. En este modelo, el precio está basado en un precio o índice publicado. Por ejemplo, los precios del cartón se publican semanalmente en la "yellow sheet"[7] y los precios del metal no ferroso en *Metals Week*[8].

El tercer método es la *licitación competitiva*. La licitación competitiva es a menudo apropiada en los casos en que los proveedores no están dispuestos a discutir los coste o donde no existen mercados casi perfectos. Es una política que utilizan muchas empresas para la mayoría de sus compras. La política normalmente requiere que el agente de compras tenga varios proveedores potenciales del producto (o su equivalente) y presupuestos de cada uno. La principal desventaja de este método es que se dificulta el desarrollo de relaciones de largo lazo entre el comprador y el proveedor. La licitación competitiva puede determinar el coste de forma efectiva.

Tanto Levi Strauss como comprador y Milliken como proveedor han encontrado ventajas en una relación más estrecha. Milliken desarrolló un programa de "socios para beneficio", así sus clientes podían concentrarse en su negocio en lugar de en la gestión del inventario de materias primas.

[6]Gary J. Zenz, *Purchasing and the Management of Materials*, 7th ed. (New York: John Wiley, 1994).

[7]La "yellow sheet" es el nombre comúnmente utilizado del *Official Board Masrkets*, publicado por Magazines for Industry, Chicago. Contiene los precios de cartón para contenedores y cajas.

[8]*Metals Week*, A. Patrick Ryan, editor y publicador, Nueva York.

POM EN ACCIÓN

Motorola quiere suministradores que envíen según prometen

La campaña de Motorola para una satisfacción del cliente al 100% significa que exige a sus proveedores y agentes suministradores "que no prometan más de lo que pueden enviar, y entonces suministrar según esas promesas". La empresa tiene normas estrictas, por ejemplo, para las empresas de transporte contratadas que envían los productos de la compañía a los clientes por mar, en tren o en camión. La norma, casi imposible de cumplir, es que las empresas de transporte entreguen a tiempo el 100% de las veces sin dañar los artículos.

Motorola pasa hasta un año investigando las empresas de transporte contratadas, evaluando sus registros de calidad, los informes de eficacia en entregas, los niveles de conducta de los empleados, los sistemas de entrenamiento y la seguridad de los registros. Una vez que se firma el contrato, Motorola establece un sistema de control que evalúa formalmente los criterios de envíos cada tres meses. El rendimiento se analiza según las entregas a tiempo, las pérdidas o daños de los envíos, las reclamaciones de los clientes, la exactitud de las facturas y el servicio al cliente.

La gran empresa también contacta a sus exportadores con visitas, al menos, una vez al mes, para discutir las maneras de mejorar la calidad. El personal de Motorola proporciona servicios de soporte y formación y equipos creativos que resolución de problemas, y organiza reuniones entre las empresas de transporte y los clientes para examinar las formas de mejorar los servicios. Este método de ganar/ganar (win/win) no sólo lleva a innovaciones, sino que crea relaciones más fuertes y mejora igualmente las comunicaciones con clientes y suministradores.

Fuentes: Business Week (April 13, 1992): 60–65; y Motorola, Inc., *Profiles in Quality* (Boston: Allyn and Bacon, 1991), pp. 15–16.

Pero también puede hacer difícil la comunicación y la eficacia que son vitales para gestionar los cambios de ingeniería, la calidad y las entregas.

Un cuarto método es el de *combinar una o más* de las técnicas de negociación anteriores. El proveedor y el comprador deben estar de acuerdo en revisar ciertos datos de costes, aceptar alguna forma de datos de mercado para los precios de las materias primas, o acordar que el proveedor deberá "permanecer competitivo".

Una buena relación con el proveedor es aquella donde ambos socios han establecido un grado de confianza mutua y una creencia en la competencia de cada uno de ellos.

Técnicas de compra

PEDIDOS ABIERTOS. Los pedidos abiertos son pedidos no despachados por un proveedor[9]. Un pedido abierto es un contrato de compra de ciertos artículos del proveedor. No es una autorización para enviar algo. El suministro se hace sólo a partir de la recepción de un documento acordado, que puede ser una petición de suministro o un lanzamiento de suministro.

COMPRA SIN FACTURA. La compra sin factura es una extensión de las buenas relaciones cliente-proveedor. En un entorno de compras sin facturas, hay generalmente un único proveedor de todas las unidades de un producto concreto. Si el proveedor entrega las cuatros ruedas de cada podadora de césped producida, entonces la dirección sabe cuántas

[9]Los pedidos no despachados también son denominados pedidos "abiertos" o "incompletos".

ruedas se adquirieron. Únicamente multiplica la cantidad de podadoras de césped producidas, por cuatro y elabora un cheque para el proveedor por dicha cantidad.

PEDIDOS ELECTRÓNICOS Y TRANSFERENCIA DE FONDOS. Las órdenes electrónicas y las transferencias de fondos reducen las transacciones en papel. Las transacciones en papel consisten en una orden de compra, un lanzamiento de compra, un documento de recepción, la autorización para pagar una factura (que se compara con el informe de recepción aprobado) y finalmente la elaboración de un cheque. Los departamentos de compras pueden reducir este bombardeo de papeleos mediante los pedidos electrónicos, la aceptación de todas las partes como buenas al 100%, y la transferencia electrónica de fondos para pagar las unidades recibidas. Los pedidos electrónicos no sólo pueden reducir el papeleo, sino que también acelera el plazo de adquisición, generalmente largo. General Motors ha ahorrado billones de dólares durante los pasados años, justamente a través de este tipo de transacción electrónica[10].

Las transacciones entre las empresas se hacen cada vez más por medio del intercambio electrónico de datos. El **intercambio electrónico de datos** (en inglés, **EDI**) es un formato estándar de transferencia de datos para la comunicación informatizada entre las organizaciones. EDI ofrece la transferencia de datos para casi cualquier aplicación de negocios, incluyendo las compras. Los datos se transmiten directamente desde un dispositivo electrónico del emisor (un computador) a través de una tercera parte (normalmente, la compañía telefónica) a un dispositivo electrónico del receptor. Por ejemplo, con EDI, los datos para un pedido de compra, tales como los datos de pedido, la fecha de entrega, cantidad, número de las partes, número del pedido de compra, dirección, etcétera, están dispuestos en el formato estándar EDI. Entonces se envían los datos, normalmente de un computador a otro, por vía telefónica. La organización que los recibe sabe dónde están los datos en el formato estándar; se utiliza un programa de computador para leer esos datos en los archivos de la compañía que los recibe.

Intercambio electrónico de datos (EDI)

COMPRA SIN INVENTARIO. El término *compras sin inventario* ha llegado a significar que el proveedor mantiene el inventario en lugar del comprador. Si el proveedor puede mantener el nivel de inventario para una variedad de clientes que utilizan el mismo producto o cuyas diferencias son bastante menores, digamos, quizás en la fase de empaquetado, entonces puede haber ahorros netos. Los inventarios en consignación, discutidos en breve, son una opción relacionada.

ESTANDARIZACIÓN. El departamento de compras debe hacer importantes esfuerzos para incrementar los niveles de estandarización. Es decir, en lugar de obtener una variedad de componentes muy similares con etiquetas, colores, empaquetado o, quizás, especificaciones de ingeniería ligeramente diferentes, el agente de compras debe esforzarse en tener esos componentes estandarizados.

COMPRAS JUSTO A TIEMPO

En el flujo tradicional de material a través del proceso de transformación, existen muchas esperas potenciales. El material que entra espera en la recepción y en la inspección de entrada; el trabajo en proceso espera en muchas estaciones de trabajo; y los productos acabados se guardan en el almacén de artículos terminados. Las **compras justo a tiempo (JIT)**

Compras justo a tiempo (JIT)

[10]Véase J. Carbonne, "G.M. After Lopez," Electronic Business Buyer (October 1993): 56–60.

Los asientos de coche hechos 2 horas antes, se envían a la fábrica Sterling Heights de Chrysler en Michigan. Después, los asientos se trasladan rápidamente en la secuencia adecuada a la cadena de montaje de la instalación JIT.

reducen el despilfarro que se presenta en la recepción y en la inspección de entrada; también reduce el exceso de inventario, la baja calidad y los retrasos. El despilfarro esta presente en casi todos los procesos de producción, y Compras es una función crítica para eliminar el gasto y hacer que JIT funcione. Por cada momento que se guarda el material debe añadirse valor. Y a cada movimiento del material debe añadirse valor.

La Tabla 1.5 muestra las características de las compras JIT, y el Apartado *POM en Acción* discute la campaña de Harley Davidson hacia el JIT.

TABLA 1.5 ■ Características de las compras JIT

PROVEEDORES
Pocos proveedores
Proveedores cercanos o grupos de proveedores remotos
Repetir negocio con los mismos proveedores
Uso activo del análisis para permitir que los proveedores deseables sean/permanezcan competitivos en los precios
La licitación competitiva limitada, en su mayoría, a nuevas compras
El comprador se resiste a la integración vertical y a la consecuente eliminación del negocio del proveedor
Los proveedores son animados a extender las compras JIT a sus proveedores
CANTIDADES
Tasa de producción constante (un prerrequisito deseable)
Entregas frecuentes en lotes pequeños
Acuerdos contractuales a largo plazo
Papeleo mínimo para lanzar los pedidos
Las cantidades entregadas varían de una a otra entrega, pero son fijas para el término total del contrato
Poco o ningún permiso de rebasar o disminuir las cantidades recibidas
Proveedores motivados para empaquetar en cantidades exactas
Proveedores motivados para reducir sus tamaños de lotes de producción (o almacenar material no liberado)
CALIDAD
Mínimas especificaciones del producto impuestas al proveedor
Ayudar a los proveedores a cumplir los requerimientos de calidad
Relaciones estrechas entre el personal de aseguramiento de la calidad del comprador y del proveedor
Proveedores motivados a utilizar diagramas de control de proceso en lugar de la inspección de lotes por muestreo
ENVIOS
Programación de la carga de entrada
Asegurar el control mediante la utilización de una compañía de transportes propia o contratar transporte y almacenamiento

Fuente: Richard J. Schonberger y James P. Gilbert, "Just-in-Time Purchasing: A Challenge for U.S. Industry". Copyright 1983 by The Regents of the University of California. Reimpreso de la *California Management Review*, Vol. 26, No. 1. Con persmiso de The Regents.

¿Porqué?

Objetivo de las compras justo a tiempo

Los objetivos de las compras JIT son:

1. *La eliminación de las actividades innecesarias.* Por ejemplo, la actividad de recepción y la actividad de la inspección de entrada no son necesarias con el justo a tiempo. Si el personal de compras ha sido eficaz en la selección y desarrollo de los proveedores, los artículos comprados se pueden recibir sin un conteo formal, inspección y procedimientos de pruebas. Para hacer bien este trabajo, el personal de compras necesita el apoyo de otras secciones de la función de operaciones. Producción puede contribuir proporcionando programas exactos y estables, plazos adecuados para implementar los cambios de ingeniería, y tiempo para desarrollar proveedores éticos.
2. *Eliminación del inventario de planta.* Casi no se necesita inventario de materias primas si los materiales que cumplen los estándares de calidad se entregan donde y

FIGURA 1.3 ■ Reducir el tiempo de proceso disminuye también los costes.

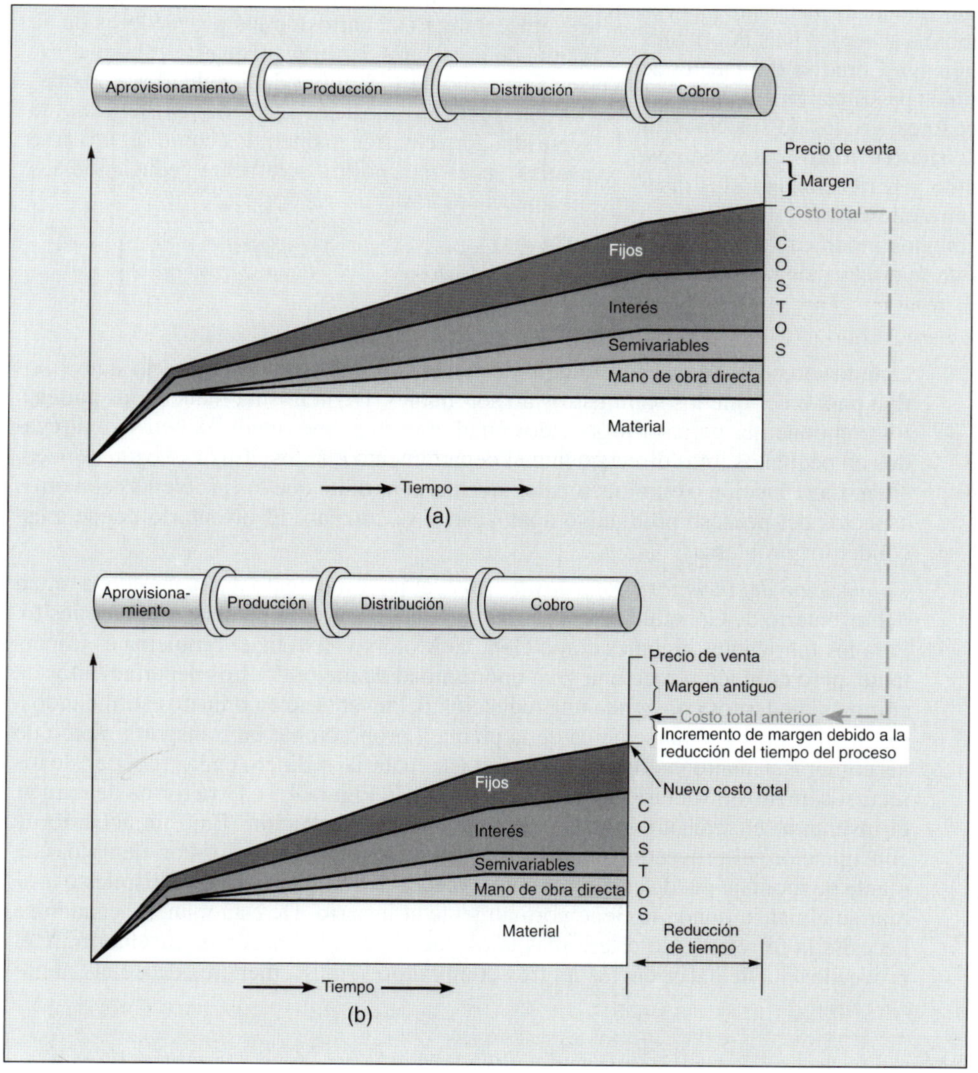

POM
E N A C C I Ó N

La campaña de Harley hacia el justo-a-tiempo

El negocio de motocicletas de Harley Davidson estaba contra las cuerdas cuando empezó a considerar seriamente la fabricación justo a tiempo.

En sus esfuerzos iniciales, Harley se equivocó al seguir un enfoque legalista en el intento de unir a los proveedores a un sistema justo a tiempo. Se utilizaron contratos de 35 páginas dedicados a detallar las obligaciones de los proveedores con Harley. Cuando pasados los meses, sólo habían firmado unas pocas compañías, Harley cambió a acuerdos más informales (con contratos de 2 páginas). Como se dio cuenta de que necesitaba dar algunos pasos para mejorar las relaciones con los proveedores, grupos de sus compradores e ingenieros visitaron a los proveedores. Empezaron simplificando y perfeccionando los diseños y ayudaron a los proveedores a reducir el tiempo de preparación entre trabajos modificando el equipo para permitir cambios de matrices más rápidos. Harley dio cursos de estadística a los proveedores para enseñar a los trabajadores cómo seguir atentamente pequeños cambios en el funcionamiento productivo de sus equipos. Este sistema alertaba cuando las máquinas comenzaban a trabajar fuera de tolerancia.

Para Harley y sus proveedores, los resultados han sido excelentes: Harley tiene beneficios otra vez. Debido al perfeccionamiento en la calidad de sus motocicletas, así como las técnicas de fabricación muy modernas, los costes de Harley por las reparaciones de garantía, los desechos y la reoperación de partes se ha reducido un 60%.

El programa de Harley mejoró lo que podría denominarse la infraestructura del sistema. Aunque dirigió algunos negocios a proveedores cercanos a sus fábricas, también disminuyó su número. Por ejemplo, unos tres cuartos de los proveedores de su planta de ingeniería de Milwaukee están ahora situados a un radio de 175 millas de la ciudad. La compañía ha reducido la necesidad de existencias de seguridad –inventarios mantenidos como seguro ante averías en el transporte– solamente reduciendo las distancias desde sus proveedores.

Fuentes: Management Accounting (September 1990): 61–62; y *Industrial Management & Data Systems*, 90, no. 3 (1990): 12–17.

cuando son necesarios. El inventario de materias primas sólo es necesario si hay motivo para creer que los suministros no son fiables. De la misma manera, las partes o los componentes para ser procesados en alguna etapa intermedia deben ser entregados en pequeños lotes directamente al departamento que los utiliza y según se necesiten. La reducción o eliminación del inventario permite que los problemas con otros aspectos del proceso productivo aparezcan y se corrijan. El inventario tiende a esconder los problemas.

3. *Eliminación del inventario en tránsito.* En cualquier momento dado, más de la mitad del inventario de General Motors se está moviendo entre las plantas; está en tránsito. Para los fabricantes globales como General Motors y Toyota, el problema es importante, pero también ofrece una gran oportunidad de mejora[11]. Los departamentos de compras modernos consiguen una reducción del inventario en tránsito estimulando a los proveedores a situarse cerca de la planta y proporcionar un transporte rápido de las compras. Cuanto más corto sea el flujo de material y dinero en la "tubería" de los recursos, menos inventario se necesitará (véase la Figura 1.3). Otra forma de reducir el inventario en tránsito es tener inventario en **consignación**. Bajo un acuerdo de consignación, el proveedor mantiene la propiedad del inventario. Por ejemplo, una planta de montaje puede encontrar un proveedor de ferretería que esté dispuesto a situar su almacén donde lo tiene normalmente el usuario. De esta manera, cuando se necesite la ferretería, no estará más lejos que el actual almacén de inventario. Y el proveedor puede hacer envíos a otros compradores, quizá menores desde el "alma-

Consignación

[11] Véase Joseph Bonney, "Toyota's Global Conveyorbelts," *American Shipper*, 36, no. 9 (September 1994): 50.

POM
EN ACCIÓN

Estrangulando a General Motors con el poder de JIT

La huelga de 9 días efectuada por el sindicato United Auto Workers (UAW) en el taller de matrices de General Motors en Lordstown, Ohio, acabó el 5 de septiembre de 1992. De nuevo, se transportaron gruesos rollos de acero desde las acerías de Wheeling y Pittsburgh, y los trabajadores de Lordstown pudieron estampar las tapas de maletero del Cadillac, los parachoques del Saturn y los soportes de los faros de los Buick. Pero la huelga de los 2.300 empleados, para protestar contra el plan de GM de cerrar el taller de herramientas y de matrices, será larga y amargamente recordada como una confrontación contra la campaña JIT de GM.

La batalla fue, en sí, muy costosa, dejando inactivos a 43.000 trabajadores de GM en siete estados y afectando a la producción de 14 modelos de GM. La pérdida financiera de GM excedió los 50 millones de dólares. Pero irónicamente, el UAW utilizó una de las piedras angulares de la estrategia de producción ajustada (JIT) de GM contra ella: el suministro justo a tiempo de las partes. JIT, en teoría, elimina la necesidad de una costosa acumulación de partes. La fábrica GM de Lordstown adoptó el JIT 18 meses antes.

"Se ha convertido en una gran arma ...el hecho es que, justo a tiempo pone todo el poder de UAW en un sólo lugar", dice el analista del automóvil de Detroit, Arvid Louppi. Los suministros se mantienen tan ajustados que a veces tienen que volar helicópteros hacia y desde la fábrica cargados con entregas JIT. Los huelguistas de la fábrica de Lordstown dicen que la errónea ejecución de esta política es la razón por la cual la fábrica permanece tan ineficiente y vulnerable a un cierre.

Fuentes: Boston Globe (September 6, 1992): 72; y *Wall Street Journal* (June 26, 1993): A-1.

cén de inventario". El proveedor factura en base a un recibo de recogida firmado por el usuario, o al número de las unidades enviadas.

4. *Mejora de la calidad y la fiabilidad.* Reducir el número de proveedores y aumentar los compromisos a largo plazo en los proveedores tiende a mejorar la calidad del proveedor y la fiabilidad. Los proveedores y los compradores deben tener un entendimiento y una confianza mutua. Para lograr entregas sólo cuando sean necesarias, y en las cantidades exactas, se requiere también una calidad perfecta–o, como también se le conoce, cero defectos. Y, por supuesto, tanto el proveedor como el sistema de entregas deben ser excelentes. Observe en el Apartado *POM en Acción*, "Estrangulando a General Motors con el poder de JIT", cómo una huelga en un proveedor puede ser devastadora.

Preocupaciones del proveedor

Para llevar a cabo las compras JIT de forma exitosa, el personal de compras debe trabajar conjuntamente con los proveedores para superar las preocupaciones del proveedor. Estas preocupaciones del proveedor comprenden[12]:

1. *Deseo de diversificación.* Muchos proveedores no desean atarse a contratos de largo plazo con un solo cliente. La percepción de los proveedores es que se reduce su riesgo si tienen varios clientes.
2. *Programación pobre del cliente.* Muchos proveedores tiene poca fe en la habilidad del comprador para reducir los pedidos según un programa nivelado y coordinado.

[12]Este resumen está basado en un estudio de Tom Schmitt y Mary Connors,"A Survey of Suppliers' Attitudes Toward the Establishment of JIT," *Operations Management Review,* 3, no. 4 (Summer 1985): 36.

3. *Cambios de ingeniería.* Cambios frecuentes de ingeniería con plazos inadecuados para que los proveedores preparen sus herramientas y realicen cambios en sus procesos, causan estragos en el JIT. El personal de compras debe encontrar formas de aislar a sus futuros proveedores JIT de estos cambios.
4. *Aseguramiento de la calidad.* La producción "cero defectos" no se considera realista por muchos proveedores.
5. *Tamaños de lote pequeños.* Los proveedores a menudo tienen procesos que están diseñados para tamaños de lote grandes, y ven en la entrega frecuente de pequeños lotes al cliente, una forma de transmitir los costes del mantenimiento del inventario al proveedor.
6. *Proximidad.* Dependiendo de la localización del cliente, las entregas frecuentes del proveedor en pequeños lotes se consideran demasiado caras.

Compras tiene que conseguir la ayuda de su propio personal de producción para ayudar a los proveedores a superar muchas de las objeciones anteriores, pero no hay ninguna duda de que aquellas empresas que no han desarrollado proveedores JIT están en una clara desventaja. Para aquellos que continúan siendo escépticos al uso de JIT, mencionaremos que prácticamente todos los restaurantes del mundo practican JIT, y con un mínimo soporte de personal.

ANÁLISIS DE PUNTO DE EQUILIBRIO APLICADO A LAS COMPRAS

Cuando un comprador entiende la estructura de costes de los proveedores, se pueden realizar negociaciones y compras más inteligentes. Los datos de costes pueden obtenerse del proveedor, de informes financieros o del análisis de las ventas o compras, mano de obra y costes generales del proveedor. El objetivo es determinar tanto las partes fijas como las variables del coste del proveedor. Una vez que se hace esto, el comprador está en una posición mejor para trabajar con el proveedor. Si sabemos su estructura de costes aproximada y su punto de equilibrio relacionado, entonces sabemos el impacto de nuestras compras en el proveedor. Bajo algunas condiciones, un comprador astuto puede comprar más durante el siguiente ciclo de compras (digamos un año) a un coste más bajo y conseguir que el proveedor quede financieramente mejor. El Ejemplo 1.2 muestra cómo se hace esto.

EJEMPLO 1.2

Utilizando los datos de la Figura 1.4, Wilmintong Auto Repair Stations (WARS) sabe que Tarlenton Tires fabrica neumáticos para diferentes clientes en una cantidad que la sitúa en el punto A del eje de porcentaje de utilización de su capacidad (horizontal). WARS también sabe que compra alrededor de la mitad de las ruedas fabricadas por Tarleton. Un estudio del departamento de compras de WARS sugiere que Tarleton no está funcionando a plena capacidad, sino al 70% de la misma. El punto más alto de capacidad real y de eficiencia de Tarleton se da en el punto B en el eje de la capacidad (sobre el 85%). WARS puede redirigir algunas compras de otro proveedor (con quien ha tenido problemas de calidad) a Tarleton. Por lo tanto, está muy interesado en conocer el impacto de tal movimiento en Tarleton: si Tarleton mantiene sus actuales ventas y añade un 15% de WARS a su volumen, el intervalo de beneficio de Tarleton aumenta (la distancia vertical X es mayor que la distancia vertical Y) incluso si la pendiente de la línea de ingresos es ligeramente menor.

(Si WARS paga menos por neumático, la línea de los ingresos baja al nivel indicado.) Pero como el volumen ha aumentado, con el esperado aumento en el intervalo de beneficios, Tarleton tiene más beneficios y WARS paga menos por sus neumáticos.

FIGURA 1.4 ■ Análisis de punto de equilibrio de las compras. WARS reduce los costes mientras que Tarleton Tire aumenta su beneficio.

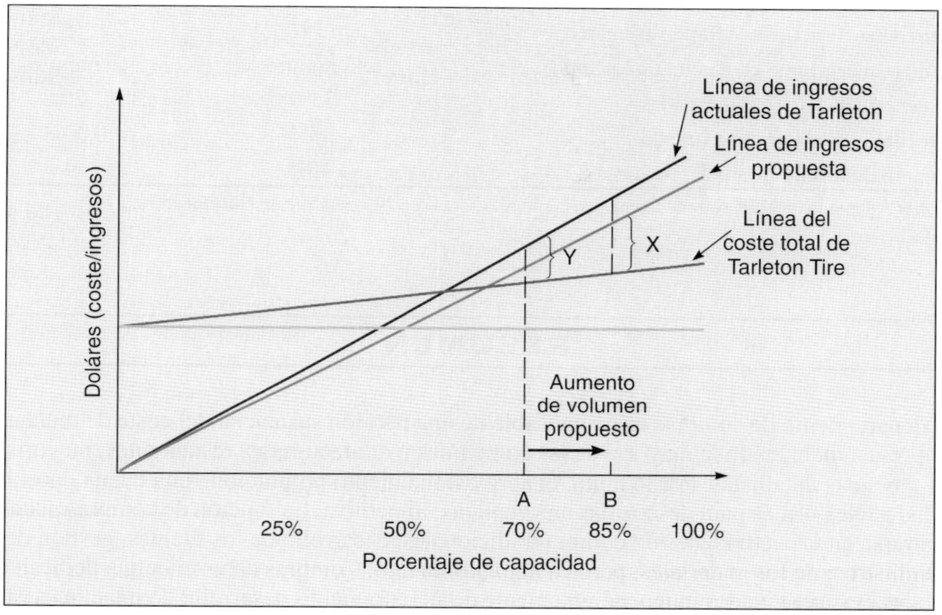

El Ejemplo 1.2 muestra una vía que, un departamento de compras con recursos, puede perseguir para reducir los costes y mejorar la fuerza de un proveedor. Existen, por supuesto, otros puntos que el proveedor, Tarleton Tires, debe considerar. Entre estas cuestiones está la preocupación que Tarleton puede tener si dedica el 50% de su capacidad a un solo cliente. Una decisión como ésta, puede limitar su flexibilidad en el mercado. Segundo, si Tarleton cree que puede vender esa capacidad a un precio más alto, entonces la oferta de WARS puede no interesarle.

ALCANZANDO LOS ESTÁNDARES MUNDIALES

Las empresas de clase mundial saben que una gran parte de sus ingresos se gasta en las compras y que un dólar ahorrado en las compras va directamente a los beneficios. Estas empresas encuentran la mezcla correcta de integración vertical, compras tradicionales y técnicas de organización "virtual". La evaluación, selección y desarrollo de los proveedores asegura que los proveedores garantizan ser socios con relaciones a largo plazo, tratando de satisfacer a los mismos clientes. JIT es la norma en las empresas de clase mundial y se espera también que los proveedores utilicen las técnicas JIT.

Las empresas de clase mundial practican la gestión de la cadena de suministros. Estas empresas se ven con relaciones cliente-proveedor donde se espera siempre un 100% de buena calidad. Como muestra la Tabla 1.6, las empresas de clase mundial, de hecho, fijan parámetros (benchmarks) para las compras.

TABLA 1.6 ■ La eficiencia de las compras en las empresas de clase mundial.

	EMPRESAS TÍPICAS	EMPRESAS DE CLASE MUNDIAL
Número de proveedores por agente de compras	34	5
Costes de Compras como porcentaje de las compras	3,3%	0,8%
Plazo de entrega de las compras (semanas)	15	8
Tiempo que se tarda en efectuar un pedido	42 minutes	15 minutes
Porcentaje de entregas retrasadas	33%	2%
Porcentaje de material rechazado	1,5%	0,0001%
Número de roturas de stock por año	400	4

Fuente: Adaptado de McKinsey & Company, como se informó en Business Week, November 30, 1992, p. 72.

RESUMEN

El departamento de compras es responsable de una porción sustancial del coste de muchas empresas, incluyendo la mayoría de las compañías manufactureras, restaurantes, mayoristas y tiendas detallistas. Por lo tanto, el aprovisionamiento proporciona una buena oportunidad a tales firmas para desarrollar una ventaja competitiva. La función de compras puede centrarse en las actividades de compra tradicionales, desarrollo de los fuentes, gestión del suministro o de los materiales; pero en algún momento, Compras debe tener que dedicarse a todas esas actividades independientemente de su enfoque. El desarrollo de relaciones estrechas, a largo plazo, con proveedores íntegros es, para muchas organizaciones, un prerrequisito para operaciones eficientes. En muchas empresas, las compras justo a tiempo, es otra oportunidad de obtener una ventaja competitiva.

TÉRMINOS CLAVE

Compras
Agente de compras
Decisión de fabricar o comprar
Integración vertical
Keiretsu
Compañías virtuales
Gestión de las compras
Gestión de la fuente
Gestión de los suministros
Gestión de los materiales
Estrategias de negociación
Intercambio electrónico de datos (EDI)
Compras justo a tiempo
Consignación

PROBLEMAS RESUELTOS

Problema resuelto 1.1

Super Dicount sabe que Plastics, Inc., de San Diego, produce una excelente vitrina de plástico para pequeños artículos para casas y tiendas. A través de su información, Super Discount sospecha que Plastics está trabajando sólo al 70% de su capacidad.

Super Discount quiere hacer una mayor promoción de la vitrina de plástico y desearía toda la capacidad restante de Plastics. Super Discount considera que la capacidad efectiva máxima de Plastics es el 88%. (Ver el eje horizontal de la Figura 1.5.)

Super Discount está interesado en el impacto de tal decisión en Plastics y cree que el intervalo de beneficio de Plastics aumentará. El agente de compra de Super Discount le explica al director de Plastics que el intervalo de beneficios (*Z*) es mayor incluso si la pendiente de la línea de ingresos de Plastics , Inc., es ligeramente menor. (La línea de ingresos de Plastics se mueve de (a) hacia (b).) Esto significa que Super Discount está pagando menos por vitrina, pero como el volumen ha aumentado, con el aumento correspondiente en el intervalo de beneficios (es decir, *Z* es mayor que *X*), Plastics tiene más beneficio y Super Discount paga menos por sus vitrinas.

FIGURA 1.5 ■ Análisis de la Rentabilidad de las Compras

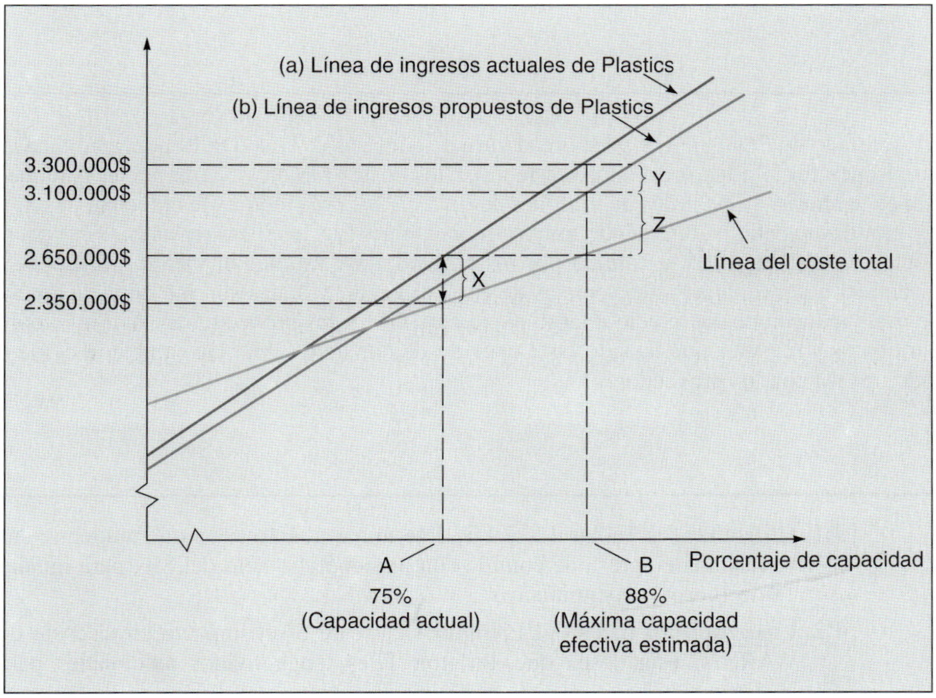

¿Cuánto espera pagar de menos Super Discount que pagará por las vitrinas? ¿Cuánto aumentará el beneficio de Plastics?

Solución

El valor monetario de *X* es 300.000$ (2.650.000$ — 2.350.000$). Éste es el beneficio actual de Plastics. El valor monetario de *Y* es 200.000$ (3.300.000$ — 3.100.000$), y esto representa los ahorros para Super Discount. El valor monetario de *Z* menos *X* es el aumento en los beneficios de Plastics si acepta el contrato, aproximadamente 150.000$ (*Z* - *X* = 450.000$ - 300.000$ = 150.000$).

PREGUNTAS DE DISCUSIÓN

1. ¿Bajo qué condiciones podría una empresa decidir organizar su función de compras como una función de gestión de materiales? ¿Cómo una función de gestión del suministro? ¿Y cómo una función de gestión de la fuente?
2. ¿Qué puede hacer la función de compras para implementar las técnicas justo a tiempo con los proveedores?
3. ¿Qué información recibe el departamento de compras de otras áreas funcionales de la empresa?
4. ¿Cómo cambia una relación de adversarios con los proveedores cuando una empresa toma la decisión de ir hacia entregas justo a tiempo?
5. ¿Cuáles son los tres enfoques básicos de las negociaciones?
6. ¿Cuáles son las características de las compras JIT?
7. ¿Qué reservas tiene los proveedores sobre las compras JIT?
8. ¿Cómo llevan a cabo los restaurantes las compras JIT?
9. ¿Cómo tiene el negocio de la ropa las características de una empresa "virtual"?

EJERCICIO DE RAZONAMIENTO CRÍTICO

El Apartado de *POM en Acción* sobre el guru de compras de GM, Dr. López, apuntaba a que López forzó a los proveedores a recortar los costes rápida y fuertemente. Aunque López le ahorró a GM miles de millones de dólares, los proveedores le culpaban de exigir grandes sacrificios ofreciendo muy poco a cambio. Los analistas industriales se preguntan si GM sacrificó la calidad por los costes bajos. Analice el método de López, discutiendo las ventajas y desventajas de esa estrategia. ¿Cuáles son las implicaciones de estas reducciones de precio a largo plazo para GM y los proveedores? Averigüe por periódicos y revistas, qué ha sido Dr. López desde que dejó GM. ¿Ha cambiado el método de GM con los proveedores?

PROBLEMAS

· **1.1** Utilizando las Tablas 1.2 y 1.3, determinar cuánto tiene que aumentar sus ventas una empresa de comida con un beneficio neto del 8%, para igualar 1$ de ahorros de suministros.

: **1.2** Utilizando los datos del Ejemplo 1.2, ¿cuál es el impacto en el coste de WARS si ésta desea que Tarleton Tires tenga fondos adicionales para investigación?

: **1.3** Utilizando los datos del Problema Resuelto 1.1, ¿cuál es el impacto en Plastics si Super Discount quiere que Plastics aumente su presupuesto de ingeniería en 200.000$ para el diseño de una nueva vitrina de plástico?

: **1.4** Como agente de compras de Woolsey Enterprises en Golden, Colorado, usted le pide a su comprador que le proporcione una clasificación de "excelente," "bueno," "regular" y "pobre" para una variedad de características de dos proveedores potenciales. Usted sugiere que las clasificaciones sean consistentes con el impreso de evaluación de proveedores mostrado en la Figura 1.2 El comprador ha devuelto la clasificación mostrada en la página siguiente.
¿Cómo las clasificaría a estos proveedores potenciales? (*Sugerencia*: La Figura 1.2 ofrece un sistema excelente.)

DONNA INC. = D CALIFICACIÓN DEL PROVEEDOR:
KAY CORP. = K

Compañía	Excelente (4)	Bueno (3)	Regular (2)	Pobre (1)
Tamaño y/o capacidad		K	D	
Capacidad financiera			K	D
Beneficio operativo			K	D
Rango de manufactura			KD	
Instalaciones de investigación	K		D	
Servicio técnico		K	D	
Localizaciones geográficas		K	D·	
Gestión		K	D·	
Relaciones laborales			K	D
Relaciones comerciales			KD	

Servicio	Excelente (4)	Bueno (3)	Regular (2)	Pobre (1)
Entregas a tiempo		KD		
Condiciones de llegada		KD		
Instrucciones de seguimiento			D	K
Número de rechazos				KD
Manejo de las reclamaciones		KD		
Asistencia técnica		K	D	
Ayuda de emergencia				KD
Provisión de catálogos actualizados, etcétera				KD
Proporcionar rápidamente los cambios de precios				KD

Productos	Excelente (4)	Bueno (3)	Regular (2)	Pobre (1)
Calidad	KD			
Precio			KD	
Empaquetado			KD	
Uniformidad			KD	
Garantía			KD	

Personal de ventas	Excelente (4)	Bueno (3)	Regular (2)	Pobre (1)
1. Conocimiento				
Su compañía			D	K
Su producto			K	D
Nuestra insustria			KD	
Nuestra compañía			K	D
2. Llamadas de ventas				
Espaciadas adecuadamente			D	K
Por cita				KD
Planeadas y preparadas			K	D
Mutuamente productivas			K	D
3. Servicio de ventas				
Obtener información			D	K
Elaboración rápida de cotizaciones		K		D
Seguimiento de órdenes			D	K
Entrega rápida			K	D
Manejo de reclamaciones		KD		

Compañía:
K = 26 × 0,63 = 16,38
D = 17 × 0,63 = 10,71
Servicio:
K = 17 × 0,69 = 11,73
D = 17 × 0,69 = 11,73
Productos:
K = 12 × 1,25 = 15
D = 12 1,25 = 15
Pers. vtas:
K = 23 × 0,48 = 11,04
D = 20 × 0,48 = 9,6
Total:
K = 54,15
D = 47,04

1.5 Como trabajo de biblioteca, identifique organizaciones que

a) estén comprometidas en la integración vertical

b) se dedican a reducir su integración vertical

c) están dirigiéndose hacia ser compañías "virtuales"

CASO DE ESTUDIO

Hahn and Pinto Manufacturing

Como director del departamento de compras consolidadas de Hahn and Pinto, usted ha decidido utilizar técnicas de árboles de decisión para evaluar el coste de (1) un contrato abierto de su oficina matriz, (2) grandes contratos individuales de su oficina matriz, (3) pedidos efectuados directamente por las tres plantas de la compañía. Sin importar como se efectúen los pedidos, usted espera que la cantidad total comprada sea de 100.00 pies lineales de cable multitrenzado. Usted estima que el coste y la probabilidad asociada para cada una de las tres alternativas es la siguiente:

ALTERNATIVAS	PROBABILIDAD	COSTE
Pedidos individuales efectuados por la oficina matriz	0,50	0,71$
	0,25	0,68
	0,25	0,74
Pedidos individuales efectuados por cada planta	0,40	0,82
	0,50	0,65
	0,10	0,70
Pedidos abiertos	1,0	0,70

CUESTIONES DE DISCUSIÓN

1. Analice las alternativas mediante un árbol de decisión utilizando como criterio de decisión el valor monetario esperado. (Sugerencia: revise el suplemento del Capítulo 2 del volumen de De-

cisiones Estratégicas para ver ejemplos y explicaciones de los árboles de decisión.

2. Como agente de compras, ¿cuál es su recomendación para la compra?
3. ¿Cuál será el coste total esperado para la empresa el próximo año si se sigue su recomendación?

CASO DE ESTUDIO

Thomas Manufacturing Company

El Sr. Thomas, presidente de Thomas Manufacturing Company, y el Sr. McDonell, vicepresidente, estaban discutiendo cómo afectarían las futuras condiciones económicas a su producto, purificadores de aires para casas, particularmente interesados en los aumentos del coste. El año pasado subieron los precios de venta, y creían que otra subida de precios podría tener un efecto adverso en las ventas. Se preguntaban si había alguna manera de reducir los costes para mantener la estructura de precios existentes.

McDonell había asistido a una reunión de una asociación de compras la noche anterior y escuchó una presentación del presidente de una compañía de herramientas sobre cómo estaban ellos enfocando la reducción de costes. La compañía de herramientas acababa de contratar a un agente de compras, licenciado en Administración de Empresas, que estaba reduciendo los costes en un 15%. McDonell creía que algunas de las ideas podrían aplicarse en Thomas Manufacturing. El agente de compras actual, el Sr. Older, llevaba 25 años en la compañía y no tenían ninguna queja de él. La producción nunca se detuvo por falta de material. Sin embargo, una reducción de costes del 15% era algo que no se podía ignorar. El Sr. Thomas sugirió que McDonell investigara en este área y que volviera con alguna recomendación.

McDonell contactó con varias Escuelas de Empresariales de la zona. Dijo que estaría interesado en contratar un recién graduado. Uno de los requisitos para los aspirantes era preparar un artículo de cómo mejorar la función de compras de la compañía. Varios candidatos visitaron la fábrica y analizaron el departamento de compras antes de escribir sus artículos. El más dinámico fue presentado por Tim Younger. Éste recomendaba:

1. Niveles más bajos de punto de pedido (de 60 a 45 días) para la mayoría de artículos, reduciendo así el inventario.
2. Analizar las especificaciones de la mayoría de partes.
3. Estandarizar muchas de las partes para reducir la variedad de artículos.
4. Analizar los artículos para ver si se pueden comprar más productos mediante pedidos de compra abiertos, con el objetivo último de reducir el personal de compras.
5. Buscar fuentes de suministro nuevas y de coste más bajo.
6. Aumentar el número de peticiones de ofertas, para obtener aún menores precios.
7. Ser más agresivo en las negociaciones. Hacer menos concesiones.
8. Asegurarse de que se consiguen todos los descuentos por pago al contado, cantidad y mercado.
9. Comprar de la fuente más barata, sin tener en cuanta las relaciones públicas locales.
10. Dejar de mostrar favoritismo a los proveedores que también son clientes. La reciprocidad viene después del precio.
11. Comprar según las necesidades actuales en lugar de según las condiciones de mercado. Hay demasiado dinero inmovilizado en el inventario.

Después de leer todos los artículos McDonell estaba discutiendo consigo mismo qué debería recomendarle al Sr. Thomas. Justo la semana anterior en la reunión del departamento, Older había recomendado muchas acciones opuestas. En particular, recomendaba el aumento de los niveles de inventario para anticiparse a una subida de precios futura. Older también resaltó las buenas relaciones que tenía la compañía con todos sus proveedores y cómo podían confiar en ellas para obtener buen servicio y una posible extensión del crédito, si la situación lo justifica. La mayoría de los proveedores compraban sus purificadores de aire para casas de Thomas Manufacturing. Sin embargo, Younger decía que favorecerles era erróneo y debería eliminarse. McDonell dudaba sobre qué acción debería recomendar; el señor Thomas quería una decisión durante la mañana.

PREGUNTAS DE DISCUSIÓN

1. ¿Qué recomendación haría usted si fuera el Sr. McDonell? ¿Por qué?
2. Analice cada una de las recomendaciones del Sr. Younger. ¿Está usted de acuerdo o en desacuerdo con ellas? ¿Por qué?

Fuente: Profesor Richard J. Tersine, University of Oklahoma.

CASO DE ESTUDIO

AT&T Compra una Impresora

AT&T decidió en 1991 sustituir con tecnología punta de marca Troy de impresoras de cheque que estaban siendo utilizadas en dos de sus puntos de operaciones. Estos puntos imprimían cheques para Nóminas, Cuentas a Pagar, Reembolsos a los Empleados, y para Devoluciones de Facturas a Clientes. El volumen de impresión total por años se estimó que era de 13 millones de cheques para 1992 y cada vez más.

La dirección de Operaciones de Tesorería creía que servir las necesidades de impresión de AT&T en el futuro exigiría una importante reingeniería del proceso de emisión de cheques y que la sustitución de las impresoras era el primer paso. Los sistemas y el equipo actual, por ejemplo, no podrían responder a las necesidades de imprimir cheques como parte de las promociones de márketing de AT&T. Por lo tanto, el equipo de márketing estaba obligado a usar servicios exteriores para imprimir estos cheques. Mientras los servicios exteriores hacían frente a la mayoría de las necesidades, las transacciones contables que estaban asociadas a estos cheques eran a menudo incorrectas, y la conciliación de cheques para estos era casi imposible. Operaciones de Tesorería creía que podían eliminar la utilización de servicios exteriores y mejorar la calidad y los costes de su servicio actual si compraban un equipo de impresión controlado por computador. Además, era importante que la línea de reconocimiento de caracteres de tinta magnética (en inglés, MICR) que estaba impresa al final del cheque fuera de alta calidad, porque los bancos cargaban un extra por procesar cheques con líneas MICR ilegibles .

El equipo, buscando nuevas impresoras, había identificado a Siemens, Delpahx, Xerox, IBM y NCR como los proveedores que tenían impresoras que deberían considerarse. Los miembros del equipo decidieron entonces con los seis criterios siguientes:

1. Características: Características técnicas documentadas de cada impresora, facilidad de mantenimiento y necesidades.
2. Evaluación del usuario: Resultados documentados de un estudio de usuarios de cada una de las impresoras.

CRITERIOS	SIEMENS	DELPHAX	XEROX	IBM	NCR
Características	9,9	6,6	5,2	7,7	8,2
Evaluaciones de los usuarios	8,0	8,3	6,7	8,6	8,6
Pros y contras	10,0	1,0	5,0	8,0	8,0
Coste	10,0	6,0	4,0	2,0	8,0
Calidad MICR	9,7	5,4	6,0	9,4	9,4
Calidad de impresión	9,7	5,7	8,0	8,4	8,6
Total	57,3	33,0	34.9	44,1	50,8
Calificación	1	5	4	3	2

3. Pros y contras: Observaciones generales del equipo documentadas.
4. Coste: Análisis del coste incluida la compra de las impresoras, el mantenimiento, los suministros y el software.
5. Calidad MICR: Conformidad con los estándares MICR.
6. Calidad de impresión: Conformidad con los estándares de calidad de impresión.

El equipo asignó entonces una puntuación (10 como máximo) para cada impresora en cada situación. La tabulación es la siguiente:

CUESTIONES DE DISCUSIÓN

1. ¿Es apropiado que en el análisis final se de la misma importancia a la calidad MICR que al Coste?
2. Vuelva a calcular las comparaciones utilizando los siguientes factores de importancia: Características 15%, Evaluaciones de usuarios 15%, Pros y Contras 15%, Coste 30%, Calidad MICR 12,5%, Calidad de impresión 12,5%. ¿Cambia esto el resultado final?

Fuente: Escrito por Paula Beavers, bajo la supervisión del Profesor B. Render, Rollins College.

BIBLIOGRAFÍA

Akinc, U. "Selecting a Set of Vendors in a Manufacturing Environment." *Journal of Operations Management*, 11, no. 2 (June 1993): 107–122.

Billington, C. "Supply Chain Management." *OR/MS Today*, 21, no. 2 (April 1994): 20–29.

Blumenfeld, D. E., L. D. Burns, C. F. Daganzo, M. D. Frick, and R. W. Hall. "Reducing Logistics Costs at General Motors." *Interfaces*, 17 (January/February 1987): 26–47.

Chapman, S. N., and P. L. Carter. "Supplier/Customer Inventory Relationships under JIT." *Decision Sciences* (Winter 1990): 35–51.

Davis, T. "Effective Supply Chain Management." *Sloan Management Review*, 34, no. 4 (Summer 1993): 35–46.

Datar, S., K. Sunder, T. Mukhopadyay, and E. Svaan. "Overloaded Overheads: Activity-Based Cost Analysis of Material Handling in Cell Manufacturing." *Journal of Operations Management*, 10, no. 1 (January 1993): 119–137.

Drtina, R. "The Outsourcing Decision." *Management Accounting*, 75, no. 9 (March 1994): 56–62.

Dyer, J. H., and W. G. Ouchi. "Japanese-Style Partnerships: Giving Companies A Competitive Edge." *Sloan Management Review*, 35, no. 1 (Fall 1993): 51–64.

Freeland, J. R. "A Survey of Just-in-Time Purchasing Practices in the United States." *Production and Inventory Management Journal*, vol. 32 (Second Quarter 1991): 43.

Frey, S. C., Jr., and M. M. Schlosser. "ABB and Ford: Creating Value Through Cooperation." *Sloan Management Review*, 35, no. 1 (Fall 1993): 65–72.

Fuller, J. B., J. O'Conor, and R. Rawlinson. "Tailored Logistics: The Next Advantage." *Harvard Business Review*, 71, no. 3 (May/June 1993): 87–98.

Golhar, D. Y. "JIT Purchasing Practices In Manufacturing Firms." *Production and Inventory Management Journal*, 34, no. 3 (Third Quarter 1993): 75–79.

Helper, S. "How Much Has Really Changed between U.S. Automakers and Their Suppliers?" *Sloan Management Review*, 32 (Summer 1991): 15.

Inman, A. R., and S. Mehra. "Determining the Critical Elements of Just-in-Time Implementation." *Decision Sciences*, 23 (January/February 1992): 160–174.

Tersine, R. J., and J. H. Campbell. *Modern Materials Management*. New York: North-Holland, 1977.

Venkatesan, R. "Strategic Sourcing: To Make or not to Make." *Harvard Business Review*, 70, no. 6 (November/December 1992): 98.

Zenz, G. J. *Purchasing and the Management of Materials*. New York: John Wiley, 1994.

1 SUPLEMENTO

CURVAS DE APRENDIZAJE

CONTENIDO DEL SUPLEMENTO

APLICACIÓN DE LA CURVA DE APRENDIZAJE
- Método Aritmético
- Método Logarítmico
- Método del Coeficiente de la Curva de apredizaje

IMPLICACIONES ESTRATÉGICAS DE LAS CURVAS DE APRENDIZAJE

RESUMEN

TÉRMINOS CLAVE

UTILIZANDO AB: POM PARA LAS CURVAS DE APRENDIZAJE

PROBLEMAS RESUELTOS

PREGUNTAS DE DISCUSIÓN

EJERCICIO DE RAZONAMIENTO CRÍTICO

PROBLEMAS

CASO DE ESTUDIO

BIBLIOGRAFÍA

El gigante electrónico Koreano, Samsung, entró en el mercado de los hornos microondas en 1978. En una cadena de montaje provisional, su equipo de producción empezó a fabricar un horno por día, después dos, y más tarde cinco, cuando los empleados empezaban a aprender el proceso de montaje. Con muchas horas gastadas diseñando de nuevo la cadena por la noche, los ingenieros de Samsung resolvían los problemas descubiertos durante el día. La producción mejoró a 10 hornos por día, después a 15, y pronto serían 50. Al final de 1981, el proceso de aprendizaje permitió a los trabajadores producir 300 hornos por día, y en 1982, ese número se duplicó de nuevo. En 1983, Samsung fabricaba 2.500 microondas por día, y continúan mejorando.[1] ♦

[1]Ira C. Magaziner y Mark Patinkin, "Fast Heat: How Korea Won the Microwave War," Harvard Business Review, 89, 10. (January/February 1989): 83–92.

Curvas de aprendizaje

En 1936, T. P. Wright, de Curtis-Wright Corporation, publicó el primer informe sobre las **curvas de aprendizaje** aplicadas a la industria[2]. Las curvas de aprendizaje o, como se llaman algunas veces, las curvas de experiencia, se basan en la premisa de que las organizaciones, lo mismo que las personas, hacen mejor sus trabajos a medida que estos se van repitiendo. Una gráfica de curva de aprendizaje, de horas de mano de obra por unidad versus el número de unidades producidas, normalmente tiene la forma de la distribución exponencial negativa mostrada en la Figura S1.1.

La curva de aprendizaje está basada en una duplicación de la productividad. Es decir, cuando la producción se duplica, la disminución en el tiempo por unidad es igual a la tasa de la curva de aprendizaje. Es decir, si la curva de aprendizaje tiene una tasa del 80%, la segunda unidad toma el 80% del tiempo de la primera unidad, la cuarta unidad toma el 80% del tiempo de la segunda, la octava unidad toma el 80% del tiempo de la cuarta unidad, y así sucesivamente. Esto se muestra como

$$T \times L^{n} = \text{tiempo necesario para la enésima unidad} \qquad \text{(S1.1)}$$

donde T = coste unitario o tiempo unitario
L = tasa de la curva de aprendizaje
n = número de veces que se duplica la Y

Si la primera unidad de un producto concreto necesitaba 10 horas de mano de obra, y si se tiene una curva de aprendizaje del 70%, las horas que necesitará la cuarta unidad requerirán duplicarse dos veces–de 1 a 2 y luego a 4–. Por lo tanto, la fórmula es la siguiente:

FIGURA S1.1 ■ El efecto de la curva de aprendizaje establece que el tiempo por repetición se reduce cuando se incrementa el número de repeticiones. Esto significa que *completar cada unidad adicional que produce una empresa supone menos tiempo*. Pero los ahorros de tiempo al completar cada unidad disminuyen con cada unidad adicional. Éstas son las implicaciones más importantes del efecto de la curva de aprendizaje.

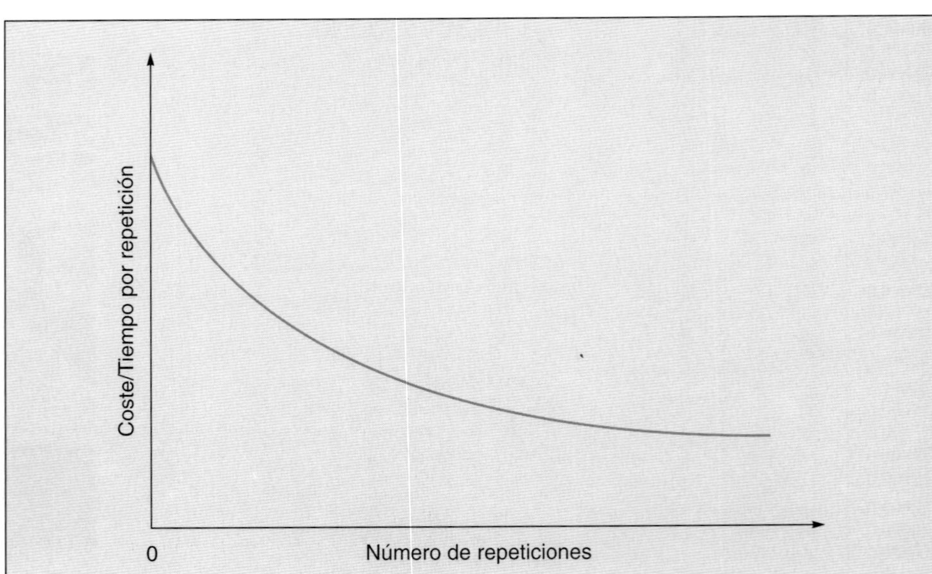

[2]T. P. Wright, "Factors Affecting the Cost of Airplanes," Journal of the Aeronautical Sciences (february, 1936).

$$\text{Horas necesarias para la unidad cuatro} = 10 \times (0{,}7)^2 = 4{,}9 \text{ horas}$$

Diferentes organizaciones y diferentes productos tienen diferentes curvas de aprendizaje. La tasa de aprendizaje varía dependiendo de la calidad de la gestión y del potencial del proceso y del producto. *Cualquier cambio en el proceso, el producto o el personal, rompe la curva de aprendizaje.* Por lo tanto, debe tenerse cuidado al asumir que la curva de aprendizaje es continua y permanente.

Las curvas de aprendizaje de la industria varían ampliamente según se muestra en la Tabla S1.1. Mientras menor sea el número de la curva, tal como el 70% comparado con el 90%, mayor será la inclinación de la pendiente y más rápida la reducción de los costes. Por tradición, las curvas de aprendizaje se definen en términos de los *complementos* a sus tasas de mejora. Por ejemplo, una curva de aprendizaje del 70% implica un 30% de disminución del tiempo cada vez que se duplica el número de repeticiones. Una curva del 90% significa que hay una tasa de mejora correspondiente del 10%.

Los procesos y los productos estables, estandarizados, e intensivos en mano de obra, tienden a que sus costos se reduzcan más rápido que otros. Entre 1929 y 1955, por ejemplo, la industria del acero fue capaz de reducir las horas de trabajo por unidad al 79% cada vez que la producción acumulada se duplicaba. El Apartado de POM en Acción, de manera coincidente, descubre que los doctores siguen la misma curva de aprendizaje del 79% en la realización de transplantes de corazón.

Las curvas de aprendizaje son útiles para una gran variedad de aplicaciones. Éstas incluyen:

1. previsión de la mano de obra interna, programación de la producción, establecimiento de costos y presupuestos;
2. compras externas y subcontratación de artículos (véase el caso de estudio STM al final de este Suplemento);
3. evaluación estratégica de la eficiencia de la compañía y de la industria.

TABLA S1.1 ■ Ejemplos de los efectos de la Curva de Aprendizaje en la industria de Estados Unidos.

Ejemplo	Parámetro de mejora	Parámetro acumulativo	Pendiente de la curva de aprendizaje	Marco de tiempo
1. Producción del modelo T de Ford	Precio	Unidades producidas	86	1910–1926
2. Montaje de aviones	Horas de mano de obra directa por unidad	Unidades producidas	80	1925–1957
3. Mantenimiento de equipos en GE	Tiempo medio para reemplazar un grupo de partes	Número de reemplazos	76	Alrededor de 1957
4. Producción de acero	Horas de mano de obra de trabajador de producción por unidad producida	Unidades producidas	79	1920–1955
5. Circuitos integrados	Precio medio por unidad	Unidades producidas	72*	1964–1972
6. Calculadora de mano	Precio medio de venta de fábrica	Unidades producidas	74	1975–1978
7. "Drives" de memoria del disco	Precio medio por bit	Número de bits	76	1975–1978

*Dólares constantes

Fuente: James A. Cunningham, "Using the Learning Curve as a Management Tool," *IEEE Spectrum* (June 1980): 45. © 1980 IEEE..

POM
E N A C C I Ó N

El impacto de las curvas de aprendizaje en los transplantes de corazón

El concepto de la curva de aprendizaje ha sido muy documentado en la producción de bienes y servicios. Ahora los estudios indican que incluso la profesión médica puede mirar a las curvas de aprendizaje para predecir el éxito de las cirugías. Y hoy en día, en que cada vez más hospitales hacen cara a la presión de las compañías aseguradoras y del gobierno para aceptar negociaciones a precio fijo para sus servicios, su capacidad para aprender de la experiencia será crítica.

Los investigadores del Temple University Hospital evaluaron los efectos del aprendizaje para los transplantes de corazón. Una operación cara, de 60.000$ de media de coste actual para el hospital. Un transplante requiere una coordinación precisa y compleja de un gran equipo. Además, los hospitales que hacen transplantes de corazón rara vez recuperan la totalidad de los costes de estas operaciones y, por lo tanto, tienen un fuerte incentivo para reducir estos costes siempre que sea posible.

Los resultados de un estudio durante tres años de 62 pacientes que recibieron transplantes reveló una curva de aprendizaje del 79%, medido según las tasa de mortalidad de 1 año (es decir, el número de pacientes que mueren durante el primer año de operación). En este caso, de cada tres operaciones resultaba una reducción del 50% de la tasa de mortalidad. Esta última medida de mejora estima no sólo las vidas perdidas, sino la pérdida de un escaso y valioso recurso médico–el corazón donado–.

Esta experiencia del Temple University Hospital sitúa las curvas de aprendizaje para los transplantes de corazón al mismo nivel que lo que se ha encontrado casi universalmente en la producción industrial.

Fuente: David B. Smith y Jan L. Larsson "The Impact of Learning on Cost: The Case of Heart Transplantation," *Hospital and Health Services Administration* (Spring 1989): 85–97.

APLICACIÓN DE LA CURVA DE APRENDIZAJE

Una relación matemática nos permite expresar el tiempo que supone producir una determinada unidad. Esta relación es función de cuántas unidades se han producido antes, y cuánto tiempo llevó producirlas. Aunque este procedimiento determina el periodo de tiempo que es necesario para producir una unidad dada, las consecuencias de este análisis son de mayor alcance. Los costes disminuyen y la eficiencia aumenta para las compañías individualmente y para la industria. Por lo tanto, aparecen graves problemas en la programación si las operaciones no se ajustan a las implicaciones de la curva de aprendizaje. La mejora por la curva de aprendizaje puede causar que las instalaciones productivas y la mano de obra estén ociosas una parte del tiempo. Más aún, las empresas pueden rechazar trabajos adicionales porque no consideran la mejora que resulta del aprendizaje. Las anteriores son solamente unas cuantas de las consecuencias de no considerar el efecto del aprendizaje. Los efectos de las curvas de aprendizaje suceden en márketing y en la planificación financiera. Desde una perspectiva de compras, nuestro interés está en juzgar cuál debe ser el coste de un proveedor para una futura producción.

Veamos tres enfoques de las curvas de aprendizaje: análisis aritmético, análisis logarítmico y coeficientes de la curva de aprendizaje.

Método Aritmético

El análisis aritmético es el método más simple para los problemas de curvas de aprendizaje. Como ya señalamos al principio de este Suplemento, cada vez que la producción se duplica, la mano de obra por unidad disminuye en un factor constante, conocido como la tasa de aprendizaje. Así, si sabemos que la tasa de aprendizaje es de 80% y que la primera unidad producida supuso 100 horas, las horas necesarias para producir la segunda, cuarta, octava y decimosexta unidad serán:

UNIDAD PRODUCIDA N	HORAS PARA LA UNIDAD N
1	100,0
2	80,0 = (0,8 × 100)
4	64,0 = (0,8 × 80)
8	51,2 = (0,8 × 64)
16	41,0 = (0,8 × 51,2)

Mientras que queramos hallar las horas necesarias para producir n unidades y n es uno de los valores duplicados, entonces este método funciona. El análisis aritmético no responde a la pregunta para otras unidades. Sin embargo, el método logarítmico sí nos da esta flexibilidad.

Método Logarítmico

El método logarítmico nos permite determinar la mano de obra para cualquier unidad, TN, por la fórmula

$$T_N = T_1(N^b) \tag{S1.2}$$

donde T_1 = horas para producir la primera unidad,
b es la pendiente de la curva de aprendizaje, y es igual a
b = (log de la tasa de aprendizaje)/(log 2)

Algunos de los valores de b se presentan en la Tabla S1.2 El Ejemplo S1.1 muestra cómo funciona esta fórmula.

TABLA S1.2 ■ Curva de Aprendizaje. Valores de B

TASA DE APRENDIZAJE (%)	B
70	-0,515
75	-0,415
80	-0,322
85	-0,234
90	-0,152

EJEMPLO S1.1

La tasa de aprendizaje de una operación determinada es del 80% y la primera unidad de producción llevó 100 horas. Las horas necesarias para producir la tercera unidad pueden calcularse como sigue:

$$T_N = T_1\,(N^b)$$
$$T_3 = (100 \text{ horas})(3^b)$$
$$= (100)(3^{\log 0,8 / \log 2})$$
$$= (100)\,(3^{-0,322}) = 70,2 \text{ horas de mano de obra.}$$

El método logarítmico nos permite determinar las horas necesarias para cualquier unidad producida, pero hay un método más sencillo.

TABLA S1.3 ■ Coeficientes de la Curva de Aprendizaje.

Número de la unidad (N)	70%		75%		80%		85%		90%	
	Tiempo de la unidad	Tiempo total	Tiempo de la unidad	Tiempo total	Tiempo de la unidad	Tiempo total	Tiempo de la unidad	Tiempo total	Tiempo de la unidad	Tiempo total
1	1,000	1,000	1,000	1,000	1,000	1,000	1,000	1,000	1,000	1,000
2	0,700	1,700	0,750	1,750	0,800	1,800	0,850	1,850	0,900	1,900
3	0,568	2,268	0,634	2,384	0,702	2,502	0,773	2,623	0,846	2,746
4	0,490	2,758	0,562	2,946	0,640	3,142	0,723	3,345	0,810	3.556
5	0,437	3,195	0,513	3,459	0,596	3,738	0,686	4,031	0,783	4,339
6	0,398	3,593	0,475	3,934	0,562	4,299	0,657	4,688	0,762	5,101
7	0,367	3,960	0,446	4,380	0,534	4,834	0,634	5,322	0,744	5,845
8	0,343	4,303	0,422	4,802	0,512	5,346	0,614	5,936	0,729	6,574
9	0,323	4.626	0,402	5,204	0,493	5,839	0,597	6,533	0,716	7,290
10	0,306	4,932	0,385	5,589	0,477	6,315	0,583	7,116	0,705	7,994
11	0,291	5,223	0,370	5,958	0,462	6,777	0,570	7,686	0,695	8,689
12	0,278	5,501	0,357	6,315	0,449	7,227	0,558	8,244	0,685	9,374
13	0,267	5,769	0,345	6,660	0,438	7,665	0,548	8,792	0,677	10,052
14	0,257	6,026	0,334	6,994	0,428	8,092	0,539	9,331	0,670	10,721
15	0,248	6,274	0,325	7,319	0,418	8,511	0,530	9,861	0,663	11,384
16	0,240	6,514	0,316	7,635	0,410	8,920	0,522	10,383	0,656	12,040
17	0,233	6,747	0,309	7,944	0,402	9,322	0,515	10,898	0,650	12,690
18	0,226	6,973	0,301	8,245	0,394	9,716	0,508	11,405	0,644	13,334
19	0,220	7,192	0,295	8,540	0,388	10,104	0,501	11,907	0,639	13,974
20	0,214	7,407	0,288	8,828	0,381	10,485	0,495	12,402	0,634	14,608
21	0,209	7,615	0,283	9,111	0,375	10,860	0,490	12,892	0,630	15,237
22	0,204	7,819	0,277	9,388	0,370	11,230	0,484	13,376	0,625	15,862
23	0,199	8,018	0,272	9,660	0,364	11,594	0,479	13,856	0,621	16,483
24	0,195	8,213	0,267	9,928	0,359	11,954	0,475	14,331	0,617	17,100
25	0,191	8,404	0,263	10,191	0,355	12,309	0,470	14,801	0,613	17,713
26	0,187	8,591	0,259	10,449	0,350	12,659	0,466	15,267	0,609	18,323
27	0,183	8,774	0,255	10,704	0,346	13,005	0,462	15,728	0,606	18,929
28	0,180	8,954	0,251	10,955	0,342	13,347	0,458	16,186	0,603	19,531
29	0,177	9,131	0,247	11,202	0,338	13,685	0,454	16,640	0,599	20,131
30	0,174	9,305	0,244	11,446	0,335	14,020	0,450	17,091	0,596	20,727
35	0,160	10,133	0,229	12,618	0,318	15,643	0,434	19,294	0,583	23,666
40	0,150	10,902	0,216	13,723	0,305	17,193	0,421	21,425	0,571	26,543
45	0,141	11,625	0,206	14,773	0,294	18,684	0,410	23,500	0,561	29,366
50	0,134	12,307	0,197	15,776	0,284	20,122	0,400	25,513	0,552	32,142

Método del coeficiente de la curva de aprendizaje

La técnica del coeficiente de la curva de aprendizaje está plasmada en la Tabla S1.3 y en la siguiente ecuación:

$$T_N = T_1 C \qquad \text{(S1.3)}$$

donde T_N = número de horas de mano de obra necesarias para producir la unidad N
$T1$ = número de horas de mano de obra necesarias para producir la primera unidad
C = coeficiente de la curva de aprendizaje encontrado en la Tabla S1.3

El coeficiente de la curva de aprendizaje, C, depende de la tasa de aprendizaje (70%, 75%, 80%, etcétera) y la unidad que nos interesa.

El Ejemplo S1.2 utiliza la ecuación anterior y la Tabla S1.3 para calcular los efectos de la curva de aprendizaje.

EJEMPLO S1.2

Supuso 125.000 horas de mano de obra producir el primero de varios remolcadores que usted espera adquirir para su compañía naviera, Great Lakes Services, Inc. Los remolcadores 2 y 3 han sido producidos con un factor de aprendizaje del 85%. A 40$ por hora, ¿cuánto esperaría pagar usted, como agente de compra, por la cuarta unidad?

Primero, busque en la Tabla S1.3 por la cuarta unidad y un factor de aprendizaje del 85%. El coeficiente de la curva de aprendizaje, C, es 0,723. Para producir la cuarta unidad, entonces, se toma

$$T_N = T_1 C$$
$$T_4 = (125.000 \text{ horas})(0{,}723)$$
$$= 90.375 \text{ horas}$$

Para hallar el coste, multiplique por 40$:

$$90.375 \text{ horas} \times 40\$/\text{hora} = 3.615.000\$$$

La Tabla S1.3 también muestra los valores acumulados. Estos nos permiten calcular el número total de horas necesarias para terminar un número específico de unidades. De nuevo, el cálculo es directo. Se multiplica el valor de tiempo total de la tabla correspondiente al número de unidades y a la tasa de aprendizaje por unidad. El Ejemplo S.3 ilustra este concepto.

EJEMPLO S1.3

En el Ejemplo S1.2 se calculó el tiempo para terminar el cuarto remolcador que Great Lakes Services planea comprar. ¿Cuánto tiempo se necesitará para *los cuatro* botes?

Mirando esta vez a la columna total de la Tabla S1.3, descubrimos que el coeficiente acumulado es 3,345. De esta manera, el tiempo necesario es

$$T_N = T_1 C$$
$$T_4 = (125.000)(3{,}345) = 418.125 \text{ horas en total para los cuatro remolcadores}$$

Para una muestra de cómo puede utilizarse AB:POM para resolver los Ejemplo S1.2 y S1.3, véase el Programa S1.1 al final de este suplemento.

Utilizar la Tabla S1.3 requiere que sepamos cuánto tiempo lleva terminar la primera unidad. Pero, ¿qué ocurre si su información más reciente y más fiable pertenece a otra unidad? La respuesta es que debemos utilizar este dato para encontrar una estimación revisada de la primera unidad, y después aplicar la tabla con ese número. El Ejemplo S1.4 ilustra este concepto.

EJEMPLO S1.4

Great Lakes Services cree que circunstancias inusuales en la producción del primer barco (véase el Ejemplo S1.2) implican que la estimación de tiempo de 125.000 horas no es tan válida como base como el tiempo del tercer barco. El barco número 3 se terminó en 100.000 horas.

Para resolver la estimación revisada del barco número 1, volvemos a la Tabla S1.3 con un valor de la unidad de $N = 3$ y una curva de aprendizaje de C = 0,773 en la columna del 85%. Dividimos el tiempo actual del barco tres, 100.000 horas, por C = 0,773 para hallar la estimación revisada:

$$\frac{100.000}{0{,}773} = 129.366 \text{ horas}$$

IMPLICACIONES ESTRATÉGICAS DE LAS CURVAS DE APRENDIZAJE

Hasta ahora, hemos mostrado cómo los directores de operaciones pueden pronosticar las necesidades de horas de mano de obra para un producto. También hemos mostrado cómo los agentes de compras pueden determinar el coste de un proveedor, lo que puede ayudar en las negociaciones de precios. Una importante aplicación adicional de las curvas de aprendizaje tiene que ver con la planificación estratégica.

FIGURA S1.2 ■ La curva de aprendizaje de la industria para el precio comparada con la curva de aprendizaje de la compañía para el coste. Nota: Tanto el eje horizontal como el vertical de esta figura están en escalas logarítmicas. Esto se conoce como un gráfico log-log.

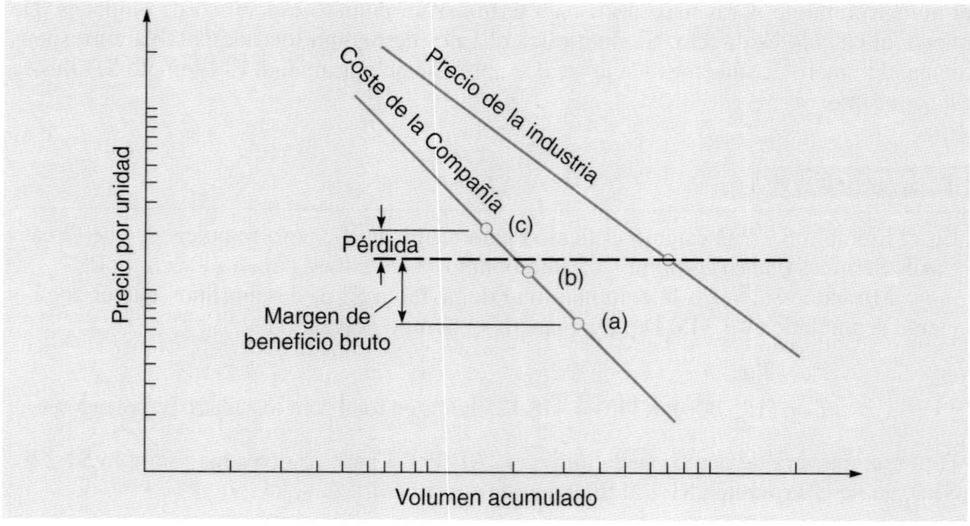

POM EN ACCIÓN

Construir una estrategia basada en la curva de aprendizaje en Texas Instruments

Las estrategias de las curvas de aprendizaje son especialmente apropiadas cuando los productos, como calculadoras de mano o PCs, son muy sensibles a los cambios de precio. Texas Instruments (TI) descubrió que disminuir los precios podría provocar grandes saltos en la demanda. La demanda extra, a su vez, aceleró la progresión hacia abajo en la curva de aprendizaje, por el aumento del output. Los costes más bajos proporcionaban entonces la flexibilidad para más recortes de precio y para otro ciclo de este proceso.

En el caso de la calculadora de mano, los avances en la tecnología de los semiconductores y una gran sensibilidad de la demanda al precio ofreció oportunidades para un gran crecimiento. Cuando TI se introdujo en la lucha con una estrategia de curva de aprendizaje, los costes por calculadora pasaron de miles de dólares a 10$ en menos de 10 años. Las ventas se dispararon y TI cosechó los beneficios de ser un líder en lugar de un seguidor.

El mercado del PC ofrece una ilustración irónica del mismo tema. Los PCs, también muy sensitivos a los precios, tienen una pronunciada curva de aprendizaje. Pero TI permitió que otros mandaran en el juego de reducción de costes y recortes de precios. Pagó el precio de su error con el fracaso de su línea de PC.

Es crítico entender a los competidores antes de embarcarse en una estrategia de curva de aprendizaje. Un competidor es débil si está subcapitalizado, atrapado con costes elevados, o no entiende la lógica de las curvas de aprendizaje.

Los competidores fuertes y peligrosos controlan sus costes, tiene sólidas posiciones financieras para efectuar las grandes inversiones necesarias, y tienen antecedentes de utilizar una estrategia agresiva de curva de aprendizaje. Tener un competidor como ese en una guerra de precios sólo puede beneficiar al cliente.

Fuente: Harvard Business Review (March/April 1985): p.148.

El Apartado *POM en Acción* "Construir una estrategia basada en la curva de aprendizaje en Texas Instruments" sugiere que sectores de la industria de los semiconductores buscan activamente una curva de aprendizaje con fuerte pendiente. Un ejemplo de una línea de precios con pendiente de la industria semiconductora se muestra en la Figura S1.2. Estas curvas de aprendizaje son rectas por que ambas escalas son logarítmicas. Cuando la tasa de cambio es constante, una gráfica log-log da una línea recta. Si una compañía determinada cree que su línea de costes es la línea de "costes de la compañía" y el precio de la industria está indicado por la línea horizontal rayada, entonces la compañía debe tener costes por debajo de la línea de puntos (por ejemplo, los puntos a o b) o en otro caso funcionar con pérdidas (punto c). Cuando la estrategia de una empresa es seguir la curva de la compañía, una curva con más pendiente que la media de la industria, lo realiza

1. siguiendo una política de precios agresiva;
2. centrándose en una reducción de costes continuada y en la mejora de la productividad;
3. creciendo en base a la experiencia compartida;
4. manteniendo el crecimiento de la capacidad por encima de la demanda.

Los costes pueden bajar mientras la empresa sigue la curva de aprendizaje, pero el volumen debe aumentar para que exista esa curva. Por ejemplo, la Figura S1.3 muestra las unidades que tienen que producirse cada año para una reducción del 25% cuando se opera con una curva de aprendizaje del 60% o el 80%. En los últimos años, la mayor parte de la industria de los ordenadores ha trabajado con una reducción de costes del 25%: los volúmenes y las reducciones de costes que implican las curvas de aprendizaje y, como se demostró por los datos de la Tabla S1.1 y la Figura S1.3, sugieren la dificultad de alcanzar ese objetivo.

Desarrollar una estrategia competitiva a través de la curva de aprendizaje no es, como sugiere el Ejemplo S1.5, una solución para todo el mundo.

EJEMPLO S1.5

Seymore Computers, Inc., acaba de terminar la producción del primer Seymore Mark II Computer, un supercomputador que ha establecido un estándar mundial. La empresa espera que la industria continúe reduciendo los costes en un 25% anualmente con una curva de aprendizaje del 80%. Hasta el sexto año, ¿cuántos computadores tendrá que producir cada año Seymore para mantenerse a la par con la curva de la industria?

En la Figura S1.3, encontramos las intersección del año 6 y la curva del 80%. Se cruzan en 100. Por lo tanto, Seymore tiene que establecer los planes de mercado y de producción para la producción de 100 unidades anuales hasta el año 6.

Debido a que la demanda total mundial de supercomputadores es menor a 20 por año, no parece probable que ésta sea una estrategia razonable. Quizás para Seymor es preferible mantener bajos niveles de producción con tecnología punta a un producto estandarizado.

FIGURA S1.3 ■ Las Curvas del 60% y el 80% muestran el número de unidades que deben producirse para reducir los costes un 25% anualmente si la empresa está trabajando en una de esas curvas.

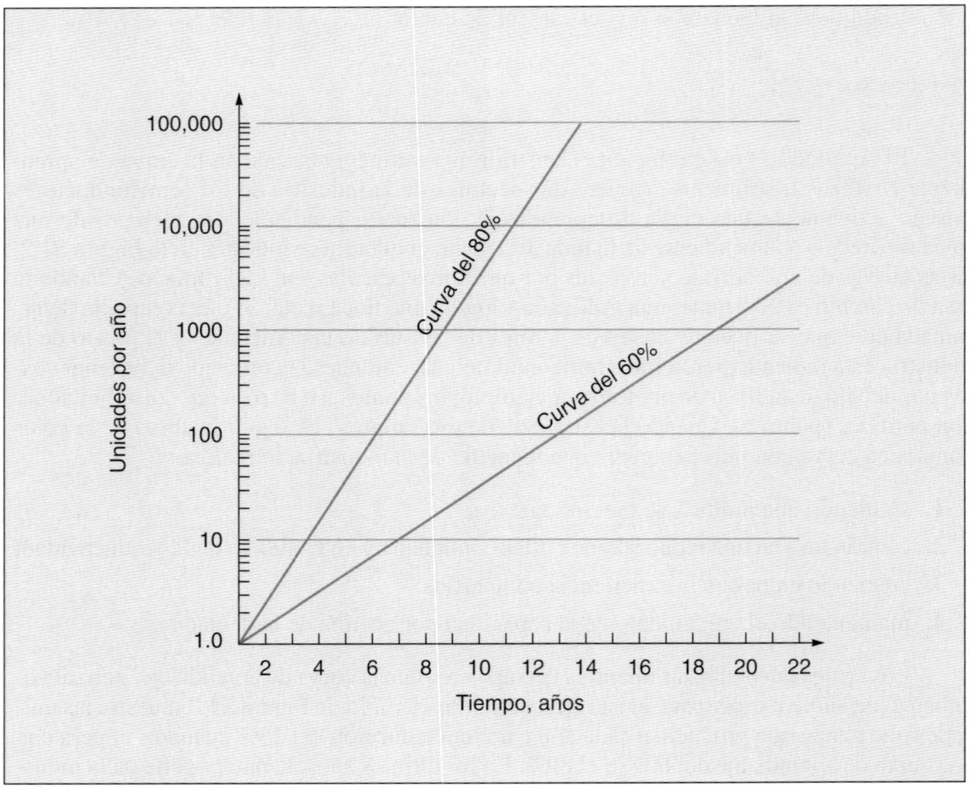

(*Fuente:* James A. Cunningham, "Using the Learning Curve as a Management Tool," *IEEE Spectrum* (June 1980): 47. © 1980 IEEE.)

RESUMEN

La curva de aprendizaje es una poderosa herramienta para el director de operaciones. Esta herramienta puede ayudar a los directores de operaciones a determinar los niveles futuros de costes tanto para artículos producidos como para los comprados. Además, la curva de aprendizaje puede ayudar a entender la eficiencia de la compañía y de la industria. Vimos tres métodos para las curvas de aprendizaje: el análisis aritmético, el análisis logarítmico y los coeficientes de la curva de aprendizaje hallados en las tablas. El software AB:POM también puede ayudar a analizar las curvas de aprendizaje.

TÉRMINO CLAVE

Curva de aprendizaje

UTILIZANDO AB: POM PARA LAS CURVAS DE APRENDIZAJE

El Módulo de las Curvas de Aprendizaje de AB:POM calcula la cantidad de tiempo que se necesitará para producir las unidades futuras, conocido el tiempo necesario de la unidad base y la tasa de aprendizaje (expresada con un número entre 0 y 1). Como opción, si el tiempo necesario para la primera y la enésima unidad ya se conocen, puede calcularse la tasa de aprendizaje.

PROGRAMA S1.1 ■ El Módulo de la Curva de Aprendizaje de AB:POM aplicado a los Ejemplos S1.2 y S1.3. El programa también tiene capacidad gráfica.

Experience (learning) Curves — Solution

Great Lakes Services, Inc.

Unit Number	Production Time	Cumulative Time
1	125000.00	125000
2	106250.00	231250
3	96614.48	327864
4	90312.50	418177

Unit number of base unit	1
Labor time for base unit, T1	125000.0
Unit number of last unit, N	4
Learning coefficient	0.850

F1 = Help   F3 = Graph   F4 = Character Graph   F8 = All Print   F9 = Print ESC

PROBLEMAS RESUELTOS

Problema resuelto S1.1

Digicomp produce un nuevo sistema de teléfono con pantalla de TV incorporada. Su tasa de aprendizaje es del 80%.

a) ¿Cuánto tiempo le supone a Digicomp producir el sistema decimoprimero cuando el primero le llevó 56 horas?

b) ¿Cuánto tiempo se necesitará en total para los 11 primeros sistemas?

c) Como agente de compras, usted espera comprar las unidades 12 hasta la 15 del nuevo sistema de teléfono. ¿Cuál sería el coste esperado total de estas unidades si Digicomp cobra 30$ por cada hora de mano de obra?

Solución

de la Tabla S1.3 - 80% tiempo de la unidad

a) $T_N = T_1 C$

T_{11} = (56 horas)(0,462) = 25.872 horas.

b) Tiempo total de las primeras 11 unidades = (56 horas)(6,771) = 379,5 horas

de la Tabla S1.3 - 80% tiempo de la unidad

c) Para hallar el tiempo de las unidades 12 a 15, cogemos el tiempo acumulado total para las unidades 1 a 15 y restamos el tiempo total de las unidades 1 a 11, que se calculó en el apartado (b). El tiempo total para las primeras 15 unidades = (56 horas)(8,511) = 476,6 horas. Así que el tiempo para las unidades 12 a 15 es 476,6 - 379,5 = 97,1 horas. (Esto también se podría confirmar calculando los tiempos de las unidades 12, 13, 14, y 15 por separado, utilizando la columna del tiempo por unidad y después sumándolos.) Los costes esperados para las unidades 12 a 15 = (97,1 horas) (30$/hora) = 2,913$.

Problema resuelto S1.2

Si la primera vez que usted realiza un trabajo le lleva 60 minutos, ¿cuánto llevará el octavo trabajo si usted está sobre una curva de aprendizaje del 80%?

Solución

Tres duplicaciones de 1 a 2 a 4 a 8 supone 8^3. Por lo tanto, tenemos

$$60 \times (0{,}8)^3 = 60 \times 0{,}512 = 30{,}72 \text{ minutos}$$

o, utilizando la Tabla S1.3, tenemos $C = 0{,}512$. Por lo tanto:

$$60 \times 0{,}512 = 30{,}72 \text{ minutos}$$

PREGUNTAS DE DISCUSIÓN

1. ¿Cuáles son algunas limitaciones para usar las curvas de aprendizaje?
2. ¿Qué técnicas puede utilizar una empresa para moverse a una curva de aprendizaje con mayor pendiente?
3. ¿Cuáles son los métodos para resolver los problemas de curvas de aprendizaje?
4. ¿Cuáles son la consecuencias para Great Lakes Services Inc., del Ejemplo S1.1, si el departamento de ingeniería quiere cambiar el motor en el tercer barco, y en los siguientes, que compra Great Lakes Services?
5. ¿Bajo qué condiciones debería evitar una empresa "poner precios sobre la curva de aprendizaje"?
6. ¿Por qué no es tan aplicable el concepto de curva de aprendizaje a una cadena de montaje de alta producción como lo es para la mayoría de actividades humanas?
7. ¿Qué puede provocar que una curva de aprendizaje varíe su ligera pendiente descendente?
8. Explique el concepto del efecto "duplicación" en las curvas de aprendizaje.

EJERCICIO DE RAZONAMIENTO CRÍTICO

El primer *Apartado POM en Acción* de está capítulo discute cómo se descubrió que el efecto de aprendizaje tomaba parte en la predicción de la disminución de las tasas de mortalidad de las operaciones de transplante de corazón. Todavía, los mismos investigadores de Temple University Hospital descubrieron que la curva de aprendizaje no parecía ser válida para predecir la duración de la estancia en el hospital de los supervivientes al transplante o del coste medio por unidad de transplante. Explique por qué estos dos factores parecen no seguir el concepto tradicional de la curva de aprendizaje mientras que sí lo hacen las tasas de mortalidad. Si es necesario, visite al administrador de un hospital para discutir si el problema ha sido tratado a nivel local. ¿Se han aplicado las curvas de aprendizaje en alguna otra área del hospital? ¿Por qué?

PROBLEMAS

: **S1.1** El Beth Zion Hospital ha recibido la certificación inicial del Estado de California para convertirse en un centro de transplantes de riñón. Sin embargo, el hospital debe realizar los 18 primeros transplantes bajo supervisión y sin ningún coste para los pacientes. El primer transplante, recién acabado, necesitó 30 horas. En base a la investigación sobre hospitales presentada en el Apartado *POM en Acción* de este capítulo, Beth Zion estima que tendrá una curva de aprendizaje del 80%. Calcule el tiempo que supondrá realizar lo siguiente:

a) El quinto transplante de riñón.

b) El total de los cinco primeros transplantes.

c) El decimoctavo transplante.

d) El total de los primeros dieciocho transplantes.

: **S1.2** El Beth Zion Hospital (véase el Problema S1.1) acaba de ser informado de que sólo los 10 primeros transplantes deben realizarse a cuenta del hospital. El coste por hora de operación se calcula que es de 5.000$. De nuevo, la tasa de aprendizaje es 80% y la primera operación se realizó en 30 horas.

a) ¿Cuánto tiempo supondrá la décima operación?

b) ¿Cuánto costará la décima operación?

c) ¿Cuánto le costarán al hospital las diez primeras operaciones en total?

: **S1.3** Si el cuarto trabajo de cambio de aceite en Trendo-Lube se realizó en 18 minutos y el segundo en 20 minutos, calcule en cuanto tiempo:

a) se realizó el primer trabajo.

b) se realizó el tercer trabajo.

c) se realizará el octavo trabajo.

d) la tasa de aprendizaje actual.

• **S1.4** Una estudiante de San Diego State University compró seis estanterías para su dormitorio. Cada una requería desempaquetar las piezas y montarlas, lo que incluía clavar y atornillar las piezas. Acabó la primera estantería en cinco horas y la segunda en cuatro horas.

a) ¿Cuál es su tasa de aprendizaje?

b) Suponiendo que continúa la misma tasa, ¿en cuánto tiempo montará la tercera estantería?

c) ¿la cuarta, la quinta y la sexta estantería?

d) ¿todas las estanterías?

• **S1.5** Limpiar un vertedero de residuos tóxicos le llevó a un contratista EPA 300 días-hombre de trabajo. Si el contratista sigue una tasa de aprendizaje del 85%, ¿cuánto tiempo en total supondrá limpiar las siguientes cinco, es decir, los vertederos 2 al 6?

• **S1.6** La primera distribuidora automática que Smith Inc. montó llevó 80 horas de mano de obra. Calcule cuánto tiempo requerirá la cuarta máquina para cada una de las siguientes tasas de aprendizaje:

a) 95%

b) 87%

c) 72%

• **S1.7** En el problema anterior, se calculó el tiempo de la cuarta unidad. ¿Cuánto tiempo llevará montar la decimosexta distribuidora bajo las tres mismas tasas de aprendizaje, a saber:

a) 95%

b) 87%

c) 72%

: **S1.8** Como agente de compras de Northeast Airlines, usted está interesado en determinar lo que deberá pagar por el avión número 4 si el avión 3 necesitó 20.000 horas para su producción. ¿Qué esperaría pagar por el avión número 5? ¿por el número 6? Utilice una curva de aprendizaje del 85% y un coste de 40$/hora de mano de obra.

: **S1.9** Utilizando los datos del Problema S1.8, ¿cuánto supondrá terminar el vigésimo avión? ¿Cuánto tiempo supondrá terminar el decimoquinto avión? ¿Cuánto tiempo supondrá terminar los aviones del 12 al 15 inclusive? A 40$/hora, ¿cuánto puede usted, como agente de compras, esperar pagar por los cuatro aviones?

: **S1.10** Dynamic RAM Corporation produce semiconductores y tiene una curva de aprendizaje de 0,7. El precio por bit es de 100 milicentavos cuando el volumen es $0{,}7 \times 10^{12}$ bits. ¿Cuál es el precio esperado a $1{,}4 \times 10^{12}$ bits? ¿Cuál es el precio esperado a $89{,}6 \times 10^{12}$ bits?

• **S1.11** Si producir el primer motor jet supone 80.000 horas en la división aeroespacial de T. R. y el factor de aprendizaje es del 90%, ¿cuánto se tarda en producir el octavo motor?

: **S1.12** Producir la octava locomotora en una gran empresa manufacturera francesa supone 28.718 horas. Si el factor de aprendizaje es del 80%, ¿cuánto tiempo supone producir la décima locomotora?

: **S1.13** Si la primera unidad de una tanda de producción necesita una hora y la empresa está sobre una curva de aprendizaje del 80%, ¿cuánto necesitará la unidad 100? (*Sugerencia*: Aplicar dos veces el coeficiente de la Tabla S1.3)

⋮ **S1.14** Como técnico de Umble Enterprises, su trabajo es preparar una estimación de un potencial contrato de servicio para una cliente. El potencial contrato es para el servicio de las cabezas de cilindro de locomotoras diesel. El taller ha hecho algunas de estas unidades en el pasado, de forma esporádica. El tiempo de cada cabeza de cilindro ha sido exactamente de cuatro horas y un trabajo similar se ha completado con una curva de aprendizaje del 85%. El cliente quiere que usted le presupueste lotes de 12 y de 20 unidades.

a) Prepare el presupuesto.

b) Después de preparar el presupuesto, usted encuentra una ficha de mano de obra para este cliente de cinco cabezas de cilindro de locomotora. A partir de las anotaciones en la ficha de mano de obra, determina que la quinta unidad necesitó 2,5 horas. ¿A qué conclusión llega acerca de la curva de aprendizaje y de su presupuesto?

⁝ **S1.15** Goodwin & Goodwin Manufacturing está produciendo nuevas y sofisticadas prótesis para la articulación de la cadera. Goodwing & Goodwing sabe que la industria está sobre una curva de aprendizaje del 80% que reduce los costes un 25% cada año en productos similares. Para mantener la media de la industria, ¿cuántas unidades deben producirse en los tres primeros años?

CASO DE ESTUDIO

Negociación de SMT con IBM

SMT y otra compañía mucho más grande fueron invitadas por IBM para hacer una oferta de 85 unidades más de un producto particular para ordenador. La RFQ solicitó que la oferta total se desglosara para mostrar la tasa por hora, las partes y componentes materiales con el precio, y cualquier cargo por servicios subcontratados. SMT presupuestó 1,62 millones de dólares y proporcionó el desglose del coste de acuerdo con la solicitud. La segunda compañía mandó únicamente una cifra total, de 5,0 millones de dólares, sin desglose de los costes.

El equipo de negociación de IBM incluía a dos gerentes de compras y dos ingenieros de costes. Uno de los ingenieros había desarrollado estimaciones de costes de fabricación para cada componente, trabajando a partir de planos de ingeniería y libros de datos de costes basados en experiencias pasadas y que además contenían factores de tiempo, tanto de preparación como de fabricación, para una gran variedad de operaciones. Él estimó los costes de materiales trabajando a la vez con los datos proporcionados por el personal de Compras de IBM y con las revistas de compras. Visitó las instalaciones de SMT para ver las herramientas disponibles, de tal forma que pudiera saber que procesos se estaban utilizando. Vio que habría condiciones perfectas y operarios entrenados, y desarrolló estimaciones de costos para la unidad número 158 (las órdenes previas fueron por 25, 15 y 38 unidades). Sumó el 5% por pérdidas en desecho y desgaste; el 2% para el uso de herramientas temporales, utensilios e instalaciones; el 5% por el control de calidad; y el 9% por cargos de compras. Después, utilizando una curva de aprendizaje del 85%, volvió a calcular sus costes para obtener una estimación para la primera unidad. Luego verificó los datos en horas y materiales para las 25, 15 y 38 unidades ya fabricadas y encontró que su estimación para la primera unidad estaba dentro del 4% del coste real. Sin embargo, su verificación había indicado un efecto de curva de aprendizaje del 90% en las horas por unidad.

En las negociaciones, SMT fue representada por uno de los socios del negocio, dos ingenieros y un técnico de costes. Las sesiones empezaron con una discusión acerca de las curvas de aprendizaje. El técnico de costes de IBM demostró que SMT había estado operando con una curva de aprendizaje del 90%. Pero, él discutía, que debería ser posible moverse a una curva del 85%, dados los grandes lotes, el reducido tiempo de preparación y la creciente continuidad de los empleados en el trabajo que sería posible con un pedido de 80 unidades. El dueño estuvo de acuerdo con el análisis y estaba dispuesto a reducir su precio en un 4%.

Sin embargo, según se iba discutiendo cada operación del proceso de fabricación, se hacía evidente que algunas estimaciones de costes de IBM eran demasiado bajas debido a la omisión de algunos gastos de embalaje y envío. No obstante, estas omisiones eran menores, y en las siguientes discusiones las dos partes llegaron a un entendimiento común de las especificaciones y alcanzaron acuerdos sobre los costes de cada operación de fabricación.

En este momento, los representantes de SMT expresaron una gran preocupación acerca de la posibilidad de inflación en los costes de materiales. Los negociadores de IBM accedieron a incluir una escala de aumento de precios en el contrato, según habían acordado entre ellos previamente. Los representantes de IBM sugirieron que si los costes totales de materiales cambiaban más del 10%, el precio se podría ajustar de acuerdo con el cambio. Sin embargo, si una parte tomaba la iniciativa de revisar el precio, la otra podría solicitar un análisis de todas las facturas de las partes y materiales para llegar al nuevo precio.

Otra preocupación de los representantes de SMT era que se requería una gran cantidad de horas extras y de subcontratación para cumplir el programa de entregas especificado por IBM. Los negociadores de IBM pensaron que sería posible un relajamiento de un programa de entregas, si se obtenía una concesión en el precio. En respuesta el equipo de SMT ofreció un descuento del 5%, y se aceptó. Como resultado de estas negociaciones el precio de SMT se redujo casi un 20% por debajo de su precio de oferta original.

En una reunión posterior convocada para negociar los precios de ciertas tuberías que se utilizarían en el sistema, fue evidente para un técnico de costes de IBM que los representantes de SMT habían subestimado seriamente sus costes. Señaló este aparente error porque no podía entender por qué SMT había presupuestado una cantidad tan baja. Deseaba asegurarse de que SMT estaba utilizando el proceso de fabricación correcto. En cualquier caso, si los técnicos de SMT habían cometido un error, debería tenerse en cuenta. Era una política de IBM: buscar un precio justo tanto para sí misma como para sus proveedores. Los directores de compras de IBM creían que si un proveedor estaba perdiendo dinero en un trabajo, habría una tendencia a cuidar menos la calidad. Además, el negociador de IBM sintió que el mencionar el error, generaría una buena voluntad que podría ayudar en sesiones futuras.

PREGUNTAS DE DISCUSIÓN

1. ¿Cuáles son las ventajas y desventajas para IBM y SMT de este procedimiento?
2. ¿Cómo se compara la curva de aprendizaje propuesta por SMT con la de otras compañías?

Fuente: Adaptado de E. Raymond Corey, Procurement Management: Strategy, *Organization, and Decision Making* (New York: Van Nostrand Reinhold)

BIBLIOGRAFÍA

Abernathy, W. J., and K. Wayne. "Limits of the Learning Curve." *Harvard Business Review*, 52 (September/October 1974): 109–119.

Camm, J. "A Note on Learning Curve Parameters." *Decision Sciences* (Summer 1985): 325–327.

Hall, G., and S. Howell. "The Experience Curve from the Economist's Perspective." *Strategic Management Journal* (July/September 1985): 197–210.

Hart, C. W., G. Spizizen, and D. D. Wyckoff. "Scale Economies and the Experience Curve." *The Cornell H.R.A. Quarterly*, 25 (May 1984): 91–103.

Smith, D. B., and J. L. Larsson. "The Impact of Learning on Cost: The Case of Heart Transplantation." *Hospital & Health Services Administration*, 34 (Spring 1989): 85–97.

Smith, J. *Learning Curve for Cost Control.* Industrial Engineering & Management Press, 1989.

Taylor, M. L. "The Learning Curve—A Basic Cost Projection Tool." N.A.A. *Bulletin* (February 1961): 21–26.

2

GESTIÓN DE INVENTARIOS Y TÉCNICAS DE JUSTO A TIEMPO

CONTENIDO DEL CAPÍTULO

PERFEL DE CLASE MUNDIAL: HARLEY–DAVIDSON

FUNCIONES Y TIPOS DE INVENTARIO
- Funciones del Inventario
- Tipos de Inventario

GESTIÓN DE INVENTARIOS
- Análisis ABC
- Exactitud de Registros Conteo Cíclico

INVENTARIO JUSTO A TIEMPO
- Variabilidad
- Kanban

MODELOS DE INVENTARIO
- Demanda Indenpendiente vs Dependiente
- Costes de Almacenamiento
- Lanzamiento y Preparación
- Modelos de Inventario para Demanda Independiente
- El Modelo de Tamaño de Lote Económico (EOQ)
- Modelo de Cantidad de Pedido de Producción
- Modelo de descuento por cantidad

MODELOS PROBABILÍSTICOS CON PLAZO DE ENTREGA CONSTANTE

SISTEMAS DE PERIODO FIJO

ANÁLISIS MARGINAL

ALCANZANDO LOS ESTÁNDARES DE CLASE MUNDIAL

RESUMEN

TÉRMINOS CLAVE

USANDO AB: POM Y HOJAS DE CÁLCULO PARA RESOLVER LOS PROBLEMAS DE INVENTARIOS

PROBLEMAS RESUELTOS

PREGUNTAS DE DISCUSIÓN

EJERCICIO DE RAZONAMIENTO CRÍTICO

PROBLEMAS

CASOS DE ESTUDIO

BIBLIOGRAFÍA

OBJETIVOS DE APRENDIZAJE

Cuando acabe este capítulo debería ser capaz de:

Identificar o Definir:
- Análisis ABC
- Conteo Cíclico
- Kanban
- Coste de Almacenamiento, Lanzamiento y Preparación
- Demanda Independiente y Dependiente
- Inventario JIT
- Exactitud de Registros

Explicar:
- Las funciones del Inventario y los Modelos de Inventario Básicos

PERFIL DE CLASE MUNDIAL: HARLEY-DAVIDSON

JIT PROPORCIONA UNA VENTAJA COMPETITIVA A HARLEY–DAVIDSON

Harley-Davidson es un fabricante repetitivo. Esto significa que montan módulos. Como la mayoría de los fabricantes repetitivos, Harley produce en una cadena de montaje y el producto final toma una variedad de formas dependiendo de la mezcla de los módulos. En el caso de Harley, los módulos son componentes de motocicleta en forma de dos tipos de motores en tres tamaños de cilindrada para 20 modelos de motos de calle, que están disponibles en 13 colores y dos opciones de ruedas. Esto asciende hasta 95 combinaciones posibles. Además, Harley produce 4 modelos Policía, 2 «Shrine» y 19 opciones de pintura para el cliente. Esto requiere que, no menos de 20.000 piezas diferentes, se monten en una línea de producción. El uso de módulos reduce algunas de las tareas de gestión asociadas a un inventario de 20.000 partes.

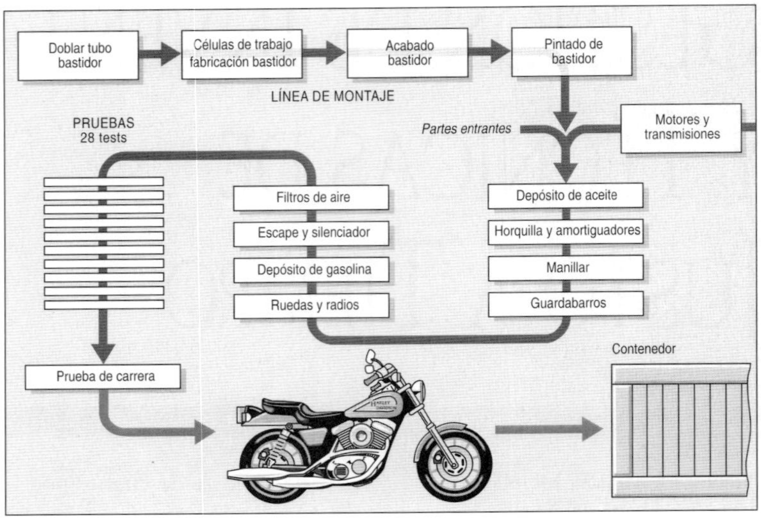

Éste es un diagrama de flujo de la planta de montaje de Harley-Davidson en York, Pennsylvania.

La mayoría de los contenedores están hechos especialmente para partes individuales, y muchos con un relleno característico para proteger el acabado. Los contenedores juegan un papel muy importante en la reducción de inventario: los contenedores son el único lugar donde se almacena el inventario en la cadena de producción, así que sirven como señal para suministrar nuevas partes a la cadena. Después de que todas las piezas se han retirado, el contenedor se devuelve a la célula original para señalar al trabajador que hay que construir más.

Los motores Harley-Davidson se fabrican en Milwaukee y se envían a York, Pennsylvania. En las instalaciones de producción de York, tanto los distribuidores como los departamentos de producción entregan a la cadena de montaje según una base Justo a Tiempo (en inglés, *Just-in-Time* (JIT)).

Harley-Davidson se fundó en Milwaukee, en 1903. Desde ese momento ha competido con cientos de fabricantes, extranjeros y nacionales. La competencia ha sido dura, especialmente con los japoneses. De hecho, después de casi nueve décadas, Harley es la única compañía de motos que sigue produciendo en los Estados Unidos.

Preparación de los dispositivos para el desbastado con láser de guardabarros. Los trabajadores de Harley han estandarizado las preparaciones de dispositivos y matrices y los han situado cerca de la máquina donde se utilizarán. Un operador simplemente gira la matriz o dispositivo siguiente y lo monta para el próximo trabajo en una media de 12 minutos, ahorrando 30 minutos de media sobre los antiguos procesos de Harley. Con más de 500 operaciones que necesitan tales preparaciones, el ahorro es suficientemente importante como para darle a Harley una ventaja competitiva.

Pero, principalmente, significó un programa de control de calidad total impulsado por JIT.

Utilizando JIT, se eliminaron los grandes inventarios de partes, con sus problemas inherentes y costes elevados. Ahora, la dirección insiste en la entrega de pequeñas cantidades de partes sin defectos, a la cadena de montaje. El concepto se aplica tanto a los proveedores como a los trabajadores de Harley-Davidson. De hecho, Harley es tan buena en el desarrollo de proveedores que ahora ofrece consultoría en este área.

La invasión de motocicletas japonesas de los años 1970 cogió a Harley en un fuego cruzado entre Honda y Yamaha. La competencia fue tan intensa que Honda introdujo 81 nuevos modelos y Yamaha 34 en sólo 18 meses. Para hacer frente al desafío, la dirección de Harley-Davidson puso énfasis en una mejora en la calidad.

Un énfasis en la calidad es una tónica maravillosa para cualquier empresa. Y las técnicas de Justo a Tiempo obligan a los directores de operaciones a realizar mejoras prácticamente en todas las áreas. Para Harley-Davidson esto significó un perfeccionamiento en el producto y en el proceso, el inventario JIT, y un montón de otros métodos modernos de fabricación.

Harleys terminadas viniendo de la cadena de montaje y preparadas para una serie de 28 pruebas e inspecciones.

Fansteel California suministra un componente de acero crítico a Beckman Instruments, una productora de instrumentos médicos en Palo Alto, California. Beckman practica el método Kanban, el famoso sistema japonés de control de inventario. Para llevar a cabo Kanban, el personal de producción de Beckman pide las partes directamente por fax a Fansteel. No hay pedidos de compras ni intermediarios burocráticos. Las partes se envían directamente a la línea de producción, así que debe existir un alto grado de confianza en la calidad y fiabilidad de Fansteel. No hay exceso de inventario de partes para suavizar los picos de piezas defectuosas. Es necesario un compromiso a largo plazo entre los dos socios para alcanzar las economías de producción que conlleva Kanban. ¿Resultados? Los tiempos de entrega se reducen de 2 meses a 5 días. Los costes de inventario y almacenamiento se rebajan drásticamente. Los programas de producción están coordinados. Funciona ...si tiene un socio en el que pueda confiar. ♦

Como Beckman y Fansteel saben, el inventario es uno de los activos más caros de muchas compañías, representando tanto como el 40% del capital total invertido. Los directores de operaciones de esas empresas, de Harley-Davidson y todo el mundo han reconocido desde hace mucho tiempo que el buen control del inventario es crucial. Por un lado, una empresa puede tratar de rebajar los costes reduciendo los niveles de inventario disponible. Por otro lado, los clientes se sienten insatisfechos cuando un artículo está agotado frecuentemente. Así, las compañías deben encontrar un equilibrio entre la inversión en inventario y los niveles de servicio al cliente. Como cabe esperar, la minimización de los costes es un importante factor en la obtención de este delicado equilibrio.

Todas las organizaciones tienen algún tipo de sistema de planificación y control de inventario. Un banco tiene métodos para controlar su inventario de caja. Un hospital tiene métodos para controlar los suministros de sangre y de medicamentos. Los departamentos del gobierno, los colegios y, por supuesto, todas las organizaciones de fabricación y producción están interesadas en la planificación y control del inventario.

En los casos de los productos físicos, la organización debe determinar si producir los artículos o comprarlos. Una vez que se ha determinado esto, el siguiente paso es pronosticar la demanda, como se vió en el Capítulo 5 del volumen de *Decisiones Estratégicas*. Luego los directores de operaciones determinan el inventario necesario para satisfacer la demanda. En este capítulo, discutimos las funciones, tipos y gestión de los inventarios. Después tratamos dos cuestiones básicas del inventario: cuánto pedir y cuándo hacerlo.

FUNCIONES Y TIPOS DE INVENTARIO

Inventario

El **inventario** es un recurso almacenado que se utiliza para satisfacer una necesidad actual o futura. En esta sección, discutimos las principales funciones del inventario y los cuatro tipos de inventario.

Funciones del inventario

El inventario puede servir para diferentes importantes funciones que añaden flexibilidad a la operación de una empresa. A continuación se enumeran seis utilizaciones del inventario:

1. Proporcionar un estock de artículos para *satisfacer la demanda anticipada* de los clientes.
2. *Separar los procesos de producción y distribución*. Por ejemplo, si la demanda de un producto es elevada sólo durante el verano, una empresa puede crear existencias durante el invierno y, de ésta manera, evitar los costes de escasez y falta de inventario durante el verano. De forma similar, si los suministros de una empresa fluctúan, se

pueden necesitar materias primas extra de inventario para separar (o «desacoplar») los procesos de producción.

3. Sacar ventaja de los *descuentos por cantidad*, debido a que las compras de grandes cantidades pueden reducir sustancialmente el coste de los artículos.
4. *Protegerse de la inflación* y los cambios de precio.
5. *Protegerse de las roturas de inventario* que pueden producirse por mal tiempo, fallos de suministro de los proveedores, problemas de calidad o entregas inadecuadas. Los "estocks de seguridad", o sea, los artículos extra disponibles, pueden reducir el riesgo de roturas de inventario.
6. *Permitir que las operaciones continúen con suavidad*, con el empleo del inventario de "trabajo en curso". Este inventario existe porque la producción de bienes necesita tiempo y porque se almacena una cantidad de inventarios a través del proceso.

Litton Industries utiliza lectores de códigos de barras para automatizar el control del inventario en sus instalaciones de producción y distribución.

Tipos de Inventario

Las empresas mantienen cuatro tipos de inventario: inventario de materias primas, inventario de trabajo en proceso o en curso, inventario de consumo para mantenimiento/reparación/operación (MRO) e inventario de productos terminados.

Inventario de materias primas

El **inventario de materias primas** se ha comprado, pero no procesado. Los artículos se pueden utilizar para separar a los proveedores del proceso de producción. Sin embargo, el enfoque preferido es la eliminación de la variabilidad en la calidad, cantidad o tiempo de entrega del proveedor, entonces esa separación no es necesaria. El **inventario de trabajo en proceso (WIP)** ha experimentado algún cambio, pero no está terminado. WIP existe debido al tiempo que necesita un producto para ser elaborado (llamado tiempo de ciclo). La reducción del tiempo de ciclo reduce el inventario. Normalmente, esto no es difícil. Como muestra la Figura 2.1, la mayor parte del tiempo necesario para efectuar la producción de un producto es en realidad tiempo ocioso. El tiempo de trabajo real o tiempo de «proceso» es una pequeña porción del tiempo de flujo del material, quizás tan poco como el 5%.

Inventario de trabajo en proceso (WIP)

MRO Mantenar/ reparar/operar

Los **MRO** son inventarios provocados por el consumo de partes/productos durante el tiempo necesario para **mantener/reparar/operar** los equipos productivos. Existen debido a que se desconoce la necesidad y el tiempo de mantenimiento o reparación de los equipos. Aunque la demanda de inventarios MRO es a menudo una función de los programas de mantenimiento, otras demandas similares deben ser anticipadas. De forma similar, el **inventario de productos terminados** está acabado y esperando a ser enviado. Los artículos acabados se deben almacenar debido a que las demandas de los clientes para un cierto periodo pueden ser desconocidas.

Inventario de productos terminados

GESTIÓN DE INVENTARIOS

Los directores de operaciones establecen sistemas para gestionar los inventarios. En esta sección, vamos a examinar brevemente dos elementos de estos sistemas. (1) Cómo se pueden clasificar los artículos en inventario (llamado análisis ABC) y (2) cómo pueden mantenerse registros de inventario exactos.

Análisis ABC

Análisis ABC

El **análisis ABC** divide el inventario disponible en tres clases según el volumen monetario anual. [1] El análisis **ABC** es una aplicación de lo que se conoce como el principio de Pa-

[1] H. Ford Dickie, *Modern Manufacturing* (formerly *Factory Management and Maintenance*) (julio 1951).

FIGURA 2.1 ■ El Ciclo de Flujo del Material

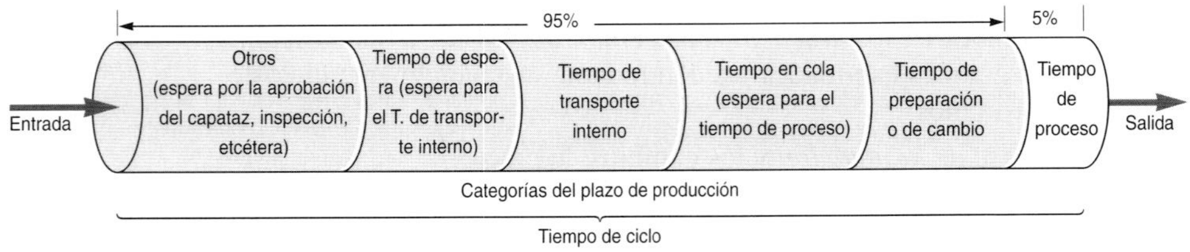

reto. El principio de Pareto manifiesta que hay unos pocos críticos y un gran número de triviales.[2] La idea es concentrar los recursos en los pocos críticos y no en los muchos triviales.

Para determinar el volumen anual en dólares para el análisis ABC, se multiplica la *demanda anual* de cada artículo en inventario y el *coste por unidad*. Los artículos de la clase A son aquellos en los que el volumen anual en dólares es alto. Dichos artículos pueden representar alrededor del 15% del total de los artículos del inventario, pero representan del 70 al 80% del coste total del inventario. Los artículos de la clase B son aquellos artículos del inventario con un volumen anual en dólares medio. Estos artículos pueden representar aproximadamente el 30% del inventario total, y representan del 15 al 25% del valor total del inventario. Aquellos artículos con un bajo volumen anual en dólares son la clase C, la cual representa sólo el 5% del volumen anual en dólares, pero aproximadamente el 55% del total de los artículos.

Gráficamente, el inventario de muchas organizaciones podría aparecer como se presenta en la Figura 2.1. Un ejemplo del uso del análisis ABC se muestra en el Ejemplo 2.1

Los artículos del inventario pueden clasificarse por otros criterios distintos al volumen anual en dólares. Por ejemplo, los cambios de ingeniería anticipados o un elevado coste unitario pueden provocar el ascenso de un artículo a una clasificación más alta. Dividiendo los artículos del inventario en clases, los directores de operaciones pueden establecer políticas y controles diferentes para cada clase.

FIGURA 2.2 ■ Representación gráfica del Análisis ABC

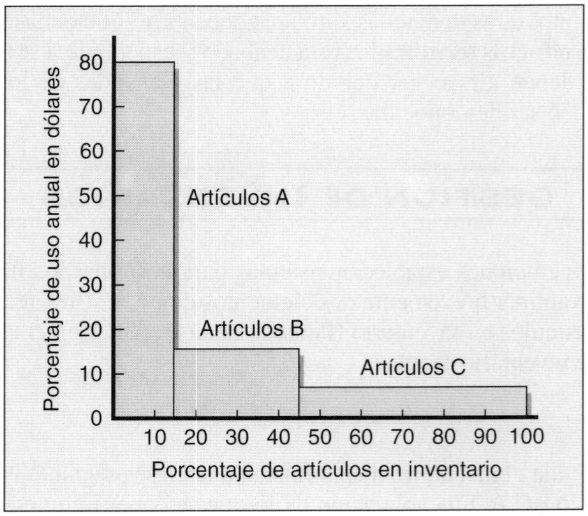

[2] Vilfredo Pareto, economista italiano del siglo XIX.

EJEMPLO 2.1

Silicon Chips, Inc., fabricante de chips super rápidos de 4 megas, ha organizado sus 10 artículos de inventario en base al volumen anual en dólares. A continuación se muestran los artículos, su demanda anual, el coste unitario, el volumen anual en dólares y el porcentaje que cada uno representa del total. En la última columna de la derecha de la tabla siguiente, mostramos estos artículos agrupados en una clasificación ABC.

CÁLCULO ABC

CÓDIGO DE LOS ARTÍCULOS EN INVENTARIO	PORCENTAJE DEL NÚMERO DE ARTÍCULOS EN INVENTARIO	VOLUMEN ANUAL (UNIDADES)	COSTO UNITARIO	VOLUMEN ANUAL EN DÓLARES	PORCENTAJE DEL VOLUMEN ANUAL EN DÓLARES		CLASE
#10286	20%	1.000	90,00$	90.000$	38,8%	72%	A
#11526		500	154,00	77.000	33,2%		A
#12760	30%	1.550	17,00	26.350	11,4%	23%	B
#10867		350	42,86	15.001	6,5%		B
#10500		1.000	12,50	12.500	5,4%		B
#12572	50%	600	14,17$	8.502	3,7%	5%	C
#14075		2.000	0,60	1.200	0,5%		C
#01036		100	8,50	850	0,4%		C
#01307		1.200	0,42	504	0,2%		C
#10500		250	0,60	150	0,1%		C
		8.550		232.057	100,0		

Las políticas que se basan en la clasificación ABC dicen lo siguiente:

1. Los recursos de compras gastados deben ser mucho más altos para los artículos A que para los artículos C.
2. El control físico del inventario debe ser más estricto para los artículos A; quizás debe estar en un área más segura, y la exactitud de sus registros ser verificada más a menudo.
3. El pronóstico de los artículos A debe realizarse con mayor cuidado que el de los otros artículos.

> Los artículos son escaneados como parte del sistema de información de control de inventario del detallista. La utilización del código de barras permite una entrada de datos más rápida y precisa, un mejor seguimiento de la venta de artículos y costes de inventario reducidos. Los sistemas de código de barras a menudo son amortizados durante el primer año de uso.

Mejores previsiones, control físico, fiabilidad de proveedores, y una reducción final del inventario de seguridad y de las inversiones en inventario, pueden ser el resultado del análisis ABC.

Exactitud de los registros

Los sistemas de inventario requieren registros exactos. Sin ellos, los directivos no pueden tomar decisiones precisas sobre la emisión de órdenes, programación y envíos. La exactitud en los registros permite a las organizaciones cambiar de estar seguro de que hay «algo de todo» en inventario a centrarse solamente en aquellos artículos que son necesarios.

POM
E N A C C I Ó N

El control de inventario por control remoto de Kmart

Los códigos de barras no son ninguna novedad en la venta detallista. Pero las principales tiendas americanas, como Kmart, están aprendiendo a aplicar sus códigos de barras de forma que cambian radicalmente el control del inventario.

Los empleados de Kmart se deslizan por los pasillos con láseres de mano para leer las etiquetas de código de barras de los productos todavía colocados en la estantería. La pantalla del láser, que se denomina «unidad de mantenimiento a distancia», ofrece una ficha instantánea del artículo. Ésta muestra cuántas unidades del producto deben estar en la estantería, cuántas unidades quedan todavía en el almacén, el mínimo número que la tienda debe tener disponible, si ya se ha efectuado un pedido, cuál es el precio y si es un precio de venta o no.

Veamos, por ejemplo, la nueva tienda de Kmart en Auburn Hills, cerca de Detroit. Los códigos de barra escaneados en los mostradores de las cajas se graban en el ordenador de la tienda. Estos, a su vez, son enviados por satélite a la oficina central de Kmart en Troy, Michigan. Troy registra la información con propósitos de investigación y después la retransmite a un centro de distribución de inventario, donde más ordenadores deciden los puntos de pedidos y qué reaprovisionamiento es necesario para Auburn Hills. El nuevo estock llegará en 48 horas.

Aproximadamente el 90% de todo lo que vende Kmart está ahora sujeto a este sistema de gestión centralizado. El personal en las tiendas se encarga del otro 10%, normalmente artículos de rápidas variaciones como las tarjetas de felicitación.

Los sistemas como éste están transformando la venta al por menor, manteniéndose al corriente de las preferencias diarias de los compradores, permitiendo al personal de la oficina central predecir las tendencias de ventas de forma más exacta que lo que podría hacer un director de tienda individualmente. Por ejemplo, los datos mostraron que Kmart haría mejor promocionando una línea especial de juguetes si la vendía cerca de la ropa infantil, en vez de en la sección de juguetes. La guerra de la alta tecnología en la venta detallista americana "no va a ser ganada por pilotos que vuelan alrededor de la silla donde se sientan", concluyó el director MIS de Kmart.

Fuentes: Adaptado de "*The Economist*" (May 29, 1993): 90-91; *Stores* (December 1992): 36-38

Para asegurar la exactitud, el cuidado en el registro de entrada y salida debe ser bueno, como seguro debe ser el almacén. Un almacén bien organizado tendrá un acceso limitado, una buena gestión y áreas de almacenaje que mantengan cantidades fijas de inventario. Las zonas de almacenamiento, el espacio de estanterías y las partes serán etiquetadas de forma exacta. El método de Kmart para mejorar la exactitud de los registros se discute en el Apartado de *POM en Acción*, "El Control de Inventario por Control Remoto de Kmart".

Conteo cíclico

Conteos cíclicos

Aunque una organización haya hecho importantes esfuerzos para mantener exactos los registros de inventario, estos registros deben verificarse por medio de una auditoría continua. Tales auditorías se conocen como **conteos cíclicos**. Históricamente, muchas empresas hacen inventarios físicos anuales. Esto significa a menudo el cierre de las instalaciones y tener gente sin experiencia contando las partes y el material. En vez de eso, los registros de inventario deben verificarse por medio de los conteos cíclicos. El conteo cíclico utiliza las clasificaciones del inventario elaboradas por el análisis ABC. Con los procedimientos de conteo cíclico, se cuentan los artículos, se verifican los registros y las inexactitudes son documentadas periódicamente. Luego se analizan las causas de las inexactitudes y se lleva a cabo una acción apropiada. La mayoría de los procedimientos de conteo cíclico se establecen de manera que algún artículo de cada tipo (A, B, C) se cuente cada día. Los artículos A serán contados frecuentemente, quizás una vez al mes. Los artículos B serán contados menos frecuentemente, quizás una vez por trimestre. Los artículos C serán contados menos aún, quizás una vez cada seis meses. El Ejemplo 2.2 muestra cuántos artículos de cada clasificación hay que contar.

EJEMPLO 2.2

Cole's Trucks, Inc., una constructora de camiones de basura de alta calidad, tiene alrededor de 5.000 artículos en su inventario. Después de contratar en el verano a Matt Clark, un joven y brillante estudiante de P/OM, la empresa determinó que tenía 500 artículos A, 1.750 artículos B y 2.750 artículos C. La política es contar todos los artículos A cada mes (cada 20 días de trabajo) todos los artículos B cada trimestre (cada 60 días de trabajo) y todos los artículos C cada 6 meses (cada 120 días de trabajo). ¿Cuántos artículos deben contarse cada día?

CLASE DEL ARTÍCULO	CANTIDAD	POLÍTICA DE CONTEO CÍCLICO	NÚMERO DE ARTÍCULOS CONTADOS CADA DÍA
A	500	Cada mes (20 días de trabajo)	500/20 = 25/día
B	1.750	Cada trimestre (60 días de trabajo)	1.750/60 = 29/día
C	2.750	Cada 6 meses (120 días de trabajo)	2.750/120 = 23/día
			77/día

Se cuentan 77 artículos cada día.

En el Ejemplo 2.2, los artículos concretos que van a ser contados cíclicamente son seleccionados aleatoriamente cada día. Otra opción es sólo contar los artículos cuando son pedidos nuevamente.

El conteo cíclico también tiene las siguientes ventajas:

1. Elimina el cierre y la interrupción de la producción necesaria para los inventarios físicos anuales.
2. Elimina los ajustes del inventario anual.
3. Utiliza personal profesional para auditar la exactitud del inventario.
4. Permite identificar la causa de los errores y que se tome una acción para remediarlos.
5. Mantiene los registros de inventario exactos.

INVENTARIO JUSTO A TIEMPO

Los inventarios en los sistemas de producción y distribución a menudo existen "por si acaso" algo va mal, es decir, por si acaso ocurre algún cambio en el plan de producción. El inventario "extra" se utiliza entonces, para cubrir las variaciones o problemas. Nosotros sugerimos que las buenas tácticas de inventario requieren no el "por si acaso", sino el "justo a tiempo" (JIT). **El inventario Justo a Tiempo (JIT)** es el inventario mínimo necesario para mantener funcionando un sistema perfecto. Con el inventario justo a tiempo, llega la cantidad exacta de buenos artículos en el momento en que estos se necesitan, ni un minuto antes, ni un minuto después de necesitarse.

El inventario Justo a Tiempo (JIT)

Variabilidad

Para alcanzar el inventario justo a tiempo, los directores *reducen la variabilidad causada por factores internos y externos*. El inventario oculta la variabilidad —una palabra fina para denominar a los problemas—. Cuanta menos variabilidad haya en el sistema, menos inventario se necesitará.

POM
EN ACCIÓN

La revolución de JIT contra el despilfarro

La nueva fábrica JIT ataca cuatro tipos de despilfarro: inventarios, cambios, defectos y recursos humanos. Se acabaron los días de largas cadenas de producción y enormes lotes económicos con artículos pasando por máquinas monumentales de una sola operación. Ahora, cada célula de trabajo, dispuesta en forma de U, contiene varias pequeñas máquinas que realizan diferentes operaciones. Las células producen artículos de una en una unidad, y producen las unidades solamente después de que un cliente las compra.

El inventario es despilfarro. Ocupa espacio; derrocha dinero. "¡El tiempo es dinero!" dice Benjamin Franklin. "¡Los tornillos son nuestros enemigos!" nos dice Shigeo Shingo de Japón. El movimiento que no añade valor a un producto es despilfarro. Simples abrazaderas sustituyen a la mayoría de los tornillos. Los trabajadores pueden reorganizar fácilmente las células de producción para adaptarse a las mejoras del producto o, incluso, a nuevos diseños. Prácticamente nada en esta fábrica está atornillado. Todo está suelto.

Los defectos son despilfarro. Cuando los trabajadores producen las unidades una por una, pueden comprobar cada producto o componente en cada estación de producción. Las máquinas en las células de trabajo con funciones de "tacto humano" perciben los defectos y paran automáticamente cuando estos ocurren. Antes de JIT, los productos defectuosos eran requeridos desde el inventario. En una fábrica JIT no existen tales "colchones". Hacerlo bien la primera vez es lo importante.

Henry Ford estaba muy versado en las prácticas JIT cuando escribió, en 1926, "Nuestro ciclo de producción para el furgón es aproximadamente de 81 horas desde la mina a la máquina de acabado, o 3 días y 9 horas." (Nótese que 48 de esas 81 horas eran para mover el mineral de hierro de las minas a los muelles.)

Fuente: Manufacturing Engineering (January 1990): 104; *Today and Tomorrow* (Doubleday, 1926), p. 118.

La mayor variabilidad está causada por tolerar el despilfarro o por una pobre gestión. (Véase el Apartado *POM en Acción* "La revolución de JIT contra el despilfarro".) Algunas de las razones de que exista la variabilidad son:

1. los empleados, máquinas y proveedores producen unidades que no se ajustan a las especificaciones, llegan tarde o no en la cantidad apropiada; o
2. los planos o especificaciones de ingeniería no son exactos; o
3. el personal de producción intenta producir antes de que los planos o especificaciones de ingeniería estén terminados; o
4. se desconocen las demandas de los clientes.

La idea es eliminar de la variabilidad y los problemas, como se observa en la Figura 2.3, que muestra una corriente llena de rocas. El agua en la corriente representa el flujo de inventario, y las rocas representan problemas tales como entregas retrasadas, averías en las máquinas y bajo rendimiento del personal. El nivel de agua en la corriente esconde la variabilidad y los problemas. Como el inventario esconde los problemas, a veces son difíciles de encontrar.

Por lo tanto, para lograr el inventario justo a tiempo, la dirección debe empezar por reducir el inventario. Al reducir el inventario se descubren las rocas que representan la variabilidad y los problemas que actualmente se toleran. Con el inventario reducido, la dirección debe desmenuzar las rocas, resolver los problemas que han aparecido hasta que la corriente esté limpia, y entonces realizan nuevos cortes al inventario, debiendo resolver el próximo nivel de problemas expuestos. Al final, prácticamente no habrá ni inventario ni problemas (variabilidad).

Quizás el director que dijo, "El inventario es la raíz de la mala dirección de operaciones" no estaba muy lejos de la verdad. Si el inventario no es lo nocivo, tiende a esconder lo nocivo a un alto coste.

Justo a tiempo ha llegado a significar la eliminación del despilfarro, fabricación sincronizada y poco inventario. La clave de JIT es producir lotes de pequeño tamaño.

FIGURA 2.3 ■ El Inventario Esconde los Problemas, como el Agua de la Corriente Esconde las Rocas. (a) Reducir el inventario para que se puedan descubrir los problemas; (b) resolver esos problemas, y luego reducir de nuevo el inventario. Finalmente el material debe fluir con suavidad.

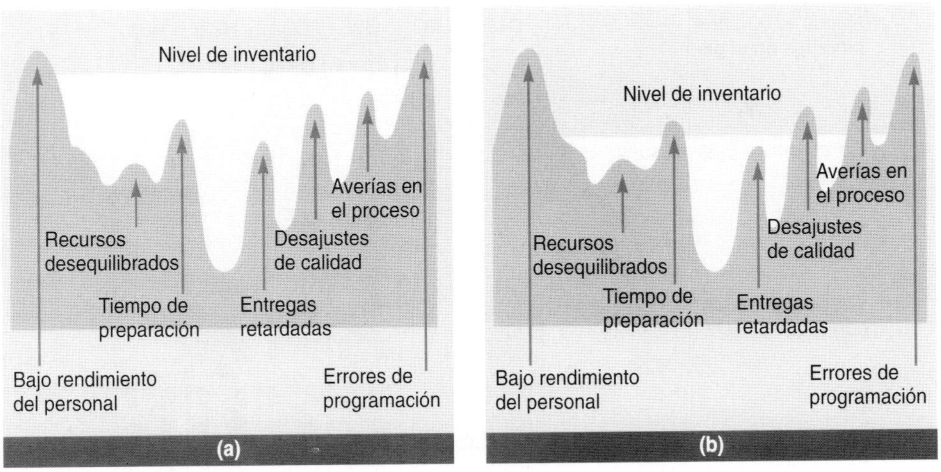

Reducir el tamaños de los lotes puede ser la principal ayuda para reducir el inventario y sus costes. Cuando la utilización del inventario es constante, el nivel medio de inventario es la suma del inventario máximo más el inventario mínimo dividido por 2.

El inventario medio baja a medida que baja la cantidad de reaprovisionamiento porque el nivel del inventario máximo baja. Además, cuanto más pequeño sea el tamaño del lote, menos problemas se esconden. Una manera para lograr tamaños de lotes pequeños es moviendo el inventario a través del taller sólo cuando es necesario, en lugar de *empujarlo* a la siguiente estación de trabajo, esté listo o no para ello el personal de la estación. Cuando el inventario se mueve sólo cuando se necesita, se denomina un sistema de *arrastre* (pull), y el tamaño ideal del lote es uno. Los japoneses llaman a este sistema *Kanban.*

Kanban

Kanban

Kanban es una palabra japonesa que significa "tarjeta". En su esfuerzo por reducir el inventario, los japoneses utilizan sistemas que arrastran el inventario a través del taller. A menudo utilizan una tarjeta para señalar la necesidad de más material, de ahí el nombre de Kanban. La tarjeta es la autorización para que se produzca el siguiente lote de material. El sistema Kanban arrastra el material a través de la fábrica. El sistema se ha modificado en muchas instalaciones de tal forma que, aunque se llama Kanban, la tarjeta no existe. En algunos casos, una posición vacía en el suelo es la señal de que se necesita el siguiente lote (Figura 2.4). En otros casos, se utiliza algún tipo de señal, como una bandera o un trapo (Figura 2.5) para indicar que es el momento para el próximo lote.

Los lotes son normalmente muy pequeños, y equivalen a unas pocas horas de producción. Tal sistema exige programas estrictos y preparaciones frecuentes de las máquinas. Se deben producir pequeñas cantidades de cada cosa varias veces al día. Este sistema debe trabajar equilibradamente porque cualquier falta tiene un impacto casi inmediato en todo el sistema. Kanban otorga énfasis añadido al cumplimiento de los programas, a la reducción del tiempo y el coste requerido por las preparaciones.

Se llame Kanban o no, las ventajas de un inventario pequeño y de *arrastrar* el material a través de la planta sólo cuando es necesario, son significativas. Por ejemplo, los lotes pequeños permiten sólo una cantidad limitada de material defectuoso. Muchos aspectos

FIGURA 2.4 ■ Diagrama de Calles con Punto de Inventario en el Taller de Prensa de Tachikawa Spring Co. A partir de la situación mostrada en el diagrama, la calle con la parte G82 se acaba de llenar; es posible que estén trabajando en la parte H31 y preparándose para la parte G30, pero eso depende en las señales de arrastre.

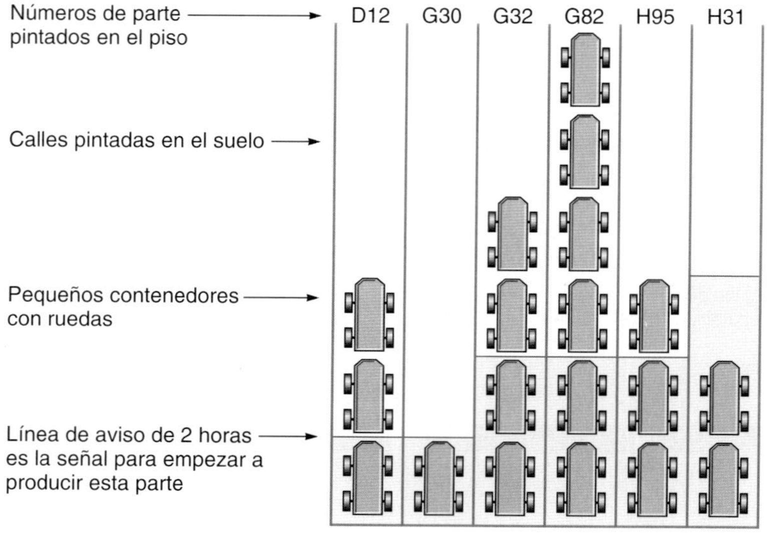

(Fuente: Robert W. Hall, Zero Inventories, Homewood, IL: Dow Jones-Irwin, 1983, p. 51.)

del inventario son malos, y sólo un aspecto, la disponibilidad, es bueno. Entre los malos aspectos se encuentran la baja calidad, la obsolescencia, los daños, el espacio ocupado, los activos comprometidos, el aumento en los seguros, el aumento del manejo de materiales y de accidentes. Todos estos aspectos negativos se añaden a los costes asociados con el almacenar (llevar) el inventario. El Apartado *POM en Acción*, "Un proveedor de componentes de automóvil reduce los retrasos", describe como Libralter Plastics rebaja drásticamente los costes.

FIGURA 2.5 ■ Diagrama de Punto de Inventario de Salida con Señales de Aviso.

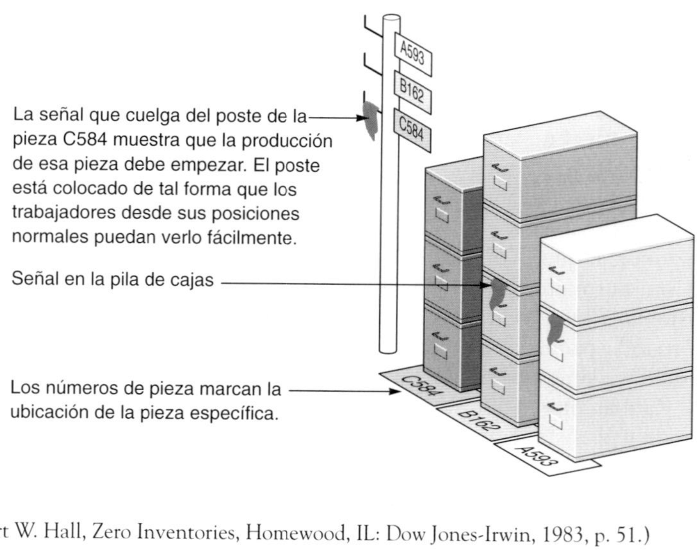

(*Fuente:* Robert W. Hall, Zero Inventories, Homewood, IL: Dow Jones-Irwin, 1983, p. 51.)

POM EN ACCIÓN

El proveedor de componentes de automóvil reduce los retrasos

Libralter Plastics, en Walled Lake, Michigan, hace tapacubos de ruedas, parrillas y otras partes de plástico para los "Tres Grandes" fabricantes de coches. En sólo tres años, la compañía pasó del caos y el despilfarro al "compendio de lo que cualquier compañía busca en un proveedor". Ganando el premio Usa Today Quality Cup en 1994 para pequeñas organizaciones, los empleados de Libralter desarrollaron nuevas formas para responder a la demandas JIT de los "Tres Grandes". Esto significa ser lo suficientemente ágil para entregar los componentes en un plazo muy corto.

Primero, los trabajadores desarrollaron un sistema de computador que rápidamente redujo el inventario. Antes, las existencias permanecían en la fábrica de Libralter una media de 23 días. Ahora ha disminuido a 14 días, los cambios han ayudado a rebajar drásticamente los costes de mantenimiento del inventario en casi 250.000$ por año.

Libralter también responde más rápidamente a los clientes. Procesar un pedido solía llevar 36 horas. Ahora, supone menos de 1 hora. Los camiones de reparto que solían permanecer inactivos hasta el mediodía, se cargan a primera hora de la mañana.

El equipo de 10 empleados formado para solucionar el problema procedía de contabilidad, producción y sistemas de información. Pero la mayoría de las mejoras de calidad en Libralter se realizarán como consecuencia de sugerencias de los operarios de la fábrica. Como dice un directivo de Libralter, "Si quiere saber la mejor manera de hacer un trabajo, pregúntele al chico que lo está haciendo".

Fuente: Adaptado de USA Today (abril 8, 1994): 2B.

MODELOS DE INVENTARIO

Ahora examinaremos diferentes modelos de inventarios y los costes asociados a ellos.

Demanda independiente vs. dependiente

Los modelos de control de inventarios asumen que la demanda para un producto puede ser dependiente o independiente de la demanda de otros productos. Por ejemplo, la demanda de neveras es independiente de la demanda de hornos tostadores. Sin embargo, la demanda de los componentes de los hornos tostadores es dependiente de las necesidades de producción de los hornos.

Este capítulo se centra en la gestión de artículos de demanda *independiente*. El Capítulo 3 presenta el tema de demanda *dependiente*.

Costes de almacenamiento, lanzamiento y preparación

Costes de almacenamiento

Los **costes de almacenamiento** son los costes asociados con la posesión o manejo del inventario a través del tiempo. Por lo tanto, los costes de almacenamiento también incluyen los costes relacionados con el almacenaje, tales como el seguro, personal extra y los pagos de intereses. La Tabla 2.1 muestra los tipos de costes que necesitan conocerse para determinar los costes de almacenamiento. Muchas empresas encuentran difícil la evaluación de todos los costes de almacenamiento. En consecuencia, los costes de almacenamiento, generalmente son subestimados.[3]

Costes de lanzamiento

El **coste de lanzamiento** incluye los costes de suministro, impresos, procesamiento de los pedidos, apoyo administrativo y demás. Cuando las órdenes se fabrican, también existen

[3] Jack G. Wacker, "Can Holding Costs Be Overstated for 'Just-in-time' Manufacturing System?" Production y Inventory Management, 27 (Third Quarter, 1986): 11–14.

Coste de preparación

los costes de lanzamiento, pero se conocen como costes de preparación. El **coste de preparación** es el coste de preparar una máquina o proceso para la fabricación de un pedido. Los directores de operaciones pueden reducir los costes de lanzamiento reduciendo los costes de preparación y utilizando procedimientos eficientes tales como el pedido y pago electrónico.

TABLA 2.1 ■ Determinación de los Costes de Almacenamiento del Inventario.

CATEGORÍA	COSTE COMO PORCENTAJE DEL VALOR DEL INVENTARIO
Costes de almacenamiento, tales como el alquiler del edificio, depreciación, coste de operación, impuestos, seguros.	6% (3 a 10%)
Costes de manipulación de materiales, que incluyen el equipo, el arrendamiento o depreciación, energía eléctrica, coste de operación.	3% (1 a 3,5%)
Costes de mano de obra por manipulación extra	3% (3 a 5%)
Costos de inversión, tales como los costes de los préstamos, impuestos y los seguros sobre los inventario.	11% (6 a 24%)
Hurtos, desperdicio y obsolescencia	3% (2 a 5%)
Costo global de almacenamiento del inventario	26%

* Todos los datos son aproximados, debido a que varían substancialmente dependiendo de la naturaleza del negocio, la localización y los tipos actuales de interés. Cualquier costo de almacenamiento menor al 15% es sospechoso, pero los costes anuales de almacenamiento a menudo se acercan al 40% del valor del inventario.

Tiempo de preparación o de cambio

En muchos entornos el coste de preparación o de cambio está altamente relacionado con el **tiempo de preparación o de cambio**. Las preparaciones generalmente necesitan una importante cantidad de trabajo antes de que la operación se pueda realizar en el centro de trabajo. Gran parte de la preparación necesaria para un cambio se puede llevar a cabo antes de parar la máquina o proceso. Los tiempos de preparación pueden reducirse sustancialmente, como se muestra en la Figura 2.6. Máquinas y procesos que tradicionalmente necesitaban horas para su preparación, ahora se preparan en menos de un minuto por los fabricantes de clase mundial más imaginativos. Como veremos más adelante en este capítulo, reducir los tiempos de preparación es una forma excelente de reducir la inversión en inventario y mejorar la productividad.

Modelos de inventario para demanda independiente

En esta sección, introducimos tres modelos de inventario que tratan dos cuestiones importantes: *cuándo pedir* y *cuánto pedir*. Estos modelos de demanda *independiente* son:

1. modelo básico de la cantidad de pedido económico o lote económico (EOQ);
2. modelo de cantidad de pedido de producción;
3. modelo de descuento por cantidad.

Modelo básico de la cantidad de pedido económica o Lote Económico (EOQ)

La cantidad de pedido económica (EOQ) es una de las técnicas de control de inventario más antiguas y conocidas.[4] Esta técnica es relativamente fácil de utilizar pero está basada en varias hipótesis:

[4]La investigación sobre EOQ se remonta a 1915; véase Ford W. Harris. Operacions and Cost (Chicago: A. W. Shaw, 1915).

FIGURA 2.6 ■ Pasos para Reducir los Tiempos de Preparación o cambio. Los tiempos de preparación reducidos constituyen un importante componente de JIT.

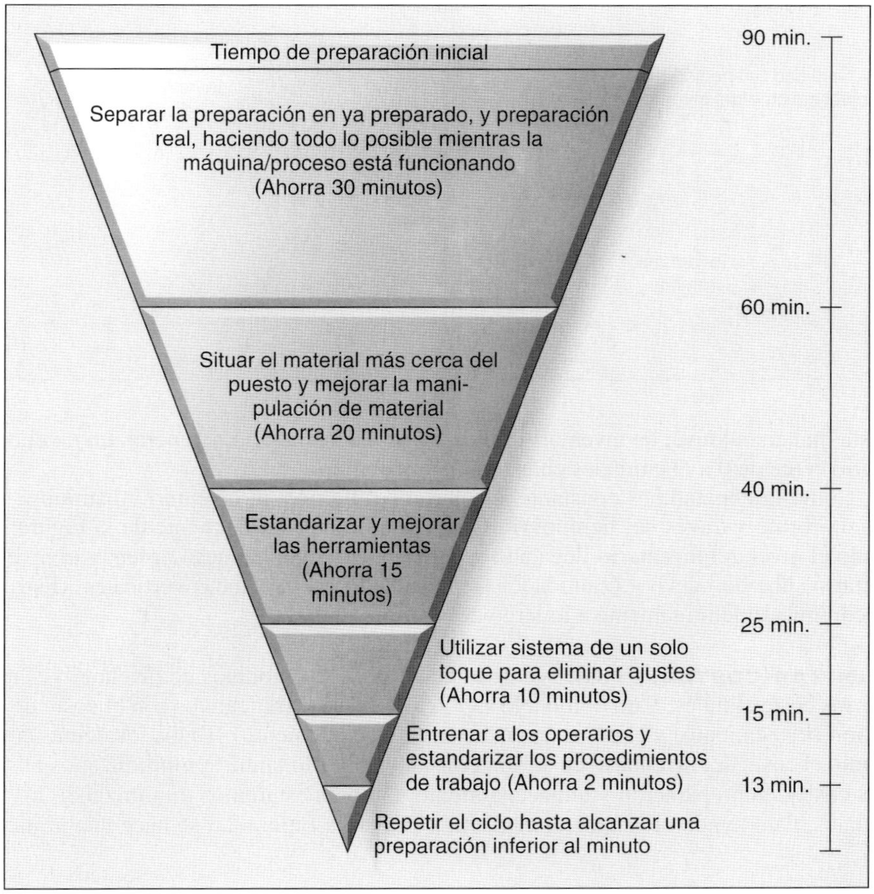

1. La demanda es conocida y constante.
2. El plazo de entrega, es decir, el tiempo entre el lanzamiento del pedido y el momento que se recibe, se conoce y es constante.
3. La recepción del pedido es instantánea. En otras palabras, el pedido llega en un lote, en un solo lote, de una vez.
4. Los descuentos por cantidad no son posibles.
5. Los únicos costos variables son el coste de preparación o lanzamiento de un pedido (costes de preparación) y el coste de posesión o almacenamiento del inventario a través del tiempo (costo de almacenamiento). Estos costes fueron discutidos en la sección anterior.
6. Las roturas de existencias (faltantes) se pueden evitar totalmente si los pedidos se realizan en el momento justo.

Con estas hipótesis, el gráfico de la utilización del inventario a través del tiempo tiene forma de dientes de sierra como se ve en la Figura 2.7. En ella, Q representa la cantidad pedida. Digamos que esta cantidad son 500 vestidos de Donna Karan en una tienda detallista de Chicago. Entonces los 500 vestidos llegan a la vez cuando se recibe un pedido.

FIGURA 2.7 ■ Utilización del Inventario a través del Tiempo.

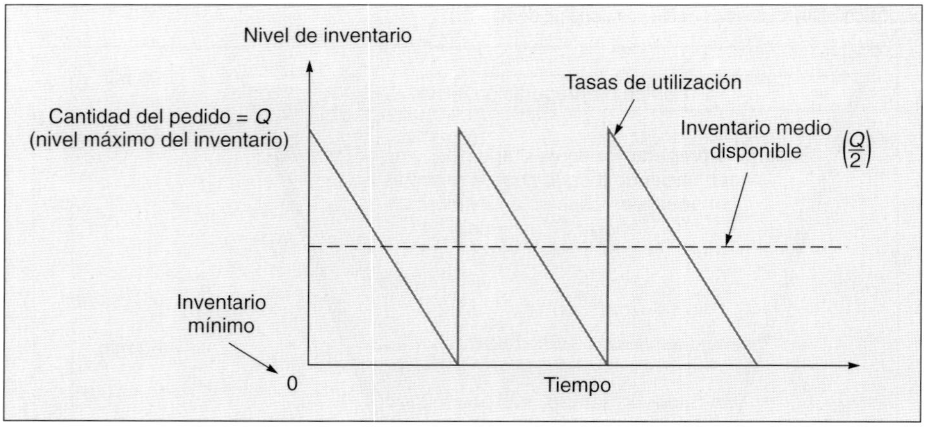

De esta manera, el nivel de inventario salta de 0 a 500 vestidos. En general, un nivel de inventario crece de 0 a Q unidades cuando llega un pedido.

Como la demanda es constante a lo largo del tiempo, el inventario disminuye a un ritmo uniforme a través del tiempo. (Refiérase a la línea con pendiente de la Figura 2.7.) Cuando el nivel del inventario llega a 0, se lanza y se recibe la nueva orden, y el nivel del inventario sube de nuevo a Q unidades (representado por las líneas verticales). Este proceso continúa indefinidamente a lo largo del tiempo.

MINIMIZAR COSTES. El objetivo de la mayoría de los modelos de inventario es minimizar los costes totales. Para el modelo EOQ, los costes significativos son el coste de preparación (lanzamiento) y el coste de posesión (almacenamiento). Todos los demás costes, tal como el coste del inventario en sí, son constantes. Por lo tanto, si minimizamos la suma de los costes de preparación y almacenamiento, también estaremos minimizando los costes totales. Para ayudar a visualizar esta situación, en la Figura 2.8 se hace una gráfica de

FIGURA 2.8 ■ El Coste Total como una Función de la Cantidad Pedida.

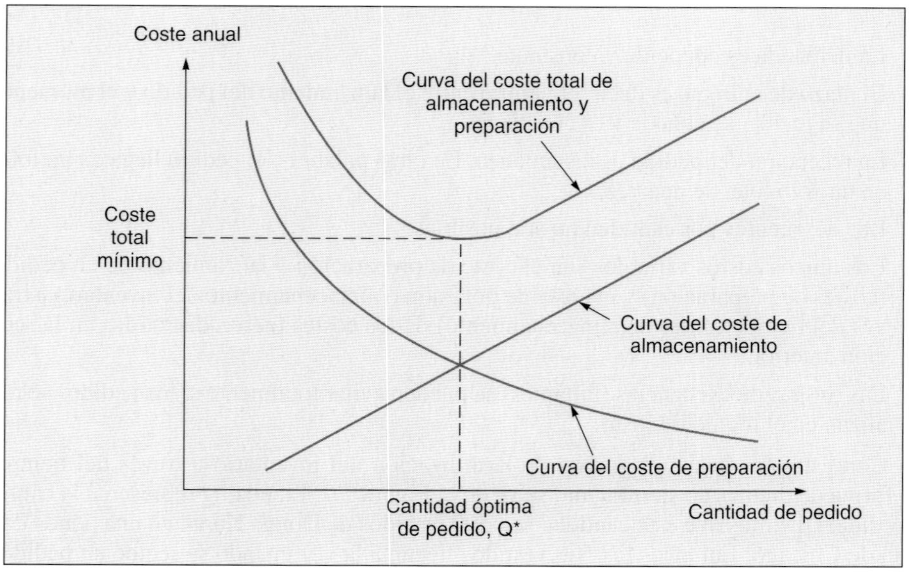

POM EN ACCIÓN

Tamaños de lote pequeños contribuyen a la flexibilidad de Toshiba (y de Japón)

Es una historia de buenas y malas noticias. Aquí están las buenas noticias: la campaña en los Estados Unidos para mejorar la calidad ha resultado tan buena que los japoneses no disfrutan ya de un claro liderato. Ahora las malas noticias: mientras las diferencias en la calidad desaparecen, una lucha más desafiante, llamada flexibilidad, enfrenta a los competidores de clase mundial. Los lemas de la flexibilidad son rápidos cambios, mantener los costes bajos y responder rápidamente a los clientes —todos los cuales significan producción en pequeños tamaños de lote—.

La flexibilidad es un objetivo explícito en Toshiba, el gigante japonés de 40 mil millones de dólares con productos tan diversos como ordenadores, bombillas y centrales eléctricas. La idea, explica el presidente de la compañía Fumio Sato, es empujar a las dos docenas de fábricas de Toshiba a adaptarse más rápidamente a los mercados. "Los clientes quieren opciones. Quieren una lavadora o un televisor que sean exactamente adecuados a sus necesidades. Nosotros necesitamos variedad, no producción en masa," dice Sato.

La clave para la variedad es encontrar formas de obtener beneficios con tandas de producción más cortas. Sato estimula a los directores a reducir los tiempos de preparación, disminuir los tiempos de entrega y aprender a hacer más productos con el mismo equipo y gente. "¡Lotes más pequeños!", gritaba en cada planta que visitaba.

La fábrica de ordenadores de Toshiba, situada 30 millas a las afueras de Tokio, cogió el mensaje. Los trabajadores montan 9 procesadores de texto diferentes en la misma línea y, en una adyacente, 20 variedades de ordenadores portátiles. Normalmente, producen un lote de 20 antes de cambiar los modelos, pero Toshiba puede permitirse tamaños de lotes tan pequeños como 10.

Los ciclos de vida de los ordenadores, ahora se miden en meses, no en años, así que las líneas flexibles permiten a la compañía protegerse de tandas de producción cortas de modelos de gran éxito o sobreproducir uno cuyas ventas han crecido poco a poco. Los resultados son menos inventario, menos espacio dedicado al inventario, menos inventario obsoleto, costes de almacenamiento más bajos y un enfoque hacia los productos con demanda actual.

Fuentes: Adaptado de Fortune (September 21, 1992): 62–72; Network World (August 12, 1991): 28.

los costes totales como función de la cantidad del pedido, Q. El tamaño óptimo del pedido, $Q^{\star}$, será la cantidad que minimice los costes totales. Cuando se aumenta la cantidad pedida, el número total de pedidos efectuados por año decrecerá. Así, cuando la cantidad pedida aumenta, el coste anual de preparación o lanzamiento disminuirá. Pero cuando la cantidad del pedido aumente, el coste de almacenamiento aumentará debido a que se mantiene una media de inventario más grande.

Blue Bell Company, el fabricante de vaqueros Wrangler, tenía graves desequilibrios de inventario. Los promotores de ventas informaban de varios meses de suministro en algunos estilos, mientras que otros estaban agotados. Se aplicó el modelo EOQ. Diseñando, probando y proporcionando un nuevo procedimiento de planificación de la producción, los inventarios se redujeron en más de un 31% sin disminución en las ventas o en el servicio al cliente. El nuevo procedimiento también redujo los costes de fabricación en aproximadamente un millón de dólares.

Como podemos ver en la Figura 2.8, una reducción en el coste de almacenamiento o el coste de preparación reducirá la curva del coste total. Una reducción en la curva del coste total también reduce la cantidad óptima del pedido (tamaño del lote). Y tamaños de lote más pequeños tienen un impacto positivo en la calidad[5] y en la flexibilidad de la producción. El Apartado *POM en Acción*, "Tamaños de lotes pequeños contribuyen a la flexibilidad de Toshiba (y de Japón)" presenta la ventaja competitiva encontrada a través de tamaños de lotes más pequeños.

En la Figura 2.8, la cantidad óptima de pedido correspondía al punto donde se cortaban la curva del coste de lanzamiento y la curva del coste de almacenamiento. Esto no fue por ca-

[5] R. Anthony Inman, "The impact of Lot-Size Reduction on Quality," Production and Inventory Management Journal, 35, 1 (First Quarter 1994): 5–8.

sualidad. Con el modelo EOQ, la cantidad óptima del pedido ocurrirá en el punto en el que el coste total de preparación es igual al coste total de almacenamiento.[6] Podemos utilizar este hecho para desarrollar ecuaciones que resuelven directamente $Q^\star$. Debemos:

1. desarrollar una expresión para el coste de preparación o lanzamiento;
2. desarrollar una expresión para el coste de almacenamiento;
3. igualar el coste de preparación al coste de almacenamiento;
4. resolver la ecuación para la cantidad de pedido óptima.

Utilizando las siguientes variables, podemos determinar los costes de preparación y almacenamiento y resolver $Q^\star$:

Q = número de piezas por pedido
$Q^\star$ = número óptimo de piezas por pedido (EOQ)
D = demanda anual en unidades para el producto del inventario
S = coste de preparación o lanzamiento para cada pedido
H = coste de posesión o almacenamiento por unidad por año

1. Coste anual de preparación = (nº de pedidos lanzados/año)(coste de preparación o lanzamiento/pedido)

$$= \left(\frac{\text{(demanda anual)}}{\text{(nº de unidades en cada pedido)}} \right) \text{(coste de preparación o lanzamiento/pedido)}$$

$$= \frac{D}{Q} S$$

2. Coste anual de almacenamiento = (nivel medio de inventario)(coste de almacenamiento/unidad / año)

$$= \left(\frac{\text{(cantidad del pedido)}}{2} \right) \text{(coste de preparación o lanzamiento/pedido)}$$

$$= \frac{Q}{2} H$$

3. La cantidad de pedido óptima se halla cuando el coste anual de preparación = coste anual de almacenamiento, es decir

$$= \frac{D}{Q} S = \frac{Q}{2} H$$

[6] Este es el caso en que los costes de almacenamiento son lineales y empiezan en el origen —es decir, cuando los costes de inventario no disminuyen (o aumentan) cuando el volumen de inventario aumenta y todos los costes de almacenamiento tienen pequeños incrementos—. Además, existe probablemente un aprendizaje cada vez que se ejecuta una preparación (o lanzamiento) que baja los costes de preparación posteriores. En consecuencia, el modelo EOQ es probablemente un caso especial. Sin embargo, toleramos por decisión convencional que este modelo es una aproximación razonable.

4. Para encontrar $Q^\star$, simplemente multiplicamos los términos en cruz y aislamos Q a la izquierda del signo igual.

$$2DS = Q^2H$$

$$= \frac{2DS}{H}$$

$$Q^\star = \sqrt{\frac{2DS}{H}} \qquad (2.1)$$

Ahora que hemos obtenido las ecuaciones para la cantidad óptima del pedido, $Q^\star$, es posible resolver los problemas de inventario directamente, como se hace en el Ejemplo 3.

EJEMPLO 2.3

Squirt, Inc., una compañía que comercializa agujas hipodérmicas para hospitales, desea reducir su coste de inventario determinando el número óptimo de agujas hipodérmicas que ha de solicitar por pedido. La demanda anual es de 1.000 unidades, el coste de preparación o lanzamiento es de 10$ por pedido, y el coste de almacenamiento por unidad y por año es de 0,50$. Utilizando estas cifras, podemos calcular el número óptimo de unidades por pedido:

1. $Q^\star = \sqrt{\frac{2DS}{H}}$

2. $Q^\star = \sqrt{\frac{2(1.000)\,(10)}{0,50}}$

3. $Q^\star = \sqrt{4.000}$

4. $Q^\star = 200$ unidades

También podemos determinar el número esperado de pedidos efectuados durante el año (N) y el tiempo esperado entre los pedidos (T), de la forma siguiente:

$$\text{Número esperado de pedidos} = N = \frac{\text{demanda}}{\text{cantidad del pedido}} = \frac{D}{Q^\star} \qquad (2.2)$$

$$\text{Tiempo esperado entre los pedidos} = T = \frac{\text{número de días laborables en un año}}{\text{cantidad del pedido}} \qquad (2.3)$$

El Ejemplo 2.4 ilustra este concepto.

EJEMPLO 2.4

Utilizando los datos de Squirt, Inc., en el Ejemplo 2.3, y un año de 250 días laborables, encontramos el número de pedidos (N) y el tiempo esperado entre los pedidos (T):

$$= N = \frac{\text{demanda}}{\text{cantidad del pedido}} = \frac{1.000}{200} = 5 \text{ pedidos por año}$$

$$= T = \frac{\text{número de días laborables/año}}{\text{número esperado de pedidos}} = \frac{250 \text{ días laborables/año}}{5 \text{ pedidos}} = 50 \text{ días entre pedidos}$$

Como ya mencionamos antes en esta sección, el coste total anual del inventario es la suma de los costes de preparación y de almacenamiento:

$$\text{Coste total anual} = \text{coste de preparación} + \text{coste de manejo} \qquad (2.4)$$

En términos de las variables del modelo, podemos expresar el coste total como

$$\text{Coste total} = \frac{D}{Q}S + \frac{Q}{2}H \qquad (2.5)$$

El Ejemplo 2.5 muestra cómo utilizar esta fórmula.

EJEMPLO 2.5

Utilizando una vez más los datos de Squirt, Inc. (Ejemplos 2.3 y 2.4), determinamos que los costes totales anuales del inventario son:

$$\text{Coste total} = \frac{D}{Q}S + \frac{Q}{2}H$$

$$= \frac{1.000}{200}(10\$) + \frac{200}{2}(0{,}50\$)$$

$$= (5)(10\$) + (100)(0{,}50\$) = 50\$ + 50\$ = 100\$$$

A menudo, la expresión del coste total del inventario se escribe incluyendo el coste real del material comprado. Si suponemos que la demanda anual y el precio por aguja hipodérmica son valores conocidos (por ejemplo, 1.000 hipodérmicas por año a P = 10$), el coste total anual debe incluir el coste de la compra. El coste de material no depende de que la política de pedido encontrada sea óptima, ya que independientemente de la cantidad de unidades pedidas cada vez, incurrimos siempre en un coste anual de materiales de D x P = (1.000)(10$) = 10.000$. (En breve, discutiremos el caso donde esto no se cumple, es decir, cuando existe un descuento por cantidad para el cliente que pide una cierta cantidad cada vez.)

Robusto

MODELOS ROBUSTOS. Un beneficio del modelo EOQ es que es **robusto**. Por robusto queremos decir que da respuestas satisfactorias aún con variaciones importantes en los parámetros. Como hemos observado, la determinación exacta de los costes de preparación y de almacenamiento del inventario es a menudo difícil. En consecuencia, un modelo robusto es ventajoso. El coste total del EOQ cambia poco en las cercanías del mínimo. La curva es muy allanada. Esto significa que variaciones en los costes de preparación, en costes de almacenamiento, en la demanda, o incluso en el EOQ, provocan, relativamente, pequeñas diferencias en el coste total. El Ejemplo 2.6 muestra cómo EOQ puede ser robusto.

PUNTOS DE PEDIDO (O DE REORDEN). Ahora que hemos decidido cuánto pedir, debemos determinar cuándo pedirlo. Los modelos sencillos de inventario suponen que la recepción de un pedido es instantánea. En otras palabras, suponen que una empresa esperará hasta que su nivel de inventario de un artículo en particular llegue a cero antes de efectuar un pedido, y que todo el pedido se recibe al mismo tiempo.

EJEMPLO 2.6

Si la dirección en el ejemplo de Squirt, Inc. ha subestimado la demanda total anual en un 50% (es decir que en la realidad es de 1.500 agujas en lugar de 1.000) mientras que se utiliza la misma Q, el coste anual del inventario se incrementa sólo en 25$ (100$ contra 125$) o un 25%. De forma similar, si la dirección reduce el tamaño de su pedido un 50% de 200 a 100, el coste se incrementa en 25$ (100$ contra 125$), o un 25 % .

(a) Si la demanda en el Ejemplo 2.5 es en realidad de 1.500 agujas en lugar de 1.000, pero la dirección utiliza un EOQ de $Q = 200$ (cuando debe ser $Q = 244{,}9$ basándose en $D = 1.500$), el coste total se incrementa en un 25%:

$$\text{Coste anual} = \frac{D}{Q} S + \frac{Q}{2} H$$

$$= \frac{1.500}{200}(10\$) + \frac{200}{2}(0{,}50\$) = 75\$ + 50\$ = 125\$$$

(b) Si el tamaño del pedido se reduce de 200 a 100 agujas, pero los otros parámetros permanecen constantes, el coste también se incrementa en un 25%:

$$\text{Coste anual} = \frac{1.000}{200}(10\$) + \frac{100}{2}(0{,}50\$) = 100\$ + 25\$ = 125\$$$

Sin embargo, el tiempo entre el lanzamiento y la recepción de un pedido, llamado **plazo de entrega**, puede ser tan corto como unas pocas horas o tan largo como meses. Así, la decisión de cuándo pedir se expresa normalmente en términos de un punto de pedido, que es el nivel de inventario llegado al cual debería efectuarse un pedido. Véase la Figura 2.9.

Plazo de entrega

FIGURA 2.9 ■ La Curva del punto de pedido (ROP)

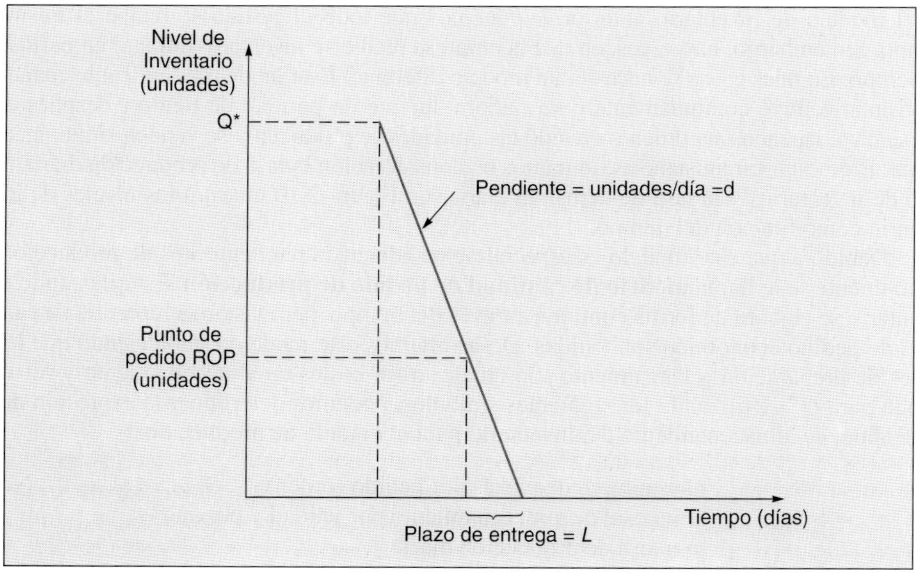

El punto de pedido (ROP)

El punto de pedido (ROP) (del inglés, *Reorder Point*) se da como:

$$\text{ROP} = (\text{demanda por día})(\text{plazo de entrega para un nuevo pedido en días}) \quad (2.6)$$

$$= d \times L$$

Esta ecuación para ROP *asume que la demanda es uniforme y constante*. Cuando este no sea el caso, se debe añadir inventario extra, normalmente llamado *inventario de seguridad*. La demanda diaria, *d*, se halla dividiendo la demanda anual, D, por el número de días laborables de un año:

$$d = \frac{D}{\text{número de días laborables en un año}}$$

El cálculo del punto de pedido se ve en el Ejemplo 2.7.

EJEMPLO 2.7

Electronic Assembler, Inc., tiene un demanda anual de 8.000 TX512 VCR. La empresa trabaja al año 200 días laborables. Como media, la entrega de un pedido tarda 3 días laborables. Calculamos el punto de pedido de la siguiente manera:

$$d = \text{demanda diaria} = \frac{D}{\text{número de días laborables en un año}} = \frac{8.000}{200}$$

$$\text{ROP} = \text{punto de pedido} = d \times L = 40 \text{ unidades/día} \times 3 \text{ días} = 120 \text{ unidades}$$

Por lo tanto, cuando el inventario cae hasta 120, debe efectuarse un pedido. El pedido llegará 3 días después, justo cuando el inventario de la empresa se ha agotado.

Modelo de cantidad de pedido de producción

En el modelo de inventario anterior, suponemos que todo el pedido se recibe al mismo tiempo. Sin embargo, hay veces, en que la empresa recibe su inventario durante un periodo de tiempo. En tales casos se necesita un modelo diferente. Este modelo es aplicable cuando el inventario fluye continuamente o se elabora durante un periodo de tiempo, después de que se haya lanzado una orden o cuando las unidades se producen y se venden simultáneamente. Bajo estas circunstancias, tomamos en consideración la tasa de producción diaria (o flujo de inventario) y la tasa de demanda diaria. La Figura 2.10 muestra los niveles de inventario como función del tiempo.

Modelo de cantidad de pedido de producción

Debido a que este modelo es especialmente adecuado para entornos de producción, comúnmente se le llama **modelo de cantidad de pedido de producción**. Es útil cuando el inventario se elabora de forma continua a través del tiempo, pero las otras hipótesis de cantidad de pedido económico son válidas. Desarrollamos este modelo estableciendo que los costes de preparación o lanzamiento son iguales a los costes de almacenamiento y resolviendo para $Q^\star$. Utilizando los siguientes símbolos, podemos determinar la expresión del coste anual de almacenamiento del inventario para el modelo de producción:

Q = número de piezas por pedido (órden)
H = coste de almacenamiento por unidad y por año
p = tasa de producción diaria

FIGURA 2.10 ■ Cambio en los Niveles de Inventario a través del Tiempo para el Modelo de Producción.

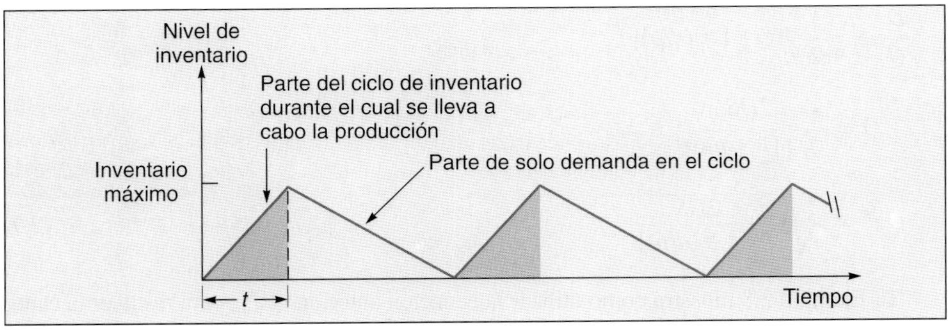

d = tasa de demanda diaria, o tasa de utilización
t = duración de la tanda de producción en días

1. $\begin{pmatrix}\text{Coste anual de almacenamiento}\\ \text{de inventario}\end{pmatrix} = (\text{nivel medio de inventario}) \times \begin{pmatrix}\text{Nivel medio}\\ \text{de inventario}\end{pmatrix}$

$= (\text{nivel medio de inventario}) \times H$

2. $\begin{pmatrix}\text{Nivel medio}\\ \text{de inventario}\end{pmatrix} = (\text{nivel máximo de inventario}) /2$

3. $\begin{pmatrix}\text{Nivel máximo}\\ \text{de inventario}\end{pmatrix} = \begin{pmatrix}\text{Total producido durante}\\ \text{la tanda de producción}\end{pmatrix} - \begin{pmatrix}\text{Total utilizado}\\ \text{la tanda de producción}\end{pmatrix}$

$= pt - dt$

Pero Q = total producido = pt, y por lo tanto, $t = Q/p$. Entonces:

$$\text{Nivel máximo de inventario} = p\left(\frac{Q}{p}\right) - d\left(\frac{Q}{p}\right)$$

$$= Q - \frac{d}{p}Q$$

$$= p\left(1 - \frac{d}{p}\right)$$

4. El coste anual de almacenamiento del inventario (o simplemente coste de almacenamiento)

$$\frac{\text{nivel máximo de inventario}}{2}(H) = \frac{Q}{2}\left[1 - \left(\frac{d}{p}\right)\right]H$$

Utilizando la expresión anterior del coste de almacenamiento y la expresión del coste de preparación desarrollada en el modelo básico de EOQ, encontramos el número óptimo de piezas por pedido igualando el coste de preparación y el coste de almacenamiento:

Coste de preparación = $(D/Q)S$

Coste de almacenamiento = $1/2\ HQ\ [1-(d/p)]$

Igualando el coste de pedido al coste de almacenamiento obtenemos Q★:

$$\frac{D}{Q} S = \frac{1}{2} HQ\,[\,1 - (d/p)]$$

$$Q^2 = \frac{2DS}{H\,[1 - (d/p)]}$$

$$Q_p{}^{\star} = \sqrt{\frac{2DS}{H\,[1 - (d/p)]}} \qquad (2.7)$$

El Ejemplo 2.8 muestra cómo utilizar la ecuación anterior, $Q_p{}^{\star}$, para resolver la cantidad óptima de pedido o de producción cuando el inventario se consume mientras se produce.

EJEMPLO 2.8

Nathan Manufacturing, INC., fabrica y vende distintas clases de tapacubos para el mercado detallista del automóvil. Las previsiones de Nathan para sus tapacubos de alambre es de 1.000 unidades para el próximo año, con una demanda diaria media de 6 unidades. Sin embargo, el proceso de producción es más eficiente con 8 unidades por día. Así que la compañía produce 8 por día, pero utiliza sólo 6. Dados los siguientes valores, encontrar el número óptimo de unidades por pedido.

Demanda anual = D = 1.000 unidades
Coste de preparación = S = 10$
Coste de almacenamiento = H = 0,50$ por unidad por año
Tasa de producción diaria = p = 8 unidades diarias
Tasa de demanda diaria = d = 6 unidades diarias

1. $$Q_p{}^{\star} = \sqrt{\frac{2DS}{H\,[1 - (d/p)]}}$$

2. $$Q_p{}^{\star} = \sqrt{\frac{2\,(1.000)\,(10)}{0{,}50\,[1 - (6/8)]}}$$

$$= \sqrt{\frac{20.000}{0{,}50\,(1/4)}} = \sqrt{160.000} = 400 \text{ tapacubos}$$

Nótese también que podemos calcular la demanda diaria:

$$d = \frac{D}{\text{número de días que la fábrica está abierta}}$$

y

$$\text{Número de días que la fábrica está abierta} = \frac{D}{d}$$

Por lo tanto, Nathan Manufacturing, Inc., en el Ejemplo 2.8, está abierta sólo 167 días cada año porque

$$\text{Número de días que la fábrica está abierta} = \frac{1.000}{6} = 167$$

Usted puede querer comparar esta solución con la respuesta del Ejemplo 2.3. Al eliminar la hipótesis de recepción instantánea, donde $p = 8$ y $d = 6$, el resultado es un incremento en $Q^\star$ de 200 en el Ejemplo 2.3 a 400 en el Ejemplo 2.8.
También podemos calcular $Q^\star_p$ cuando se dispone de los datos anuales. Cuando se utilizan los datos anuales, podemos expresar $Q^\star_p$ como:

$$Q_p^\star = \sqrt{\frac{2DS}{H\,[1 - (D/P)]}} \qquad (2.8)$$

donde D = tasa de demanda anual
P = tasa de producción anual

Modelos de descuento por cantidad

Para aumentar las ventas, muchas compañías ofrecen descuentos por cantidad a sus clientes. Un **descuento por cantidad** es sencillamente un precio reducido (P) del producto cuando éste se compra en grandes cantidades. No es raro tener un programa de descuento para grandes pedidos. En la Tabla 2.2 aparece un programa típico de descuento por cantidad.

Descuento por cantidad

Como se puede ver en la tabla, el precio normal del artículo es 5$. Cuando se piden al mismo tiempo entre 1.000 y 1.999 unidades, entonces el precio por unidad baja a 4,80$; y cuando la cantidad pedida es de 2.000 unidades o más, el precio es de 4,75$ por unidad. Como siempre, la dirección debe decidir cuándo y cuánto ordenar. Pero con los descuentos por cantidad, ¿cómo toma estas decisiones el director de operaciones?

Como con otros modelos de inventario discutidos hasta ahora, el objetivo global será disminuir el coste total. Debido a que el coste por unidad del tercer descuento en la Tabla 2.2 es el más bajo, usted podría estar tentado a pedir 2.000 unidades o más para aprovecharse del coste más bajo del producto. Sin embargo, efectuar un pedido de esa cantidad con el mayor descuento en el precio, puede que no minimice el coste total del inventario. A medida que aumenta la cantidad pedida, el coste del producto baja, pero el coste de almacenamiento se incrementa porque los pedidos son grandes. Por lo tanto, el equilibrio más importante a lograr, cuando se consideran los descuentos por cantidad, es entre la reducción del coste del producto y el aumento del coste de almacenamiento. Cuando incluimos el coste del producto, la ecuación del coste total anual del inventario se convierte en:

Coste total = coste de preparación + coste de almacenamiento + coste del producto

o

$$Coste\ Total = \frac{D}{Q}S + \frac{QH}{2} + PD \qquad (2.9)$$

donde D = demanda anual en unidades
S = coste de lanzamiento o preparación, por pedido o por preparación
P = precio por unidad
H = coste de almacenamiento por unidad y por año

TABLA 2.2 ■ Un programa de descuento por cantidad

CÓDIGO DE DESCUENTO	CANTIDAD DE DESCUENTO	DESCUENTO %	PRECIO DE DESCUENTO (P)
1	0 a 999	0	5,00$
2	1.000 a 1.999	4	4,80$
3	2.000 y sobre	5	4,75$

Ahora, debemos determinar la cantidad que minimizará el coste total anual del inventario. Como hay diferentes descuentos, este proceso implica cuatro pasos:

1. Calcular el valor de $Q^\star$, para cada descuento, utilizando la siguiente ecuación:

$$Q_p^\star = \sqrt{\frac{2DS}{IP}} \tag{2.10}$$

Debe observar que el coste de almacenamiento es IP en lugar de H. Como el precio del artículo es un factor en el coste anual de almacenamiento, no podemos asumir que el coste de almacenamiento es una constante cuando el precio por unidad cambia para cada descuento por cantidad. Así, es frecuente expresar el coste de almacenamiento (I) como un porcentaje del precio por unidad (P) en lugar de una constante por unidad y por año (H).

2. Para cualquier descuento, si la cantidad del pedido es demasiado baja para merecer el descuento, se ajusta la cantidad del pedido hacia arriba, hasta la cantidad más baja que permitirá el descuento. Por ejemplo, si $Q^\star$ para el descuento 2 de la Tabla 2.2 eran 500 unidades, usted debería aumentar este valor hasta 1.000 unidades. Las cantidades de pedido entre 1.000 y 1.999 permitirán el descuento del 4%.

El razonamiento para el paso 2 puede no ser obvio. Si la cantidad de pedido está por debajo del límite que permitirá un descuento, una cantidad dentro de este límite todavía puede dar como resultado un coste total más bajo.

Como se muestra en la Figura 2.11, la curva del coste total está fraccionada en tres curvas de coste total diferentes. Hay una curva de coste total para el primer descuento ($0 \leq Q \leq 999$), para el segundo ($1.000 \leq Q \leq 1.999$) y para el tercero ($2.000 \leq Q$). Observe la curva del coste total para el descuento 2. $Q^\star$ en el segundo descuento es menor que el intervalo de descuento permitido, el cual va de 1.000 a 1.999 unidades. Como muestra la figura, la menor cantidad permitida en este intervalo, que es 1.000 unidades, es la cantidad que minimiza el coste total. Por lo tanto, es necesario el segundo paso para asegurar que no descartamos una cantidad de pedido que puede realmente producir el coste mínimo. Véase que una cantidad, de pedido, calculada en

FIGURA 2.11 ■ Curva del Coste Total para el Modelo del Descuento por Cantidad

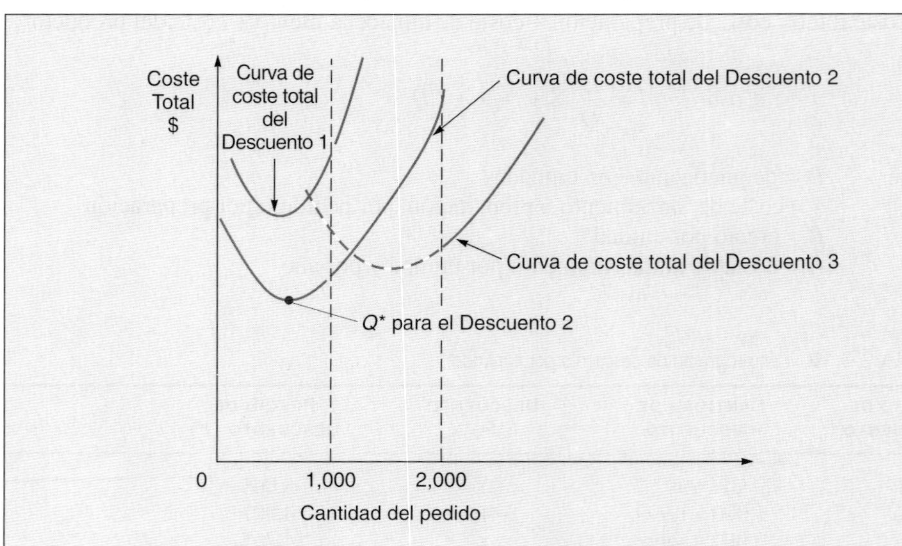

el paso 1, que sea mayor que el rango que la calificaría para un descuento, debe descartarse.

3. Utilizando la ecuación anterior del coste total, calcular el coste total para cada $Q^\star$ determinada en los pasos 1 y 2. Si tiene que ajustar $Q^\star$ hacia arriba, porque está por debajo del rango de cantidad permitido, asegúrese que utiliza el valor ajustado de $Q^\star$.
4. Seleccione aquella $Q^\star$ que tenga el coste total más bajo calculado en el paso 3. Ésta será la cantidad que minimizará el coste total del inventario.

El Ejemplo 2.9 muestra cómo aplicar este modelo.

EJEMPLO 2.9

Wohl's Discount Store almacena coches de carreras de juguete. Recientemente, han estado ofreciendo un programa de descuento por cantidad para los coches. Este programa de cantidad se mostró en la Tabla 2.2. Así, el coste normal de los coches es de 5$. Para pedidos entre 1.000 y 1.999 unidades, el coste por unidad es de 4,80$; y para pedidos de 2.000 o más unidades, el coste por unidad es de 4,75$. Además, el coste de lanzamiento es de 49$ por pedido, la demanda anual es de 5.000 coches y el coste de almacenamiento del inventario como porcentaje del coste, I, es del 20% ó 0,2. ¿Cuál es la cantidad de pedido que minimizará el coste total del inventario?

El primer paso consiste en calcular $Q^\star$ para cada descuento en la Tabla 2.2. Esto se hace de la siguiente manera:

$$Q_1^\star = \sqrt{\frac{2(5.000)\,(49)}{(0,2)\,(5,00)]}} = 700 \text{ coches/pedido}$$

$$Q_2^\star = \sqrt{\frac{2(5.000)\,(49)}{(0,2)\,(4,80)]}} = 714 \text{ coches/pedido}$$

$$Q_3^\star = \sqrt{\frac{2(5.000)\,(49)}{(0,2)\,(4,75)]}} = 718 \text{ coches/pedido}$$

El segundo paso es ajustar hacia arriba aquellos valores de $Q^\star$ que estén por debajo del límite de descuento permitido. Como $Q_1^\star$ está entre 0 y 999, no tiene que ser ajustada. $Q_2^\star$ está por debajo del rango permitido de 1.000 a 1.999, y por lo tanto, tiene que ser ajustada a 1.000 unidades. Lo mismo ocurre para $Q_3^\star$, tiene que ser ajustada a 2.000 unidades. Después de este paso, se deben calcular para las siguientes cantidades el coste total:

$Q_1^\star$ = 700

$Q_2^\star$ = 1.000 – ajustado

$Q_3^\star$ = 2.000 – ajustado

El tercer paso es utilizar la ecuación del coste total y calcular un coste total para cada una de las cantidades de pedido. Esto se lleva a cabo con la ayuda de la Tabla 2.3.

El cuarto paso es seleccionar aquella cantidad de pedido con el coste total más bajo. Mirando la Tabla 2.3, puede observarse que una cantidad de pedido de 1.000 coches minimizará el coste total. No obstante, debe reconocerse que el coste total de pedir 2.000 coches es sólo un poco mayor que el coste total de pedir 1.000 coches. Por lo tanto, si el tercer coste de descuento se reduce, por ejemplo, a 4,65$, entonces esta cantidad de pedido puede que sea la que minimice el coste total del inventario.

TABLA 2.3 ■ Cálculos del coste total para para Wohl's Discount Store

CÓDIGO DE DESCUENTO	PRECIO POR UNIDAD	CANTIDAD DE PEDIDO	COSTE ANUAL DEL PRODUCTO	COSTE ANUAL DE LANZAMIENTO	COSTE ANUAL DE ALMACENAMIENTO	TOTAL
1	5,00$	700	25.000$	350$	350$	25.700$
2	4,80$	1.000	24.000$	245$	480$	24.725$
3	4,75$	2.000	23.750$	122,5$	950$	24.822,5$

MODELOS PROBABILÍSTICOS CON PLAZOS DE ENTREGA CONSTANTES

Modelos probabilísticos

Nivel de servicio

Todos los modelos de inventario que se han discutido hasta el momento hacen la suposición de que la demanda de un producto es constante y uniforme. Ahora relajamos esa suposición. Los siguientes modelos de inventario, conocidos como **modelos probabilísticos**, se aplican *cuando la demanda de un producto no es constante* pero puede definirse por una distribución de probabilidad.

Una preocupación importante de la dirección es mantener un nivel de servicio adecuado frente a la incertidumbre de la demanda. El **nivel de servicio** es el complementario de la probabilidad de que se agoten las existencias. Por ejemplo, si la probabilidad de que se agoten las existencias (rotura de estock) es de 0,05, entonces el nivel de servicio es del 0,95. La demanda incierta aumenta la posibilidad de que se produzca rotura de estocks. Un método para reducir esto es mantener unidades suplementarias en inventario para evitar esta posibilidad. Tal inventario se conoce frecuentemente como *inventario de seguridad* y se añade como respaldo al punto de pedido. Como recordará de nuestra discusión anterior:

Punto de pedido $= \text{ROP} = \text{d} \times \text{L}$

d = demanda diaria

L = plazo de entrega del pedido, o número de días laborables que se necesitan para entregar un pedido

La inclusión de un inventario de seguridad modifica la expresión a

$$\text{ROP} = d \times L + \text{inventario de seguridad} \tag{2.11}$$

La cantidad del inventario de seguridad depende del coste de incurrir en una falta de existencias y el coste de almacenamiento del inventario extra. El Ejemplo 2.10 muestra cómo se lleva esto a cabo para la Óptica David Rivera.

EJEMPLO 2.10

La Óptica David Rivera ha determinado que su punto de pedido de monturas de gafas es de 50 (d x L) unidades. El coste de almacenamiento por montura por año es de 5$, y el coste de rotura de existencias es de 40$ por montura. La óptica ha experimentado la siguiente distribución de probabilidad para la demanda de inventario durante el periodo de reaprovisionamiento. El número óptimo de pedidos por año es seis.

	NÚMERO DE UNIDADES	PROBABILIDAD
	30	0,2
	40	0,2
ROP →	50	0,3
	60	0,2
	70	0,1
		1,0

¿Cuánto inventario de seguridad debe mantener la Óptica David Rivera?

El objetivo es encontrar el inventario de seguridad que minimiza los costes totales adicionales de almacenamiento y los costes de rotura de existencias sobre una base anual. El coste anual de almacenamiento es sencillamente el coste de almacenamiento multiplicado por las unidades añadidas al ROP. Por ejemplo, un estock de seguridad de 20 monturas, lo que supone que el nuevo ROP, con el estock de seguridad, es de 70 (= 50 + 20), eleva el coste anual de almacenamiento en 5$(20) = 100$.

El coste de falta de existencias es más difícil de calcular. Para cualquier nivel de inventario de seguridad, este coste es el coste esperado por agotarse el inventario. Podemos calcularlo multiplicando el número de monturas faltantes por la probabilidad de que se dé la rotura, por el coste de quedarse sin existencias y por el número de veces al año que puede ocurrir (o el número de pedidos por año). Después sumamos los costes de la rotura de inventario de cada nivel posible de rotura, para un ROP dado. Con un inventario de seguridad de cero, se dará una falta de 10 monturas si la demanda es de 60, y una falta de 20 monturas si la demanda es de 70. Por lo tanto, los costes de rotura de inventario para un inventario de seguridad de cero son:

(10 monturas faltantes)(0,2)(40$/rotura de inventario) (6 roturas de inventario posibles por año) + (20 monturas faltantes)(0,1)(40$)(6) = 960$

La tabla siguiente resume los costes totales para cada alternativa.

INVENTARIO DE SEGURIDAD	ALMACENAMIENTO ADICIONAL	COSTE DE COSTE DE ROTURA DE INVENTARIO	COSTE TOTAL
20	(20)(5$) = 100$	0$	100$
10	(10)(5$) = 50$	(10)(0,1)(40$)(6) = 240$	290$
0	0$	(10) (0,2)(40$)(6) + (20)(0,1)(40$)(6) = 960$	960$

El estock de seguridad con el coste total más bajo es de 20 monturas.

Cuando es difícil o imposible determinar el coste de quedarse sin inventario, el director debe decidir seguir la política de guardar suficiente inventario de seguridad disponible, para cumplir con un nivel preestablecido de servicio al cliente. Por ejemplo, la Figura 2.12 muestra la utilización del inventario de seguridad cuando la demanda es probabilística. Vemos que el inventario de seguridad en la Figura 2.12 es de 16,5 y el punto de pedido está también incrementado en 16,5.

El director puede que quiera definir el nivel de servicio como la satisfacción del 95,5 de la demanda (o a la inversa, teniendo roturas de existencias sólo el 5% de las veces). Suponiendo que la demanda durante el plazo de entrega (el periodo del reaprovisionamiento) sigue una curva normal, sólo se necesita la media y la desviación estándar para definir las necesidades de inventario para cualquier nivel de servicio. Los datos de ventas son gene-

FIGURA 2.12 ■ Demanda Probabilística.

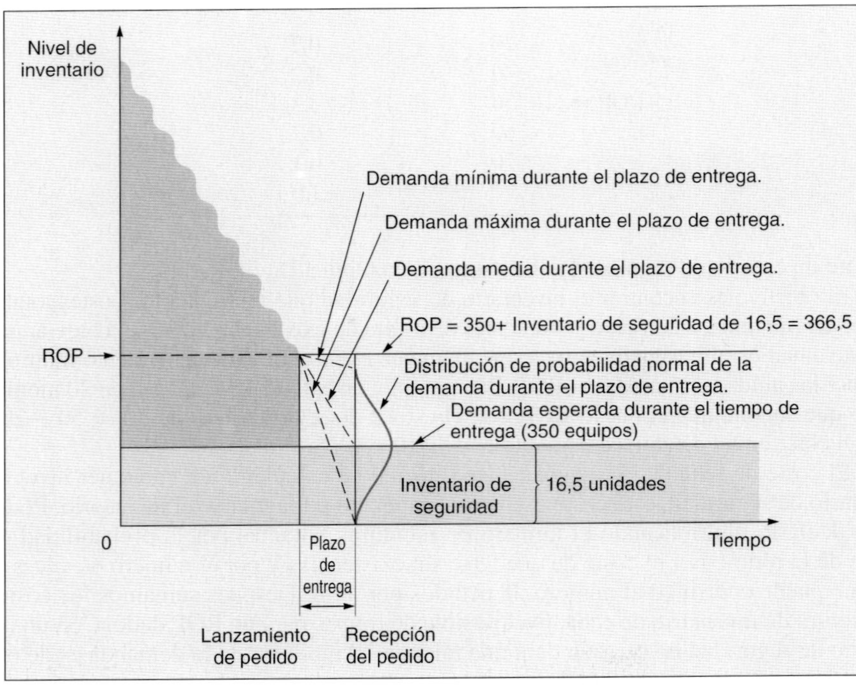

ralmente adecuados para calcular la media y la desviación estándar. En el siguiente ejemplo utilizamos una curva normal, con una media (μ) y una desviación estándar (σ) conocidas para determinar el inventario de seguridad necesario para un nivel de servicio del 95%.

EJEMPLO 2.11

El Hospital Regional de Memphis almacena un equipo de reanimación "código azul" que tiene una demanda distribuida normalmente durante el periodo de reaprovisionamiento. La demanda media durante este periodo es de 350 equipos y la desviación estándar es de 10. El Hospital Regional quiere seguir una política de la que resulte que las roturas de inventario ocurren sólo un 5% de veces. ¿Qué inventario de seguridad debería mantener el hospital? La siguiente figura puede ayudar a visualizar el ejemplo:

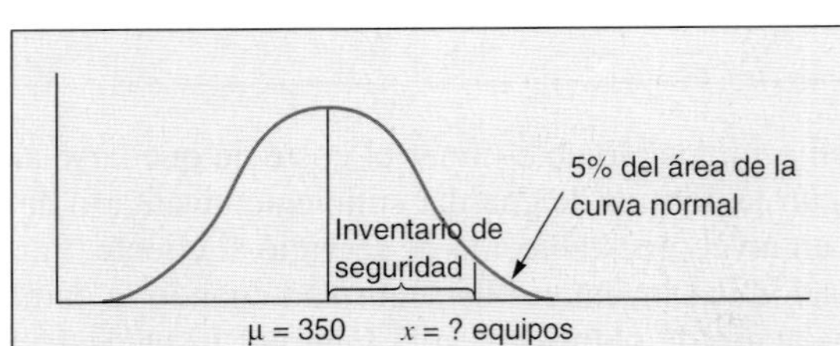

μ = demanda media = 350 equipos

σ = desviación estándar = 10 equipos

o

Inventario de seguridad = $x - \mu$

siendo

$$Z = \frac{x - \mu}{\sigma}$$

entonces

$$\text{Inventario de seguridad} = Z\sigma \qquad (2.12)$$

Utilizamos las propiedades de una curva normal estándar para obtener el valor de Z, en un área debajo de la curva de la normal de 0,95 (ó 1–0,05). Utilizando una tabla normal (véase el Apéndice A), encontramos un valor de Z de 1,65 desviaciones estándar de la media. También:

$$Z = \frac{x - \mu}{\sigma} = \frac{\text{inventario de seguridad}}{\sigma}$$

$$= 1{,}65 = \frac{\text{inventario de seguridad}}{\sigma}$$

Obteniendo el inventario de seguridad, según la Ecuación 2.12, da

$$\text{Inventario de seguridad} = 1{,}65(10) = 16{,}5 \text{ equipos}$$

Ésta es la situación ilustrada en la Figura 2.12. El punto de pedido pasa a ser (350 equipos + 16,5 equipos de inventario de seguridad =) 366,5 ó 367 equipos.

SISTEMAS DE PERIODO FIJO

Esta tienda tarda normalmente 4 semanas en recibir un pedido de vaqueros Levis 501 suministrado por la fábrica. Si la tienda vende 10 pares de Levis de la talla 30-32 por semana, el director de la tienda podría preparar dos contenedores, guardar 40 pares de pantalones en el segundo contenedor y efectuar un pedido cuando el primer contenedor esté vacío. Este sería un sistema de punto de pedido. También se le llama un sistema de "2 almacenes" y es un ejemplo de método de inventario muy elemental pero efectivo.

Los modelos de inventario que hemos considerado hasta el momento caen dentro de la clase llamada *sistemas de cantidad fija*. Esto significa que la misma cantidad fija se añade en el inventario cada vez que se efectúa un pedido de un producto. Ya vimos que los pedidos son puestos en movimiento por algún mecanismo y que el punto de pedido es el mecanismo que los acciona en cualquier momento.

Sin embargo, en un **sistema de periodo fijo** el inventario se pide al final de un periodo dado. Entonces, y sólo entonces, se cuenta el inventario disponible. Sólo se pide la cantidad necesaria para aumentar el inventario total hasta un nivel objetivo predeterminado. La Figura 2.13 ilustra este concepto.

Sistema de periodo fijo

La ventaja del sistema de periodo fijo es que no hay un conteo físico de los artículos del inventario cada vez que se retira un artículo —esto sucede solamente cuando llega el momento para la siguiente revisión—. Este procedimiento es también conveniente desde un punto de vista administrativo, especialmente si el control del inventario es sólo una de las diferentes responsabilidades de un empleado.

FIGURA 2.13 ■ Nivel de Inventario en un Sistema de Periodo Fijo. Se piden diferentes cantidades basándose en la cantidad necesaria para llevar el inventario hasta el objetivo máximo.

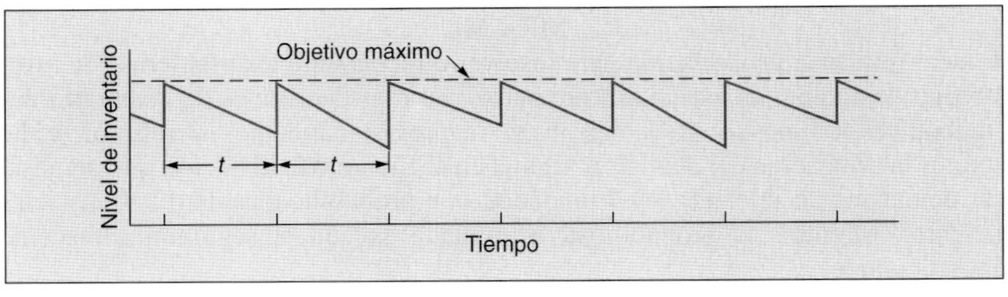

Un sistema de periodo fijo es apropiado cuando los vendedores hacen visitas rutinarias (es decir, en un intervalo fijo de tiempo) a los clientes para tomar pedidos nuevos o cuando los compradores quieren combinar pedidos para ahorrar los costes de lanzamiento y transporte (por lo tanto, tendrán el mismo periodo de revisión para productos similares del inventario).

La desventaja de este sistema es que al no llevarse un control del inventario durante el periodo entre revisiones, existe la posibilidad de una falta de inventario durante este tiempo. Esto es posible si una compra de gran tamaño baja el nivel del inventario a cero, justo después de que se efectuó el pedido. Por lo tanto, es necesario mantener un nivel más alto de inventario de seguridad (comparado con un sistema de cantidad fija) para ofrecer protección contra la falta de inventario, tanto durante el periodo entre las revisiones como durante el plazo de entrega.

ANÁLISIS MARGINAL

Análisis marginal

Para muchos modelos de inventario, la política óptima de almacenamiento se puede determinar mediante el **análisis marginal**, el cual tiene en consideración el beneficio marginal (MP) y la pérdida marginal (ML). Dado cualquier nivel de inventario, añadiremos una unidad adicional al nivel de inventario sólo si su beneficio marginal esperado es igual o mayor que su pérdida marginal. Esta relación se expresa simbólicamente a continuación. Primero, sea

$\hat{p}$= probabilidad de que la demanda sea mayor o igual que un inventario dado (o la probabilidad de vender al *menos* una unidad adicional)

$1-\hat{p}$ = probabilidad de que la demanda sea menor que el inventario.

El beneficio marginal esperado se halla entonces, multiplicando la probabilidad de que una determinada unidad será vendida por la utilidad marginal, p(MP). De la misma manera, la pérdida marginal esperada es la probabilidad de no vender la unidad multiplicada por la pérdida marginal, o $(1-\hat{p})$(ML). La regla de decisión es:

$$\hat{p}(\text{MP}) \geq (1-\hat{p})(\text{ML})$$

Con algunos procedimientos matemáticos básicos, podemos determinar el nivel de p que nos ayudará a resolver los problemas de inventario:

$$\hat{p}(\text{MP}) \geq \text{ML} - \hat{p}(\text{ML})$$

o

$$\hat{p}(\text{MP}) + \hat{p}(\text{ML}) \geq \text{ML}$$

o

$$\hat{p}(\text{MP} + \text{ML}) \geq \text{ML}$$

o

$$\hat{p} \geq \frac{\text{ML}}{\text{MP} + \text{ML}} \qquad (2.13)$$

Podemos utilizar esta relación para resolver directamente los problemas de inventario. Este tipo de análisis es especialmente bueno para las decisiones de inventario de periodo unico, cuando no son posibles ni el reaprovisionamiento ni retrasar pedidos. Presentamos la utilización del análisis marginal en el Ejemplo 2.12. Véase que hemos añadido tres demandas posibles (5, 6 y 7 unidades, con probabilidades de 0,2, 0,3 y 0,5 respectivamente). Mientras la probabilidad acumulada exceda p, seguimos almacenando unidades adicionales.

EJEMPLO 2.12

Las cajas de pañuelos de papel se venden en Price-Mart a 6$ cada una. El coste por caja es de 3$, y las cajas que no se vendan pueden devolverse al proveedor, quien devolverá el coste de cada caja menos 1$ por manipulación y almacenamiento. La distribución de la probabilidad de la demanda es la siguiente:

DEMANDA	PROBABILIDAD DE QUE LA DEMANDA ESTÉ A ESTE NIVEL
5	0,2
6	0,3
7	0,5

1. A partir de la relación desarrollada previamente (Ecuación 2.13), sabemos que:

$$\hat{p} \geq \frac{ML}{MP + ML} \tag{2.13}$$

2. El siguiente paso es determinar $\hat{p}$. Como recordará, p es la probabilidad de que la demanda estará a este nivel o a uno mayor. Podemos calcular esta probabilidad acumulada como sigue:

DEMANDA	PROBABILIDAD DE QUE LA DEMANDA ESTÉ A ESTE NIVEL	(ACUMULADA) PROBABILIDAD DE QUE LA DEMANDA ESTÉ A ESTE NIVEL O A UNO MAYOR
5	0,2	$1{,}0 \geq 0{,}25$
6	0,3	$0{,}8 \geq 0{,}25$
7	0,5	$0{,}5 \geq 0{,}25$

ML = pérdida marginal = 1$

MP = beneficio marginal = 6$ – 3$ = 3$

Por lo tanto:

$$\hat{p} \geq \frac{1}{3 + 1} \geq 0{,}25$$

3. Seguimos añadiendo cajas mientras se mantenga la relación $\hat{p} \geq ML/(MP + ML)$. Si almacenamos 7 cajas, nuestro beneficio marginal será mayor que nuestra pérdida marginal:

$$\hat{p} \text{ en siete cajas} \geq \frac{ML}{MP + ML}$$

Por lo tanto, la mejor política es almacenar 7 cajas de pañuelos de papel.

ALCANZANDO ESTÁNDARES DE CLASE MUNDIAL

Gestionan su inventario

Las empresas de clase mundial **gestionan su inventario**. Estas empresas saben cuánto pedir y cuándo efectuar un pedido. Reducen inventario bajando los tamaños de los lotes. Los inventarios no están inactivos y cogiendo polvo. El inventario justo a tiempo no existe. El material está en movimiento o se trabaja en él. Los sistemas JIT son usuales, como lo son los sistemas Kanban que arrastran el material a través de la planta.

Las organizaciones de clase mundial también reducen el inventario desarrollando sistemas de información por ordenador con previsiones cada vez más precisas o han ido a ciclos de pedido más cortos que les permiten producir contra pedido. El inventario entrante se reduce, la calidad aumenta y el conteo cíclico produce exactitud de registros. Los pedidos pueden realizarse más rápidamente, así que los inventarios en curso también se reducen. El resultado de la reducción de inventario es menos dinero invertido, calidad incrementada y, al mismo tiempo, apreciación incrementada por parte de los clientes. En las empresas de clase mundial, el "inventario ajustado" se convierte en una ventaja competitiva.

RESUMEN

El inventario representa una inversión importante para la mayoría de las empresas. Esta inversión es a menudo más grande de lo que debería ser porque las empresas encuentran más sencillo tener inventario "por si acaso" que inventario "justo a tiempo." Los inventarios son de cuatro tipos:

1. materias primas y componentes comprados;
2. trabajo en curso;
3. mantenimiento, reparación y operación (MRO); y
4. artículos acabados.

En este capítulo, discutimos el inventario en demanda independiente, el análisis ABC, la exactitud de los registros, JIT, los costes del inventario y los modelos utilizados para controlar los inventarios independientes. Presentamos el modelo EOQ, el modelo de tanda de producción, el modelo de descuento por cantidad, el modelo probabilístico, el sistema de periodo fijo y el análisis marginal. Las fórmulas para los modelos de inventario presentadas en este capítulo están resumidas en la Tabla 2.4.

TÉRMINOS CLAVE

Inventario
Inventarios de materias primas
Inventarios del trabajo en proceso (WIP)
MRO
Inventario de artículos acabados
Análisis ABC
Conteo cíclico
Inventario justo a tiempo
Kanban
Costes de almancenamiento
Coste de lanzamiento
Coste de preparación
Tiempo de preparación
Robusto
Plazo de entrega
Punto de pedido (ROP)
Inventario de seguridad
Modelo de la cantidad de pedido de producción
Descuento por cantidad
Modelos probabilísticos
Nivel de servicio
Sistema de periodo fijo
Análisis marginal

TABLA 2.4 ■ Modelos estadísticos para demanda independiente resumidos.

Q = número de piezas por pedido
$Q^\star$ = EOQ = cantidad óptima de pedido
ROP = punto de pedido
D = demanda anual en unidades
S = costes de preparación o lanzamiento para cada pedido
H = coste de almacenamiento por unidad y por año en dólares.
p = tasa de producción diaria
d = tasa de demanda diaria
t = duración de la tanda de producción en días
P = precio
I = coste anual de almacenamiento de inventario como porcentaje del precio
$\hat{p}$ = probabilidad
MP = beneficio marginal
ML = pérdida marginal
μ = demanda media
σ = desviación estándar
χ = demanda media+inventario de seguridad
Z = valor estandarizado bajo la curva normal

Modelo básico EOQ

$$Q^\star = \sqrt{\frac{2DS}{H}} \tag{2.1}$$

Modelo de tanda de producción EOQ

$$Q^\star = \sqrt{\frac{2DS}{H[1-(d/p)]}} \tag{2.7}$$

Coste Total

$$\text{Coste total} = \text{coste de preparación} + \text{coste de almacenamiento} + \text{coste de producto} = \frac{D}{Q}S + \frac{QH}{2} + PD \tag{2.9}$$

Modelo EOQ de descuento por cantidad

$$Q^\star = \sqrt{\frac{2DS}{IP}} \tag{2.10}$$

Modelo probabilístico

$$\text{Inventario de seguridad} = Z\sigma \tag{2.12}$$

Análisis marginal

$$\hat{p} \geq \frac{\text{ML}}{\text{MP} + \text{ML}} \tag{2.13}$$

UTILIZANDO AB: POM Y HOJAS DE CÁLCULO PARA RESOLVER LOS PROBLEMAS DE INVENTARIO

Resolver los Ejemplos 2.8 y 2.9 con AB:POM

Todos los modelos de la familia EOQ presentados en este capítulo pueden resolverse con AB:POM. Nosotros ilustramos el modelo de tanda de producción utilizando los datos del Ejemplo 2.8 en el Programa 2.1. Los datos que introducimos están en la columna del lado izquierdo, y los resultados calculados a la derecha.

El Programa 2.2 ofrece una segunda ilustración de AB: POM, esta vez sobre los datos del descuento de cantidad del Ejemplo 2.9.

PROGRAMA 2.1 ■ Módulo de Tanda de Producción de AB:POM. Nótese que el Coste de Almacenamiento (H) puede introducirse en dólares o como un porcentaje del precio del artículo (escribiendo el porcentaje con el signo %). El *coste de almacenamiento* (H) y la *tasa de la demanda* (D) deben estar ambos en la misma unidad de tiempo, es decir, diaria, anual, etcétera.

Los *días por año* variarán dependiendo de la *tasa de la demanda diaria* (d). Si se introducen la *tasa de producción* (p) y la *tasa de la demanda diaria* (d), entonces los datos de los *días por año* se calcularán automáticamente y se dará por omisión el valor apropiado. Si la *tasa de producción* (p) está en días, pero la entrada de la *tasa de la demanda* (D) es anual, se deben introducir los *días por año*.

Example 8

Production order quantity model

Model			
Demand Rate (D)	1000.00	Optimal order quantity (Q*)	400.00
Setup costs (S)	10.00	Maximun inventory level (Imax)	100.00
Holding costs (H)	0.50		
Production Rate (p)	8.00	Inventory $$ (Hold, Setup, Short)	50.00$
Days per year	166.6667	Unit cost (pD)	1.000.00$
or			
Daily demand rate (d)	6.00	Total cost	1.050.00$
Unit cost	1.00		

PROGRAMA 2.2 ■ Módulo del Descuento por Cantidad de AB:POM. Se deben introducir los valores iniciales y finales para cada rango. El input se muestra a la izquierda del Programa 2.2 y las respuestas a la derecha.

Wohl´s Discount Store
EOQ with quantity discount

Model				
Demand Rate (D)		5000.00	Optimal order quantity (Q*)	1000.00
Setup costs (S)		49.00	Maximun inventory level (Imax)	1000.00
Holding costs (H)		20.50%		
Price Ranges (p)			Inventory $$ (Hold, Setup, Short)	725.00$
From	To	Price	Unit cost (pD)	24.000.00$
1	999	5.00	Total cost	24.725.00$
1000	1999	4.80		
2000	999999	4.75		

Utilizar una Hoja de cálculo para Resolver los Ejemplos 2.3 y 2.4

Los cálculos EOQ pueden realizarse fácilmente utilizando una hoja de cálculo, como se ve en el Programa 2.3. Los datos introducidos, de los Ejemplos 2.3 y 2.4, aparecen en la casillas B5 hasta la B7 de esta hoja "simbólica". Las fórmulas que representan los resultados están en las casillas B11 hasta la B13. La fórmula en B11, @SQRT (2 * B7 * B5/B&), por ejemplo, representa la cantidad de pedido económico.

PROGRAMA 2.3 ■ Utilizar una Hoja de cálculo para Resolver el Modelo EOQ en los Ejemplo 2.3 y 2.4.

	A	B
1	Squirt Inc. Example–EOQ	
2		
3	Inventory Input Data	
4		
5	Ordering Cost	10
6	Carrying Cost	0.5
7	Annual Demand	1000
8		
9	Inventory Output Results	
10		
11	EOQ in Units (Q★)	@SQRT (2 *B7*B5/B6)
12	Optimal Number of Orders/Year (N)	+B7/B11
13	Expected Time between Orders (T)	250/B12

PROBLEMAS RESUELTOS

Problema resuelto 2.1

La empresa manufacturera Eric Severson's FAX compra 8.000 modems cada año para utilizar en los faxes que produce. El coste unitario de cada modem es de 10$, y el coste de almacenar un modem en inventario por un año es de 3$. El coste de lanzamiento es de 30$ por pedido.

¿Cuál es la cantidad óptima de pedido, el número esperado de pedidos efectuados cada año, y el tiempo esperado entre los pedidos? Suponga que Severson trabaja con un año laboral de 200 días.

Solución

$$Q^\star = \sqrt{\frac{2DS}{H}} = \sqrt{\frac{2(8.000)\,(3)}{3}} = 400 \text{ modems}$$

$$= \frac{D}{Q^\star} = \frac{8.000}{400} = 20 \text{ pedidos}$$

$$\text{Tiempo entre pedidos} = T = \frac{\text{n}^\circ \text{ de días laborables}}{N} = \frac{200}{20} = 10 \text{ días laborables}$$

Por lo tanto, se fija un pedido de 400 modems cada 10 días. Entonces, se lanzan 20 pedidos cada año.

Problema resuelto 2.2

La demanda anual de las encuadernadoras de libretas de McClellan's Stationery Shop es de 1.000 unidades. Jill McClellan opera su negocio 300 días al año y encuentra que las entregas de su proveedor tardan, generalmente, 5 días laborables. Calcule el punto de pedido para las encuadernadoras que almacena.

Solución

$$d = \frac{10.000}{300} = 33{,}3 \text{ unidades/día}$$

$$\text{ROP} = d \times L = (33{,}3 \text{ unidades/día})\ (5 \text{ días}) = 166{,}7 \text{ unidades}$$

Por lo tanto, Jill debería hacer un nuevo pedido cuando su inventario de encuadernadoras de libreta llegue a 167.

Problema resuelto 2.3

Joe Murray, Inc., un proveedor para colegios, tiene una tasa de demanda anual de 1.000 pizarras pero puede producir una tasa de producción media anual de 2.000 pizarras. El coste de preparación es de 10$ y el coste de almacenado es de 1$. ¿Cuál es el número óptimo de pizarras que deben producirse cada vez?

Solución

$$Q^\star = \sqrt{\frac{2DS}{H\,[1-(D/P)]}}$$

$$= \sqrt{\frac{2(1.000)\ (10)}{1[1-(1.000/2.000)]}} = \sqrt{\frac{20.000}{1/2}} = \sqrt{40.000}$$

$$= 200 \text{ pizarras}$$

Problema resuelto 2.4

¿Qué inventario de seguridad debería mantener Leslie Olivere Corporation si la media de las ventas es de 80 durante el periodo de reaprovisionamiento, la desviación estándar es 7, y Oliver puede tolerar una falta de inventario el 10% del tiempo?

Solución

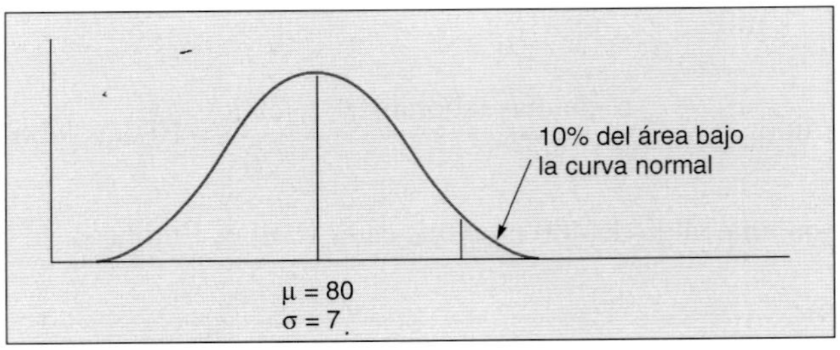

Del Apéndice A, Z en un área de 0,9 (ó 1 – 0,10) = 1,28

$$Z = 1{,}28\ \frac{x-\mu}{\sigma} = \frac{\text{inventario de seguridad}}{\sigma}$$

$$\text{Inventario de seguridad} = 1{,}28\sigma$$
$$= 1{,}28\ (7) = 8{,}96 \text{ unidades ó } 9 \text{ unidades.}$$

PREGUNTAS DE DISCUSIÓN

1. ¿Cuáles son las principales razones para que una organización tenga inventario?
2. Describa cada uno de los cuatro tipos de inventario.
3. Describa los costes que están asociados con el pedido y mantenimiento del inventario.
4. Con la llegada de los ordenadores a bajo coste, ¿ve usted alternativas a las populares clasificaciones ABC?
5. ¿Qué es el conteo cíclico y cuáles con sus beneficios?
6. ¿Qué es un Kanban?
7. ¿Cómo se utiliza un Kanban?
8. ¿Cuál es la diferencia entre un modelo EOQ estándar y el modelo de inventario de producción?
9. ¿Cuáles son las hipótesis del modelo EOQ?
10. ¿Cómo es de sensible el EOQ a las variaciones en la demanda o en los costes?
11. ¿Generan el modelo de producción o el modelo EOQ estándar una mayor EOQ si los costes de preparación y almacenamiento son los mismos? ¿Por qué?
12. ¿Cuándo es un buen momento para que el personal de conteo cíclico proceda a auditar un artículo en especial?
13. ¿Qué impacto tiene en la EOQ una disminución del tiempo de preparación?
14. ¿Cuál es el significado del nivel de servicio?
15. ¿Cómo haría una empresa para determinar un nivel de servicio?
16. ¿Qué le sucede a los costes totales de inventario (y la EOQ) si los costes de almacenamiento del inventario por unidad se incrementan (es decir, se incrementan a una tasa creciente) al aumentar el inventario?
17. ¿Qué les sucede a los costes totales del inventario (y la EOQ) si hay un coste fijo asociado con los costes de almacenamiento de inventario (por ejemplo, el arrendamiento del almacén)?
18. Describa la diferencia entre un sistema de inventario de cantidad fija y un sistema de periodo fijo.

EJERCICIO DE RAZONAMIENTO CRÍTICO

Wayne Hills Hospital, en el diminuto Wayne, Nebraska, se enfrenta a un problema común tanto a los grandes hospitales urbanos como a los pequeños y remotos, como éste. Ese problema es decidir cuánto de cada tipo de sangre hay que mantener en inventario. Como la sangre es cara y tiene una vida limitada (hasta 5 semanas bajo una temperatura de 1-6 ºC), Wayne Hills, naturalmente, quiere mantener su inventario lo más bajo posible. Desafortunadamente, desastres como un importante tornado en 1986 y el descarrilamiento de un tren en 1991 mostraron que se podían perder vidas por no tener disponible suficiente sangre para manejar necesidades masivas. El administrador del hospital quiere establecer un nivel de servicio del 85% basado en la demanda de la década pasada. Discuta las consecuencias de esta decisión. ¿Cuál es la responsabilidad del hospital con respecto a almacenar medicinas, para salvar vidas, que tengan poca duración? ¿Cómo establecería usted el nivel de inventario para un producto como la sangre?

PROBLEMAS

• **2.1** La compañía de Ramona Sherman ha recogido los siguientes datos sobre una pequeña serie de productos:

UNIDAD MANTENIDA EN INVENTARIO (SKU)	DEMANDA ANUAL	COSTE UNITARIO	UNIDAD MANTENIDA EN INVENTARIO (SKU)	DEMANDA ANUAL	COSTE UNITARIO
A	100	250$	D	200	150$
B	75	100$	E	150	75$
C	50	50$			

Utilice sus datos para preparar un análisis ABC.

• **2.2** Fernández Enterprise tiene 10 artículos en inventario. Dennis Fernández le pide a usted, reciente graduado en P/OM, que divida estos artículos en las tres clasificaciones ABC. ¿Qué informe le daría al Sr. Fernández?

ARTÍCULO	DEMANDA ANUAL	COSTE/UNIDAD	ARTÍCULO	DEMANDA ANUAL	COSTE/UNIDAD
A2	3000	50$	F3	500	500$
B8	4000	12	G2	300	1.500
C7	1500	45	H2	600	20
D1	6000	10	I5	1750	10
E9	1000	20	J8	2500	5

• **2.3** Ángelo Corio abrió una nueva tienda de productos de belleza: hay muchos artículos en su inventario, y Ángelo sabe que existen costes asociados al inventario. Sin embargo, su tiempo es limitado, así que no puede evaluar detalladamente su política de inventario para todos los productos. Quiere clasificar los artículos de acuerdo con los dólares invertidos en ellos. La tabla siguiente ofrece información sobre los 10 artículos que tiene:

CÓDIGO DEL ARTÍCULO	COSTE UNITARIO	DEMANDA (UNIDADES)
E102	4,00	800
D23	8,00	1200
D27	3,00	700
R02	2,00	1000
R19	8,00	20
S107	6,00	500
S123	1,00	1200
U11	7,00	800
U23	1,00	1500
V75	4,00	1500

Utilice el análisis ABC para clasificar estos artículos en las categorías A, B y C.

• **2.4** Tarda aproximadamente 2 semanas (14 días) que un pedido de tornillos de acero llegue, una vez realizado el pedido. La demanda de tornillos es casi constante. La administradora ha observado que la ferretería vende, como media, 500 de estos tornillos cada día. Como la demanda es casi constante, ella cree que puede evitar completamente las roturas de inventario si pide los tornillos en el momento justo. ¿Cuál es el punto de pedido?

• **2.5** El plazo de entrega de uno de los productos de más movimiento es de 21 días. La demanda durante este periodo tiene una media de 100 unidades por día. ¿Cuál sería un punto de pedido apropiado?

: **2.6** Sande Johnson está intentando llevar a cabo un análisis de inventario en uno de sus productos más populares. La demanda anual de este producto es de 5.000 unidades, el coste por unidad es de 200$, el coste de almacenamiento se considera aproximadamente el 25% del coste unitario. Los costes de lanzamiento de su compañía normalmente suponen alrededor de 30$ por pedido y los plazos de entrega son por regla general de 10 días. (Suponga un año de 50 semanas.)

a) ¿Cuál es la cantidad económica de pedido?
b) ¿Cuál es el punto de pedido?
c) ¿Cuál es el coste total de inventario más el coste de lanzamiento?
d) ¿Cuál es el número óptimo de pedidos por año?
e) ¿Cuál es el número óptimo de días entre los pedidos (suponga que hay 200 días laborables por año)?

• **2.7** Clarissa Seager es el agente de compras de Central Valve Company que vende válvulas industriales y dispositivos de control de fluidos. Una de sus válvulas más populares es la Western, que tiene una demanda anual de 4.000 unidades. El coste de cada válvula es de 90$ y el coste de almacenamiento de inventario se estima en un 10% del coste de cada válvula. Cynthia ha hecho un estudio de los costes involucrados en el lanzamiento de un pedido de cualquiera de las válvulas que Central Valves almacena, y ha concluido que el coste medio de lanzamiento es de 25$. Además, un pedido tarda de 8 días en llegar de su proveedor. Durante este tiempo, la demanda por semana de las válvulas de la Central es, aproximadamente, de 80.

a) ¿Cuál es la cantidad económica del pedido?
b) ¿Cuál es el punto de pedido?
c) ¿Cuál es el coste total anual del inventario (coste de almacenar el inventario más coste de lanzamiento)?
d) ¿Cuál es el número óptimo de pedidos por año?
e) ¿Cuál es el número óptimo de días entre dos pedidos cualesquiera, suponiendo que hay 200 días laborables por año?

: **2.8** Happy Pet, Inc., es una gran tienda de animales domésticos situada en Long Beach Mall. Aunque la tienda se especializa en perros, también se venden productos para peces, tortugas y pájaros. Everlast Leader, una correa de piel para perros, le cuesta a Happy Pet 7$ cada una. Existe una demanda anual de 6.000 Everlast Leaders. El administrador de Happy Pet ha determinado que el coste de lanzamiento de un pedido es de 20$ y que el coste de almacenamiento del inventario, como porcentaje del coste unitario, es del 15%. Happy Pet está considerando ahora a un nuevo proveedor de Everlats Leaders. Cada correa costaría únicamente 6,65$; pero para obtener este descuento, Happy Pet tendría que comprar envíos de 3000 Everlast Leader a la vez. ¿Debería utilizar Happy Pet al nuevo proveedor y tomar este descuento de compra por cantidad?

• **2.9** Paul Misselwitz utiliza 1.500 piezas por año de un determinado submontaje que tiene un coste de almacenamiento de inventario de 45$ por unidad. Cada pedido que lanza le cuesta a Paul 150$. Paul opera 300 días por año y ha encontrado que un pedido debe lanzarse a su proveedor 6 días laborables antes de cuando quiera recibir ese pedido. Halle, para este submontaje:

a) la cantidad económica de pedido
b) el coste anual de almacenamiento
c) el coste anual de lanzamiento
d) el punto de pedido

: **2.10** Christine Adams, de Adams Plumbing, utiliza 1.200 piezas de un recambio que cuesta 25$ por cada pedido y el coste anual de almacenamiento es de 24$. Calcule el coste total para tamaños de pedido de 25, 40, 50, 60 y 100. Identifique la cantidad de pedido económico y considere las consecuencias de cometer un error en el cálculo de la cantidad de pedido económico.

• **2.11** La Dream Store de Teresa Ryu vende camas de agua y productos afines. La cama de mejor venta en la tienda tiene una demanda anual de 400 unidades. El coste de lanzamiento es de 40$; el coste de almacenamiento es de 5$ por unidad al año. Hay 250 días laborables en un año y el plazo de entrega es de 6 días.

a) Para minimizar el coste total, ¿cuántas unidades deben pedirse cada vez que se realice un pedido?

b) Si el coste de almacenamiento por unidad fuera de 6$ en lugar de 5$, ¿cuál sería la cantidad óptima de pedido?

: **2.12** Jim Spivey's Computer Store en Houston vende una impresora por 200$. La demanda de ésta es constante durante el año, y la previsión de demanda anual es de 600 unidades. El coste de almacenamiento es de 20$ por unidad por año, y el coste de lanzamiento es de 60$ por pedido. Actualmente, la compañía realiza pedidos 12 veces al año (50 unidades cada vez). Hay 250 días laborables al año y el plazo de entrega es de 10 días.

a) Dada la política actual de pedir 50 unidades cada vez, ¿cuál es el total del coste anual de lanzamiento y del coste anual de almacenamiento?

b) Si la compañía utilizara la mejor política de inventarios, ¿cuáles serían los costes totales de lanzamiento y de almacenamiento?

c) ¿Cuál es el punto de pedido?

: **2.13** Jim Walsh es el propietario de una pequeña compañía que produce cuchillos eléctricos que se utilizan para cortar telas. La demanda anual es de 8.000 cuchillos, y Jim produce los cuchillos en lotes. Jim puede producir una media de 150 cuchillos diariamente; durante el proceso de producción, la demanda ha sido de 40 cuchillos por día. El coste de preparar la producción es de 100$ y a Jim le cuesta 0,80$ almacenar un cuchillo durante un año. ¿Cuántos cuchillos debe producir Jim en cada lote?

: **2.14** John Mayleben, gerente de control de inventario de Cal-Tex, recibe cojinetes de ruedas de Wheel-Rite, un pequeño fabricante de partes metálicas. Wheel-Rite puede producir sólo 500 cojinetes al día. Cal-Tex recibe 10.000 cojinetes de Wheel-Rite cada año. Como Cal-tex opera 200 días laborables al año, la demanda diaria de cojinetes es de 50. El coste de lanzamiento para Cal-Tex es de 40$ por pedido, y el coste de almacenamiento es de 0,60$ por cojinete por año. ¿Cuántos cojinetes debe pedir Cal-Tex a Wheel-Rite cada vez? Wheel-Rite ha acordado enviar el máximo número de cojinetes que produce diariamente a Cal-Tex una vez que se reciba el pedido.

: **2.15** McLeavey Manufacturing tiene una demanda de 1.000 bombas cada año. Cada bomba tiene un coste de 50$. Emitir un pedido le cuesta 40$, y el coste de almacenar el inventario es el 25% del coste unitario. Si las bombas se piden en lotes de 200, McLeavy Manufacturing puede conseguir un descuento del 3% sobre el coste de las bombas. ¿Debe pedir 200 bombas al mismo tiempo y aceptar el 3% de descuento?

: **2.16** Froelich Products ofrece el siguiente programa de descuentos para sus paneles de 4' × 8'.

PEDIDO	COSTE UNITARIO
9 paneles o menos	18,00$
De 10 a 50 paneles	17,50$
Más de 50 paneles	17,25$

Home Sweet Home Company pide paneles de Froelich Products. Home Sweet Home tiene un coste de lanzamiento de 45$. El coste de almacenamiento es de 20$ y la demanda anual son 100 paneles. ¿Qué política de pedido recomendaría usted?

: **2.17** Dados los siguientes datos, ¿debería tomarse el descuento por cantidad en un artículo de ferretería almacenado por la Steven Hazelwood and Sons Paint Store?

$$D = 2.000 \text{ unidades}$$
$$S = 10\$$$
$$H = 1\$$$
$$P = 1\$$$
$$\text{Precio de descuento} = 0{,}75\$$$
$$\left(\begin{array}{c}\text{Cantidad necesaria}\\ \text{para obtener el descuento}\end{array}\right) = 2.000 \text{ unidades}$$

: **2.18** El precio normal por unidad para un componente magnético es de 20$. En pedidos de 75 unidades o más, hay una reducción en el precio a 18,5$. En los pedidos de 100 unidades o más, el precio de descuento es de 15,75 dólares. Hoy en día, Sound Bussines, Inc., un fabricante de componentes para estéreos, tiene un coste de almacenamiento del 5% por unidad por año, y su coste de lanzamiento es de 10$. La demanda anual es de 45 componentes. ¿Qué debería hacer Sound Business, Inc.?

: **2.19** Un producto se pide una vez al año, y el punto de pedido sin inventario de seguridad ($d \times L$) es de 100 unidades. El coste de almacenar el inventario es de 10 dólares por unidad al año, y el coste de una rotura de inventario es de 50$ por unidad. Dadas las siguientes probabilidades de demanda durante el periodo de reaprovisionamiento, ¿cuánto inventario de seguridad se debe utilizar?

	Demanda durante el periodo reaprovisionamiento	Probabilidad
	0	0,1
	50	0,2
ROP →	100	0,4
	150	0,2
	200	0,1
		1,0

: **2.20** Para un producto determinado, ML = 4$ y MP = 1$. ¿Qué política de almacenamiento recomendaría usted con respecto a la siguiente distribución de la demanda?

Demanda (unidades)	Probabilidad de que la demanda esté a este nivel	Demanda (unidades)	Probabilidad de que la demanda esté a este nivel
0	0,05	7	0,10
1	0,05	8	0,05
2	0,05	9	0,05
3	0,1	10	0,03
4	0,15	11	0,02
5	0,15		1,00
6	0,20		

⁝ **2.21** Carole Horton, Inc., una organización que vende equipos de arte para niños, tiene un coste de lanzamiento de 40$ por pedido para el equipo BB-1. El coste de almacenar el inventario del BB-1 es de 5 $ por equipo al año. Con el fin de cumplir con la demanda, Carole ordena grandes cantidades de BB–1 siete veces al año. El coste de una falta de inventario para el BB-1 se estima en 50$ por equipo. En el curso de los últimos años, Carole ha observado la siguiente demanda durante el plazo de entrega del BB-1:

DEMANDA DURANTE EL PLAZO DE REAPROVISIONAMIENTO	PROBABILIDAD	DEMANDA DURANTE EL PLAZO DE REAPROVISIONAMIENTO	PROBABILIDAD
40	0,1	70	0,2
50	0,2	80	0,2
60	0,2	90	0,1
			1,0

El punto de pedido para el BB-1 es de 60 unidades. ¿Qué nivel de inventario de seguridad se debe mantener para el BB-1?

: **2.22** La compañía de Jon Ahlbrand fabrica un producto cuya demanda anual es de 10.000 unidades. La media de producción es de 200 por día, y la demanda es de 50 por día. El coste de almacenamiento del inventario es de 1$ por unidad al año; los costes de preparación son de 200$. Si usted desea fabricar este producto en lotes, ¿qué tamaño de lote se debe utilizar?

: **2.23** Para un producto dado, ML = 5$ y MP = 2$. ¿Qué política de almacenamiento se debe recomendar de acuerdo con la siguiente distribución de la demanda?

DEMANDA (EN UNIDADES)	PROBABILIDAD DE QUE LA DEMANDA ESTÉ A ESTE NIVEL (P)	PROBABILIDAD DE QUE LA DEMANDA ESTÉ A ESTE NIVEL O MAYOR (P)
0	0,1	1,0
1	0,1	0,9
2	0,2	0,8
3	0,2	0,6
4	0,3	0,4
5	0,1	0,1

⁝ **2.24** Un producto se entrega a la compañía de Neil Marquardt una vez al año. El punto de pedido sin inventario de seguridad es de 200 unidades. El coste de almacenamiento es de 15$ por unidad por año, y el coste de una falta de inventario es de 70$ por unidad por año. Dadas las siguientes probabilidades de demanda durante el periodo de reaprovisionamiento, ¿cuánto inventario de seguridad debe tenerse?

DEMANDA DURANTE EL PERIODO DE REAPROVISIONAMIENTO	PROBABILIDAD
0	0,1
100	0,1
200	0,2
300	0,2
400	0,2

: **2.25** La demanda durante el plazo de entrega de una marca de TV se distribuye normalmente con una media de 36 televisores y una desviación estándar de 15 televisores. ¿Qué inventario de seguridad se debería tener para un nivel de servicio del 90%? ¿Cuál es el punto de pedido apropiado?

CASO DE ESTUDIO

Sturdivant Sound Systems

Sturdivant Sound Systems fabrica y vende sistemas de sonido tanto para casa como para el coche. Todas las partes de los sistemas de sonido, con la excepción de los lectores de CD, se producen en la fábrica de Rochester, Nueva York. Los lectores de CD utilizados en el montaje de los sistemas de Sturdivant, se compran a Morris Electronics de Concord, New Hampshire.

Mary Kim, agente de compras de Sturdivant Sound Systems, presenta un pedido de compra para los lectores de CD una vez cada cuatro semanas. Las necesidades anuales de la compañía ascienden en total a 5.000 unidades (20 por cada día laborable), y el coste por unidad es de 60$. (Sturdivant no compra en grandes cantidades porque Morris Electronics, el proveedor, no ofrece descuentos por cantidad.) Rara vez se da una falta de lectores de CD porque Morris promete la entrega en una semana, a partir de la recepción de un pedido de compra. (El tiempo total entre la fecha del pedido y la fecha de recepción es de 10 días.)

Los costes de adquisición están asociados con la compra de cada envío. Estos costes, que ascienden a 20$ por pedido, incluyen los costes de preparación del pedido, inspección y almacenamiento de los artículos enviados, actualización de los registros de inventario y emisión de un comprobante y un cheque para el pago. Además de los costes de adquisición, Sturdivant Sound Systems tiene costes de almacenamiento del inventario que incluyen el seguro, almacenamiento, manipulación, impuestos, etcétera. Estos costes equivalen a 6$ por unidad por año.

En agosto de este año, la dirección de Sturdivant Sound Systems emprenderá un programa de control de costes en toda la compañía, para intentar mejorar sus beneficios. Un área que será examinada minuciosamente para posibles ahorros de costes es la de adquisición de inventarios.

PREGUNTAS DE DISCUSIÓN

1. Calcule la cantidad de pedido óptima de los lectores de CD.
2. Determine el punto de pedido apropiado (en unidades).
3. Calcule los ahorros de costes que la compañía realizará si lleva a cabo la decisión óptima de adquisición de inventario.
4. ¿Deberían considerarse que los costes de adquisición son una función lineal del número de pedidos?

Fuente: Profesor Kinard, Western Carolina University.

CASO DE ESTUDIO

Martin-Pullin Bicicle Corporation

Martin-Pullin Bicycle Corp. (MPBC), de Dallas, es un distribuidor mayorista de bicicletas y sus partes. Fundada en 1981 por los primos Ray Martin y Jim Pullin, las principales tiendas al por menor a las que vende la empresa están situadas en un radio de 400 millas alrededor del centro de distribución. Estas tiendas minoristas reciben el pedido de Martin-Pullin dos días después de pedirlo al centro de distribución, siempre que la mercancía esté disponible. Sin embargo, si la empresa no satisface un pedido, entonces este no queda pendiente; los minoristas se ocupan de obtener su envío de otros distribuidores, y MPBC pierde esa venta.

La compañía distribuye una amplia variedad de bicicletas. El modelo más popular, y la principal fuente de ingresos para la compañía, es la AirWing. MPBC recibe todos los modelos de una única fábrica extranjera, y los envíos tardan 4 semanas desde el momento en que se realiza un pedido. Con el coste de comunicaciones, el papeleo y el despacho de aduanas incluidos, MPBC estima que cada vez que se realiza un pedido, se contrae un coste de 65$. El precio de compra pagado por MPBC, por bicicleta, es aproximadamente el 60% del precio de venta al por menor sugerido, en todos los modelos disponibles, y el coste de almacenamiento de inventario es el 1% al mes (12% al año) del precio de compra pagado por MPBC. El precio de venta minorista (pagado por los clientes) por la AirWing es de 170$ por bicicleta.

MPBC está interesada en hacer el plan de inventarios para 1996. La empresa quiere mantener un nivel de servicio al cliente del 95% para minimizar las pérdidas por los pedidos no servidos. Los datos recogidos en los últimos dos años están resumidos en la Tabla 1. Se ha desarrollado una previsión de ventas del modelo Air Wing para el año que viene, 1996, y se utilizará para hacer un plan de inventarios para MPBC.

PREGUNTAS DE DISCUSIÓN

1. Desarrolle un plan de inventarios para ayudar a MPBC.
2. Discuta los puntos de pedido y los costes totales.
3. ¿Cómo se puede gestionar la demanda que no se iguale a la indicada en el horizonte de planificación?

Fuente: Profesor Kala Chand Seal, Loyola Marymount University.

TABLA 1 ■ Demandas del modelo Airwing.

	AÑO		
MESES	1994	1995	PRONÓSTICO PARA 1996
Enero	6	7	8
Febrero	12	14	15
Marzo	24	27	31
Abril	46	53	59
Mayo	75	86	97
Junio	47	54	60
Julio	30	34	39
Agosto	18	21	24
Septiembre	13	15	16
Octubre	12	13	15
Noviembre	22	25	28
Diciembre	38	42	47
Totales	343	391	439

BIBLIOGRAFÍA

Berkley, B.J. "Simulation Tests of FCFS and SPT Sequencing in Kanban Systems." *Decision Sciences*, **24**, 1 (January–February 1993): 218.

Brown, R.G. *Decision Rules for Inventory Management.* New York: Holt, Rinehart and Winston, 1967.

Freeland, J.R., J.P. Leschke, and E.N. Weiss. "Guidelines for Setup–Cost Reduction Programs to Achieve Zero Inventory." *Journal of Operations Management*, **9** (January 1990): 85.

Groenevelt, H., L. Pintelon, and A. Seidmann. "Production Lot Sizing with Machine Breakdowns." *Management Science*, **38**, 1 (January 1992): 104.

Hall, R. *Zero Inventories.* Homewood, IL: Dow Jones–Irwin, 1983.

Inman, R. A., and S. Mehra. "JIT Applications for Service Environments." *Production and Inventory Management Journal*, **32**, 3 (Thrd Quarter 1991): 16.

Jinchiro, N., and R. Hall. "Management Specs for Stockless Production." *Harvard Business Review*, **63** (May–June 1983): 89–91.

Landvater, D.V. *World Class Production and Inventory Management.* Newburg, NH: Oliver Wight Publications, 1993

Louis, R.S. *How to Implement Kanban for American Industry.* Cambridge, MA: Productivity Press, 1986.

Schniederjans, M. *Topics in Just-in-Time Management.* Boston: Allyn & Bacon, 1993.

Shingo, S. *A Revolution in Manufacturing: The SMED System.* Cambridge, MA: Productivity Press, 1986.

Vollmann, T.E., W.L. Berry, and D.C. Whybark. *Manufacturing Planning and Control Systems.* Homewood, IL: Irwin, 1988.

Wight, O.W. *Production and Inventory Management in the Computer Age.* Boston: Cahners, 1974.

2 SUPLEMENTO

SIMULACIÓN

CONTENIDO DEL SUPLEMENTO

DEFINICIÓN DE SIMULACIÓN

VENTAJAS Y DESVENTAJAS DE LAS SIMULACIÓN

SIMULACIÓN MONTE CARLO

SIMULACIÓN DE UN PROBLEMA DE COLAS

SIMULACIÓN Y ANÁLISIS DE INVENTARIO

EL PAPEL DE LOS ORDENADORES EN LA SIMULACIÓN

RESUMEN

TÉRMINOS CLAVE

UTILIZANDO AB: POM Y HOJAS DE CÁLCULO PARA RESOLVER PROBLEMAS DE SIMULACIÓN

PROBLEMAS RESUELTOS

PREGUNTAS DE DISCUSIÓN

EJERCICIO DE RAZONAMIENTO CRÍTICO

PROBLEMAS

CASO DE ESTUDIO

BIBLIOGRAFÍA

Atlanta, 30 de julio de 1996. La madre de todos los atascos de tráfico. Ese día, 600.000 espectadores, más 120.000 atletas, árbitros, entrenadores y periodistas, coincidirán en Atlanta durante las 24 horas de competición más activas de los Juegos Olímpicos de Verano de 1996. Solamente, alrededor de la 1:30 P.M. 90.000 seres humanos saldrán de las competiciones de beisbol y atletismo. Moverse entre los 2,8 millones de habitantes de Atlanta cocidos a 35ºC con un 95% de humedad y la receta está completa para una paralización total del tráfico.

Pero si los coches y autobuses pasan ese día yendo y viniendo rápidamente, los modelos de simulación por computador del tráfico de las Olimpiadas de 1996, realizados por el Georgia Tech, obtendrán seguramente la gratitud de la ciudad.[1] ♦

[1] *Wall Street Journal* (2 de junio, 1993): B-8.

Los modelos de simulación abundan en nuestro mundo. La ciudad de Atlanta los utiliza para el control del tráfico. Boeing Aircraft los utiliza para probar la aerodinámica de los jets propuestos, el ejército de EE.UU. simula juegos de guerra en los ordenadores, los estudiantes de Empresariales utilizan juegos de empresa para simular la competencia real en los negocios y miles de organizaciones desarrollan modelos de simulación para ayudar en la toma de decisiones de operaciónes.

Se estima que los modelos de simulación están siendo utilizados en más de la mitad de las grandes compañías manufactureras de Estados Unidos. La Tabla S2.1 presenta unas cuantas áreas en las que, ahora, se está aplicando la simulación.

TABLA S2.1 ■ Algunas Aplicaciones de la Simulación

Localización y servicio de ambulancias	Programación del autobús
Equilibrado de cadenas de producción	Diseño de operaciones en bibliotecas
Diseño de puertos y aparcamientos	Sistema de taxis, camiones y ferrocarriles
Diseño de sistemas de distribución	Programación de la instalación de producción
Programación de vuelos	Distribución física de la fábrica
Decisiones de contratar mano de obra	Inversiones de capital
Programación de personal	Programación de la producción
Regulación de los semáforos	Previsión de ventas
Predicción de comportamientos de voto	Planificación y control del inventario

DEFINICIÓN DE SIMULACIÓN

Simulación

La **simulación** es el intento de duplicar los aspectos, la apariencia y las características de un sistema real. En este suplemento, mostraremos cómo simular parte de un sistema de gestión de operaciones mediante la construcción de un modelo matemático que sea lo más parecido posible a la representación de la realidad del sistema. El modelo será luego utilizado para estimar los efectos de diferentes acciones. La idea que está detrás de la simulación es (1) imitar matemáticamente una situación del mundo real, (2) después estudiar sus propiedades y características de operación y (3) finalmente llegar a conclusiones y tomar decisiones de acción basadas en los resultados de una simulación. De esta manera, se garantiza que el sistema de la vida real no sea manipulado hasta que se midan en el modelo las ventajas y desventajas de tomar una política de decisión importante.

Para utilizar la simulación, un director de P/OM debe:

1. definir el problema;
2. determinar las variables importantes asociadas con el problema;
3. construir un modelo numérico;
4. establecer los posibles cursos de acción para probarlos;
5. hacer el experimento;
6. considerar los resultados (posiblemente modificar el modelo o cambiar los datos de entrada);
7. decidir qué curso de acción tomar.

Estos pasos se muestran en la Figura S2.1.

Los problemas que se atacan por medio de la simulación pueden variar desde los muy sencillos a los extremadamente complicados, desde colas en los cajeros de bancos hasta un análisis de la economía de Estados Unidos. Aunque las pequeñas simulaciones se pueden realizar a mano, el empleo efectivo de esta técnica requiere un computador. Incluso los modelos a gran escala, que quizá simulan años de decisiones de empresa, se pueden manejar por computador.

En este suplemento, examinamos los principios básicos de la simulación y luego se atacan algunos problemas en las áreas del análisis de línea de espera y del control de inventario. ¿Por qué se utiliza la simulación en estas áreas cuando los modelos matemáticos descritos en otros capítulos pueden resolver los problemas? La respuesta es que la simulación ofrece un método alternativo para los problemas que son complicados matemáticamente. Puede manejar, por ejemplo, problemas de inventario en los que la demanda o el tiempo de entrega no es constante.

VENTAJAS Y DESVENTAJAS DE LA SIMULACIÓN

La simulación es una herramienta que es ampliamente utilizada por los directivos. Las ventajas principales de la simulación son las siguientes:

1. La simulación es relativamente directa y flexible.
2. Puede utilizarse para analizar situaciones grandes y complejas del mundo real que no pueden ser resueltas por modelos de dirección de operaciones convencionales.
3. Pueden incluirse complicaciones del mundo real que la mayoría de los modelos P/OM no pueden permitir. La simulación puede utilizar *cualquier* distribución de probabilidad que defina el usuario. No requiere distribuciones estándar.
4. Con la simulación es posible la "compresión del tiempo". Los efectos de la políticas P/OM durante varios meses o años se pueden obtener a través de la simulación por computador en poco tiempo.
5. La simulación permite el tipo de preguntas "¿Qué sucede si...?". A los directores les gusta saber por anticipado qué opciones serán las más atractivas. Con un modelo informatizado, un director puede probar diferentes políticas de decisión en cuestión de minutos.
6. Las simulaciones no interfieren en el sistema del mundo real. Por ejemplo, puede ser desorganizador la experimentación real con nuevas políticas o ideas en un hospital, una planta manufacturera o el U.S. Postal Service (como se ve en el Apartado de *POM en Acción*).
7. Con la simulación, podemos estudiar el efecto interactivo de los componentes individuales o variables para determinar cuáles son importantes.

Las principales *desventajas* de la simulación son:

1. Los buenos modelos de simulación pueden ser muy caros. Puede tomar años su desarrollo.
2. La simulación no genera soluciones óptimas a los problemas como lo hace la programación lineal. Es un sistema de prueba y error que puede producir diferentes soluciones al realizarse repetidamente.
3. Los directivos deben generar todas las condiciones y restricciones para las soluciones que quieren examinar. El modelo de simulación no produce respuestas sin datos adecuados y realistas.
4. Cada modelo de simulación es único. Sus soluciones e inferencias no son normalmente transferibles a otros problemas.

POM EN ACCIÓN

U.S. Postal Service planifica su automatización mediante la simulación

Ninguna empresa pública, quizás con la excepción de la IRS, afecta las vidas del público americano tan de cerca como la U.S. Postal Service (USPS). Durante dos siglos, la oficina de correos ha jugado un papel clave en las vidas de todos los ciudadanos.

Hoy día, la USPS entrega más de 500 millones de cartas cada día, o 166 miles de millones de carta al año, a más de 100 millones de localidades. Maneja el 40% del volumen mundial a un coste unitario que es el más bajo en el mundo. Con aproximadamente 750.000 empleados profesionales, es la mayor creadora de puestos de trabajo del país. Enfrentada tanto al creciente volumen del correo como a la subida de los costes, USPS siempre está buscando la manera de mejorar sus métodos de proceso del correo.

Una decisión importante a la que se enfrenta Postal Service es la automatización —cuánta, qué método, cuándo—. Para mantener las crecientes demandas sin añadir más empleados altamente remunerados, se han propuesto unas inversiones de capital de 12 miles de millones de dólares. Antes de gastar esa cantidad de dinero, USPS desarrolló un enorme modelo de simulación llamado META.

El trabajo de META es examinar los impactos de los cambios en el proceso del correo y en las operaciones de entrega. Los directivos introducen el tipo y la cantidad del correo que va a procesarse, los métodos (equipo y personas) utilizados para clasificar la correspondencia, el flujo del correo a través de la red postal en las operaciones de reparto, o los costes unitarios. META modeliza cómo funcionará todo el sistema de proceso del correo a nivel nacional dadas estas entradas, y proporciona los valores de la utilización de la capacidad, el total de cartas manejadas, y las horas de trabajo y costes necesarios.

Los resultados logrados hasta la fecha muestran ahorros totales anuales de un millón de años de trabajo en mano de obra de carteros, que permitirá a la UPSP mantener el más bajo estatus de coste y seguir manteniendo que su tasa de franqueo aumente en Estados Unidos por debajo de la inflación.

Fuentes: Interfaces (January/February 1992): 110–130; y B. Render y R. Stair, *Quantitative Analysis for Management*, 5th ed. (Boston: Allyn y Bacon, 1994): 700.

FIGURA S2.1 ■ El Proceso de Simulación

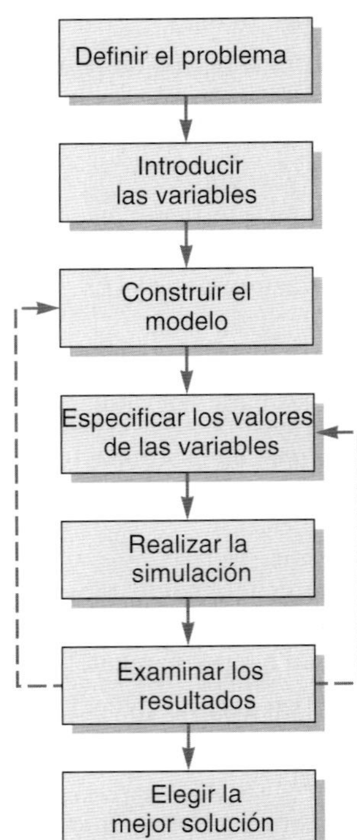

Se han desarrollado modelos de simulación por computador para tratar una variedad de temas de producción en Burguer King. En uno, se simuló la distancia ideal entre la estación de pedidos del servicio para coches y la ventanilla de entrega. Una distancia mayor reducía el tiempo de espera, y en consecuencia, se podía servir de 12 a 13 clientes adicionales por hora, un beneficio de más de 10.000$ en ventas extra por restaurante por año. En una segunda simulación, se consideró una segunda ventanilla de servicio para coches. Esta ventanilla se colocaría en serie con la primera, en lugar de una configuración de doble carril. El modelo de simulación predijo un aumento del 15% en las ventas durante las horas más ocupadas del almuerzo o un incremento en ventas de 13.000$ por año por restaurante.

SIMULACIÓN MONTE CARLO

Cuando un sistema contiene elementos que muestran azar en su comportamiento, se puede aplicar el **método de Monte Carlo** de simulación. La base de la simulación de Monte Carlo es la experimentación sobre los elementos que muestran azar (*o probabilísticos*) a través del muestreo aleatorio.

Método de Monte Carlo

La técnica se divide en cinco sencillos pasos:

1. Establecer una distribución de probabilidad para las variables importantes.
2. Construir una distribución acumulada de probabilidad para cada variable.
3. Establecer un intervalo de números aleatorios para cada variable.
4. Generar números aleatorios
5. Simular una serie de ensayos.

Examinemos estos pasos uno tras otro:

Paso 1. Establecer distribuciones de probabilidad. La idea básica en la simulación de Monte Carlo es generar valores para las variables que componen el modelo que se está estudiando. Hay una gran cantidad de variables en los sistemas del mundo real que son probabilísticas por naturaleza, y que podemos querer simular. Por nombrar sólo algunas:

1. la demanda de inventario diaria o mensual;
2. el plazo de entrega de los pedidos de inventario;
3. los tiempos entre las averías de las máquinas;
4. los tiempos entre las llegadas a unas instalaciones de servicio;
5. los tiempos de servicios;
6. los tiempos para completar las actividades de un proyecto;
7. el número de empleados ausentes del trabajo diariamente.

Una manera común para establecer una distribución de probabilidad de una variable dada es mediante el examen de los datos históricos. La probabilidad, o frecuencia relativa, de cada resultado posible de una variable se encuentra al dividir la frecuencia de la observación entre el número total de observaciones. Consideremos un ejemplo.

La demanda diaria de neumáticos radiales en Barry's Auto Tire durante los pasados 200 días se muestra en las columnas 1 y 2 de la Tabla S2.2. Podemos convertir esta demanda en una distribución de probabilidad (si suponemos que las tasas de llegadas pasadas se mantendrán en el futuro) dividendo cada frecuencia de demanda por la demanda total, 200. El resultado se muestra en la columna 3.

Paso 2. Construir una distribución acumulada de probabilidad para cada variable. La conversión de una distribución de probabilidad regular, tal como la que aparece en la columna 3 en la Tabla S2.2, a una **distribución acumulada de probabilidad** es un trabajo sencillo. En la columna 4, vemos que la probabilidad acumulada para cada nivel de demanda es la suma del número en la columna de probabilidad (columna 3) sumado a la probabilidad acumulada anterior.

Paso 3. Establecer intervalos de números aleatorios. Una vez que hemos establecido la distribución de probabilidad acumulada de cada variable que se incluye en la simulación, debemos asignar un conjunto de números que represente a cada valor o resultado posible. Estos se denominan **intervalos de números aleatorios**. Básicamente, un **número aleatorio** es una serie de dígitos (digamos, dos dígitos de 01, 02, ..., 98, 99, 00) que han sido seleccionados mediante un proceso totalmente aleatorio.

TABLA S2.2 ■ Demanda de Barry's Auto Tire

(1) DEMANDA DE NEUMÁTICOS	(2) FRECUENCIA	(3) PROBABILIDAD DE OCURRENCIA	(4) PROBABILIDAD ACUMULADA
0	10	10/200 = 0,05	0,05
1	20	20/200 = 0,10	0,15
2	40	40/200 = 0,20	0,35
3	60	60/200 = 0,30	0,65
4	40	40/200 = 0,20	0,85
5	30	30/200 = 0,15	1,00
	200 días	200/200 = 1,00	

Si existe una probabilidad del 5% de que la demanda de un producto (como las neumáticos radiales de Barry) sea de 0 unidades por día, entonces desearemos que el 5% de los números aleatorios disponibles correspondan a una demanda de 0 unidades. Si se utiliza un total de 100 números de dos dígitos en la simulación, se podría asignar una demanda de 0 unidades a los primeros cinco números aleatorios: 01, 02, 03, 04 y 05.[2] Entonces se puede crear una demanda simulada de 0 unidades cada vez que se elija unos de los números de 01 a 05. Si existe también una probabilidad del 10% de que la demanda del mismo producto sea una unidad por día, se puede hacer que los siguientes 10 números aleatorios (06, 07, 08, 09, 10, 11, 12, 13, 14 y 15) representen esa demanda —y así sucesivamente para los otros niveles de demanda—.

De forma similar, en la Tabla S2.2 podemos observar que la longitud de cada intervalo de la derecha corresponde a la probabilidad de cada una de las posibles demandas diarias. Por lo tanto, al asignar números aleatorios a la demanda diaria de tres neumáticos radiales, el rango del intervalo de números aleatorios (36 a 65) corresponde *exactamente* a la probabilidad (o proporción) de ese resultado. Una demanda diaria de tres neumáticos radiales sucede el 30% de las veces. Cualquiera de los 30 números aleatorios que van del 35 hasta el 65 incluido están asignados a ese evento.

Paso 4. Generar números aleatorios. Los números aleatorios pueden generarse para problemas de simulación de dos maneras. Si el problema es grande y el proceso que se está estudiando implica muchas pruebas de simulación, existen programas de computador dispo-

TABLA S2.3 ■ La Asignación de Intervalos de Números Aleatorios para Barry's Auto Tire

DEMANDA DIARIA	PROBABILIDAD	PROBABILIDAD ACUMULADA	INTERVALO DE NÚMEROS ALEATORIOS
0	0,5	0,05	01 hasta 05
1	0,10	0,15	06 hasta 15
2	0,20	0,35	16 hasta 35
3	0,30	0,65	36 hasta 65
4	0,20	0,85	66 hasta 85
5	0,15	1,00	86 hasta 00

[2]De manera alternativa, pudimos haber asignado los números aleatorios 00, 01, 02, 02 y 04 para representar una demanda de 0 unidades. Los dos dígitos 00 pueden considerarse como 0 o bien como 100. Mientras que cinco números entre 100 estén asignados a la demanda de 0, no importan qué cinco sean.

nibles para generar los números aleatorios necesarios. Si la simulación se hace a mano, los números pueden seleccionarse de una tabla de números aleatorios.

Paso 5. Simular el experimento. Podemos simular los resultados de un experimento, mediante la simple selección de números aleatorios de la Tabla S2.4. Empezando por cualquier lugar de la tabla, vemos el intervalo de la Tabla S2.3 en el que cae cada número. Por ejemplo, si el número aleatorio escogido es el 81 y el intervalo 66 a 85 representa una demanda diaria de cuatro neumáticos, entonces seleccionamos una demanda de cuatro neumáticos. El Ejemplo 2.1 amplía la simulación.

En el pasado, la mayoría de las simulaciones se hacían por expertos matemáticos, que desarrollaban largas y complejas salidas de computador. Pero con las actuales posibilidades de gráficos, la simulación se puede ver en la pantalla, paso a paso, para que los usuarios la observen.
"La animación le da a los directores confianza en los resultados", dice el pionero de la simulación y creador de la SLAM, Alan B. Pritsker. Dicho software puede realizar una importante contribución a la productividad, siendo los Estados Unidos el líder mundial en el desarrollo de programas orientados al usuario en todas las fases de las operaciones de fabricación.

EJEMPLO S2.1

Veamos en más profundidad el concepto, simulando la demanda de 10 días de los neumáticos radiales de Barry's Auto Tire (véase la Tabla S2.3). Seleccionamos los números aleatorios necesarios de la Tabla S2.4, empezando en la esquina superior izquierda y continuando hacia abajo por la primera columna.

NÚMERO DE DÍA	NÚMERO ALEATORIO	DEMANDA DIARIA SIMULADA	
1	52	3	
2	37	3	
3	82	4	
4	69	4	
5	98	5	
6	96	5	
7	33	2	
8	50	3	
9	88	5	
10	90	5	
		39	Total de la demanda de 10 días

39/10 = 3,9 = Demanda media diaria de neumáticos

Es interesante observar que la demanda media de 3,9 neumáticos en esta simulación de 10 días, difiere de forma significativa de la demanda diaria *esperada*, que podemos calcular a partir de la Tabla S2.3:

$$\begin{aligned}\text{Demanda esperada} &= \sum_{i=1}^{5} (\text{probabilidad de unidades } i) \times (\text{demanda de unidades } i)\\ &= (0{,}05)\,(0) + (0{,}10)\,(1) + (0{,}20)(2) + (0{,}30)(3)\\ &\quad + (0{,}20)(4) + (0{,}15)(5)\\ &= 0 + 0{,}1 + 0{,}4 + 0{,}9 + 0{,}8 + 0{,}75\\ &= 2{,}95 \text{ neumáticos}\end{aligned}$$

Sin embargo, si esta simulación se repitiera cientos o miles de veces, la demanda media *simulada* sería casi la misma que la demanda *esperada*.

TABLA S2.4 ■ Tabla de números aleatorios

52	06	50	88	53	30	10	47	99	37	66	91	35	32	00	84	57	07
37	63	28	02	74	35	24	03	29	60	74	85	90	73	59	55	17	60
82	57	68	28	05	94	03	11	27	79	90	87	92	41	09	25	36	77
69	02	36	49	71	99	32	10	75	21	95	90	94	38	97	71	72	49
98	94	90	36	06	78	23	67	89	85	29	21	25	73	69	34	85	76
96	52	62	87	49	56	59	23	78	71	72	90	57	01	98	57	31	95
33	69	27	21	11	60	95	89	68	48	17	89	34	09	93	50	44	51
50	33	50	95	13	44	34	62	64	39	55	29	30	64	49	44	30	16
88	32	18	50	62	57	34	56	62	31	15	40	90	34	51	95	26	14
90	30	36	24	69	82	51	74	30	35	36	85	01	55	92	64	09	85
50	48	61	18	85	23	08	54	17	12	80	69	24	84	92	16	49	59
27	88	21	62	69	64	48	31	12	73	02	68	00	16	16	46	13	85
45	14	46	32	13	49	66	62	74	41	86	98	92	98	84	54	3	40
81	02	01	78	82	74	97	37	45	31	94	99	42	49	27	64	89	42
66	83	14	74	27	76	03	33	11	97	59	81	72	00	64	61	13	52
74	05	81	82	93	09	96	33	52	78	13	06	28	30	94	23	37	39
30	34	87	01	74	11	46	82	59	94	25	34	32	23	17	01	58	73
59	55	72	33	62	13	74	68	22	44	42	09	32	46	71	79	45	89
67	09	80	98	99	25	77	50	03	32	36	63	65	75	94	19	95	88
60	77	46	63	71	69	44	22	03	85	14	48	69	13	30	50	33	24
60	08	19	29	36	72	30	27	50	64	85	72	75	29	87	05	75	01
80	45	86	99	02	34	87	08	86	84	49	76	24	08	01	86	29	11
53	84	49	63	26	65	72	84	85	63	26	02	75	26	92	62	40	67
69	84	12	94	51	36	17	02	15	29	16	52	56	43	26	22	08	62
37	77	13	10	02	18	31	19	32	85	31	94	81	43	31	58	33	51

Fuente: Reimpresa de A Million Random Digits with 100.00 Normal Deviates, Rand (New York: Free Press, 1995). Utilizado con permiso.

Naturalmente, sería arriesgado sacar una conclusión realista y rápida con respecto a la operación de una empresa sólo con una pequeña simulación. También es poco probable que alguien quiera realmente simular un modelo tan simple que contiene sólo una variable. Sin embargo, la simulación manual demuestra los principios implicados más importantes y puede ser útil en estudios de menor escala.

SIMULACIÓN DE UN PROBLEMA DE COLAS

Un empleo importante de la simulación es el análisis de los problemas de líneas de espera. Como se puede ver en el Suplemento del Capítulo 10 del volumen de *Decisiones Estratégicas*, las hipótesis necesarias para resolver los problemas de colas son bastante restrictivas. Para los sistemas de colas más reales, la simulación puede ser el único método disponible.

El Ejemplo S2.2 muestra la utilización de la simulación en un gran muelle de descarga y su cola asociada. Las llegadas de barcos al puerto no se distribuyen por Poisson, y las tasas de descarga (tiempos de servicio) no son exponenciales o constantes. En este caso los modelos matemáticos de líneas de espera del Suplemento del Capítulo 10 del volumen de *Decisiones Estrategicas* no puede utilizarse.

ARENA, un programa de simulación gráfica desarrollado por Systems Modeling Sewickley, PA, saca ventaja de la nueva tecnología orientada al objeto. Se pueden simular casi todos los procesos, desde el servicio al cliente en la banca, a las cadenas de montaje manufactureras y hasta los sistemas de almacenamiento de materiales.

EJEMPLO S2.2

Barcos completamente cargados llegan al puerto de Nueva Orleans siguiendo sus largos viajes por el Río Mississippi desde las ciudades industriales de medio oeste. El número de barcos que atracan cualquier noche va de 0 a 5. La probabilidad de 0, 1, 2, 3, 4 y 5 llegadas se muestra en la Tabla S2.5. En la misma tabla, establecemos probabilidades acumuladas y los intervalos de números aleatorios correspondientes para cada posible valor.

TABLA S2.5 ■ Tasa de las llegadas nocturnas de barcos e intervalos de números aleatorios.

NÚMERO DE LLEGADAS	PROBABILIDAD	PROBABILIDAD ACUMULADA	INTERVALO DE NÚMEROS ALEATORIOS
0	0,13	0,13	01 hasta 13
1	0,17	0,30	14 hasta 30
2	0,15	0,45	31 hasta 45
3	0,25	0,70	46 hasta 70
4	0,20	0,90	71 hasta 90
5	0,10	1,00	91 hasta 00
	1,00		

Un estudio realizado por el superintendente del puerto revela que el número de barcos descargados también tiende a variar de un día a otro. El superintendente proporciona información, a partir de la cual, podemos crear una distribución de probabilidad para la variable de la *tasa de descarga diaria* (véase la Tabla S2.6). Como ya hicimos con la variable de llegadas, podemos establecer un intervalo de números aleatorios para las tasas de descarga.

TABLA S2.6 ■ Tasa de descarga e intervalos de números aleatorios.

TASA DE DESCARGA DIARIA	PROBABILIDAD	PROBABILIDAD ACUMULADA	INTERVALO DE NÚMEROS ALEATORIOS
1	0,05	0,05	01 hasta 05
2	0,15	0,20	06 hasta 20
3	0,50	0,70	21 hasta 70
4	0,20	0,90	71 hasta 90
5	0,10	1,00	91 hasta 00
	1,00		

Los barcos se descargan según el orden de llegada. Cualquier barco que no sea descargado el día de su llegada debe esperar hasta el día siguiente. Paralizar un barco en el puerto es muy caro, y el superintendente no puede ignorar las furiosas llamadas telefónicas de los propietarios de las líneas de barcos recordándole que el "¡tiempo es dinero!". El superintendente decide que, antes de acudir al controlador del Puerto de Nueva Orleans para pedir personal de descarga adicional, debería hacerse un estudio de simulación de las llegadas, descargas y retrasos. Una simulación de 100 días sería ideal, pero con propósitos ilustrativos, el superintendente empieza con un análisis más corto de 15 días. Los números aleatorios son seleccionados de la fila superior de la Tabla S2.4 para generar las tasas de llegadas diarias. Para generar las tasas de descarga diaria se eligen de la segunda fila de la Tabla S2.4. La Tabla S2.7 muestra la simulación del puerto día a día.

TABLA S2.7 ■ Simulación de la cola de descargas de barcos en el puerto de Nueva Orleans

(1) DÍA	(2) NÚMERO DE BARCOS RETRASADOS DE DÍAS ANTERIORES	(3) NÚMERO ALEATORIO	(4) NÚMERO DE LLEGADAS NOCTURNAS	(5) TOTAL A DESCARGAR	(6) NÚMERO ALEATORIO	(7) NÚMERO DE BARCOS DESCARGADOS
1	(–)[1]	52	3	3	37	3
2	0	06	0	0	63	(0)[2]
3	0	50	3	3	28	3
4	0	88	4	4	02	1
5	3	53	3	6	74	4
6	2	30	1	3	35	3
7	0	10	0	0	24	(0)[3]
8	0	47	3	3	03	1
9	2	99	5	7	29	3
10	4	37	2	6	60	3
11	3	66	3	6	74	4
12	2	91	5	7	85	4
13	3	35	2	5	90	4
14	1	32	2	3	73	(3)[4]
15	0	00	5	5	59	3
	20		41			39
	Retrasos totales		Llegadas totales			Descargas totales

1. Podemos empezar con ningún retraso del día anterior. En una gran simulación, incluso si empezáramos con 5 retrasos nocturnos, esa condición inicial sería absorbida por la media.
2. *Podían* haberse descargado tres barcos en el día 2. Pero como no hay llegadas ni retrasos, efectúan 0 descargas.
3. Se da la misma situación que se observó en la nota 2.
4. Esta vez podían haberse descargado cuatro barcos, pero como sólo había tres en la cola, el número de descargas es 3.

El superintendente probablemente estará interesado, por lo menos, en tres útiles e importantes informaciones:

$$(\text{Número medio de barcos retrasados para el día siguiente}) = \frac{20 \text{ retrasos}}{15 \text{ días}}$$

$$= 1{,}33 \text{ barcos retrasados por día}$$

$$\text{Número medio de llegadas nocturnas} = \frac{41 \text{ llegadas}}{15 \text{ días}}$$

$$= 2{,}73 \text{ llegadas por noche}$$

$$\text{Número medio de barcos descargados cada día} = \frac{39 \text{ descargas}}{15 \text{ días}}$$

$$= 2{,}60 \text{ descargas por día}$$

Cuando se analizan los datos del Ejemplo S2.2 teniendo en cuenta los costes de los retrasos, los costes de la mano de obra inactiva, y el coste de contratar personal extra de descarga, el superintendente del muelle y el controlador del puerto podrán tomar una mejor decisión sobre las de personal. Pueden decidir, incluso, volver a simular el proceso suponiendo diferentes tasas de descarga que corresponderían a una plantilla de personal incrementado. Aunque la simulación no puede garantizar una solución óptima a problemas como éste, puede ser de gran ayuda para trabajar con un proceso e identificar buenas alternativas de decisión.

SIMSCRIPT, uno de los lenguajes de simulación de propósito especial más utilizados, tiene capacidades gráficas que incluyen animación de los sistemas que se están simulando. El software permite simulaciones especializadas de aplicaciones tan diversas como los sistemas de telecomunicaciones, fábricas y cambios de clima.

SIMULACIÓN Y ANÁLISIS DE INVENTARIO

En el Capítulo 2, presentamos los modelos de inventario. Los modelos EOQ comúnmente utilizados, se basan en la suposición de que tanto la demanda del producto como el plazo de entrega del nuevo pedido se conocen y son valores constantes. En la mayoría de las situaciones de inventario reales, la demanda y el plazo de entrega son variables, y es extremadamente difícil de manejar un análisis exacto por cualquier otro medio diferente a la simulación.

En esta sección, presentamos un problema de inventario con dos variables de decisión y dos componentes probabilísticos. El propietario de la ferretería del Ejemplo S2.3 desea decidir la *cantidad del pedido y del punto de pedido* de un producto en particular que tiene una demanda diaria y un plazo de entrega del pedido probabilísticos (inciertos). Él desea hacer una serie de simulaciones, probando con diferentes cantidades de pedido y diferentes puntos de pedido, con el fin de minimizar su coste total de inventario del producto. Los costes del inventario incluirán, en este caso, los costes de lanzamiento, posesión y falta de inventario.

EJEMPLO S2.3

Simkin's Hardware vende el taladro eléctrico modelo Ace. La demanda diaria del taladro es relativamente baja pero está sujeta a cierta variabilidad. En los últimos 300 días, Simkin ha observado las ventas mostradas en las columna 2 de la Tabla S2.8. Él convierte esta frecuencia histórica en una distribución de probabilidad de la variable demanda diaria (columna 3). En la columna 4 se genera una distribución de probabilidad acumulada de la Tabla S2.8. Finalmente, Simkin establece un intervalo de números aleatorios para representar cada demanda diaria posible (columna 5).

TABLA S2.8 ■ Probabilidades e intervalos de números aleatorios de la demanda diaria del Taladro Ace.

(1) DEMANDA DEL TALADRO ACE	(2) FRECUENCIA	(3) PORBABILIDAD	(4) PROBABILIDAD ACUMULADA	(5) INTERVALO DE NÚMEROS ALEATORIOS
0	15	0,05	0,05	01 hasta 05
1	30	0,10	0,15	06 hasta 15
2	60	0,20	0,35	16 hasta 35
3	120	0,40	0,75	36 hasta 75
4	45	0,15	0,90	76 hasta 90
5	30	0,10	1,00	91 hasta 00
	300 días	1,00		

Cuando Simkin realiza un pedido para rellenar su inventario de taladros eléctricos Ace, hay un plazo de entrega que va de 1 a 3 días. Esto significa que el plazo de entrega puede también considerarse una variable probabilística. El número de días que llevó recibir los pasados 50 pedidos se presenta en la Tabla S2.9. De una forma similar a la variable de la demanda, Simkin establece una distribución de probabilidad para la variable del plazo de entrega (columna 3 de la Tabla S2.9), calcula la distribución acumulada (columna 4) y le asigna intervalos de números aleatorios para cada tiempo posible (columna 5).

TABLA S2.9 ■ Probabilidades e intervalos de números aleatorios para el plazo de entrega del nuevo perdido

(1) PLAZO DE ENTREGA	(2) FRECUENCIA	(3) PROBABILIDAD	(4) PROBABILIDAD ACUMULADA	(5) INTERVALO DE NÚMEROS ALEATORIOS
1	10	0,20	0,20	01 hasta 20
2	25	0,50	0,70	21 hasta 70
3	15	0,30	1,00	71 hasta 00
	50 pedidos	1,00		

La primera política de inventario que Simkin's Hardware quiere simular es una cantidad de pedido de 10 con un punto de pedido de 5. Es decir, cada vez que el inventario disponible al final del día sea de cinco o menos, Simkin llamará a su proveedor y hará un pedido de 10 taladros más. Si el plazo de entrega es de un día el pedido no llegará a la mañana siguiente, sino al principio del siguiente día.

El proceso completo está simulado en la Tabla S2.10 para un periodo de 10 días. Suponemos que el inventario inicial es de 10 unidades el día 1. Cogemos los números aleatorios de la columna 2 de la Tabla S2.4.

La Tabla S2.10 se completó simulando un día (o línea) cada vez, trabajando de izquierda a derecha. Fue un proceso de cuatro pasos:

1. Empezar cada día de simulación comprobando si ha llegado algún inventario pedido. Si es así, aumentar el inventario actual con la cantidad pedida (10 unidades, en este caso).
2. Generar una demanda diaria de la distribución de probabilidad de la demanda seleccionando un número aleatorio.
3. Calcular el inventario final = inventario inicial menos la demanda. Si el inventario disponible es insuficiente para satisfacer la demanda del día, servir la máxima demanda posible y anotar el número de ventas perdidas.
4. Determinar si el inventario al final del día ha alcanzado el punto de pedido (cinco unidades). Si lo ha hecho, y no hay pedidos pendientes, efectuar un pedido. El plazo de entrega del nuevo pedido se simula eligiendo un número aleatorio y utilizando la distribución de la Tabla S2.9.

La primera simulación del inventario de Simkin da algunos resultados interesantes. El inventario medio al final del día es

$$\text{Inventario medio final} = \frac{41 \text{ unidades}}{10 \text{ días}} = 4{,}1 \text{ unidades/día}$$

También observamos la media de las ventas perdidas y el número de pedidos efectuados por día:

$$\text{Media de ventas perdidas} = \frac{2 \text{ ventas perdidas}}{10 \text{ días}} = 0{,}2 \text{ unidades por día}$$

$$\text{Número medio de pedidos fijados} = \frac{3 \text{ pedidos}}{10 \text{ días}} = 0{,}3 \text{ pedido/día}$$

TABLA S2.10 ■ Primera simulación del inventario de Simkin´s Hardware.
Cantidad de pedido = 10 unidades; punto de pedido = 5 unidades

(1) DÍA	(2) UNIDADES RECIBIDAS	(3) INVENTARIO INICIAL	(4) NÚMERO ALEATORIO	(5) DEMANDA	(6) INVENTARIO FINAL	(7) VENTAS PERDIDAS	(8) ¿PEDIDO?	(9) NÚMERO ALEATORIO	(10) PLAZO DE ENTREGA
1		10	06	1	9	0	No		
2	0	9	63	3	6	0	No		
3	0	6	57	3	(3)[1]	0	Sí	(02)[2]	1
4	0	3	(94)[3]	5	0	2	No[4]		
5	(10)[5]	10	52	3	7	0	No		
6	0	7	69	3	4	0	Sí	33	2
7	0	4	32	2	2	0	No		
8	0	2	30	2	0	0	No		
9	(10)[6]	10	48	3	7	0	No		
10	0	7	88	4	3	0	Si	14	
				Totales:	41	2			

1. Ésta es la primera vez que el inventario cayó al punto de pedido de cinco taladros. Como no se tenía ningún pedido previo, se realiza un pedido.
2. El número aleatorio 02 se genera para representar el primer plazo de entrega. Fue extraído de la columna 2 de la Tabla S2.4 como el siguiente número de la lista que se está usando. Si hubiésemos querido, podíamos haber utilizado una columna distinta desde donde se podría elegir los números aleatorios, pero en este ejemplo no lo hicimos.
3. De nuevo, remarcamos que los dígitos aleatorios 02 se utilizaron para el plazo de entrega (véase la nota 2). Así que el siguiente número en la columna es el 94.
4. No se efectúa ningún pedido el día 4 porque hay uno pendiente del día anterior y que todavía no se ha recibido.
5. El tiempo de entrega para el primer pedido efectuado es de un día, pero como se observó en el texto, un pedido no llega a la mañana siguiente, sino al principio del día siguiente. Así, el primer pedido llega al principio del día 5.
6. Ésta es la llegada del pedido efectuado al cierre del negocio, el sexto día. Afortunadamente para Simkin, no hubo pérdidas de ventas durante el plazo de entrega de dos días hasta que llegó el pedido.

El Ejemplo S2.4 muestra cómo estos datos pueden ser útiles para estudiar los costes de inventario de la política que se está simulando.

EJEMPLO S2.4

Simkin estima que el coste de efectuar cada pedido de taladros Ace es de 10$, el coste de posesión por taladro mantenido al final de cada día es de 50$, y el coste de cada venta perdida es de 8$. Esta información nos permite calcular el coste total diario del inventario con la política simulada en el Ejemplo S2.3. Examinemos los tres componentes del coste:

Coste diario de lanzamiento = (coste de fijar un pedido) × (número de pedidos lanzados por día)
= 10$ por pedido × 0,3 pedidos por día = 3$

Coste diario de posesión = (coste de posesión de una unidad por un día) × (media del inventario final)
= 50¢ por unidad por día × 4,1 unidades por día
= 2,05$

Coste diario de falta de inventario = (coste por venta perdida) × (número medio de ventas perdidas por día)
= 8$ por venta perdida × 0,2 ventas perdidas por día
= 1,60$

Coste diario total del inventario = coste diario de lanzamiento + coste diario de posesión + coste diario de falta de inventario = 6,65$

El software de simulación AutoMod, diseñado por AutoSimulations INC., en Utah, es un sistema gráfico que permite a los usuarios modelar y analizar una variedad de problemas de fabricación con un conocimiento mínimo de programación. Las características de AutoMod incluyen planos con diseño asistido por computador (CAD) en tres dimensiones, y gráficos interactivos y animados.

Después de trabajar con el Ejemplo S2.3, queremos enfatizar algo muy importante. Esta simulación se debe realizar muchos días antes de sacar una conclusión, como el coste de la política de pedido que se está probando. Si se realiza una simulación manual, 100 días pueden proporcionar una mejor representación de la realidad. Si los cálculos los estuviera haciendo un computador, 1.000 días serían de ayuda para lograr unas estimaciones exactas del coste.[3]

Digamos que Simkin sí completa una simulación de 1.000 días de la política del Ejemplo S2.3 (cantidad de pedido = 10 taladros, punto de pedido = 5 taladros). ¿Finaliza esto su análisis? La respuesta es no —¡Esto es sólo el principio! Simkin debe comparar ahora esta estrategia potencial con otras posibilidades—. Por ejemplo, ¿qué tal una cantidad de pedido = 10 y un punto de pedido = 4, o una cantidad de pedido = 12 y un punto de pedido = 6, o una cantidad de pedido = 14 y un punto de pedido = 5? Quizá se deba simular cada combinación de valores de cantidad de la orden de 6 a 20 taladros, con puntos de pedido de 3 a 10. Después de simular todas las combinaciones razonables de cantidades de pedido y puntos de pedido, Simkin podía seleccionar la combinación que produce el menor coste total de inventario. El Problema S2.12 le brinda la oportunidad de ayudar a Simkin a realizar esta serie de comparaciones.

EL PAPEL DE LOS COMPUTADORES EN LA SIMULACIÓN

Los computadores son críticos en la simulación de tareas complejas. Pueden generar números aleatorios, simular miles de periodos de tiempo en cuestión de segundos o minutos, y ofrecen a la dirección informes que hacen más sencilla la toma de decisiones. El enfoque con computador es casi una necesidad al objeto de sacar conclusiones válidas de una simulación.

Los lenguajes de programación por computador pueden ayudar al proceso de simulación. Los *lenguajes de propósito general* tales como FORTRAN, BASIC, COBOL, PL/1

[3]Más aún, incluso con una simulación de 1.000 días, la distribución generada se debe comparar con la distribución deseada para asegurar resultados válidos.

O PASCAL son una posibilidad. *Los lenguajes de simulación de propósito especial*, tales como GPSS, SIMSCRIPT y DINAMO tienen una serie de ventajas: (1) requieren menos tiempo de programación para las grandes simulaciones, (2) son normalmente más eficientes y fáciles en la comprobación de errores, y (3) tienen ya generadores de números aleatorios incorporados como subrutinas.

TaylorII es un ejemplo de un programa comercial de simulación, previamente escrito, que contiene simulaciones, animaciones (tales como el sistema de clasificación del equipaje en el aeropuerto informes de dirección y gráficos. La versión empresarial de este software cuesta alrededor de 50.000$.

También están disponibles programas comerciales de simulación, preescritos, fáciles de usar. Algunos son generalistas para manejar una amplia variedad de situaciones que va desde la teoría de colas hasta inventarios. Los nombres de algunos de estos programas son: Witness, Xcell, MAP/1, Slam II, SIMFACTORY, ARENA, Micro Saint y Tailor II.

El software de hojas de cálculo también se puede utilizar para desarrollar simulaciones de forma fácil y rápida. Tales paquetes tienen generadores de números aleatorios incorporados (mediante el comando @RAND) y desarrollan salidas a través de los comandos de registro de datos en tablas.

RESUMEN

La simulación implica la construcción de modelos matemáticos que intentan actuar como sistemas de operaciones reales. De esta forma, se puede estudiar una situación del mundo real sin imponerla sobre el sistema real. La simulación de modelos puede realizarse a mano, pero la simulación por computador es, normalmente, más deseable. El método de Monte Carlo utiliza números aleatorios para representar las variables, tales como la demanda de inventario o las personas en línea de espera, que se simulan en una serie de pruebas. Las ventajas de la simulación normalmente pesan más que las desventajas, haciendo que sea de amplia utilización como herramienta de operaciones.

TÉRMINOS CLAVE

Simulación
Método de Monte Carlo
Distribución de probabilidad acumulada
Intervalos de números aleatorios
Número aleatorio

UTILIZANDO AB: POM Y HOJAS DE CÁLCULO PARA RESOLVER LOS PROBLEMAS DE SIMULACIÓN

Utilizando el Módulo de Simulación de AB:POM

El módulo de simulación de AB:POM nos permite simular una variable que tiene hasta 10 resultados posibles. El Programa S2.1 toma los datos de Barry's Auto Tire vistos en la Tabla 2.2 y lleva a cabo una simulación similar a la del Ejemplo S2.1.

Llevando a cabo la simulación con Hojas de Cálculo

El software de hojas de cálculo tiene dos características que hacen de él una útil herramienta para realizar el análisis de simulación: (1) funciones y generadores de números aleatorios incorporados (mediante el comando @RAND) y (2) tablas de consulta que nos permiten emparejar fácilmente un número aleatorio simulado con un evento específico (mediante el comando @VLOOKUP).

PROGRAMA S2.1 ■ Módulo de Simulación de AB:POM. Los usuarios pueden seleccionar cualquier número de ensayos y elegir su propio número generador como el primer número aleatorio. También pueden seleccionar los números aleatorios de cualquier fila o columna de la Tabla S2.4.

Simulation			Solution		
Number of categories (2–10)		6			
		Barry´s Auto Tire			
Options —>	NOStep	Cmputr			
# Trials —>	100	0	<— Seed or row or column		
	Freqncy	Probability	Cumulative	Occurrences	Percentage
Demand = 0	10.00	0.05	0.05	7	0.0769
1	20.00	0.10	0.15	10	0.1219
2	40.00	0.20	0.35	27	0.2700
3	60.00	0.30	0.65	23	0.2421
4	40.00	0.20	0.85	19	0.1938
5	30.00	0.15	1.00	14	0.1505
Total	200,00			100	

PROGRAMA S2.2 ■ Simulación con Hoja de Cálculo de Barry's Auto Tire visto en la Tabla S2.3 y en el Ejemplo S2.1. Aquí se muestra una hoja de cálculo simbólica, utilizando fórmulas.

	A	B	C	D
1	Note: This is a slightly restructured table (differing from Table S2.3)			
2		needed to accommodate the @VLOOKUP command		
3		Cumulative	Demand	
4	Probability	Probability	for Tires	
5	0.05	0	0	
6	0.1	0.05	1	
7	0.2	0.15	2	
8	0.3	0.35	3	
9	0.2	0.65	4	
10	0.15	0.85	5	
11				
12	Ten – day simulation of demand for radial tires (as in Example S1)			
13		Day	Random	Simulated Daily
14		Number	Number	Demand
15		1	@RAND	@VLOOKUP (C 15, B 5 . . C 10,1)
16		2	@RAND	@VLOOKUP (C 16, B 5 . . C 10,1)
17		3	@RAND	@VLOOKUP (C 17, B 5 . . C 10,1)
18		4	@RAND	@VLOOKUP (C 18, B 5 . . C 10,1)
19		5	@RAND	@VLOOKUP (C 19, B 5 . . C 10,1)
20		6	@RAND	@VLOOKUP (C 20, B 5 . . C 10,1)
21		7	@RAND	@VLOOKUP (C 21, B 5 . . C 10,1)
22		8	@RAND	@VLOOKUP (C 22, B 5 . . C 10,1)
23		9	@RAND	@VLOOKUP (C 23, B 5 . . C 10,1)
24		10	@RAND	@VLOOKUP (C 24, B 5 . . C 10,1)
25			Total	@ SUM (D15 . . D24)
26			Aver.	+ D25/10
27				
28	Press F9 to recalculate the numbers.			

El Programa S2.2 muestra estos conceptos en el ejemplo de Barry's Auto Tire presentado al principio de este suplemento. La función @RAND (en C15 hasta C24) produce un número aleatorio entre 0 y 1, siendo todos los valores igualmente probables.

Éste es un ejemplo de una "distribución uniforme continua" en la que cada número aleatorio puede tomar cualquier valor fraccionario. La demanda real simulada está en las casillas D15 hasta D24 y emplea la función @VLOOKUP.

Para simular la demanda de neumáticos del primer día, la @VLOOKUP en la casilla D15 mira primero al número aleatorio generado en C15. Entonces toma el número y se mueve a la pequeña tabla de probabilidades de la demanda que está justo encima. Las casillas B5 hasta C10 comprenden la tabla de "búsqueda de valores". Esta variable aleatoria de la demanda tiene uno de los valores discretos (0-5 en nuestro caso). Las probabilidades acumuladas siempre empiezan en cero. Si el número aleatorio generado está entre 0 y 0,5, resulta una demanda de 0 neumáticos. Si el número aleatorio generado cae entre 0,05 y 0,15, la tabla de búsqueda indica una demanda de una rueda, y así sucesivamente. Por cierto, el "1" en el comando @VLOOKUP significa que la demanda "se busca" en la primera columna a la derecha de la probabilidad acumulada.

La tecla de la función F9 permite que se vuelva a hacer toda la simulación, con nuevos números aleatorios, cada vez que se presiona.

PROBLEMAS RESUELTOS

Problema resuelto S2.1

Higgins Plumbing and Heating mantiene un inventario de calentadores de agua de 30 galones de capacidad, que vende e instala a los propietarios de casas. Al dueño, Jerry Higgins, le gusta la idea de tener un gran estock disponible para satisfacer la demanda de cualquier cliente. Pero también reconoce que esto es costoso. Él examina las ventas de calentadores de agua durante las últimas 50 semanas y constata lo siguiente:

VENTAS SEMANALES DE CALENTADORES DE AGUA	NÚMERO DE SEMANAS QUE SE VENDIÓ ESTE NÚMERO
4	6
5	5
6	9
7	12
8	8
9	7
10	3
	50 dato total en semanas

(a) Si Higgins mantiene un inventario constante de ocho calentadores de agua en cualquier semana, ¿cuántas veces tendrá rotura de inventario durante una simulación de 20 semanas? Utilizamos los números aleatorios de la séptima columna de la Tabla S2.4, empezando por el número 10.

(b) ¿Cuál es el número medio de ventas por semana durante el periodo de 20 semanas?

(c) Utilizando una técnica analítica y no de simulación, ¿cuál es el número esperado de ventas por semana? ¿Cómo se compara esto con la respuesta en (b)?

Solución

Ventas de calentadores	Probabilidad	Intervalos de números aleatorios
4	0,12	01 hasta 12
5	0,10	13 hasta 22
6	0,18	23 hasta 40
7	0,24	41 hasta 64
8	0,16	65 hasta 80
9	0,14	81 hasta 94
10	0,06	95 hasta 100
	1,00	

(a)

Semana	Número aleatorio	Ventas simuladas	Semana	Número aleatoria	Ventas simuladas
1	10	4	11	08	4
2	24	6	12	48	7
3	03	4	13	66	8
4	32	6	14	97	10
5	23	6	15	03	4
6	59	7	16	96	10
7	95	10	17	46	7
8	34	6	18	74	8
9	34	6	19	77	8
10	51	7	20	44	7

Con un estock de 8 calentadores, Higgins tendrá rotura de inventario 3 veces durante el periodo de 20 semanas (en las semanas 7, 14 y16).

(b) Media de ventas por simulación = ventas totales/20 semanas = 135/20 = 6,75 por semana.

(c) Utilizando los valores esperados,

$$
\begin{aligned}
E\,(\text{ventas}) = {} & 0{,}12\ (4 \text{ calentadores}) + 0{,}10(5) \\
& + 0{,}18(6) + 0{,}16(8) \\
& + 0{,}14(9) + 0{,}6(10) = \\
& = 6{,}88 \text{ calentadores}
\end{aligned}
$$

Con una simulación más larga, estos dos métodos llevarían a resultados aún más cercanos.

Problema resuelto S2.2

Los números aleatorios pueden utilizarse para simular distribuciones continuas. Como ejemplo sencillo, suponga que el coste fijo es igual a 300$, la contribución al beneficio es igual a 10$ por artículo vendido, y usted espera con la misma probabilidad vender de 0 a 99 unidades. Es decir, que el beneficio sea igual a -300$ + (10$)X, donde X es el número de unidades vendidas. La cantidad media que espera vender es de 49,5 unidades.

(a) Calcule el valor esperado.

(b) Simule la venta de 5 artículos, utilizando los siguientes números aleatorios de dos dígitos: 37, 77, 13, 10 y 85.

(c) Calcule el valor esperado del apartado (b), y compare con los resultados con el (a).

Solución

(a) Valor esperado = -300 + 10(49,5) = 195$

(b) -300 + 10$(37) = 70$

-300 + 10$(77) = 470$

-300 + 10$(13) = 170$

-300 + 10$(10) = 200$

-300 + 10$(85) = 550$

(c) La media de estas ventas simuladas es de 144$. Si el tamaño de la muestra fuera más grande, esperaríamos que los dos valores fueran más parecidos.

PREGUNTAS DE DISCUSIÓN

1. ¿Cuáles son las ventajas y limitaciones de los modelos de simulación?
2. ¿Por qué se puede ver forzado un director a utilizar la simulación en lugar de un modelo analítico al tratar con un problema de:
   (a) ¿política de pedido de inventario?
   (b) ¿barcos llegando a un puerto para desembarcar?
   (c) ¿las ventanillas de servicio de caja en un banco?
   (d) ¿la economía de Estados Unidos?
3. ¿Qué tipo de problemas de gestión se pueden resolver más fácilmente por otras técnicas que no sean la simulación?
4. ¿Cuáles son los pasos principales en el proceso de simulación?
5. ¿Qué es la simulación de Monte Carlo? ¿En qué principios se basa su utilización, y qué pasos se siguen en su aplicación?
6. En la simulación de la política de pedidos para los taladros de Simkin's Hardware, cambiarían los resultados (de la Tabla S2.10) si se simulara un periodo más largo? ¿Por qué es válido o no válido el periodo de simulación de 10 días?
7. ¿Por qué es necesario un computador para llevar a cabo una simulación del mundo real?
8. ¿Cree que la aplicación de la simulación aumentará fuertemente en los próximos 10 años? ¿Por qué?
9. ¿Por qué un analista preferirá aún un lenguaje de propósito general como el FORTRAN o el BASIC en una simulación cuando hay ventajas en utilizar lenguajes de propósito especial como el GPSS o el SIMSCRIPT?
10. ¿Cuál es el papel de los números aleatorios en una simulación de Monte Carlo?
11. ¿Por qué los resultados de una simulación son distintos cada vez que se ejecuta?
12. Enumere seis formas en que la simulación se pueda utilizar en los negocios.
13. ¿Por qué es la simulación una técnica tan ampliamente utilizada?

EJERCICIO DE RAZONAMIENTO CRÍTICO

Anteriormente en este Suplemento, describimos dos usos de simulación en Burguer King. Una aplicación trataba de la distancia entre la estación de pedido desde el coche y la ventanilla de recogida. Un ahorro de 10.000$ por restaurante trasladado a una capacidad de venta de 15 millones de dólares anuales en todo el sistema. La segunda aplicación esperaba aumentar la capacidad de ventas durante las horas punta del servicio para vehículos añadiendo una segunda ventanilla. Este pequeño cambio aumentó en cerca de 20 millones de dólares por año las ventas de la corporación.

Examine las operaciones de cualquier cadena de comida rápida detenidamente y proponga dos cambios más que puedan probarse mediante simulación antes de llevarse a cabo realmente.

PROBLEMAS

Los siguientes problemas implican simulaciones que se deben hacer a mano. No obstante, para obtener resultados exactos y significativos, se deben simular largos periodos de tiempo. Esto normalmente se realiza mediante un computador. Si usted es capaz de programar algunos de los problemas con el computador, le sugerimos que lo intente. Si no, las simulaciones a mano también le ayudarán a entender el proceso de simulación.

- **S2.1** La demanda diaria de periódicos en una máquina determinada es 20, 21, 22 o 23 con probabilidades 0,4, 0,3, 0,2 o 0,1 respectivamente. Suponga que se han generado los siguientes números aleatorios: 08, 54, 74, 66, 52, 58, 03, 22, 89 y 85. Utilizando estos números, genere las ventas diarias de periódicos para 10 días.

- **S2.2** El número de averías de máquinas en un día en la fábrica de Mary Beth Chesbrough puede ser 0, 1 ó 2, con probabilidades de 0,5 0,3, y 0,2 respectivamente. Se han generado los siguientes números aleatorios: 13, 14, 02, 18, 31, 19, 32, 85, 31 y 94. Utilice estos números para generar el número de averías durante 10 días consecutivos. ¿Qué proporción de estos días tiene por lo menos una avería?

- **S2.3** El número de automóviles que llegan a la estación de autoservicio de gasolina de Joe Murray durante las últimas 50 horas de operación tienen el siguiente patrón:

NÚMERO DE COCHES QUE LLEGAN	FRECUENCIA
6	10
7	12
8	20
9	8

  Han sido generados los siguientes números aleatorios: 44, 30, 26, 09, 49, 13, 33, 89, 13, 37. Simule 10 horas de llegadas a esta estación. ¿Cuál es el número medio de llegadas durante este periodo?

- **S2.4** Kate Moore tiene un puesto de periódicos donde vende periódicos a 0,35$. A ella le cuestan 0,25$, lo que le proporciona un beneficio de 0,10$ por cada uno que venda. A partir de su experiencia anterior Kate sabe que:

  el 20% del tiempo vende 100 periódicos
  el 20% del tiempo vende 150 periódicos
  el 30% del tiempo vende 200 periódicos
  el 30% del tiempo vende 250 periódicos

Teniendo en cuenta que Kate piensa que el coste de una venta perdida es de 0,05$, y que cada periódico no vendido le cuesta a ella 0,25$, simule su revisión de beneficios durante cinco días si pide 200 periódicos para cada uno de los cinco días. Utilice los siguientes números aleatorios: 52, 06, 50, 88 y 53.

· **S2.5** Refiriéndonos al Problema S2.4, la nueva estrategia de Kate es pedir 175 periódicos para cada uno de los cinco días. Utilice los mismos números aleatorios y simule el beneficio de Kate. ¿Cuál es beneficio medio diario?

: **S2.6** La tienda de ultramarinos de Stacey Strahs ha observado los siguientes datos con respecto al número de gente que llega a las tres cajas de salida de la tienda para pagar y el tiempo que les lleva hacer este proceso individualmente.

LLEGADAS/MINUTO	FRECUENCIA
0	0,3
1	0,5
2	0,2

TIEMPO DEL SERVICIO EN MINUTOS	FRECUENCIA
1	0,1
2	0,3
3	0,4
4	0,2

Simule la utilización de las tres cajas de salida durante 5 minutos, utilizando los siguientes números aleatorios: 07, 60, 77, 49, 76, 95, 51 y 16. Observe los resultados al final del periodo de 5 minutos.

: **S2.7** La media de ventas diarias de un producto en la tienda de Pan Lancaster es de 8 unidades. El número real de ventas de cada día es de 7, 8 ó 9 con probabilidades de 0,3, 0,4 y 0,3 respectivamente. El plazo de entrega de los envíos tiene una media de 4 días, aunque el plazo puede ser de 3, 4 ó 5 días con probabilidades de 0,2, 0,6 y 0,2 respectivamente. La compañía planea efectuar un pedido cuando el inventario llegue a 32 unidades (basado en la demanda media y el tiempo medio de entrega), se han generado los siguientes números aleatorios:

60, 87, 46, 63 (grupo 1)

52, 78, 13, 06, 99, 98, 80, 009, 67, 89, 45 (grupo 2)

Utilice el grupo 1 para generar los plazos de entrega y el conjunto 2 para simular la demanda diaria. Simule dos periodos de pedido y determine la frecuencia con que la compañía rompe sin inventario antes de que lleguen los envíos.

: **S2.8** El tiempo entre llegadas a una ventanilla de servicio de automóviles en el restaurante de comida rápida de Jackie Senich sigue la distribución que está a continuación. La distribución del tiempo de servicio también se da en la tabla. Utilice los número aleatorios proporcionados para simular la actividad de las primeras cinco llegadas. Suponga que la ventanilla abre a las 11:00 A.M. y la primera llegada es después de esta hora, basándose en el primer tiempo entre llegadas que se genera.

TIEMPO ENTRE LLEGADAS	PROBABILIDAD	TIEMPO DE SERVICIO	PROBABILIDAD
1	0,2	1	0,3
2	0,3	2	0,5
3	0,3	3	0,2
4	0,2		

Números aleatorios para las llegadas: 14, 74, 27, 03

Números aleatorios para los tiempos de servicio: 88,32,36,24

¿A qué hora deja el sistema el cuarto cliente?

• **S2.9** Ventra Property Management es responsable del mantenimiento, alquiler y operación diaria de un gran complejo de apartamentos al este de New Brunswick. Mark Ventra está especialmente preocupado por las previsiones del coste para reemplazar los compresores de aire acondicionado. Él desearía simular el número de averías de los compresores cada año durante los próximos 20 años. Utilizando datos de un edificio de apartamentos similar que dirige en un barrio de New Brunswick, Ventra establece una tabla de frecuencias relativas de las averías durante un año de la siguiente manera:

TIEMPO DEL SERVICIO EN MINUTOS LOS COMPRESORES DE A.C.	PROBABILIDAD (FRECUENCIA RELATIVA)
0	0,06
1	0,13
2	0,25
3	0,28
4	0,20
5	0,07
6	0,01

Él decide simular un periodo de 20 años seleccionando números aleatorios de 2 dígitos de la columna 3 de la Tabla S2.4 (empezando con el número aleatorio 50).

Lleve a cabo la simulación de Venta. ¿Es normal tener tres o más años consecutivos de operación con dos o menos averías de compresor por año?

• **S2.10** El número de coches que llegaron a Marcus Chapman Car Wash durante las últimas 200 horas de operación se presentan a continuación:

NÚMERO DE COCHES QUE LLEGAN	FRECUENCIA
3 o menos	0
4	20
5	30
6	50
7	60
8	40
9 o más	0
	200

a) Establezca una distribución de probabilidad y una distribución de probabilidad acumulada para la variable llegada de los coches.

b) Establezca intervalos de números aleatorios para la variable.

c) Simule 15 horas de llegadas de automóviles y calcule el número medio de llegadas por hora. Seleccione los números aleatorios necesarios de la columna 1, Tabla S2.4, comenzando con el dígito 52.

: **S2.11** Un aumento en el tamaño del personal de descarga de barcos en el Puerto de Nueva Orleans (véase el Ejemplo S2.2) ha dado como resultado una nueva distribución de las tasas de descarga diaria. En particular, la Tabla S2.6 aparecería como se muestra aquí:

TASA DE DESCARGA DIARIA	PROBABILIDAD
1	0,03
2	0,12
3	0,40
4	0,28
5	0,12
6	0,05

a) Simule 15 días de descarga de barcos y calcule el número medio de barcos retrasados, el número medio de llegadas nocturnas y el número medio de barcos descargados cada día. Saque los números aleatorios de la última fila de la Tabla S2.4 para generar las llegadas diarias y de la segunda fila empezando por abajo para generar las tasas de descarga diarias.

b) ¿Cómo se comparan estos resultados simulados con los del suplemento?

: **S2.12** Simkin Hardware Store simuló una política de pedidos de inventario para los taladros eléctricos Ace que supondría una cantidad de pedido de 10 taladros con un punto de pedido de 5. Este primer intento de desarrollar una estrategia de pedido efectiva en costes se mostró en la Tabla S2.10 del Ejemplo S2.3. La breve simulación dio como resultado un coste total diario del inventario de 6,65$.

Simkin desea comparar ahora esta estrategia con otra en la cual pide 12 taladros, con un punto de pedido de 6. Lleve a cabo una simulación de 10 días y discuta las implicaciones en los costes.

: **S2.13** Carol Pharo, una estudiante de doctorado en Northen Virginia University, ha tenido problemas con el saldo de su cuenta. Sus ingresos mensuales provienen de una asistencia de investigación para los graduados; sin embargo, también gana dinero extra la mayoría de los meses impartiendo un curso de análisis cuantitativo a los estudiantes de licenciatura. Sus probabilidades de diferentes de ingresos se muestran aquí (a la izquierda).

INGRESO MENSUAL	PROBABILIDAD	GASTOS MENSUALES	PROBABILIDAD
350$	0,40	300$	0,10
400$	0,20	400$	0,45
450$	0,30	500$	0,30
500$	0,10	600$	0,15

*Suponga que este ingreso se recibe al principio de cada mes.

Los gastos de Pharo también varían de mes a mes y ella estima que seguirán la distribución de la derecha empieza su último año con 600$ en su cuenta. Simule el año entero (12 meses) y discuta el panorama financiero de Pharo.

• **S2.14** Refiriéndonos a los datos del Problema Resuelto S2.1, que trata de Higgins Plumbing and Heating, Higgins ha recogido ahora 100 semanas de datos y encuentra la siguiente distribución de las ventas.

Ventas semanales de calentadores de agua	Número de semanas en que se vendió este número	Ventas semanales de calentadores de agua	Número de semanas en que se vendió este número
3	2	8	21
4	9	9	12
5	10	10	10
6	15	11	5
7	25		100

a) Vuelva a simular el número de roturas de inventario que ocurren en un periodo de 20 semanas (suponiendo que Higgins mantengan un inventario constante de 8 calentadores).

b) Lleve a cabo esta simulación de 20 semanas dos veces más y compare sus respuestas con las del apartado (a). ¿Cambiaron de forma significativa? ¿Por qué o por qué no?

c) ¿Cuál es el nuevo número esperado de ventas por semana?

S2.15 Helms Aircraft Co. tiene un gran número de máquinas de dibujo informatizadas (plotter). Éstas son altamente fiables, con la excepción de las cuatro sofisticadas plumas de tinta integradas. Las plumas constantemente se obstruyen y se atascan en una posición más alta o más baja. Cuando esto ocurre, la máquina es inservible.

Actualmente, Helms Aircraft reemplaza cada pluma cuando falla. El director de servicio ha propuesto, sin embargo, reemplazar las cuatro plumas cada vez que falle una. Esto debería reducir la frecuencia de fallos de las plumas. Actualmente, lleva una hora reemplazar una pluma. Las cuatro podrían reemplazarse en 2 horas. El coste total de un plotter inservible es de 50$ por hora. Cada pluma cuesta 8$.

Si sólo se sustituye una pluma cada vez que ocurre una obstrucción, los siguientes datos de averías se consideran válidos:

Horas entre averías de plotter si se sustituye una pluma durante una reparación	Probabilidad
10	0,05
20	0,15
30	0,15
40	0,20
50	0,20
60	0,15
70	0,10

Basado en las estimaciones del director de servicios, si las cuatro plumas se cambian cada vez que una falla, la distribución de probabilidad entre fallos es:

HORAS ENTRE AVERÍAS DE PLOTTER SI SE SUSTITUYE CUATRO PLUMAS DURANTE UNA REPARACIÓN	PROBABILIDAD
10	0,05
20	0,15
30	0,15
40	0,20
50	0,20
60	0,15
70	0,10

a) Simule el problema de Helms Aircraft y determine la mejor política. ¿Debería la empresa cambiar una o las cuatro plumas cada vez que se da un fallo?

b) Desarrolle un segundo método para resolver este problema (esta vez sin simulación). Compare los resultados. ¿Cómo afecta esto a la decisión de Helms utilizando la simulación?

: S2.16 Tía Thomson es propietaria y gestiona una de las más grandes distribuidoras de automóviles Mercedes-Benz en Washinton, D.C. En los últimos 36 meses, sus ventas de este automóvil de lujo han variado de 6 automóviles nuevos a 12 automóviles nuevos, como se refleja en la siguiente tabla:

VENTAS DE COCHES NUEVOS/USADOS	FRECUENCIA
6	3
7	4
8	6
9	12
10	9
11	1
12	1
	36 meses

Ella cree que las ventas continuarán, durante los próximos 24 meses, aproximadamente en los mismos valores, y que los plazos de entrega también continuarán con el mismo ritmo, (establecido en forma de probabilidad):

PLAZO DE ENTREGA	PROBABILIDAD
1	0,44
2	0,33
3	0,16
4	0,07
	1,00

La política actual de Thomson es pedir 14 automóviles a la vez (dos remolques de camión de carga completos, con 7 coches en cada remolque), y efectuar un nuevo pedido cuando el inventario disponible llega a 12 coches. ¿Cuáles son los resultados de esta política cuando se simula el próximo periodo de dos años?

: S2.17 Refiriéndonos al Problema S2.16, Tia Thomson establece los siguientes costes relevantes: (1) el coste de almacenamiento por Mercedes al mes es de 600$; (2) el coste de una venta perdida es como media de 4.350$; y (3) el coste de efectuar un pedido es de 570$. ¿Cuál es el coste total de inventario de la política simulada en el Problema S2.16?

: S2.18 Thomson (véanse los Problemas S2.16 y S2.17) desea probar una nueva política de simulación, pidiendo 21 coches por pedido, con un punto de pedido de 10 coches. ¿Qué política es mejor, ésta o la formulada en los Problemas S2.16 y S2.17?

: S2.19 La Eichler Corporation es el mayor fabricante de lavadores industriales del país. Un importante componente en el proceso de producción son las hojas de acero inoxidable de 8 por 10 pies. El acero se utiliza tanto para los tambores interiores de lavado como para las cubiertas exteriores.

El acero se compra semanalmente sobre una base contractual con la RTT Foundry, la cual, debido a su disponibilidad limitada y sus tamaños de lote, puede enviar 8.000 ó 11.000 pies cuadrados de acero inoxidable cada semana. Cuando se lanza el pedido semanal de Eichler, hay una probabilidad del 45% de que lleguen 8.000 pies cuadrados, y una posibilidad del 55% de recibir el pedido de mayor tamaño.

Eichler utiliza el acero inoxidable sobre una base estocástica (no constante). Las probabilidades de demanda de cada semana son:

ACERO NECESARIO POR SEMANA (PIES CUADRADOS)	PROBABILIDAD
6.000	0,05
7.000	0,15
8.000	0,20
9.000	0,30
10.000	0,20
11.000	0,10

Eichler tiene una capacidad de almacenamiento no mayor de 25.000 pies cuadrados de acero en cualquier momento. Debido al contrato, los pedidos se *deben* efectuar cada semana independientemente del inventario disponible.

a) Simule las llegadas de los pedidos de acero inoxidable y su utilización durante 20 semanas. (Empiece con un inventario inicial de 0 acero inoxidable). Si un inventario de fin de semana es negativo alguna vez, suponga que se permiten los "pedidos pendientes" y complete la demanda con el siguiente pedido que llegue.

b) ¿Debe Eichler aumentar su área de almacenamiento? De ser así, ¿cuánto? Si no, comente el sistema.

: S2.20 Blackburg, el hospital general de Virginia, tiene una sala de urgencias que está dividida en seis departamentos: (1) la estación de examen inicial para tratar los problemas menores o para hacer diagnósticos, (2) una sala de rayos-X, (3) una sala de operaciones, (4) una sala de enyesado, (5) una sala de observaciones (para recuperación y observación general antes del diagnóstico final o alta) y (6) una departamento de gestión de salida (donde los empleados atienden a los pacientes y acuerdan sus formas de pago o seguro).

Las probabilidades de que un paciente vaya de un departamento a otro se presentan en la tabla adjunta.

a) Simule la ruta seguida por 10 pacientes de la sala de urgencias. Proceda, con un paciente cada vez, desde su admisión en la estación de examen inicial hasta su proceso de salida. Usted debe tener en cuenta que un paciente puede entrar al mismo departamento más de una vez.

b) Utilizando los datos de la simulación, ¿cuáles son las posibilidades de que un paciente entre a la sala de rayos-X dos veces?

DE	A	PROBABILIDAD
Examen inicial a la entrada de la sala de urgencias	Sala de rayos–X	0,45
	Sala de operaciones	0,15
	Sala de observación	0,10
	Empleado para el proceso de salida	0,30
Sala de rayos–X	Sala de operaciones	0,10
	Sala de enyesado	0,25
	Sala de observación	0,35
	Empleado para el proceso de salida	0,30
Sala de operaciones	Sala de enyesado	0,25
	Sala de observación	0,70
	Empleado para el proceso de salida	0,05
Sala de enyesado	Sala de observación	0,55
	Sala de rayos–X	0,05
	Empleado para el proceso de salida	0,40
Sala de observación	Sala de operaciones	0,15
	Sala de rayos–X	0,15
	Empleado para el proceso de salida	0,70

⁝ S2.21 La dirección del First Syracuse Bank está preocupada por la pérdida de clientes en su oficina principal del centro de la ciudad. Una solución que se ha propuesto es añadir una o más ventanillas de caja de servicio de automóviles, para facilitar que los clientes en los coches obtengan un servicio rápido sin aparcar. Steve Shoff, el presidente del banco, cree que éste debería arriesgar sólo el coste de instalar un autoservicio. Sus empleados le informan de que el coste (amortizado en un periodo de 20 años) de construir un servicio de automóviles es de 12.000$ por año. También cuesta 16.000$ al año en salarios y beneficios el personal de cada nuevo cajero.

Sin embargo, la directora de Análisis de Negocio, Jennifer Jaenicke, cree que los siguientes dos factores apoyan la construcción inmediata de dos estaciones de autoservicio de automóviles. De acuerdo con un reciente artículo en la revista *Banking Research*, los clientes que esperan en largas colas por el servicio de caja desde el coche le cuestan a los bancos una media de 1$ por minuto, en pérdida de imagen. También, añadir un segundo servicio para automóviles costará 16.000$ adicionales en contratar personal, pero los costes de construcción amortizados pueden ser rebajados a un total de 20.000$ por año si se instalan dos autoservicios a la vez, en lugar de uno. Para completar su análisis, la señora Jaenicke recogió durante un mes las tasas de llegadas y servicios de las estaciones de servicio de automóviles, de un banco competidor en el centro. Estos datos son:

Tiempos entre llegadas de 1.000 observaciones	
Tiempo entre las llegadas (en minutos)	Número de veces que ocurre
1	200
2	250
3	300
4	150
5	100

Tiempo de servicio al cliente de 1.000 observaciones	
Tiempo del servicio (en minutos)	Número de veces que ocurre
1	100
2	150
3	350
4	150
5	150
6	100

a) Simule un periodo de tiempo de 1 hora, de 1:00 a 2:00 P.M., para un solo cajero de servicio de automóviles.

b) Simule un periodo de tiempo de 1 hora, de 1:00 a 2:00 P.M., para un sistema de dos cajeros.

c) Lleve a cabo una análisis de costes de las dos opciones. Suponga que el banco está abierto 7 horas al día y 200 días al año.

CASO DE ESTUDIO

Alabama Airlines

Alabama Airlines abrió sus puertas en junio de 1995 como un servicio bajo demanda con su oficina central, y único centro, situada en Birmingham. Producto de la liberalización de las líneas aéreas, Alabama Air se sumó al creciente número de exitosas líneas de corto recorrido, entre las que se incluye Lone Star, Comair, Atlantic Sputheast, Skywest y Business Express.

Alabama Air fue fundada y dirigida por dos ex-pilotos, David Douglas (que había estado con la desaparecida Eastern Airlines) y Michael Hanna (antiguamente con la Pan Am). Se adquirió una flota de 12 reactores usados y las puertas de aeropuerto dejadas vacantes por la reducción de actividad de Delta Airlines en 1994.

Con los negocios creciendo de forma rápida, Douglas dirigió su atención hacia el sistema de reservas "800" de Alabama Air. Entre la media noche y las 6:00 A.M., sólo un agente de reservas telefónicas había estado de servicio. El tiempo entre llamadas recibidas durante este periodo se distribuye

TABLA S.1 ■ Distribución de las llamadas recibidas

Tiempo entre las llamadas en minutos	Probabilidad
1	0,11
2	0,21
3	0,22
4	0,20
5	0,16
6	0,10

TABLA S.2 ■ Distribución del tiempo de servicio

Tiempo para tratar las peticiones de los clientes (en minutos)	Probabilidad
1	0,20
2	0,19
3	0,18
4	0,17
5	0,13
6	0,10
7	0,03

(Continúa)

como se muestra en la Tabla S.1. Douglas observó y cronometró detenidamente al agente y estimó que el tiempo empleado en tratar las peticiones de los clientes se distribuye como se muestra en la Tabla S.2.

Todos los clientes que llaman a Alabama Air quedan "en espera" y se les atiende en el orden de llamada a menos que el agente de reservas esté disponible para el servicio inmediato. Douglas está pensando si debería estar de servicio un segundo agente para hacer frente a la demanda de los clientes. Para mantener la satisfacción de los clientes, Alabama Air no quiere que un cliente esté "en espera" durante más de 3 o 4 minutos y también quiere mantener una alta utilización del agente.

Aún más, la compañía está planificando una nueva campaña publicitaria en televisión. Como resultado, espera un incremento en las peticiones por teléfono en la línea "800". Basado en campañas similares en el pasado, se espera que la distribución de las llamadas recibidas desde media noche hasta las 6:00 A.M. sea como se muestra en la Tabla S.3. (Se utilizará la misma distribución del tiempo de servicio.)

TABLA S.3 ■ Distribución de las llamadas recibidas

TIEMPO ENTRE LAS LLAMADAS EN MINUTOS	PROBABILIDAD
1	0,22
2	0,25
3	0,19
4	0,15
5	0,12
6	0,07

PREGUNTAS DE DISCUSIÓN

1. ¿Qué le recomendaría usted a Alabama Air que hiciera con el actual sistema de reservas basándose en la distribución de llamadas original? Haga un modelo de simulación para investigar el escenario. Describa el modelo detenidamente y justifique la duración de la simulación, hipótesis y medidas de eficiencia a utilizar.
2. ¿Cuáles son sus recomendaciones en relación con la utilización del operador y la satisfacción del cliente si la compañía sigue adelante con la campaña publicitaria?

Fuente: Profesor Zbigniew H. Przasnyski, Loyola Marymount University.

BIBLIOGRAFÍA

Abdou, G. and S. P. Dutta. "A Systematic Simulation Approach for the Design of JIT Manufacturing Systems." Journal of Operations Management, 11, no. 3 (September 1993): 25–38.

Brennan, J. E., B. L. Golden, and H. K. Rappoport. "Go with the Flow: Improving Red Cross Bloodmobiles Using Simulation Analysis." Interfaces, 22, no. 5 (September/October 1992): 1.

Buchanan, E., and R. Keeler. "Simulating Health Expenditures Under Alternative Insurance Plans." Management Science (September 1991): 1069–1088.

Evans, J. R. "A Little Knowledge Can Be Dangerous: Handle Simulation with Care." Production and Inventory Management Journal, 33, no. 2 (Second Quarter 1992): 51.

Fishman, G. S., and V. G. Kulkarni. "Improving Monte Carlo Efficiency by Increasing Variance." Management Science, 38, no. 10 (October 1992): 1432.

Flowers, A. D., and J. R. Cole. "An Application of Computer Simulation to Quality Control in Manufacturing," IIE Transactions, 17, no. 3 (September 1985): 277–283.

Greenwood, A. G., L. P. Rees, and I. W. M. Crouch. "Separating the Art and Science of Simulation Optimization: A KnowledgeBased Architecture Providing for Machine Learning." IIE Transactions, 25, no. 6 (November 1993): 70.

Heizer, J. H., and A. P. de la Garza. "Using Simulation to Evaluate Airplane Dealership Operations." Airport Service Management, 16, no. 6 (June 1976): 30–32.

Hendricks, K. B., and J. O. McClain. "The Output Processes of Serial Production Lines of General Machines with Finite Buffers." Management Sciences, 39, no. 10 (October 1993): 1194.

Hutchinson, J., G. K. Leong, and P. T. Ward. "Improving Delivery Performance in Gear Manufacturing at

Jeffrey Division of Dresser Industries." Interfaces, 20, no. 3 (May/June 1990): 99.

Render, B., and R. M. Stair. Introduction to Management Science. Boston: Allyn and Bacon, 1992.

——. Quantitative Analysis for Management, 5th ed. Boston: Allyn and Bacon, 1994.

Render, B., R. M. Stair, and I. Greenberg. Cases and Readings in Management Science, 2nd ed. Boston: Allyn and Bacon, Inc., 1990.

Rosenblatt, M. J., Y. Roll, and V. Zyser. "A Combined Optimization and Simulation Approach for Designing Automated Storage/Retrieval Systems." Industrial Engineering Research & Development, 25, no. 1 (January 1993): 40–50.

Russell, R. A., and R. Hickle. "Simulation of a CD Portfolio." Interfaces, 16, no. 3 (May/June 1986): 4954.

Solomon, S. L. Simulation of Waiting Lines. Englewood Cliffs, NJ: Prentice Hal, 1983.

Trunk, C. "Simulation for Success in the Automated Factory." Material Handling Engineering (May 1989): 64–76.

3

PLANIFICACIÓN DE LAS NECESIDADES DE MATERIALES (MRP)

CONTENIDO DEL CAPÍTULO

PERFIL DE CLASE-MUNDIAL INDUSTRIALES COLLINS

REQUIRIMIENTOS DE LOS MODELOS DE INVENTARIO PARA DEMANDA DEPENDIENTE

- Programa Maestro de Producción
- Especificaciones o Listas de Materiales
- Registros de Inventario Exactos
- Pedidos de Compra Pendientes
- Plazo de Entrega de cada Componente

ESTRUCTURA MRP

DINÁMICA MRP

TÉCNICAS DE DIMENSIONADO DE LOTES

EXTENSIONES EN MRP

- Bucle Cerrado de MRP
- Planificación de la Capacidad
- Planificación de las Necesidades de Material II (MRP II)

MRP EN SERVICIOS

PLANIFICACIÓN DE LOS RECURSOS DE DISTRIBUCIÓN (DRP)

- Estructura DRP
- Asignación

ALCANZANDO LOS MODELOS DE CLASE MUNDIAL

RESUMEN

TÉRMINOS CLAVE

UTILIZAR AB:POM PARA RESOLVER MRP Y LOS PROBLEMAS DE DIMENSIONADO DE LOTES

PROBLEMAS RESUELTOS

PREGUNTAS DE DISCUSIÓN

EJERCICIO DE RAZONAMIENTO CRÍTICO

PROBLEMAS

CASO DE ESTUDIO

BIBLIOGRAFÍA

OBJETIVOS DE APRENDIZAJE

Cuando acabe este capítulo debería ser capaz de:

Identificar o Definir:

- Dimensionado del Lote
- Código de Bajo-Nivel
- Listas planificadas, Pseudo listas
- Kits (conjuntos)
- Listas fantasmas

Explicar:

- Planificación de las necesidades de materiales
- Planificación de las necesidades de distribución

PERFIL DE CLASE MUNDIAL: INDUSTRIAS COLLINS

MRP PROPORCIONA UNA VENTAJA COMPETITIVA A LAS INDUSTRIAS COLLINS

En las seis cadenas de producción paralelas, cada día las ambulancias avanzan hasta la siguiente estación de trabajo. El sistema MRP hace que los materiales necesarios en cada estación lleguen durante la noche para el montaje del día siguiente.

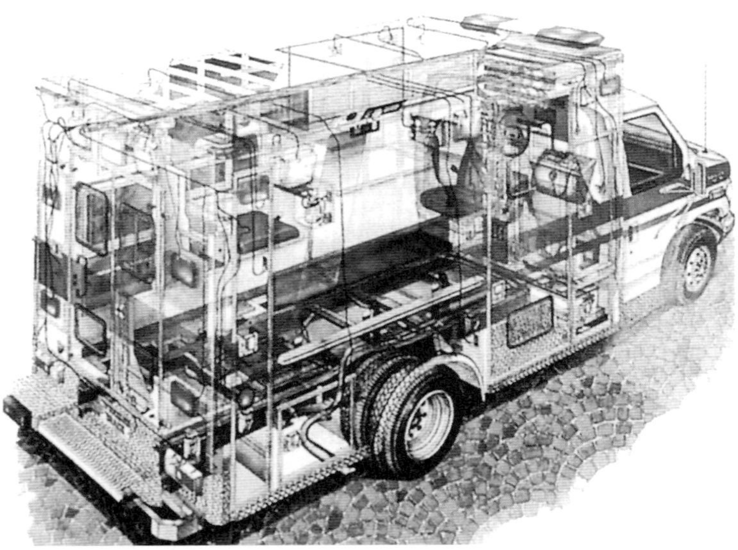

Esta sección del interior de una ambulancia muestra la complejidad del producto, que para algunas localidades rurales puede ser el equivalente a la sala de urgencia de un hospital en miniatura. Para complicar la producción, prácticamente todas las ambulancias son "a gusto del cliente", con 7.000 opciones diferentes disponibles. Esto necesita órdenes precisas y buenas listas de materiales.

Las Industrias Collins, con oficina central en Hutchinson, Kansas, es el mayor fabricante de ambulancias en el mundo. La empresa de 150 millones de dólares es un competidor internacional que vende más del 20% de sus vehículos a mercados fuera de los EE.UU. En su mayor fábrica de ambulancias, situada en Winter Park, Florida, los vehículos son producidos en cadenas de montaje (e.d., un proceso repetitivo). Existen 12 principales diseños de ambulancia montados en la fábrica de Florida, y utilizan 18.000 artículos de inventario diferentes, incluyendo 6.000 partes manufacturadas y 12.000 partes compradas.

Esta variedad de productos y la naturaleza del proceso exige una buena planificación de los requerimientos de materiales. El sistema en las Industrias Collins se actualiza diariamente. La empresa utiliza el software MAPICS DB en un miniordenador IBM AS400. El uso efectivo de MAPICS obliga a Collins a mantener unas listas del material y unos registros de inventario precisos. El sistema ha reducido inventario en un 30% en sólo dos años.

Collins insiste en que cuatro tareas clave han de ser realizadas adecuadamente. Primero, el plan de materiales debe satisfacer a la vez los requerimientos del programa maestro y las capacidades de las instalaciones de producción. Segundo, el plan debe ser llevado a cabo como se diseñó. Tercero, entregas de material efectivas y en su momento, control de inventario, y una constante revisión de los métodos de compra reducen la inversión en inventario.

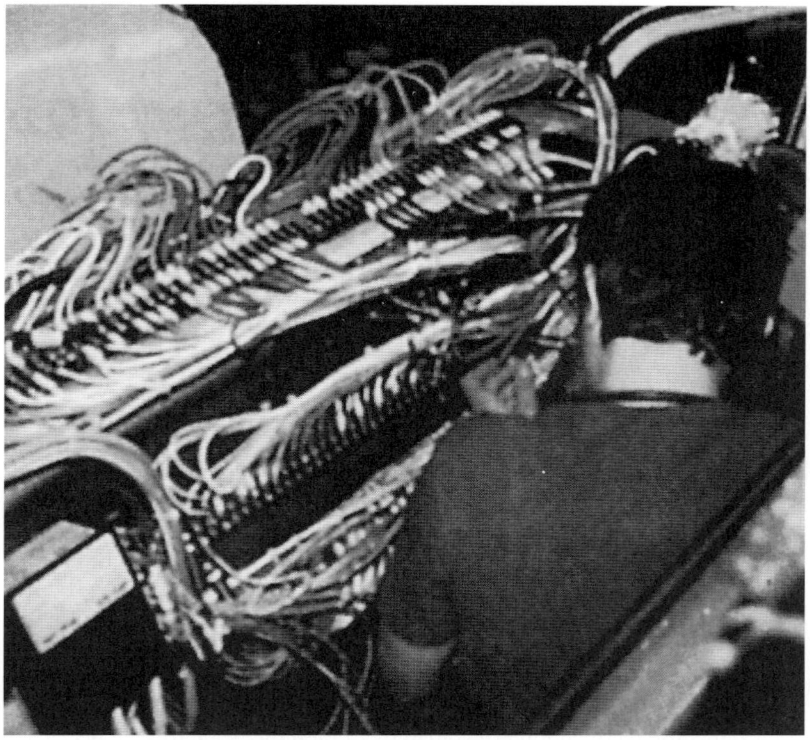

Esta foto muestra a un trabajador montando un tablero electrónico. La instalación eléctrica de una ambulancia es tan compleja que hay una media de 15 millas de cable en un vehículo Collins. Compare esto con las 16 millas de un sofisticado caza F-16.

Finalmente, Collins mantiene la integridad en los registros. La precisión en los registros es reconocida como un ingrediente fundamental de su exitoso programa MPR. Los conteos cíclicos de Collins significan auditorías de material que no sólo corrigen los errores, sino que también investigan y corrigen los problemas.

Las Industrias Collins han utilizado MRP como el catalizador para un bajo inventario, una alta calidad, programas ajustados y unos registros precisos. Collins ha logrado una ventaja competitiva a través de MRP.

La compañía utiliza un entorno de taller para abastecer las requerimientos de la cadena de producción. Mantiene un completo taller de carpintería (para proveer el mobiliario interior), un taller de fabricación de metal (para construir la carrocería de la ambulancia), un taller de pintura (para preparar, pintar y detallar cada vehículo), un taller eléctrico (para proporcionar la compleja electrónica de una ambulancia moderna), y como aquí se muestra, un taller de tapicería (para hacer los asientos y los bancos interiores).

Nancy Mueller convierte un "quiche" en dinero en metálico. Su empresa, Nancy´s Specialty Foods, está diseñada para la atareada vida de hoy en día, produciendo 750.000 entremeses empaquetados de "quiche congelado" cada mes. El software de planificación de las necesidades de materiales (MRP) ha sido clave para su creciente éxito. MRP es la herramienta principal de dirección que cuida que los ingredientes y el trabajo lleguen en los momentos adecuados según el programa de la empresa. Una vez que Nancy´s Specialty Foods conoce la demanda de su "quiche de carne de cangrejo", sabe la demanda de todos los ingredientes desde la masa, el queso, la carne de cangrejo... porque todos los ingredientes son dependientes.[1]

Como podemos ver en Industrias Collins y Nancy´s Specialty Foods, la demanda de muchos artículos es dependiente. Por *dependiente* queremos decir que la demanda de un artículo está relacionada con la demanda de otro artículo. Consideremos el Ford Explorer. La demanda de Ford de ruedas de coche y radiadores depende de la producción de Explorers. Cuatro ruedas y un radiador van en cada Explorer terminado. La demanda de los artículos es *dependiente* cuando la relación entre los artículos puede determinarse. Por lo tanto, una vez que la dirección puede hacer un pronóstico de la demanda del producto final, las cantidades necesarias de todos los componentes pueden ser calculadas, porque todos los componentes son artículos *dependientes.* El director de operaciones de Boeing Aircraft, programando una producción de un avión por semana, por ejemplo, sabe todo lo necesario hasta el último remache. Para cualquier producto, todos los componentes de ese producto son artículos de demanda *dependientes. De forma más general, para cualquier artículo para el que pueda establecerse un programa, deberían de utilizarse las técnicas dependientes.*

Los modelos dependientes, cuando pueden ser utilizados, son preferibles a los mode los del Capítulo 2.[2] La dependencia existe para todas las partes, componentes, submontajes y suministros cuando se conoce un programa. Los modelos dependientes son mejores, no sólo para los fabricantes y distribuidores, sino también para una amplia variedad de empresas, desde restaurantes[3] hasta hospitales.[4] Cuando las técnicas dependientes son utilizadas en un entorno de producción, se denominan **planificación de los requerimientos de materiales (MRP)**.

Planificación de los requerimientos de materiales (MRP)

REQUERIMIENTOS DEL MODELO DE INVENTARIO DEPENDIENTE

El uso efectivo de los modelos de inventario dependiente exige que el director de operaciones conozca:

1. el programa maestro de producción (qué se va a hacer y cuándo)

[1] Fuente: Bob Sperber, "Computers Turn Quiche to Cash". *Food procesing*, vol. 53 (october 1992), pp. 91,92.

[2] Los modelos de inventario tratados en el Capítulo 2 asumían que la demanda de un artículo era independiente de la demanda de otro artículo. Por ejemplo, la demanda de neveras puede ser *independiente* de la demanda de lavaplatos. Por otra parte, la demanda de hoy puede tener poco que ver, si tiene algo, con la demanda de mañana.

[3] John G. Wacker, "Effective Planning and Cost Control for Restaurants: Making Resource Requirements Planning Work," *Production and Inventory Management*, 26 (First Quarter 1985): 55-70.

[4] David W. Pentico, "Material Requerements Planning: A New Tool for Controlling Hospital Inventories," *Hospital Topics*, 57 (May/June): 40-43

2. las especificaciones o listas de materiales (cómo hacer el producto)
3. la disponibilidad de inventario (qué hay en existencia)
4. las órdenes de compra pendientes (qué está ya pedido)
5. los plazos (cuánto tiempo lleva conseguir los distintos componentes)

En este capítulo, tratamos cada uno de estos requerimientos en el contexto de la planificación de necesidades de materiales (MRP). Introducimos luego una variación de MRP conocida como planificación de los recursos de distribución (DRP).

Programa Maestro De Producción

Programa maestro de producción

Un **programa maestro de producción** especifica lo que se va a hacer y cuándo. El programa debe estar de acuerdo con un plan de producción. El plan de producción establece el nivel global de la producción en términos generales (por ejemplo, familias de productos, horas estándar o cantidad de dólares). Tales planes incluyen una variedad de inputs, entre ellos los planes financieros, la demanda de los clientes, las capacidades de ingeniería, disponibilidad de mano de obra, fluctuaciones en el inventario, actualización de los proveedores y otras consideraciones. Cada uno contribuye a su manera al plan de producción, como se observa en la Figura 3.1, que muestra el proceso de planificación desde el plan de producción hasta la ejecución. Cada uno de los planes de nivel inferior debe ser factible. Cuando no es así, se realiza un retroceso (feedback) al nivel superior anterior para efectuar el ajuste necesario.

Una de las principales virtudes de MRP es su capacidad para determinar de forma precisa la factibilidad de un programa teniendo en cuenta las restricciones de capacidad. Este proceso de planificación puede dar excelentes resultados. El plan de producción establece los límites superiores e inferiores para el programa maestro de producción. De este proceso de planificación de la producción se obtiene el programa maestro de producción.

Un programa maestro de producción nos dice lo que es necesario para satisfacer la demanda y cumplir con el plan de producción. Este programa establece qué artículos hay que hacer y cuándo. Los directores deben ligarse al programa durante un periodo razonable (normalmente una porción importante del ciclo de producción). Muchas organizaciones establecen un programa maestro de producción y después fijan la porción del plan más cercana en el tiempo. La porción fijada del programa se denomina programa "fijo", "firme" o "congelado". Sólo son permitidos los cambios más allá del programa fijo. El programa se convierte en un programa de producción en rodante. Por ejemplo, a un programa fijado en 7 semanas, en cuanto se completa una semana se le añade una semana adicional, así se mantiene un programa fijo de 7 semanas. Hay que darse cuenta de que el programa maestro de producción es una relación de lo que tiene que producirse, no un pronóstico de la demanda. El programa maestro puede ser expresado en términos de

1. *artículo acabado* en un entorno *continuo* (fabricación para stock) (make to stock);
2. *módulos* en un entorno *repetitivo* (montaje para stock) (assemble to stock);
3. *pedido de un cliente* en un entorno de *taller* (fabricación contra pedido) (make to order).

Un programa maestro de producción para dos productos de Nancy´s Specialty Food´s, "quiche" de carne de cangrejo y "quiche" de espinacas, podría parecerse al de la Tabla 3.1.

TABLA 3.1 ■ programa maestro de producción de los productos quiche de carne de cangrejo y quiche de espinacas.

NECESIDADES BRUTAS DEL PRODUCTO QUICHE DE CARNE DE CANGREJO										
Día	6	7	8	9	10	11	12	13	14	etcétera
Cantidad	50		100	47	60		110	75		

NECESIDADES BRUTAS DEL PRODUCTO QUICHE DE ESPINACAS										
Día	7	8	9	10	11	12	13	14	15	16	etcétera
Cantidad	100	200	150			60	75		100		

Especificaciones o Listas de materiales

Determinar lo que lleva cada producto puede parecer sencillo, pero en la práctica puede ser difícil. Como ya vimos en el Capítulo 6, del volumen *Decisiones Estratégicas* hay habitualmente precipitación al querer colocar en el mercado un nuevo producto. Por consiguiente, los planos y especificaciones pueden ser incompletos o incluso inexistentes. Por otra parte, los planos y especificaciones completos a menudo contienen errores en las dimensiones, cantidades, o en otras innumerables áreas. Entonces, se crean las notificaciones de cambio de ingeniería (ECNs), complicando nuevamente el proceso. Una **notificación de cambio de ingeniería (ECN)** es un cambio o corrección de un plano o especificación de ingeniería.

Notificación de cambio de ingeniería (ECN)

Lista de materiales (BOM)

Las unidades que van a producirse a menudo son especificadas mediante una lista de materiales, como la que se presenta en el Capítulo 6 del volumen *Decisiones Estrategicas.* Una **lista de materiales (BOM)** es una lista de las cantidades de los componentes, ingredientes y materiales necesarios para hacer un producto. Los planos individuales no sólo describen las dimensiones físicas, sino también cualquier proceso especial, así como la materia prima de la que cada parte está hecha. La receta del quiche de Nancy´s Specialty Foods, especificando los ingredientes y las cantidades, y una completa serie de planos de una ambulancia Collins, son ambas listas de materiales (aunque varíen algo en la extensión).

Una lista de materiales proporciona la estructura del producto. El Ejemplo 1 muestra cómo desarrollar la estructura del producto y explotarla para revelar las requerimientos de cada componente. Una lista de materiales del artículo A en el Ejemplo 3.1 consiste en artículos B y C. A los artículos que están por encima de un nivel se les denomina *padres*, a los artículos que se encuentran por debajo de un nivel se les denomina *componentes o hijos*.

EJEMPLO 3.1

Speaker Kit S.A. empaqueta componentes de alta fidelidad para pedidos por correo. Los componentes de su equipo de altavoces más importante, el "Awesome" (A), incluye dos equipos altavoces estándar de 12 pulgadas (B´s) y tres equipos de altavoces con amplificadores (C´s).

Cada B consiste en dos altavoces (D´s) y dos cajas para transportarlos con un equipo de instalación (E´s). Cada uno de los tres equipos estéreo de 300-watt (C´s) tiene dos amplificadores de altavoces (F´s) y dos equipos de instalación (E´s). Cada amplificador del altavoz (F) incluye dos altavoces (D´s) y un amplificador (G). El total para cada Awesome es de cuatro altavoces estándar de 12 pulgadas y doce altavoces de 12 pulgadas con el amplificador. (La mayoría de los compradores necesitan aparatos para el oído al cabo de dos años, y al menos un caso está pendiente en los tribunales a causa del daño estructural provocado en un dormitorio.) La demanda de B, C, D, E, F y G, como podemos ver, es completamente dependiente de la demanda de A, los pedidos actuales del equipo de altavoces "Awesome". Dada esta información, podemos construir la estructura de producto siguiente.

La estructura tiene cuatro niveles: 0,1, 2 y 3. Hay cuatro padres: A, B, C y F. Cada artículo padre tiene al menos un nivel por debajo. Los artículos B, C, D, E, F y G son *componentes* porque cada artículo tiene al menos un nivel por encima. En esta estructura,

FIGURA 3.1 ■ El proceso de planificación

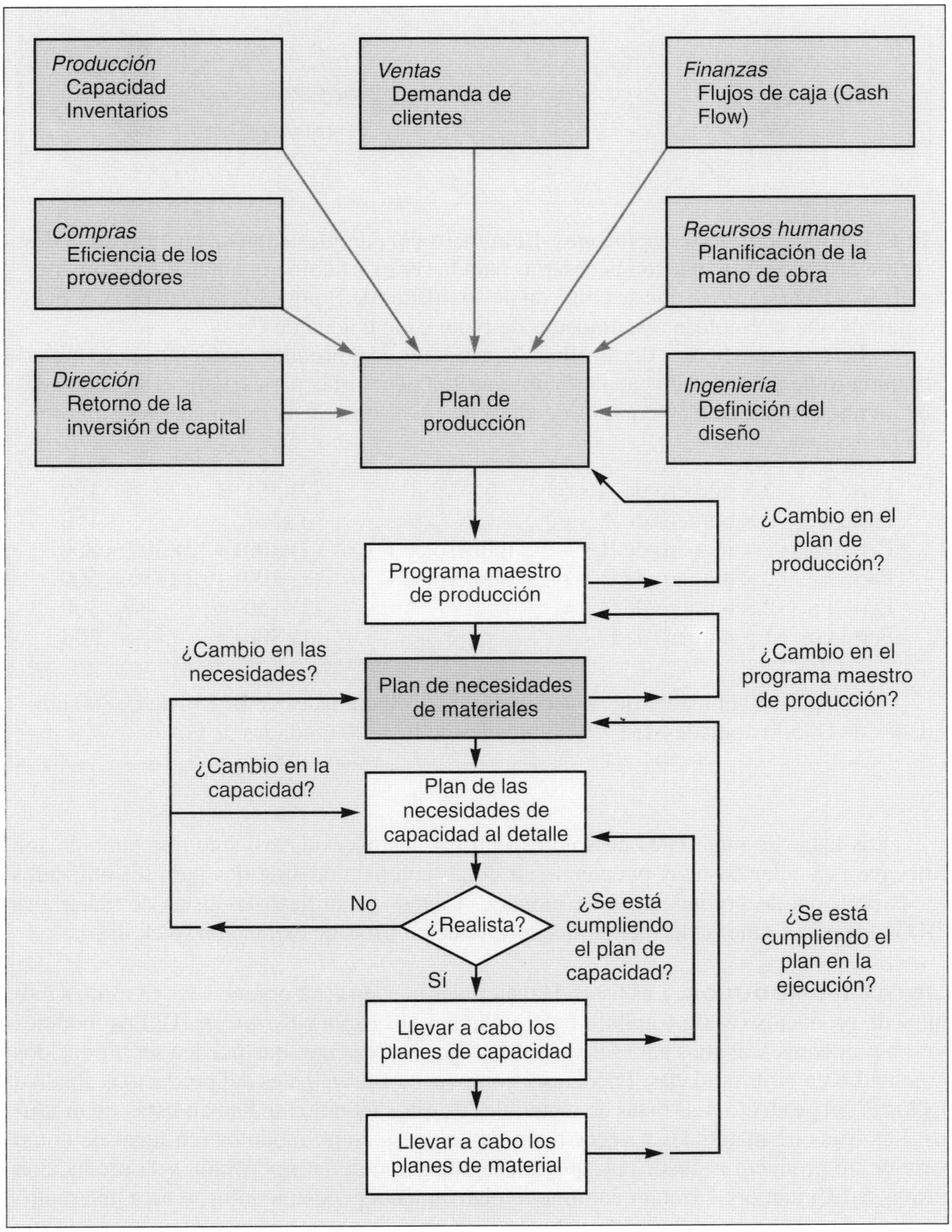

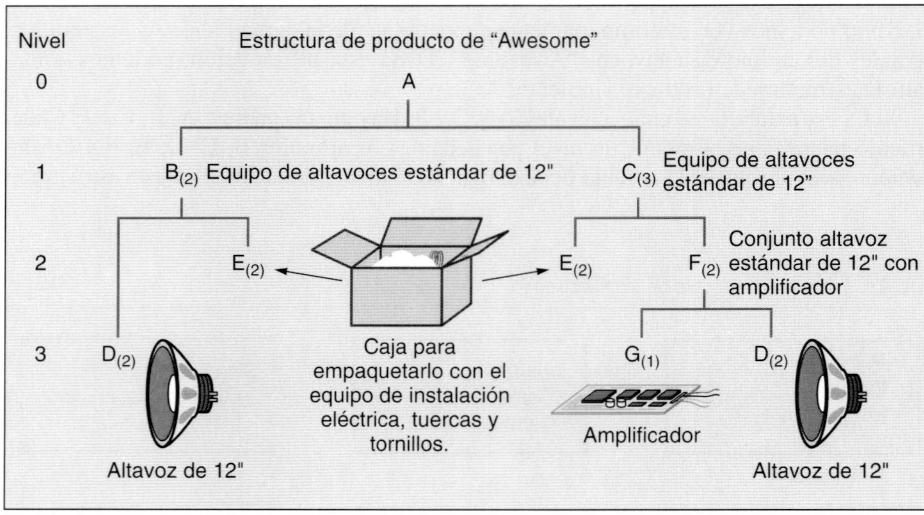

B, C y F son *padres* y *componentes*. El número del paréntesis indica cuántas unidades de ese artículo particular son necesarias para hacer el artículo inmediatamente superior a él. Así, B(2) significa que se emplean dos unidades de B por cada unidad de A, y F(2) significa que se emplean dos unidades de F por cada unidad de C.

Una vez que hemos desarrollado la estructura del producto, podemos determinar el número de unidades de cada artículo que son necesarias para satisfacer la demanda de un nuevo pedido de 50 equipos de altavoces Awesome. Esta información se muestra en la siguiente tabla.

Parte B:	2 × número de A´s =	(2)(50) =	100
Parte C:	3 × número de A´s =	(3)(50) =	150
Parte D:	2 × número de B´s + 2 × número de F´s=	(2)(100) + (2)(300)=	800
Parte E:	2 × número de B´s + 2 × número de C´s=	(2)(100) + (2)(150)=	500
Parte F:	2 × número de C´s =	(2)(150) =	300
Parte G:	1 × número de F´s =	(1)(300) =	300

Así, para 50 unidades de A, necesitaremos 100 unidades de B, 150 de C, 800 unidades de D, 500 unidades de E, 300 unidades de F y 300 unidades de G.

Las listas de materiales no sólo especifican las necesidades, sino que también son útiles para calcular costes y pueden servir como una lista de artículos para ser utilizados por el personal de producción o de montaje. Cuando se utilizan las listas de materiales (BOM) de esta forma, se les denomina normalmente listas de extracción (pick lists).

Listas de módulos

LISTAS DE MÓDULOS. Las listas de materiales pueden estar organizadas en torno a módulos de productos (véase Capítulo 6 del volumen *Decisiones Estrategicas*). Los módulos no son productos acabados para ser vendidos, sino componentes que pueden ser producidos y montados en otras unidades. Pueden ser componentes principales del producto acabado u opciones del producto. Las listas de materiales de estos módulos se llaman **listas de módulos**. Las listas de materiales a veces están organizadas como módulos (en lugar de como parte de un producto acabado) porque la programación de la producción y la producción misma se facilitan organizando en torno a relativamente pocos módulos, y no a una multitud de montajes finales. Por ejemplo, una empresa puede fabricar 138.000 productos acabados diferentes, pero tener sólo 40 módulos que se mezclan y emparejan para producir los 138.000 productos finales. La empresa pronostica, prepara su programa maestro de producción, y construye los 40 módulos, no las 138.000 configuraciones de producto final. Los 40 módulos pueden ser ensamblados para los pedidos específicos en el montaje final.

LISTAS DE PLANIFICACIÓN Y LISTAS FANTASMAS. Otras dos clases especiales de listas de materiales son las **listas de planificación** y las listas fantasma. Las listas de planificación están creadas para asignar un padre artificial a la lista de material. Estas listas son utilizadas (1) cuando queremos agrupar submontajes juntos para reducir el número de artículos que hay que programar y (2) cuando queremos entregar kits (conjuntos) al departamento de producción. Por ejemplo, no sería eficiente entregar artículos baratos, tales como arandelas y clavijas, con cada uno de los numerosos submontajes, así que llamamos a esto un kit y generamos una lista de planificación. La lista de planificación especifica el kit que ha de entregarse. Una lista de planificación puede también denominarse como **pseudo lista** o **kit number** (equipo). Las **listas fantasma de materiales** son listas de material de componentes, normalmente submontajes que existen sólo de forma temporal. Estos componentes entran directamente en otro montaje y no se incluyen en el inventario. Por tanto los componentes de las listas fantasma de materiales están codificados para recibir un tratamiento especial, sus plazos de entrega (lead times) son cero, y son manejados como una parte integral de su artículo padre.

Listas de planificación

Pseudo lista

Kit number

Listas fantasma de materiales

CODIFICACIÓN DE NIVEL INFERIOR. La codificación de nivel inferior de un artículo en un BOM es necesaria cuando existen artículos idénticos en diferentes niveles en el BOM. **Codificación de nivel inferior** quiere decir que el artículo es codificado con el nivel más bajo en el que aparece. Por ejemplo, el artículo D podría ser codificado como parte de B y aparecer en el nivel 2. Pero como D es también parte de F, y F está en el nivel 2, el artículo D pasa a ser un artículo de nivel 3. La codificación de nivel inferior es un acuerdo para permitir que el cálculo de las necesidades de un artículo sea más sencillo. Cuando el BOM tiene miles de artículos y cuando las necesidades son recalculadas frecuentemente, la facilidad y la rapidez del cálculo se convierte en un asunto importante

Codificación de nivel inferior

Registros de inventario exactos

El conocimiento de lo que hay en existencia es el resultado de una buena gestión de inventario, como se vio en el Capítulo 2. Una buena gestión de inventario es de absoluta necesidad para que funcione un sistema MRP. Si la empresa todavía no ha alcanzado al menos un 99% de precisión en los registros, entonces la planificación de las requerimientos de materiales no funcionará.

Pedidos de compra pendientes

El conocimiento de los pedidos pendientes debería ser consecuencia de unos departamentos de compra y de control de inventario bien dirigidos. Cuando se ejecutan las órdenes de compra, los registros de esas órdenes y sus fechas de entrega programadas deben estar disponibles para el personal de producción. Sólo con unos buenos datos de compra pueden los directivos preparar buenos planes de producción y hacer funcionar de forma efectiva un sistema MRP.

Plazos (Lead Times) para cada componente

Una vez que los directivos determinan cuándo son necesarios los productos, entonces determinan cuándo adquirirlos. El tiempo necesario para adquirir (es decir, comprar, produ-

Plazo de adquisición (lead time)

cir o montar) un artículo es conocido como **plazo de adquisición (lead time)**. El lead time de un producto manufacturado consiste en el tiempo para transportar internamente, preparar y montar o procesar cada componente. En un artículo comprado, el lead time es el tiempo que transcurre desde que una parte es encargada hasta que está disponible para la producción.

Cuando a la lista de materiales de los conjuntos de altavoces Awesome (A´s), en el Ejemplo 3.1, se le añaden los lead times de cada componente (véase Tabla 3.2), entonces tenemos una estructura de producto situada en el tiempo.
El tiempo en esta estructura se muestra en el eje horizontal (véase la Figura 3.2).

TABLA 3.2 ■ Lead time de los equipos de altavoces Awesome (A´s).

COMPONENTES	LEAD TIME
A	1 semana
B	2 semanas
C	1 semana
D	1 semana
E	2 semanas
F	3 semanas
G	2 semanas

FIGURA 3.2 ■ Estructura de producto desplazada en el tiempo

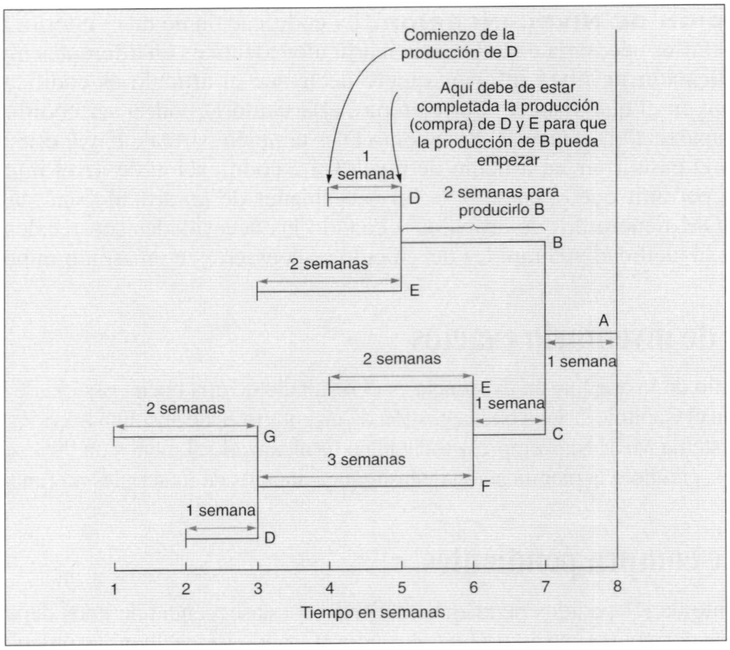

ESTRUCTURA MRP

Aunque la mayoría de los sistemas MRP están informatizados, el procedimiento de MRP es sencillo y puede hacerse a mano. Un programa maestro de producción, una lista de materiales, los registros de compra y de inventario, y los lead times de cada artículo son los ingredientes de un sistema de planificación de las necesidades de materiales (véase la Figura 3.3).

Una vez que estos ingredientes estén disponibles y sean precisos, el siguiente paso es construir un plan de necesidades brutas de materiales. El **plan de necesidades brutas de materiales** es un programa. Éste combina un programa maestro de producción (que requiere una unidad de A en la semana 8) y el programa de desplazamiento temporal (Figura 3.2). Nos indica cuándo debe de pedirse un artículo a los distribuidores si no hay ningún inventario disponible o cuándo debe iniciarse la producción de un artículo para satisfacer la demanda del producto acabado para una fecha determinada.

Plan de necesidades brutas de materiales

FIGURA 3.3 ■ Estructura del sistema MRP

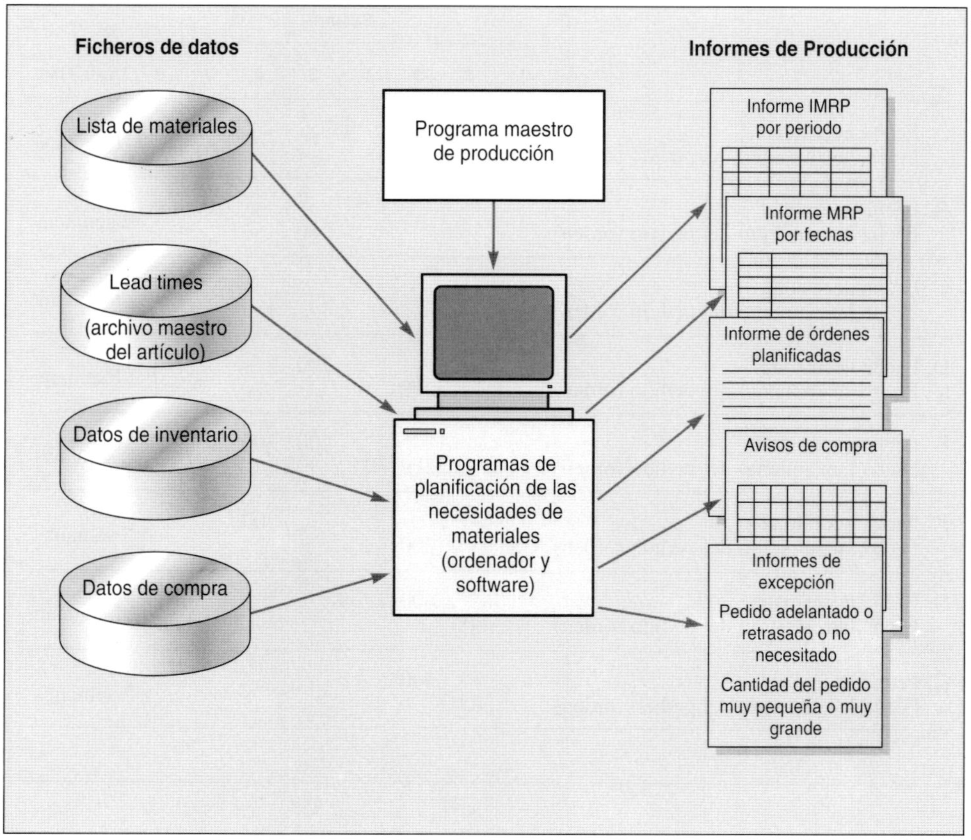

EJEMPLO 3.2

Cada equipo de altavoces Awesome (artículo A del Ejemplo 3.1) requiere todos los artículos de la estructura del producto de A. Los lead times fueron mostrados en la Tabla 3.2. Utilizando esta información, construimos el plan de necesidades brutas de materiales y diseñamos un programa de producción que satisfará la demanda de 50 unidades de A para la semana 8. Esto se muestra en la Tabla 3.3.

La interpretación de las necesidades brutas de materiales es la siguiente: Si quiere 50 unidades de A para la semana 8, debe empezar a montar A en la semana 7. De esta manera, en la semana 7, necesitará 100 unidades de B y 150 unidades de C. Estos dos artículos necesitan 2 y 1 semana, respectivamente, para ser producidos. La producción de B debería empezar en la semana 5, y la producción de C debería empezar en la semana 6 (el lead time se sustrae de la fecha de necesidad los datos de estos artículos). Trabajando hacia atrás, podemos realizar los mismos cálculos para todos los demás artículos. El plan de necesidades de materiales muestra cuándo debe comenzarse y finalizarse la producción de cada artículo para tener 50 unidades de A en la semana 8.

TABLA 3.3 ■ Plan de las necesidades brutas de material para 50 equipos de altavoces Awesome.

	Semana								
	1	2	3	4	5	6	7	8	Lead Time
A. Fecha necesidad								50	1 semana
Fecha lanzamiento del pedido (orden)							50		
B. Fecha necesidad							100		2 semanas
Fecha lanzamiento del pedido (orden)					100				
C. Fecha necesidad							150		1 semana
Fecha lanzamiento del pedido (orden)						150			
D. Fecha necesidad					200				1 semana
Fecha lanzamiento del pedido (orden)			200						
E. Fecha necesidad					200	300			2 semanas
Fecha lanzamiento del pedido (orden)			200	300					
F. Fecha necesidad						300			3 semanas
Fecha lanzamiento del pedido (orden)			300						
D. Fecha necesidad			600						1 semana
Fecha lanzamiento del pedido (orden)		600							
G. Fecha necesidad			300						2 semanas
Fecha lanzamiento del pedido (orden)		300							

Hasta ahora hemos considerado las *necesidades brutas de material,* lo que supone que no se tiene ningún inventario disponible. Cuando se tiene inventario disponible, entonces preparamos el plan de necesidades netas. Cuando consideramos el inventario disponible, debemos tener en cuenta que muchos artículos en inventario corresponden a submontajes o partes. Si las necesidades brutas de los equipos de altavoces Awesome (A´s) es 100 y hay 20 altavoces de esos disponibles, la necesidad neta de los equipos de altavoces Awesome (A´s) es 80 (que es, 100-20). Pero cada equipo de altavoces Awesome disponible contiene 2 B´s. Como resultado, la necesidad de B´s disminuyen en 40 B´s (20 equipos A disponibles × 2 B´s por A). Por tanto, si se posee inventario de un artículo padre, las necesidades de artículo padre y las de todos sus componentes descienden porque cada equipo Awesome contiene los componentes de los artículos de nivel inferior. El Ejemplo 3.3 muestra cómo crear un plan de necesidades netas.

EJEMPLO 3.3

En el Ejemplo 3.1, desarrollamos la estructura de un producto a partir de una lista de materiales (BOM), y en el Ejemplo 3.2, desarrollamos un plan de necesidades brutas. Dado el siguiente inventario disponible, construimos ahora un plan de necesidades netas.

ARTÍCULO	DISPONIBLE	ARTÍCULO	DISPONIBLE
A	10	E	10
B	15	F	5
C	20	G	0
D	10		

Un plan de las necesidades netas de material incluye las necesidades brutas, el inventario disponible, las necesidades netas, la recepción de órdenes o pedidos planificados, y el lanzamiento de órdenes o pedidos planificados de cada artículo. Empezamos con A y trabajamos hacia atrás a través de los *componentes*. Se muestra en el cuadro el plan de las necesidades netas de material del producto A.

Construir un plan de necesidades netas es similar a construir el plan de las necesidades brutas. Comenzando con el artículo A, trabajamos hacia atrás para determinar las necesidades netas de todos los artículos. Para hacer estos cálculos, hacemos referencia a la estructura del producto, al inventario disponible y a los lead times. Las necesidades brutas de A son 50 unidades en la semana 8. Tenemos diez artículos en inventario; por tanto, las necesidades netas y la recepción de pedido planificado son ambos de 40 artículos en la semana 8. Debido al lead time de 1 semana, el lanzamiento de orden planificada es de 40 artículos en la semana 7 (ver la flecha que conecta la recepción del pedido y el lanzamiento del pedido). Haciendo referencia a la semana 7 y a la estructura del producto del Ejemplo 3.1, podemos ver que 80 (2×40) artículos de B y 120 (3×40) artículos de C son necesarios en la semana 7 para tener un total de 50 artículos de A en la semana 8. La letra A a la derecha de la cifra bruta de los artículos B y C indica que esta necesidad fue generada como consecuencia de la demanda del padre, A. Haciendo el mismo tipo de análisis para B y C se obtiene las necesidades netas de D, E, F y G. Nótese que el inventario disponible en la fila E en la semana 6 es cero porque el inventario disponible (10 unidades) fue utilizado para hacer B en la semana 5. De la misma manera, el inventario de D fue utilizado para hacer F.

Los Ejemplos 3.2 y 3.3 consideraban sólo el producto A, el equipo de altavoces Awesome, y su terminación sólo en la semana 8. Se necesitaban cincuenta unidades de A en la semana 8. Normalmente, existe una demanda de muchos productos a lo largo del tiempo. La dirección debe preparar un programa maestro de producción para cada producto (como vimos anteriormente en la Tabla 3.1). La producción programada de cada producto contribuye al programa maestro y finalmente al plan de las necesidades netas de materiales. La Figura 3.4 muestra como varios programas de productos pueden crear un plan de necesidades brutas de material.

La mayoría de los sistemas de inventario recogen también el número de unidades en inventario que han sido asignadas a una producción futura específica pero que todavía no han sido utilizadas. A estos artículos se les denomina normalmente artículos asignados o reservados. Los artículos asignados pueden así ser incluidos en una hoja de planificación MRP, como se muestra en la Figura 3.5.

Plan de las necesidades netas de materiales del producto A. Nótese que lo sobrescrito es la fuente de la demanda.

Tamaño del lote	Lead Time (semanas)	Disponibles	Stock de Seguridad	Asignado	Código de nivel inferior	Identificación Artículo			Semana 1	2	3	4	5	6	7	8
Lote por Lote	1	10	—	—	0	A	Necesidades Brutas									50
							Recepciones Programadas									
							Disponible	10	10	10	10	10	10	10	10	10
							Necesidades Netas									40
							Recepción de Pedidos Planificados									40
							Lanzamiento de Pedidos Planifi.								40	
Lote por Lote	2	15	—	—	1	B	Necesidades Brutas								80^{A}	
							Recepciones Programadas									
							Disponible	15	15	15	15	15	15	15	15	
							Necesidades Netas								65	
							Recepción de Pedidos Planificados								65	
							Lanzamiento de Pedidos Planifi.						65			
Lote por Lote	1	20	—	—	1	C	Necesidades Brutas								120^{A}	
							Recepciones Programadas									
							Disponible	20	20	20	20	20	20	20	20	
							Necesidades Netas								100	
							Recepción de Pedidos Planificados								100	
							Lanzamiento de Pedidos Planifi.							100		
Lote por Lote	2	10	—	—	2	E	Necesidades Brutas						130^{B}	200^{C}		
							Recepciones Programadas									
							Disponible	10	10	10	10	10	10			
							Necesidades Netas						120	200		
							Recepción de Pedidos Planificados						120	200		
							Lanzamiento de Pedidos Planifi.				120	120				
Lote por Lote	3	5	—	—	2	F	Necesidades Brutas							200^{C}		
							Recepciones Programadas									
							Disponible	5	5	5	5	5	5	5		
							Necesidades Netas							195		
							Planned Order Receipts							195		
							Lanzamiento de Pedidos Planifi.				195					
Lote por Lote	1	10	—	—	3	D	Necesidades Brutas				390^{F}		130^{B}			
							Recepciones Programadas									
							Disponible	10	10	10	10					
							Necesidades Netas				380		130			
							Recepción de Pedidos Planificados				380		130			
							Lanzamiento de Pedidos Planifi.			380		130				
Lote por Lote	2	0	—	—	3	G	Necesidades Brutas				195^{F}					
							Recepciones Programadas									
							Disponible				0					
							Necesidades Netas				195					
							Recepción de Pedidos Planificados				195					
							Lanzamiento de Pedidos Planifi.		195							

La cantidad asignada tiene el efecto de aumentar las necesidades (o, alternativamente, reducir la cantidad disponible). La lógica, entonces, de un MRP de necesidades netas de material es:

$$\underbrace{\left[\begin{pmatrix}\text{necesidades}\\ \text{brutas}\end{pmatrix} + \begin{pmatrix}\text{asigna-}\\ \text{ciones}\end{pmatrix}\right]}_{\text{necesidades totales}} - \underbrace{\left[\begin{pmatrix}\text{dispo-}\\ \text{nibles}\end{pmatrix} + \begin{pmatrix}\text{recepciones}\\ \text{programadas}\end{pmatrix}\right]}_{\text{inventario disponible}} = \text{Necesidades netas}$$

DINÁMICA MRP

Un plan de las necesidades de material no es estático. Aunque se elaboren una lista de materiales y un plan de las necesidades de material, continúan sucediendo cambios en el diseño, en los programas, y en los procesos de producción. Por ejemplo, si una de las estimaciones del tiempo de producción fue una semana menos de lo que debería haber sido, esa semana debe añadirse al plan de las necesidades de materiales. De igual modo, si una mejora en el diseño permite la construcción de uno de los artículos de inventario intermedios con menos partes, entonces la lista de materiales y el plan de las necesidades de materiales debe modificarse. Los componentes rechazados, errores en fechas de recepción y las averías de las máquinas contribuyen también a alteraciones en el plan de las necesidades de materiales. De forma similar, se dan las alteraciones en un sistema MRP cuando se hacen cambios en el programa maestro de producción. Independientemente de la causa de los cambios, el modelo MRP puede ser manipulado para reflejarlos. De esta manera, es posible disponer de un plan actualizado. Estos cambios del programa reflejan los datos más recientes de forma que el programa de producción puede ser satisfecho.

La Corporación 3COM, con oficina central en Santa Clara, California, es un fabricante de sistemas de redes locales y externas de ordenadores. 3COM utiliza MRP para gestionar su producción de placas de circuitos impresos. La información oportuna y precisa obtenida del sistema se envía a los proveedores que entregan las partes y el material directamente a la línea en un entorno Just-in-Time (JIT). El sistema MRP de 3COM les permite mantener niveles de inventario bajos y seguir la actividad de los vendedores.

FIGURA 3.4 ■ Varios programas contribuyendo al programa de las Necesidades Brutas de B. Un "B" está en cada A y un "B" en cada S, y 10 de ellos son vendidos directamente en la semana 1 y 10 más son vendidos en la semana 2.

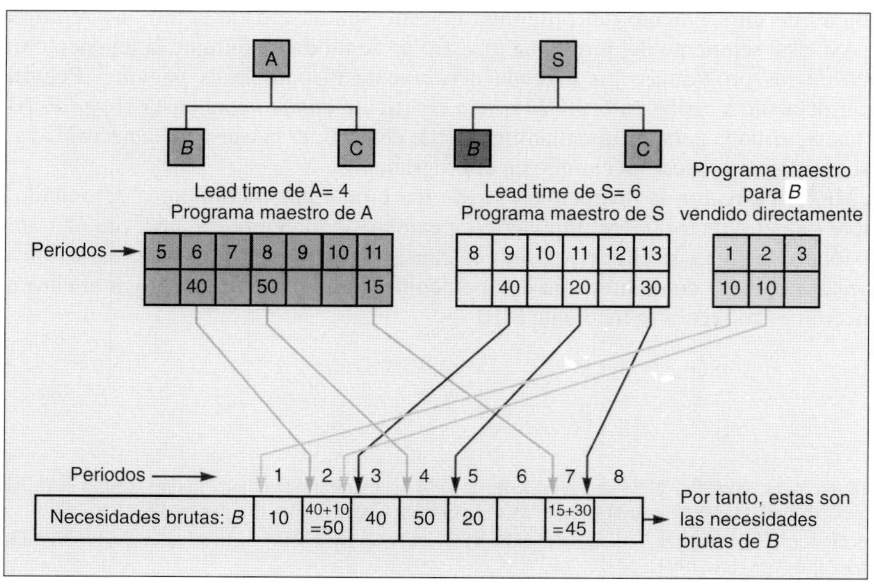

FIGURA 3.5 ■ Muestra de la Hoja de Planificación MRP del Artículo A

Tamaño de lote	Lead Time	Disponible	Stock de seguridad	Asignado	Código de nivel inferior	Artículo ID
Lote Por Lote	1	0	0	10	0	B

		Periodo 1	2	3	4	5	6	7	8
Necesidades Brutas									~~80~~ 90
Recepciones Programadas									0
Disponible	0	0	0	0	0	0	0	0	0
Necesidades Netas									90
Recepciones de Pedidos planificados									90
Lazamientos de pedidos planificados								90	

Modificando el programa MRP en respuesta a los cambios es pesado si se hace a mano, y es posible cometer errores cuando el plan es complejo. Por tanto, la mayoría de los sistemas MRP están informatizados. De hecho, sólo porque están informatizados son la herramienta popular y práctica en la que se han convertido.[5] Los programas informatizados realizan los mismos tipos de cálculos que hemos demostrado en este capítulo y son utilizados ampliamente en el mundo industrial.

Una potencialidad importante de MRP es su oportuna y precisa capacidad de replanificación. Debido a las variaciones que suceden, es común tener que calcular de nuevo las necesidades de MRP alrededor de una vez a la semana. No obstante, muchas empresas no quieren responder a pequeñas variaciones en la programación o a cambios menores incluso siendo conscientes de ellos. Estos cambios frecuentes producen lo que se conoce como **nerviosismo en el sistema**. Los cambios frecuentes pueden hacer estragos en los departamentos de compra y producción si se les tiene en cuenta. De forma consecuente, el personal de P/OM reduce el nerviosismo evaluando la necesidad y el impacto de los cambios antes de difundir peticiones a otros departamentos.[6] Dos herramientas son particularmente útiles.

Nerviosismo en el sistema

Intervalos de tiempo

Pegging

La primera es el establecimiento de intervalos de tiempo. Los **Intervalos de tiempo** permiten que un segmento del programa maestro sea designado como "no reprogramable". Así, este segmento del programa maestro no se modifica durante la regeneración periódica de los programas. La segunda herramienta disponible es *pegging*. **Pegging** es rastrear de abajo a arriba en el BOM desde el artículo *componente* hasta el *padre*. Al rastrear hacia arriba la persona que planifica puede determinar la causa de la necesidad y evaluar si es necesario hacer un cambio en el programa.

Con MRP, el director de operaciones *puede* reaccionar ante la dinámica del mundo real. Siempre que el director desee imponer esos cambios en la empresa, necesita una opinión profesional. Además, si el nerviosismo es causado por cambios verdaderos, entonces la respuesta apropiada de la dirección de operaciones debe ser la de investigar el entorno de producción —no regularlo mediante MRP—.

---

[5] Tan pronto como en 1992, Al Sloan , presidente de G.M., comprendió los componentes básicos del MRP. VéaseAlfred P. Sloan, Jr., My *Years with General Motors* (Garden City, NY: Anchor Books, 1972), p. 145.

[6] Jay H. Heizer, "The Production Manager Can Be a Good Guy in the Factory with a Future," APICS— *The Performance Advantage* (July 1994): 30-34

TÉCNICAS DE DIMENSIONADO DEL LOTE

Un sistema MRP es una excelente forma de determinar los programas de producción y las necesidades netas. Sin embargo, cuando tenemos una necesidad neta, debe tomarse una decisión respecto a la cantidad a pedir. Estas decisiones se conocen como **decisiones de lotificación**. Existen una variedad de formas para determinar los tamaños de los lotes en un sistema MRP; el software comercial de MRP normalmente incluye la posibilidad de varias técnicas para determinar el tamaño del lote. Repasaremos algunas de ellas ahora.

Decisiones de lotificación

LOTE–POR–LOTE. En el Ejemplo 3.3, utilizamos una técnica de lotificación conocida como **lote-por-lote**, que producía exactamente lo que se necesitaba. Esto es consistente con el objetivo de un sistema MRP, que es el de igualar las necesidades de la demanda *dependiente.* Así, un sistema MRP debería producir las unidades sólo cuando se necesitaran sin stock de seguridad y sin anticipación de órdenes futuras. Cuando el efectuar pedidos frecuentes es económico y se han implementado técnicas de inventario Just-in-time, el lote-por-lote puede ser muy eficiente. Sin embargo, en los casos en los que los costes de preparación son significativos o donde la dirección ha sido incapaz de utilizar JIT, el lote-por-lote puede ser caro. El Ejemplo 3.4 utiliza el criterio lote-por-lote y determina su coste para 10 semanas de demanda.

Lote-por-lote

EJEMPLO 3.4

Speakers Kits, S.A. desea calcular los costes de lanzamiento y almacenamiento del inventario según el criterio de lote-por-lote. Speakers Kits ha determinado que, para el montaje de los altavoces de 12", el coste de preparación es de 100 dólares y el coste de almacenamiento es de 1 dólar por periodo. El programa de producción reflejado en las necesidades netas de conjuntos es el siguiente:

PROBLEMA DE LOTIFICACIÓN MRP: TÉCNICA LOTE-POR-LOTE

		1	2	3	4	5	6	7	8	9	10
Necesidades Brutas		35	30	40	0	10	40	30	0	30	55
Recepciones Programadas											
Disponible	35	0	0	0	0	0	0	0	0	0	0
Necesidades Netas		0	30	40	0	10	40	30	0	30	55
Recepciones de Pedido Planificados			30	40		10	40	30		30	55
Lanzamientos de Pedidos Planificados		30	40		10	40	30		30	55	

Coste de almacenamiento =1dólar/unidad/semana; Coste de preparación = 100; media de las necesidades brutas por semana = 27; lead time = 1 semana

Se muestra la solución de lotificación utilizando la técnica lote-por-lote y su coste. El coste de almacenamiento es cero, pero siete lanzamientos separados dan un coste total de 700 dólares.

La cadena de producción de los camiones de recogida Nissan en Smyrna, Tennessee, tiene poco inventario porque Nissan hace sus programas al límite. En las fábricas de Nissan Motor Company, MRP ayuda a reducir el inventario a estándares de clase mundial. El montaje de automóviles de clase mundial exige que las piezas compradas tenga una rotación de poco más de una vez al día y que la rotación total alcance las 150 veces por año.

CANTIDAD ECONÓMICA DE PEDIDO (LOTE ECONÓMICO). Como ya se trató en el Capítulo 2, EOQ puede ser utilizado como una técnica de lotificación. Pero como indicamos entonces, EOQ es preferible donde existe una demanda independiente relativamente constante, no donde se conoce la demanda. EOQ es una técnica estadística que utiliza medias, normalmente la demanda media de un año, mientras que nuestro procedimiento MRP asume una demanda conocida (dependiente). Los directores de operaciones deberían sacar provecho de esta información, en vez de asumir una demanda constante. EOQ es analizado en el Ejemplo 3.5.

EJEMPLO 3.5

Speakers Kits, S.A., con un coste de preparación de 100$ y un coste de almacenamiento por semana de 1$, analiza su coste con tamaños de lote basados en criterios EOQ. Las necesidades netas y los tamaños del lote utilizando las mismas necesidades que en el Ejemplo 3.4 son las siguientes:

PROBLEMA DE LOTIFICACIÓN MRP: TÉCNICA EOQ

		1	2	3	4	5	6	7	8	9	10
Necesidades Brutas		35	30	40	0	10	40	30	0	30	55
Recepciones Programadas											
Disponibles	35	35	0	43	3	3	66	26	69	69	69
Necesidades Netas		0	30	0	0	7	26	4	0	0	16
Recepciones de Pedido Planificados			73			73		73			73
Lanzamientos de Pedidos Planificados		73			73		73			73	

Coste de almacenamiento =1$/unidad/semana; coste de preparación =100$; media de las necesidades brutas por semana =27; lead time = 1 semana

La necesidad de 10 semanas es igual a 270 unidades; por tanto, la necesidad semanal media es igual a 27 y la de 52 semanas (necesidad anual) es igual a 1.404 unidades. Del Capítulo 2, el modelo EOQ es

$$Q^{\star} = \sqrt{\frac{2DS}{H}}$$

donde D = necesidad anual = 1.404
S = coste de preparación = 100$
H = coste de almacenamiento, en base anual por unidad
= 1$ x 52 semanas = 52$

$$Q^{\star} = 73 \text{ unidades}$$
$$\text{Preparación} = 1.404/73 = 19 \text{ años}$$
$$\text{Coste de almacenamiento} = \frac{73}{2} \times (1\$ \times 52 \text{ semanas}) = 1.898\$$$
$$\text{Preparación + coste de almacenamiento} = 1.900\$ + 1.898 = 3.798\$$$

La solución de EOQ da un coste calculado de 10 semanas de 730[3798$ x (10 semanas/52 semanas) = 730$].

Obsérvese que el coste de almacenamiento actual variará de los 730$ calculados, dependiendo de la tasa de necesidades actuales. De la tabla anterior, podemos ver que en nuestro ejemplo de 10 semanas los costes son realmente de 400$ para cuatro preparaciones, más un coste de almacenamiento de 375 unidades a 1$ por semana para dar un total de 775$. Porque las necesidades son constantes, el coste real calculado era de hecho mayor que el teórico EOQ (730$) y más que el de la regla lote-por-lote (700$). Si hubiera ocurrido alguna rotura de existencias, este coste también debería ser añadido a nuestro actual EOQ de 775$.

El equilibrio de unidades-periodo (Part Period Balancing) (PPB)

Unidad-periodo económica (Economic Part Period) (EPP)

Equilibrio de Unidades-Periodo. **El equilibrio de unidades-periodo (Part Period Balancing) (PPB)** es un método más dinámico para equilibrar los costes de preparación y de almacenamiento.[7] PPB usa información adicional que cambia el tamaño del lote para reflejar las necesidades del siguiente tamaño de lote en el futuro. PPB intenta equilibrar el coste de preparación y de almacenamiento para demandas conocidas. El equilibrio de unidades-periodo desarrolla una **unidad-periodo económica (Economic Part Period) (EPP)**, que es la relación entre el coste de preparación y el de almacenamiento. Para nuestro ejemplo de Speakers Kits, EPP = 100$/1$ = 100 unidades. Por tanto, mantener 100 unidades durante un periodo costaría 100$, exactamente el coste de una instalación. De manera similar, mantener 50 unidades para dos periodos también cuesta 100$ (2 periodos x 1$ x 50 unidades). PPB simplemente añade las necesidades hasta que el número de unidades-periodos se aproxima al EPP, en este caso 100. EL Ejemplo 3.6 muestra la aplicación del equilibrio de unidades-periodos.

EJEMPLO 3.6

Otra vez, Speakers Kits, S.A. calcula los costes asociados a un tamaño de lote usando un coste de preparación de 100$ y un coste de almacenamiento de 1$, sólo esta vez se utiliza el equilibrio de unidades-periodo. Los datos se muestran en la siguiente tabla:

Calculos PBB

Periodos combinados	Prueba de lotificación (Necesidades netas acumuladas)	Unidades periodo	Costes: Preparación		Costes: Almacenamiento		Costes: Total
2	30	0 (40 unid. almacenamiento durante 1 periodo = 40$)					
2, 3	70	40 = 40 × 1 (10 unid. almacenamiento durante 3 periodos = 30$)					
2,3,4	70	40					
2,3,4,5	80	70 = 40 × 1 + 10 × 3	100	+	70	=	170
2,3,4,5,6	120	230 = 40 × 1 + 10 × 3 + 40 × 4					
(Por tanto, combina los periodos del 2 al 5; 70 es lo más próximo que vamos a obtener a nuestro EPP de 100.)							
6	40	0					
6,7	70	30					
6,7,8,	70	30					
6,7,8,9	100	120 = 30 × 1 + 30 × 3	100	+	120	=	220
(Por tanto, combina los periodos del 6 a 9; 120 es lo más próximo que vamos a obtener a nuestro EPP de 100.)							
10	55	0	100	+	0	=	100
			300	+	190	=	490

[7] J. J. De Matteis, "An Economic Lot-Sizing Techique: The Part-Period Algorithms," *IBM Systems Journal*, 7 (1968): 30-38

PROBLEMA DE LOTIFICACIÓN MRP: TÉCNICA PPB

		1	2	3	4	5	6	7	8	9	10
Necesidades Brutas		35	30	40	0	10	40	30	0	30	55
Recepciones Programadas											
Disponibles	35	35	0	50	10	10	0	60	30	30	0
Necesidades Netas		0	30	0	0	0	40	0	0	0	55
Recepciones de Pedido Planificados			80				100				55
Lanzamientos de Pedidos Planificados		80				100				55	

Coste de almacenamiento = 1$/unidad/semana; Coste de preparación = 100$;Media de las necesidades por semana 0 27; lead time = 1 semana.

EPP es 100 (coste de preparación dividido entre coste de almacenamiento = 100$/1$). El primer lote va a cubrir los periodos uno, dos, tres, cuatro y cinco y es de 80.

Los costes totales son 490$, con costes de preparación con un total de 300$ y costes de almacenamiento con un total de 190$.

ALGORITMO WAGNER-WHITIN. El procedimiento Wagner-Whitin es un modelo de programación dinámico que añade cierta complejidad al cálculo del tamaño del lote. Asume un horizonte de tiempo finito más allá del cual no existen necesidades netas adicionales. Sin embargo, da buenos resultados.[8] La técnica rara vez es usada en la práctica, pero esto puede cambiar con un aumento de su conocimiento y la sofisticación del software.

RESUMEN DEL DIMENSIONADO DEL LOTE. En los tres ejemplos de lotificación de los Equipos de Altavoces, encontramos los siguientes costes:

Lote-por-Lote	700$
EOQ	775$
Equilibrio de unidades-periodos	490$

Estos ejemplos no deberían, no obstante, llevar al personal de operaciones a conclusiones precipitadas sobre la técnica del dimensionado del lote preferida. En teoría, nuevos tamaños de lotes deberían calcularse cada vez que hubiera un cambio en el programa o en el tamaño del lote en cualquier lugar de la jerarquía MRP. Pero en la práctica esos cambios causan inestabilidad y nerviosismo al que nos referimos con anterioridad en este capítulo. En consecuencia, esos cambios frecuentes no se llevan a cabo. Esto significa que todos los dimensionados de los lotes son incorrectos porque el sistema de producción no puede responder a cambios frecuentes.

En general, el método lote-por-lote debería ser utilizado en cualquier situación. Lote-por-lote es la meta. Los lotes pueden ser modificados cuando sea necesario para tener en cuenta rechazos en producción, restricciones del proceso (por ejemplo, un proceso de tratamiento térmico puede requerir un lote de un determinado tamaño), o lotes de compra

[8] Véase James M. Fordyce and Francis M. Webster, "The Wagner-Whitin Algorithm Made Simple," *Production and Inventory Management* (Second Quarter 1984): 21-27. . Este artículo proporciona una completa explicación de la técnica de Wagner-Whitin. El algoritmo da un coste de 455 dólares para los datos del ejemplo utilizado.

de materias primas (por ejemplo, una carga de camión de sustancias químicas puede estar disponible sólo en un tamaño de lote). No obstante, debe tenerse cuidado antes de cualquier modificación del tamaño del lote porque la modificación puede causar una deformación sustancial en las verdaderas necesidades de los niveles inferiores en la jerarquía MRP. Donde los costes de preparación son significativos y la demanda es razonablemente estable, el equilibrio de unidades-periodos (PPB), Wagner-Whitin, o incluso EOQ deberían de dar resultados satisfactorios. Una preocupación excesiva en la lotificación produce una falsa precisión debido a la dinámica de MRP. Un correcto tamaño del lote puede determinarse solamente después del hecho, basado en lo que realmente ocurrió en términos de necesidades.[9]

EXTENSIONES EN MRP

En los últimos años se ha visto el desarrollo de numerosas extensiones de MRP. En esta sección revisaremos tres de ellas.

MRP de Bucle Cerrado

La planificación de necesidades de materiales de bucle cerrado implica un sistema MRP que proporciona un *feedback* (realimentación) a la programación del sistema de control de inventario. Específicamente, un **sistema MRP de bucle cerrado** proporciona un *feedback* al plan de la capacidad, al programa de producción, y a la larga, al plan de producción (como se muestra en la Figura 3.6). Prácticamente todos los sistemas comerciales MRP son de bucle cerrado.

Sistema MRP de bucle cerrado

Planificación de la Capacidad

De acuerdo con la definición del MRP de bucle cerrado, se obtiene una retroalimentación (*feedback*) sobre la carga del trabajo de cada centro de trabajo. Los **informes de carga** muestran las necesidades de recursos en un centro de trabajo para hacer frente a todo el trabajo realmente asignado al mismo, todo el trabajo planificado y los pedidos esperados. La Figura 3.7 muestra que la carga inicial del centro de fresado excede a la capacidad en las semanas 4 y 6. Los sistemas MRP de bucle cerrado permiten a los planificadores de la producción mover el trabajo entre los periodos de tiempo para suavizar la carga o, al menos, ajustarla a la capacidad. (Esta es la columna de *capacidad* de la Figura 3.6.) El sistema MRP de bucle cerrado puede entonces volver a programar todos los artículos en el plan de necesidades netas (véase Figura 3.7). Las tácticas para suavizar la carga y minimizar el impacto del *lead time* cambiado son las siguientes:

Informes de carga

1. *Solapamiento* (que coincidan en parte), lo cual reduce el *lead time*, supone mandar las piezas a la segunda operación antes de que el lote entero sea completado en la primera operación.
2. *La división de operaciones* manda el lote a dos máquinas diferentes para la misma operación. Esto trae consigo una preparación adicional, pero da como resultado tiempos más cortos de proceso, porque sólo parte del lote es tratado en cada máquina.

---

[9] Véase discusión por Joseph Orlicky, Material Requeriments Planning (New York: McGraw-Hill, 1975), pp. 136-137, y G. Nandakumar, "Lost-Sizing Techniques in a Multiproduct Multilevel Enviroment," Productin and Inventory Management, 26 (First Quarter 1985): 46-54.

FIGURA 3.6 ■ Planificación de las Necesidades de Material en Bucle Cerrado

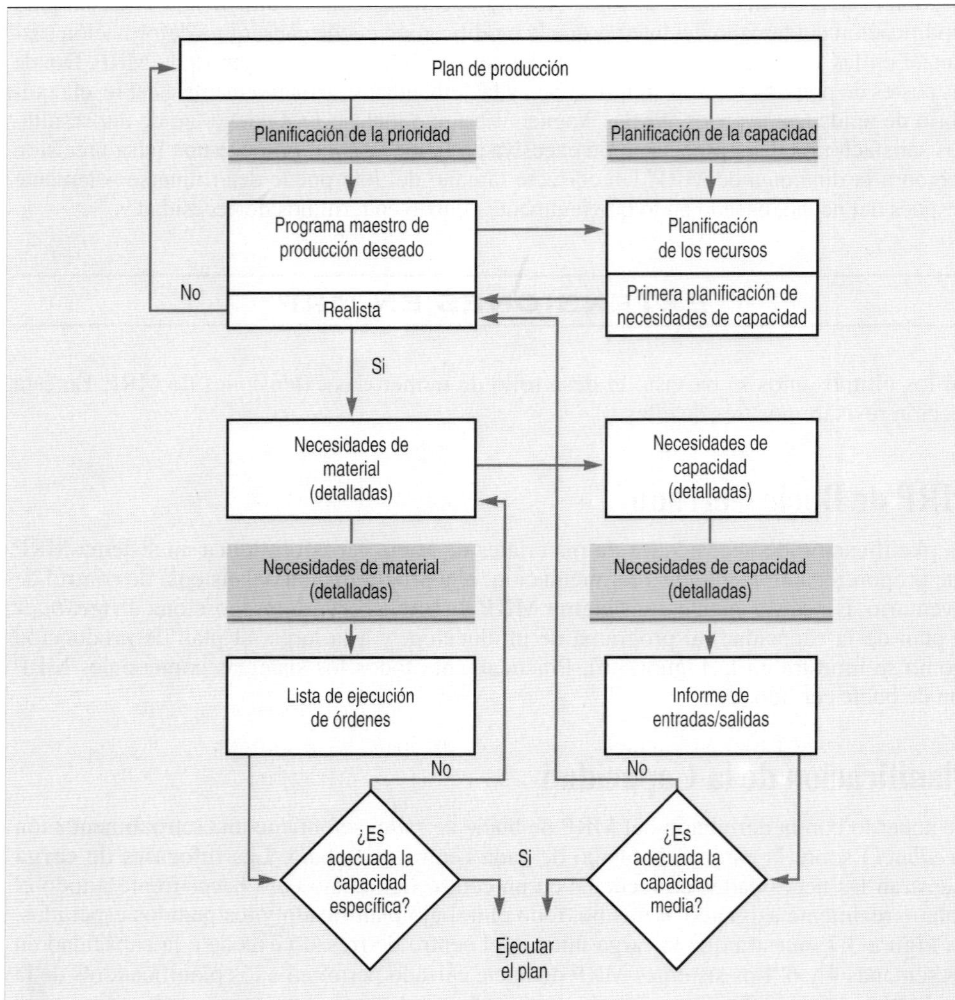

(*Fuente:* Adapted from *Capacity Planning and Control Study Guide*. Falls Church, VA: American Production and Inventory Control Society.)

3. La *división del lote* implica desmenuzar el pedido y llevar a cabo parte de éste por delante del programa.

Cuando la carga de trabajo continuamente sobrepasa la capacidad del centro de trabajo, las tácticas que acabamos de presentar no son las adecuadas. Esto puede significar añadir capacidad. Las opciones de añadir capacidad son a través del personal, la maquinaria, horas extras o subcontratación.

Planificación de las Necesidades de Materiales II (MRP II)

Planificación de las necesidades de materiales II

La **planificación de las necesidades de materiales II** es una técnica muy potente. Una vez que una empresa tiene un MRP en marcha, los datos de inventario pueden ser aumen-

FIGURA 3.7 ■ (a) Perfil Inicial de las Necesidades de Recursos de un Centro de Fresado (b) Perfil Suavizado de las Necesidades de Recursos de un Centro de Fresado

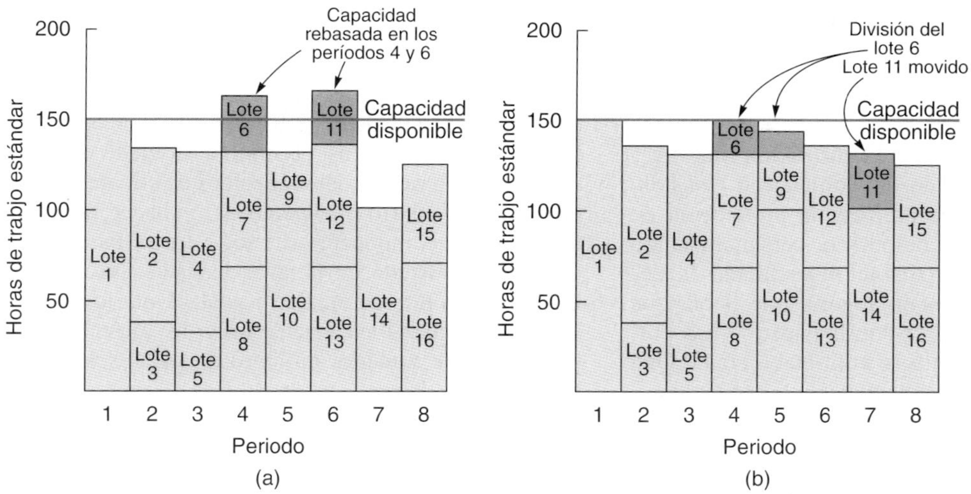

tados con las horas de trabajo, con el coste de materiales (en vez de la cantidad de material), con el coste del capital, o por prácticamente cualquier recurso. Cuando el MRP es usado de esta forma, se denomina normalmente como **MRP II**, y la palabra recurso es sustituida por *necesidades*. MRP representa entonces la planificación de *recursos* de material. **MRP II**

Por ejemplo, hasta ahora en nuestra exposición de MRP, hemos programado unidades (cantidades), pero cada una de estas unidades requiere recursos además de sus componentes. Esos recursos adicionales incluyen horas de mano de obra, horas de maquinaria y cuentas a pagar (al contado). Cada uno de estos recursos puede ser utilizado en un formato MRP de igual forma a como usamos las cantidades. La Tabla 3.4 muestra como determinar las

TABLA 3.4 ■ Planificación de los recursos del material II. Utilizando la lógica de MRP, los recursos tales como la mano de obra, las horas de maquinaria y el coste pueden ser determinados y programados de manera precisa. La demanda semanal de mano de obra, horas de maquinaria y cuentas a pagar de 100 unidades se muestran aquí.

	SEMANA			
	5	6	7	8
A. (*lead time* 1 semana)				100
Mano de Obra: 10 horas cada una				1.000
Maquinaria: 2 horas cada una				200
A Pagar: 0$ cada uno				0
B. (*lead time* 2 semanas, 2 cada una si es necesario)			200	
Mano de Obra: 10 horas cada una			2.000	
Maquinaria: 2 horas cada una			400	
A Pagar: Materias primas a 5$ cada una			1.000	
C. (*lead time* 4 semanas, 3 cada una si es necesario)	300			
Mano de Obra: 10 horas cada una	600			
Maquinaria: 1 horas cada una	300			
A Pagar: Materias primas a 10$ cada una	3.000			

POM EN ACCIÓN

MRP II crea beneficios en Compaq

Cal Monteith, Director de la Planificación Maestra y de Control de Producción de Compaq en Houston, estaba en el proceso de preparar la producción de uno de los modelos de computador personal cuando le dijeron que Compaq había subestimado la demanda. El nuevo programa sugería que había que construir 10.000 PC más. ¿Podría hacerlo? Las preguntas a las que Monteith se enfrentaba eran: ¿Qué partes estaban disponibles y cuáles estaban pedidas? ¿Qué cantidad de mano de obra estaba disponible? ¿Podría la empresa soportar esta producción? ¿Tendrían los vendedores la capacidad? ¿Qué líneas de productos deberían ser programadas de nuevo? Tradicionalmente, acumular esa información requería no sólo informes MRP, sino una variedad de informes adicionales. Incluso entonces la repuesta estaba basada en información parcial.

El nuevo software que incluye una combinación de hojas de cálculo, lenguajes de interrogación y tratamientos de textos, permitió a Monteith examinar enormes bases de datos (pedidos de clientes, pronósticos, inventario y capacidad), y hacer rápidos cálculos. Un componente del software es FastMRP, que está localizado en Ottawa, Canadá. Otro es el Carp Sistems International of Kanata, Ontario. El resultado: Compaq fue capaz de hacer los ajustes en el programa que sumaron millones de dólares a la última línea.

Fuente: New York Times (October 18, 1992): F9; Carp System International; and FastMRP.

FIGURA 3.8 ■ Flujo de Información de MRP integrada con otros sistemas de información.
Nota: las puntas de las flechas indican los flujos de los datos

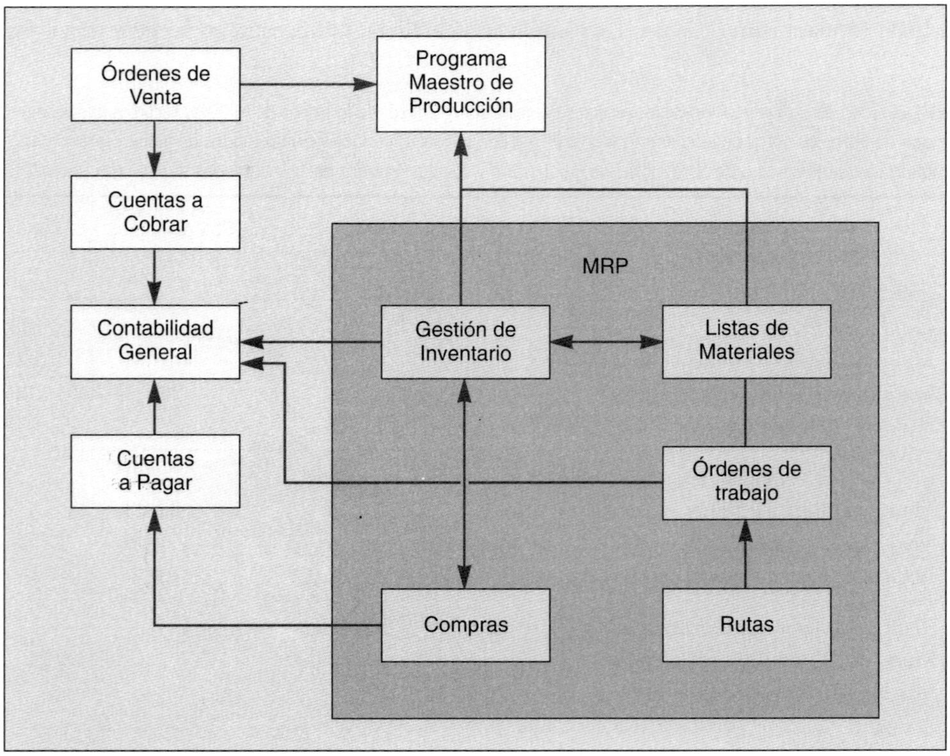

horas de mano de obra, las horas de maquinaria y el dinero que un programa maestro de producción de prueba necesitaría en cada periodo. Estas necesidades son comparadas con la respectiva capacidad (es decir, horas de mano de obra, horas de maquinaria, dinero, y así sucesivamente), de forma que los directores de operaciones pueden hacer programas que funcionarán. El potencial de MRP II, combinado con otra información, es tratado más adelante en el Apartado de *POM en Acción* "MRP II crea beneficios en Compaq".

Además, la mayoría de los programas de computador de MRP II están ligados a otros programas de computador que proporcionan datos al sistema MRP o reciben datos del sistema MRP. La llegada de un pedido, facturación, compras, programación de la producción, planificación de la capacidad y gestión del almacén son unos pocos ejemplos. Un esquema que muestra cómo estas fuentes de datos de una organización manufacturera se enlazan juntas se observa en la Figura 3.8.

FIGURA 3.9 ■ Árbol de la estructura de producto, lista de materiales u lista de trabajo de la carne de ternera picante

(a) ÁRBOL DE LA ESTRUCTURA DEL PRODUCTO

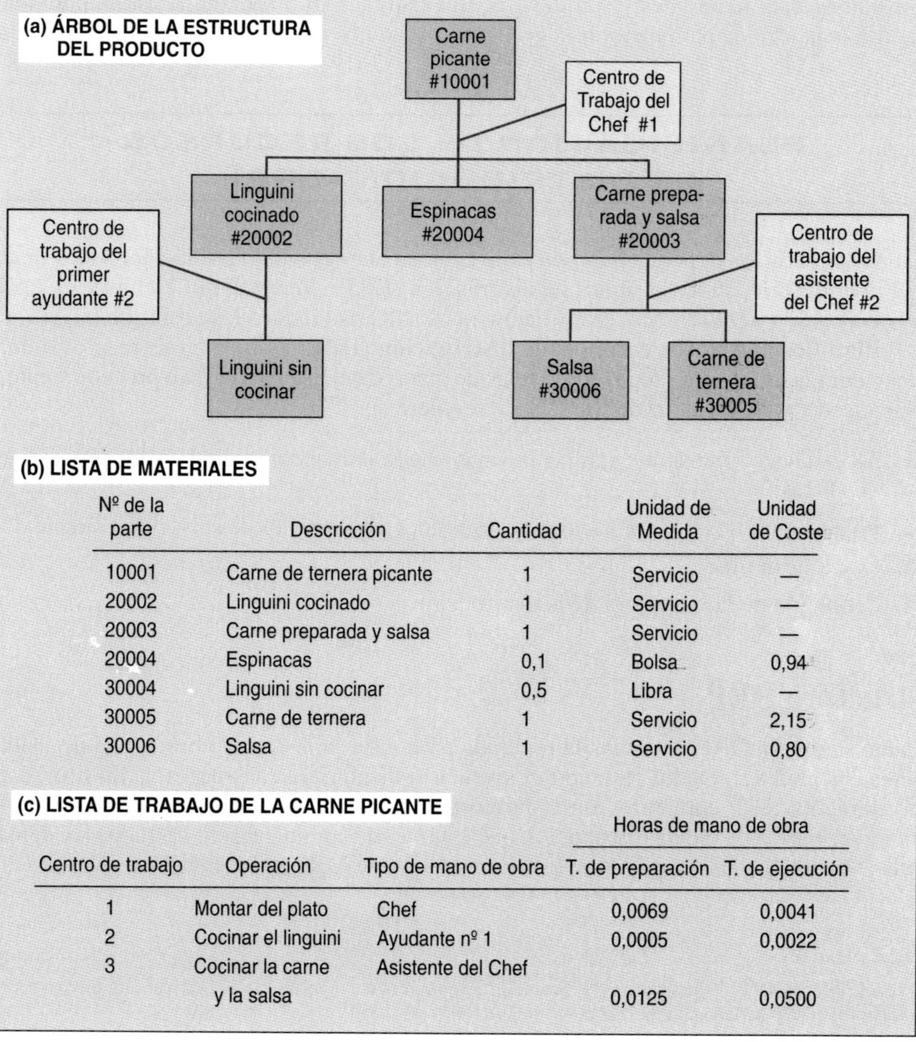

(b) LISTA DE MATERIALES

Nº de la parte	Descricción	Cantidad	Unidad de Medida	Unidad de Coste
10001	Carne de ternera picante	1	Servicio	—
20002	Linguini cocinado	1	Servicio	—
20003	Carne preparada y salsa	1	Servicio	—
20004	Espinacas	0,1	Bolsa	0,94
30004	Linguini sin cocinar	0,5	Libra	—
30005	Carne de ternera	1	Servicio	2,15
30006	Salsa	1	Servicio	0,80

(c) LISTA DE TRABAJO DE LA CARNE PICANTE

Centro de trabajo	Operación	Tipo de mano de obra	Horas de mano de obra: T. de preparación	Horas de mano de obra: T. de ejecución
1	Montar del plato	Chef	0,0069	0,0041
2	Cocinar el linguini	Ayudante nº 1	0,0005	0,0022
3	Cocinar la carne y la salsa	Asistente del Chef	0,0125	0,0500

MRP EN SERVICIOS

La demanda de muchos servicios o artículos de servicios se clasifica como demanda dependiente cuando está directamente relacionada con, o derivada de, la demanda de otros servicios. Por ejemplo, en un restaurante donde el pan y las verduras están incluidas en todas las comidas pedidas, la demanda de pan y verduras es dependiente de la demanda de comidas. La comida es un artículo final y el pan y las verduras sus artículos componentes.

La Figura 3.9 muestra una lista de materiales y además un árbol de la estructura del producto, de la carne de ternera picante muy vendida en un restaurante de Nueva Orleans. Nótese que los diferentes componentes de la carne picante (que son, carne de ternera, salsa y linguini son preparados por diferente personal de cocina (véase la parte (a) de la Figura 3.9). Estas preparaciones también requieren diferentes cantidades de tiempo para completarlas. La Figura 3.9(c) muestra una lista de trabajo del plato de carne. Esta enumera las operaciones que han de realizarse, el orden de las operaciones y las necesidades de mano de obra para cada operación (tipos de mano de obra y horas de trabajo).

MRP también se aplica en hospitales, especialmente cuando se trata de cirugías que necesitan equipo, materiales y suministros. El Hospital Park Plaza de Houston, por ejemplo, utiliza la técnica para mejorar la gestión del caro inventario quirúrgico.[10]

PLANIFICACIÓN DE LOS RECURSOS DE DISTRIBUCIÓN (DRP)

Cuando las técnicas dependientes son utilizadas en entornos de distribución, se les denomina planificación de los recursos de distribución (DRP). Veamos, por ejemplo, el Apartado de *POM en Acción,* "Mover los Pampers más deprisa reduce los costes de todos".

Planificación de los recursos de distribución (DRP)

Planificación de los recursos de distribución (DPR) es un plan de reaprovisionamiento del inventario para todos los niveles de una red de distribución. Su procedimiento y su lógica son análogos a los de MRP. DRP requiere

1. necesidades brutas, que son las mismas que la demanda esperada o los pronósticos de ventas;
2. niveles mínimos de inventario para responder a los niveles de servicio al cliente;
3. exacto lead time;
4. definición de la estructura de la distribución.

Estructura DRP

Cuando se utiliza DRP, la demanda esperada pasa a ser la necesidad bruta. Las necesidades netas son determinadas restando el inventario disponible a las necesidades brutas. El procedimiento DRP comienza con el pronóstico en el nivel de venta al por menor (o el punto más bajo de la red de distribución que está siendo suministrada). En todos los demás niveles se calculan las necesidades. Como en el caso de MRP, el inventario es revisado en-

[10] Véase E. Stemberg, B Khumawala, y R. Scamell, "Requirements Planning in the Health Care Enviroment," Journal of Operations Management, 2, no. 4 (August 1982): 251-259.

POM EN ACCIÓN

Mover los Pampers más deprisa reduce los costes de todos

Los expertos mencionan Procter & Gamble como un importante ejemplo de cómo los fabricantes de artículos y alimentos empaquetados pueden trabajar juntos y formar sociedades con los principales detallistas para reducir los costes en los circuitos de distribución que conectan a los fabricantes con los consumidores.

Reducir los inventarios en ambos grupos, suavizar los programas de producción e identificar rápidamente los problemas de calidad y servicio, son los objetivos de estas sociedades. Lo que están buscando exactamente son idénticos beneficios a los que los cofabricantes y otras compañías industriales han estado cosechando en los últimos años a partir de los acuerdos de entregas just-in-time con los proveedores.

Compañías como Procter & Gamble y Kmart constituyen equipos que mezclan a expertos en proceso de datos, que automatizan los sistemas de pedidos y mantenimiento de datos, representantes de compras y ventas para trabajar conjuntamente.

Para ayudar a Procter & Gamble a evitar repentinos dientes de sierra (aumentos y disminuciones) en los pedidos de, digamos, Pampers, y coordinar los programas de entregas a los almacenes Kmart, los directores logísticos de las compañías comparten información. Para coordinar la introducción del nuevo producto de Procter & Gamble con las campañas promocionales de Kmart, los directores de marketing y finanzas comparten los datos de ventas más recientes en las últimas promociones y los planes a largo plazo.

"Cuando empezamos a pensar en esto, descubrimos unos ahorros potenciales de mil millones de dólares anualmente en los EE.UU para Procter & Gamble y lo mismo, si no más, para nuestros clientes", dijo Lawrence D. Milligan, el vicepresidente encargado de las ventas más antiguo de la compañía.

Fuente: New York Times (July 14, 1991): 15; and Supermarket Bisiness (May 1991): 29-37, 165-166.

tonces con el objetivo de satisfacer la demanda. Así ese stock llegará cuando se necesite, las necesidades netas son desplazadas hacia atrás en el tiempo con el lead time necesario. Un lanzamiento de orden planificado se convierte en la necesidad bruta en el siguiente nivel superior en la cadena de distribución.

Asignación

Sistema de arrastre (pull)

La tradicional red DRP, conocida como un **sistema de arrastre (pull)**, es dirigida desde el nivel más bajo o minorista, encargando más stock. Las asignaciones son realizadas hacia el nivel más inferior desde el stock disponible, después de ser modificadas, para obtener ahorros en el transporte. Estas modificaciones pueden incluir el igualar la cantidad del envío a la carga de un camión o de un palet. El sistema de arrastre tiene tres problemas notables. Primero, las demandas son a menudo deformadas (aumentadas) en los niveles posteriores en la red.[11] Segundo, cada punto de pedido en un nivel ignora las necesidades de reaprovisionamiento de otros puntos del mismo nivel. Tercero, los puntos de pedido también desconocen la situación del stock del punto de suministro.

Sistema de empuje

El sistema alternativo es el sistema de empuje. En el **sistema de empuje**, los pedidos se reciben de las posiciones superiores, pero son evaluadas por el punto de suministro. La evaluación incluye determinar no sólo las necesidades de cada punto demandante, sino también las necesidades totales del sistema y la disponibilidad de existencias en los puntos

[11] Éste es el mismo tipo de respuesta reconocida en *Industrial Dinamics* de Jay Forrester. Forrester observó que pequeños cambios en la demanda en el nivel minorista provocaba variaciones más amplias en el nivel mayorista e incluso mayores desviaciones en el nivel de la fábrica.

de suministro. Un sistema tal, está diseñado para combinar la información de ambos puntos, los de utilización y los de suministro. En teoría, la combinación produce una asignación de existencias mejorada, porque los programas de reaprovisionamiento pueden establecerse basándose a la vez en la disponibilidad y la demanda del sistema.

ALCANZANDO ESTÁNDARES DE CLASE MUNDIAL

Aunque MRP es complejo, mejora la programación y la gestión del inventario. Las empresas de clase mundial lo saben. Han descubierto que los sistemas MRP proporcionan un gran número de beneficios. Entre estos beneficios están (1) una mejor realización de los programas y un mejor servicio al cliente, (2) una mejor utilización de las instalaciones y la mano de obra, (3) una respuesta más rápida a los cambios del mercado, y (4) niveles de inventario reducidos.

Estos beneficios han permitido a las organizaciones de clase mundial elaborar y alcanzar una eficiente planificación. El resultado es un servicio al cliente mejorado que gana pedidos y cuota de mercado. Las empresas de clase mundial usan MRP de una forma proactiva, no sólo para mejorar las entregas a los clientes, sino para obtener materiales de los proveedores. Los programas son compartidos con los proveedores para conseguir una mejor coordinación. El resultado es una mejora en las relaciones con el proveedor que perfeccionan las actividades de compra, desde el precio y la calidad hasta la entrega.

La utilización de las instalaciones y la mano de obra produce mayor productividad y retorno del capital invertido, así como un menor inventario libera capital y espacio para otros usos. La rotación de inventario en algunas empresas de clase mundial alcanza las 150 veces al año. La mejora en la utilización, en las relaciones con proveedores, y en la programación permiten moverse hacia tamaños de lote más pequeños y lead times más cortos. Estas mejoras permiten a su vez una mejor respuesta en el mercado.

Una vez demostradas las capacidades anteriores, los utilizadores de MRP de clase mundial normalmente se convierten en usuarios innovadores de MRP II al programar recursos tales como el desarrollo y prueba de productos.

RESUMEN

La planificación de las necesidades materiales (MRP) es la forma preferida de programar la producción y el inventario cuando la demanda es dependiente. Para que MRP funcione la dirección debe disponer de un programa maestro, de necesidades precisas para todos los componentes, registros exactos de inventario y registros de compra y de precisos lead times. La planificación de los recursos de distribución (DRP) es una técnica de reposición de existencias para las redes de distribución basada en los procedimientos y la lógica de MRP.

La producción a menudo debería ser lote-por-lote en un sistema MRP, y los pedidos de reaprovisionamiento en un sistema DRP deberían ser pequeños y frecuentes, dadas las restricciones de los costes de lanzamiento y de transporte.

MRP y DRP, cuando son implementados correctamente, pueden contribuir de forma importante a la reducción del inventario a la vez que se mejoran los niveles de servicio al cliente. Estas técnicas permiten al director de operaciones programar y aprovisionar las existencias con una base de pedir lo necesario en lugar de, simplemente, una base de pedir en un momento determinado.

TÉRMINOS CLAVE

Planificación de las necesidades de materiales (MRP)
Programa maestro de producción
Notificación de cambio de ingeniería (ECN)
Lista de materiales (BOM)
Listas de módulos
Listas de planificación
Pseudo listas
Número de equipo
Listas fantasma de material
Codificación de nivel inferior
Lead time
Plan de necesidades brutas de materiales
Nerviosismo del sistema
Intervalos de tiempo
Pegging
Decisiones de lotificación
Lote-por-lote
Equilibrio de unidades-periodo (PPB)
Unidad-periodo económica (EPP)
Procedimiento Wagner-Whitin
Sistema MRP de bucle cerrado
Informes de carga
Planificación de las necesidades de materiales II (MRP II)
Planificación de los recursos de distribución (DPR)
Sistema de arrastre
Sistema de empuje

USANDO AB:POM PARA RESOLVER PROBLEMAS DE MRP Y DE LOTIFICACIÓN

Resolviendo los Ejemplos 3.1, 3.2 y 3.3 con AB:POM

Los Programas 3.1 y 3.2 muestran los inputs y outputs, respectivamente, para resolver los Ejemplos 3.1 a 3.3 utilizando AB:POM. Aquí están los inputs utilizados en el Programa 3.1.

1. *Nombre de los artículos.* El nombre de los artículos está introducido en la columna de la izquierda. El mismo nombre del artículo aparecerá en más de una fila si el artículo se utiliza en dos artículos padre. Cada artículo debe seguir a su padre, como se muestra en el Programa 3.1.
2. *Nivel del artículo* (Lvl). El nivel en el BOM dentado debe darse aquí. El artículo no puede situarse más que en un nivel uno por debajo del artículo inmediatamente superior.
3. *Lead time* (ldtm). El lead time de un artículo es introducido aquí. El valor por defecto es 1 semana.
4. *Número* (#per). El número de unidades de este submontaje necesarias para su padre es introducido aquí. Por defecto es 1.
5. *Disponible* (nhnd). Lista una vez el inventario actual que se posee, incluso si el submontaje aparece dos veces.
6. *Tamaño del lote* (Lot). El tamaño del lote puede especificarse aquí. Un 0 ó un 1 significarán un pedido lote-por-lote. Si aparece otro número aquí, entonces todos los pedidos para ese artículo serán múltiplos enteros de ese número.
7. *Demandas* (introducidas en la primera fila). Las demandas se introducen en la fila del artículo final en el periodo en el que los artículos son demandados.
8. *Recepciones programadas.* Si las unidades están programadas para ser recibidas en el futuro, deberían ser listadas en el apropiado periodo de tiempo (columna) y artículo (fila). (Una entrada aquí en el nivel uno es una demanda; todos los demás niveles son recepciones).

PROGRAMA 3.1 ■ Módulo MRP de AB:POM Aplicado a los Ejemplos 3.1, 3.2 y 3.3. El módulo de planificación de las Necesidades de Materiales (MRP) de AB:POM puede utilizarse para realizar un análisis MRP de hasta 18 periodos. La pantalla de datos mostrada es generada indicando el número de líneas en la lista de materiales. En nuestro problema de muestra creamos una BOM con 7 artículos, pero 9 líneas.

Data File: HREX3 ———— Material Requirements Planning ———— Data Screen

Number of BOM lines (1-90) 9 Number of demand periods /1-18) 8

Item	Level	Lead time	#per	On-hand inv	Lot size	pd1	pd2	pd3	pd4	pd5	pd6	pd7	pd8
A	0	1	0	10	0	0	0	0	0	0	0	0	50
B	1	2	2	15	0	0	0	0	0	0	0	0	0
D	2	1	2	10	0	0	0	0	0	0	0	0	0
E	2	2	2	0	0	0	0	0	0	0	0	0	0
C	1	1	3	20	0	0	0	0	0	0	0	0	0
E	2	2	2	10	0	0	0	0	0	0	0	0	0
F	2	3	2	5	0	0	0	0	0	0	0	0	0
G	3	2	1	0	0	0	0	0	0	0	0	0	0
D	3	1	2	0	0	0	0	0	0	0	0	0	0

PROGRAMA 3.2 ■ Solución Impresa del Proceso de MRP con los Datos de los Ejemplos 3.1, 3.2 y 3.3. La solución impresa para los artículos A, B y D en los Ejemplos 3.1, 3.2 y 3.3 es mostrada en esta salida del Programa 3.1. El significado de cada concepto de la columna de la izquierda de la salida impresa está explicado en los siguientes 5 conceptos.

1. *Necesidades totales.* El número total de unidades requeridas durante cada semana está listado en la primera fila. Para el artículo final, la primera columna contiene el programa de demanda que fue introducido en la pantalla de datos (Programa 3.1). Las otras necesidades se calculan.
2. *Disponible.* El número de unidades disponibles aparece listado aquí. La primera cantidad disponible es la de la pantalla de datos y se reduce de acuerdo con las necesidades .
3. *Recepción del pedido.* Aquí se muestra la cantidad que fue programada en la pantalla de datos original.
4. *Necesidades netas.* La cantidad neta requerida es la cantidad necesitada después de utilizar el inventario disponible.
5. *Lanzamiento de un pedido.* El lanzamiento (encargo) de un pedido es la cantidad neta requerida, retrasada en el tiempo por el lead time.

Item A

	Week 1	Week 2	Week 3	Week 4	Week 5	Week 6	Week 7	Week 8
TOT. REQ.	0	0	0	0	0	0	0	50
ON HAND	10	10	10	10	10	10	10	10
ORD REC.	0	0	0	0	0	0	0	0
NET REQ.	0	0	0	0	0	0	0	40
ORD REL.	0	0	0	0	0	0	40	0

Item B

	Week 1	Week 2	Week 3	Week 4	Week 5	Week 6	Week 7	Week 8
TOT. REQ.	0	0	0	0	0	0	80	0
ON HAND	15	15	15	15	15	15	15	0
ORD REC.	0	0	0	0	0	0	0	0
NET REQ.	0	0	0	0	0	0	65	0
ORD REL.	0	0	0	0	65	0	0	0

Item C

	Week 1	Week 2	Week 3	Week 4	Week 5	Week 6	Week 7	Week 8
TOT. REQ.	0	0	390	0	130	0	0	50
ON HAND	10	10	10	0	0	0	0	0
ORD REC.	0	0	0	0	0	0	0	0
NET REQ.	0	0	380	0	130	0	0	0
ORD REL.	0	380	0	130	0	0	0	0

Resolviendo el Ejemplo 3.5 con el módulo de lotificación de AB:POM

El Programa 3.3 muestra el uso de AB:POM para resolver problemas de lotificación.

PROGRAMA 3.3 ■ Resolviendo el Ejemplo 3.5 con el Módulo de Lotificación de AB:POM. La pantalla de datos para la lotificación comienza por indicar el número de periodos sobre los que la lotificación va a realizarse. En este ejemplo usamos 10 periodos.

El módulo del lotificación realizará una lotificación para minimizar el total de costes de almacenamiento y preparación cuando las demandas en cada periodo no son iguales. Usted puede introducir su propio programa de órdenes, o utilizar la *cantidad de pedido económica(EOQ), lote-por-lote, equilibrio de unidades-periodo* o *Wagner-Whitin*. Utilice el menú para seleccionar la opción deseada.

Data File: hrex5 Sizing, Lot Solution

Number of time periods (1–98) 10

METHOD -> Economic Order Quantity

Total cost = $775.00

EOQ = 73

Holding cost	1.00
Setup cost	100.00
Initial inventory	35.00
Lead time	1

Period	Demand	Release	Receipt	Inventory	Holding $	Setup $
Period 1	35	73	0	0	0.00	
Period 2	30	0	73	43	43.00	100.00
Period 3	40	0	0	3	3.00	
Period 4	0	73	0	3	3.00	
Period 5	10	0	73	66	66.00	100.00
Period 6	40	73	0	26	26.00	
Period 7	30	0	73	69	69.00	100.00
Period 8	0	0	0	69	69.00	
Period 9	30	73	0	39	39.00	
Period 10	55	0	73	57	57.00	100.00
Totals	270	292	292	375	$375.00	$400.00

PROBLEMAS RESUELTOS

Problema resuelto 3.1

Determinar la codificación de nivel inferior y la cantidad necesaria de cada componente para producir 10 unidades de un conjunto que llamaremos Alpha. La estructura del producto y las cantidades necesarias de cada componente para cada conjunto están anotadas entre paréntesis.

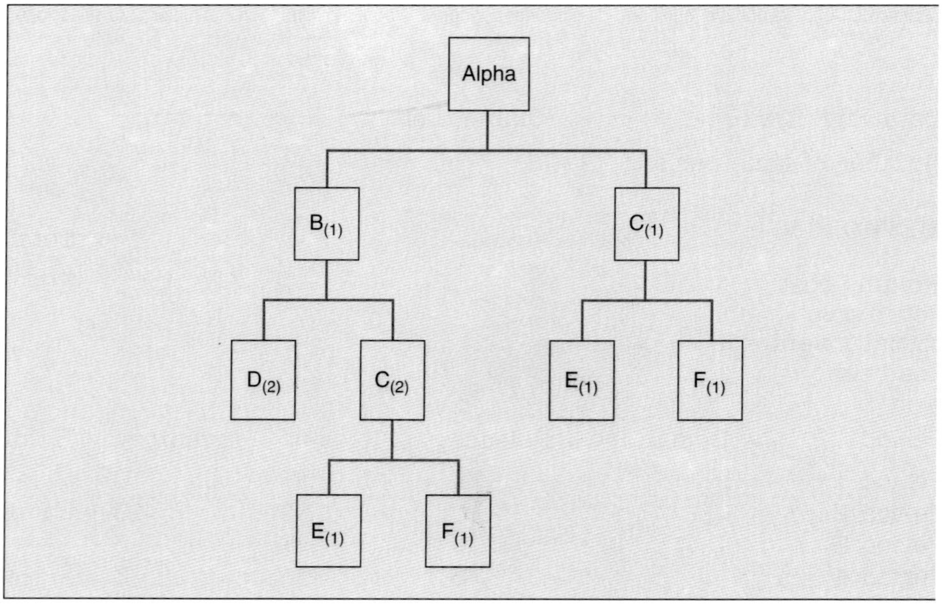

Solución

Volver a dibujar la estructura del producto con la codificación de nivel inferior. Entonces multiplicar hacia abajo en la estructura (en vertical) hasta que se determinen las necesidades en cada rama. Después sumar a través de la estructura hasta que se determine el total de cada uno.

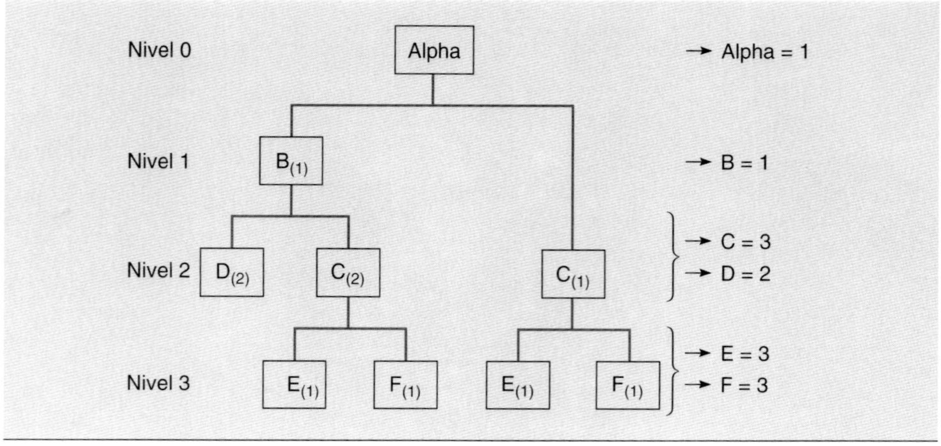

E´s necesitados en la rama de la izquierda:

$$(1_{\text{alpha}} \times 1_B \times 2_C \times 1_E) = 2$$

y E´s necesitados en la rama de la derecha:

$$(1_{\text{alpha}} \times 1_C \times 1_E) = \underline{1}$$

3 E´s necesitados

Entonces "explota" las necesidades multiplicando cada una por 10, como se muestra en la siguiente tabla.

NIVEL	ARTÍCULO	CANTIDAD POR UNIDAD	NECESIDADES TOTALES PARA 10 ALPHA
0	Alpha	1	10
1	B	1	10
2	C	3	30
2	D	2	20
3	E	3	30
3	F	3	30

Problema resuelto 3.2

Utilizando la estructura de producto de Alpha del Problema Resuelto 3.1, y los lead times, el stock disponible y el programa maestro de producción mostrado más abajo, preparar una tabla de MRP para los Alphas.

ARTÍCULO	TIME	CANTIDAD DISPONIBLE
Alpha	1	10
B	2	20
C	3	0
D	1	100
E	1	10
F	1	50

PROGRAMA MAESTRO DE PRODUCCIÓN DE ALPHA

PERIODO	6	7	8	9	10	11	12	13
Necesidades Brutas			50			50		100

Solución
Véase el cuadro de la página siguiente.

Hoja de las necesidades netas de materiales de Alpha. *Nota:* La letra entre paréntesis es la procedencia de la demanda.

Tamaño del lote	Lead Time (nº de periodos)	Disponible	Stock de seguridad	Asignado	Código de nivel inferior	Código de artículo			Periodo (semana, día) 1	2	3	4	5	6	7	8	9	10	11	12	13
Lote por Lote	1	10	—	—	0	Alpha	Necesidades Brutas									50			50		100
							Recepciones Programadas														
							Disponible Proyectado	10								10			—		—
							Necesidades Netas									40			50		100
							Recepciones de Pedidos Planif.														
							Lanzamiento de Pedidos Planif.								40			50		100	
Lote por Lote	2	20	—	—	1	B	Necesidades Brutas								40(A)			50(A)		100(A)	
							Recepciones Programadas														
							Disponible Proyectado	20							20			—		—	
							Necesidades Netas								20			50		100	
							Recepciones de Pedidos Planif.								20			50		100	
							Lanzamiento de Pedidos Planif.						20			50		100			
Lote por Lote	3	0	—	—	2	C	Necesidades Brutas						40(B)		40(B)	100(B)		200(B) + 50(A)		100(A)	
							Recepciones Programadas														
							Disponible Proyectado	0					—			—		—		—	
							Necesidades Netas						40		40	100		250		100	
							Recepciones de Pedidos Planif.						40		40	100		250		100	
							Lanzamiento de Pedidos Planif.			40		40	100		250		100				
Lote por Lote	1	100	—	—	2	D	Necesidades Brutas						40(B)			100(B)		200(B)			
							Recepciones Programadas														
							Disponible Proyectado	100					100			60		—			
							Necesidades Netas						0			40		200			
							Recepciones de Pedidos Planif.						0			40		200			
							Lanzamiento de Pedidos Planif.					0			40		200				
Lote por Lote	1	10	—	—	3	E	Necesidades Brutas			40(C)		40(C)	100(C)		250(C)		100(C)				
							Recepciones Programadas														
							Disponible Proyectado	10		10		—	—		—		—				
							Necesidades Netas			30		40	100		250		100				
							Recepciones de Pedidos Planif.			30		40	100		250		100				
							Lanzamiento de Pedidos Planif.		30		40	100		250		100					
Lote por Lote	1	50	—	—	3	F	Necesidades Brutas			40(C)		40(C)	100(C)		250(C)		100(C)				
							Recepciones Programadas														
							Disponible Proyectado	50		50		10	—		—		—				
							Necesidades Netas			30		30	100		250		100				
							Recepciones de Pedidos Planif.					30	100		250		100				
							Lanzamiento de Pedidos Planif.		—		30	100		250		100					

PREGUNTA DE DISCUSIÓN

1. ¿Cuál es la diferencia entre un plan de necesidades brutas y un plan de necesidades netas?
2. Una vez que ha sido establecido un plan de necesidades de material (MRP), ¿qué otras aplicaciones de gestión podrían descubrirse para la técnica?
3. ¿Cuáles son las similitudes entre MRP y DRP?
4. ¿Qué hace diferente a MRP II de MRP?
5. ¿Cuál es la mejor política de lotificación para las organizaciones manufactureras?
6. ¿Qué impacto tiene en los tamaños de los lotes ignorar el coste de transporte en la asignación de existencias en un sistema DRP?
7. ¿Qué queremos decir con bucle cerrado de MRP?
8. ¿Cuáles son las opciones de un planificador de la producción que tiene (a) para la próxima semana una carga de trabajo programada superior a la capacidad de un centro de trabajo y (b) una continua falta de capacidad en ese centro de trabajo?
9. ¿Qué tipos de recursos podrían ser programados a través de una MRP II?
10. ¿A qué funciones de la empresa impacta un sistema MRP? ¿Cómo?
11. ¿Cuál es la razón de ser de (a) una lista de materiales fantasma, (b) una lista de materiales de planificación, y (c) una pseudo lista de materiales?
12. Identificar cinco necesidades específicas de un sistema MRP eficaz.
13. ¿Cuáles son algunos de los beneficios de MRP?

EJERCICIO DE RAZONAMIENTO CRÍTICO

La misma estructura de los sistemas MRP sugiere lead times fijos. Sin embargo, muchas empresas se están dirigiendo hacia las técnicas JIT y Kanban. ¿Cuáles son los resultados y el impacto de añadir las técnicas de inventario y de compra JIT y Kanban a una organización que tiene MRP?

PROBLEMAS

• **3.1** La estructura de producto para un producto que hacemos, llamado Alpha, se muestra más abajo. Necesitamos 10 unidades de Alpha para la semana 6. Para cada Alpha son necesarias tres unidades de D y dos unidades de F. El lead time de Alpha es una semana. No tenemos ninguna unidad de Alpha, D o F disponible. El lead time de D es una semana y el de F son 2 semanas. Utilizando el formato que se presenta más abajo, preparar un plan de las necesidades brutas y netas de material para Alpha. (*Consejo:* Para éste y otros problemas de este capítulo, una copia del cuadro de la página siguiente puede ser muy útil).

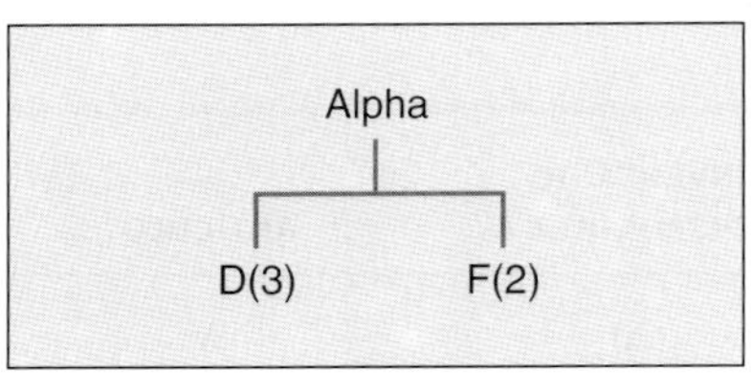

: **3.2** La demanda del submontaje S es 100 unidades en la semana 7. Cada unidad de S necesita una unidad de T y 0,5 unidades de U. Cada unidad de T necesita una unidad de V, dos unidades de W y una unidad de X. Finalmente, cada unidad de U necesita 0,5 unidades de Y y tres unidades de Z. Una empresa fabrica todos los artículos. Le lleva dos semanas hacer S; 1 semana hacer ; 2 semanas, U; 2 semanas, V; 3 semanas, W; 1 semana, X; 2 semanas, Y y 1 semana, Z.

Tamaño del lote	Lead Time (nº de periodos)	Dispo-nible	Stock de seguridad	Asig-nado	Código de nivel inferior	Código de articulo		Periodo (semana,día)							
								1	2	3	4	5	6	7	8
							Necesidades brutas								
							Recepciones Programadas								
							Disponible Proyectable								
							Necesidades Netas								
							Recepciones de Pedidos Planif.								
							Lanzamiento de Pedidos Planif.								
							Necesidades brutas								
							Recepciones Programadas								
							Disponible Proyectable								
							Necesidades Netas								
							Recepciones de Pedidos Planif.								
							Lanzamiento de Pedidos Planif.								
							Necesidades brutas								
							Recepciones Programadas								
							Disponible Proyectable								
							Necesidades Netas								
							Recepciones de Pedidos Planif.								
							Lanzamiento de Pedidos Planif.								
							Necesidades brutas								
							Recepciones Programadas								
							Disponible Proyectable								
							Necesidades Netas								
							Recepciones de Pedidos Planif.								
							Lanzamiento de Pedidos Planif.								
							Necesidades brutas								
							Recepciones Programadas								
							Disponible Proyectable								
							Necesidades Netas								
							Recepciones de Pedidos Planif.								
							Lanzamiento de Pedidos Planif.								

a) Construya una estructura del producto y un plan de las necesidades brutas de material para los artículos de inventario dependiente. Identificar todos los niveles, padres y componentes.

b) Construya un plan de la necesidades netas de material a partir de la estructura del producto y el siguiente inventario disponible:

ARTÍCULO	INVENTARIO DISPONIBLE	ARTÍCULO	INVENTARIO DISPONIBLE
S	20	W	30
T	20	X	25
U	10	Y	15
V	30	Z	10

: **3.3** Además de las 100 unidades de S (por el Problema 3.2), existe también una demanda de 20 unidades de U, que es un componente de S. Las 20 unidades son necesarias para propósitos de mantenimiento. Estas unidades son necesarias una semana antes que S, en la semana 6. Modificar el plan de necesidades brutas y netas de material para reflejar este cambio.

3.4 Dada la siguiente lista de materiales, programa maestro de producción y estado del inventario, desarrollar : (a) un plan de las necesidades brutas para todos los artículos y (b) de las necesidades netas de materiales (lanzamiento de pedidos planificados) para todos los artículos.

PROGRAMA MAESTRO DE PRODUCCIÓN: X1

PERIODO	7	8	9	10	11	12
Necesidades Brutas		50		20		100

ARTÍCULO	LEAD TIME	DISPONIBLE	ARTÍCULO	LEAD TIME	DISPONIBLE
X1	1	50	C	3	10
B1	2	20	D	1	0
B2	2	20	E	1	0
A1	1	5			

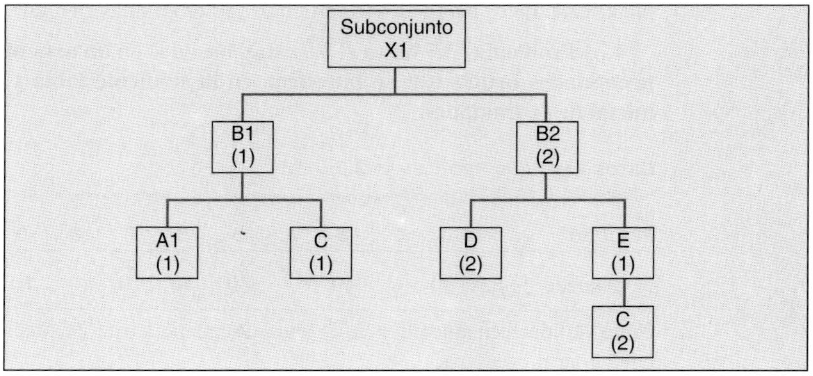

Los Problemas 3.5 y 3.6 utilizan los datos que se muestran más abajo y al principio de la siguiente hoja.

DATOS PARA LOS PROBLEMAS 3.5 Y 3.6

PERIODO	8	9	10	11	12
Necesidades Brutas: A	100		50		150
Necesidades Brutas: B		100		50	

DATOS PARA LOS PROBLEMAS 3.5 Y 3.6 (CONTINUACIÓN)

ARTÍCULO	DISPONIBLE	LEAD TIME	ARTÍCULO	DISPONIBLE	LEAD TIME
A	0	1	F	75	2
B	100	2	G	75	1
C	50	2	H	0	1
D	50	1	J	100	2
E	75	2	K	100	2

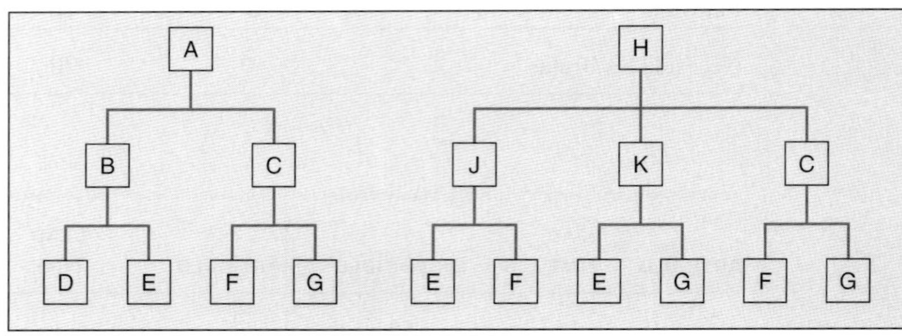

3.5 Dados la lista de materiales, el programa maestro de producción y el estado del inventario que se muestra arriba, desarrollar (a) un plan de las necesidades brutas para C y (b) un lanzamiento de pedidos planificados para C.

3.6 Basado en los datos anteriores, complete un programa de lanzamiento de pedidos planificado netos para todos los artículos (10 programas en total).

Los Problemas 3.7 hasta el 3.9 están basados en un artículo que tiene las necesidades brutas que se muestran en la siguiente tabla y un inventario inicial de 40 unidades.

DATOS PARA LOS PROBLEMAS 3.7 Y 3.9

PERIODO	1	2	3	4	5	6	7	8	9	10	11	12
Necesidades brutas:	30		40		30	70	20		10	80		50

Coste de almacenamiento = 2,50 $/unid./semana; Coste de preparación = 150$; Lead time = 1 semana.

3.7 Desarrolle una solución lote-por-lote y calcule los costes totales relevantes.

3.8 **a)** Desarrolle una solución EOQ y calcule los costes totales relevantes. Los costes de una rotura de existencias son 10$ la unidad.

b) Resuelva el apartado (a) con lead time = 0.

3.9 **a)** Desarrolle una solución PPB y calcule los costes totales relevantes.

b) Resuelva el apartado (a) con *lead time* = 0.

3.10 Keebock, fabricante de excelentes zapatillas de deporte, mantiene las suelas de las zapatillas de carrera de la talla 13 en inventario a un coste de 0,25$ por unidad y periodo. Los costes de preparación son 50$. El inventario al comienzo es cero y el lead time es una semana; el coste de una rotura de existencias es de 5$ por unidad. En la tabla siguiente se muestran las necesidades netas por periodo.

DATOS DEL PROBLEMAS 3.10

PERIODO	0	1	2	3	4	5	6	7	8	9	10
Necesidades netas:		35	30	45	0	10	40	30	0	30	55

Determine el coste de Keebock basado en :

a) EOQ

b) Lote-por-lote

c) Equilibrio de unidades-periodo (PPB)

Los Problemas 3.11 hasta 3.14 están basados en los datos mostrados en la tabla que sigue. El artículo *padre* tiene un lead time de una semana, y se aplica la regla del lote-por-lote. El primer inventario es de 20 unidades. El artículo *padre* tiene un *componente* cuyo *lead time* es también 1 semana y cuyo inventario inicial es 30 unidades. A nivel de *componente,* la producción tiene lugar en tamaños de lote que cubren tres periodos de necesidades netas.

DATOS PARA LOS PROBLEMAS 3.11 Y 3.14

PERIODO	1	2	3	4	5	6	7	8	9	10
Necesidades brutas	0	40	30	40	10	70	40	10	30	60

3.11 Desarrolle las tablas de MRP del *padre* y del *componente.*

3.12 A nivel del *padre,* se cancelan las necesidades brutas del periodo 2. Desarrolle las tablas netas de MRP del *padre* y del *componente* para ver el efecto neto de esta cancelación.

3.13 Con las necesidades brutas canceladas a nivel del *padre* durante el periodo 2. ¿Cuál es el efecto en la cantidad del inventario, costes de preparación y costes de almacenamiento?

3.14 A nivel de *componente,* hay suficiente capacidad para producir 75 unidades en el periodo 1. Las necesidades brutas a nivel del *padre* aumentan de 40 a 50 unidades en el periodo 2. ¿Qué problema aparece? ¿Qué solución recomendaría?

3.15 Una estructura de producto, el lead times (semanas), y las cantidades disponibles del producto A son mostradas en los datos de los problemas 3.15, 3.16 y 3.17.

A partir de la información dada, crear:

a) una lista de materiales dentada del producto A.

b) una lista de materiales mostrando la cantidad necesaria de cada parte para producir A.

c) una lista de materiales "explosionada" mostrando la cantidad necesaria de cada parte para producir diez A's.

DATOS PARA LOS PROBLEMAS 3.15, 3.16, 3.17 Y APLICACIÓN DE LA BASE DE DATOS 3.19

PARTE	INVENTARIO DISPONIBLE
A	0
B	2
C	10
D	5
E	4
F	5
G	1
H	10

ÁRBOL DE ESTRUCTURA DE PARTES

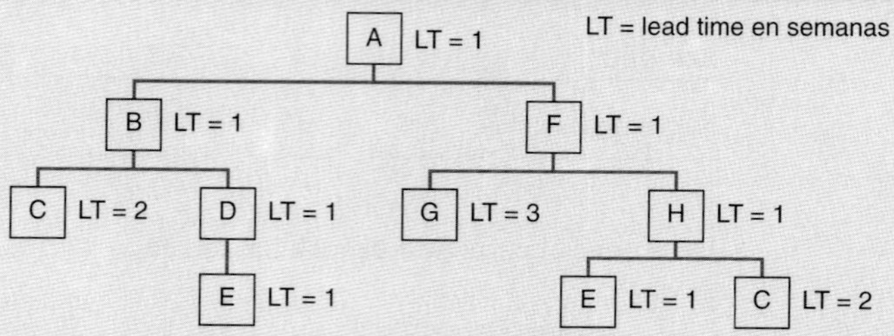

d) las necesidades netas de cada parte para producir diez A's en la semana 8 utilizando lote-por-lote.

(*Consejo:* El AB:POM puede ayudar en los apartados (b) y (c), pero no produce un resultado distinto al del formato MRP.)

3.16 Usted es el planificador de productos del producto A (en el Problema 3.15). El director de servicio de postventa, Al Trostel, le acaba de comunicar que las necesidades de B y F deberían ser incrementadas cada una en 10 unidades para las necesidades de reparación postventa.

a) Preparar una lista de materiales "explosionada" mostrando la cantidad de cada parte requerida para producir las necesidades del director de servicio y la petición de producción de 10.

b) ¿Cuáles son las necesidades netas (es decir, la lista de materiales "explosionada" menos el inventario disponible)?

c) Preparar un plan de necesidades netas con fechas para las nuevas necesidades (para la producción y el servicio postventa), asumiendo que el director del servicio post venta quiere sus 10 unidades en la semana 6 y las 10 unidades de producción se deben todavía para la semana 8.

3.17 Acaban de notificarle a través de un fax que el *lead time* del componente G del producto A, (Problema 3.16) ha aumentado a 4 semanas.

a) ¿Qué artículos han cambiado y por qué?

b) ¿Cuáles son las implicaciones para el plan de producción?

c) Cómo planificador de producción, ¿Qué puede hacer?

3.18 Como director de operaciones, usted ha instalado recientemente un sistema de planificación de las necesidades de distribución (DRP). La compañía tiene almacén en la Costa Este y en la Costa Oeste, así como un importante almacén de fábrica en Omaha, Nebraska. Acaba de recibir los pedidos para el siguiente periodo de planificación de los directores de los tres almacenes. Sus informes se muestran a continuación. El lead time para los dos almacenes de las costas es 2 semanas y hay un lead time de 1 semana para traer material al almacén de la fábrica. Los envíos se hacen en camiones de 100 unidades cada uno. No hay inventario inicial en el sistema. La empresa está teniendo problemas en la

DATOS DEL ALMACÉN DE LA COSTE ESTE

PERIODO	1	2	3	4	5	6	7	8	9	10	11	12
Necesidades previstas			40	100	80	70	20	25	70	80	30	50

Lead time = 2 semanas

DATOS DEL ALMACÉN DE LA COSTA OESTE

PERIODO	1	2	3	4	5	6	7	8	9	10
Necesidades previstas		30	45	60	70	40	80	70	80	55

Lead time = 2 semanas

DATOS DEL ALMACÉN DE LA FÁBRICA

PERIODO	1	2	3	4	5	6	7	8	9	10
Necesidades previstas			30	40	10	70	40	10	30	60

Lead time = 1 semana

establecimiento del nivel de necesidades de trabajo de material y además tiene un tamaño de lote de múltiplos de 100.

a) Mostrar el plan de recepciones de pedidos desde la fábrica.

b) Si la fábrica necesita dos semanas para producir la mercancía, ¿cuándo deben lanzarse los pedidos a la fábrica?

APLICACIÓN DE BASE DE DATOS

3.19 El director del almacén, Yamil Bermudez, llega a su mesa nada más terminar usted de calcular el plan de necesidades netas del producto A (usar los datos del Problema 3.15), gritando que el conteo cíclico debía quemarse. Parece que el conteo estaba equivocado; hay tres A's disponibles, no cero como mostraban los datos originales; además también tenemos cinco E's disponibles. Por aquel entonces, su jefe, Sam Melnyk, que oyó por casualidad la discusión, dice, "Podrías extender también el plan de las necesidades netas hasta 16 semanas, porque acabamos de recibir un pedido de 10 A's más para la semana 12 y cinco más para la semana 15. Además, cuenta con que el departamento de servicio postventa quiere tres B's más en la semana 16, así como esas 10 unidades de la semana 8." Usted decide utilizar los lead times del Problema 3.15, pero el artículo G tiene ahora un lead time de 4 semanas.

Ahora debe preparar un nuevo plan de las necesidades netas, basado en el inventario actual (como le han informado) y el nuevo programa. Su tarea es hacer eso.

CASO DE ESTUDIO

Servicio, S.A.

Servicio, S.A. es un distribuidor de recambios de automóviles. Sin ninguna capacidad de fabricación, todos los productos que vende son comprados, montados y empaquetados de nuevo. Servicio, S.A. tiene un amplio inventario e instalaciones de montaje final. Entre sus productos están carburadores y equipos de ignición de marca propia. La compañía ha estado pasando por serias dificultades en los dos últimos años. Primero, los beneficios han bajado considerablemente. Segundo, los niveles de servicio al cliente han decaído, con entregas retrasadas sobrepasando el 25% de los pedidos. Tercero, las devoluciones de los clientes han aumentado hasta un porcentaje del 3% mensual.

Bob Hass, vicepresidente de ventas, dice que la mayor parte del problema está en el departamento de montaje. Dice que no se está produciendo el mix apropiado de producto, que tienen un pobre control de calidad, que su productividad ha bajado y sus costes son demasiado altos.

Dick Houser, el tesorero, cree que los problemas han llegado debido a la inversión en inventarios equivocados. Piensa que el departamento comercial tiene demasiadas opciones y productos. Dick piensa también que los compradores del departamento de compra han estado protegiendo sus inventarios y necesidades con excesivos compromisos de compra.

John Burnham, el director de montaje, dice: "El inconveniente es que tenemos muchas partes en inventario, pero no las que necesitamos para montarlas en el programa de producción". John hizo un comentario adicional, "Cuando tenemos la parte correcta, no es muy buena, pero la utilizamos igual para cumplir al programa."

Freddy Fearon, director de compras, ha adoptado la postura de que compras no ha hecho caer a Servicio, S.A. Él continuó con sus antiguos proveedores, utilizando datos históricos para determinar las necesidades, manteniendo lo que él veía como excelentes precios de los distribuidores y evaluando nuevas fuentes de suministro con el objetivo de bajar los costes. Donde fue posible, Freddy reaccionó al aumento de presión para conseguir beneficios enfatizando el bajo coste y el rápido envío.

Vd. es el Presidente de Servicio, S.A. y debe llevar de nuevo a la empresa hacia una mejora de beneficios.

PREGUNTAS DE DISCUSIÓN

1. Identificar los síntomas y los problemas de Servicio S.A.
2. ¿Qué cambios específicos llevaría a cabo?

BIBLIOGRAFÍA

Akinc, U. "A Practical Approach to Lot and Setup Scheduling at a Textile Firm." *Industrial Engineering Research & Development*, 25, no. 2 (March 1993): 54–64.

Bookbinder, J. H., and L. A. Kotch. "Production Planning for Mixed Assembly/Arborescent Syxtems." *Journal of Operations Managament*, 9, no. 1 (1990): 7–23.

Brown, R. G. *Advanced Service Parts Inventory Control.* Norwich, VT: Materials Management Systems, 1982.

Brucker, H. D., G. A. Flowers, and R. D. Peck. "MRP Shop–Floor Control in a Job Shop: Definitely Works." *Production and Inventory Management Journal*, 33, no. 2(Second Quarter 1992): 43.

Campbell, G. M. "Master Productions Scheduling Under Rolling Planning Horizons with Fixed Order Intervals" *Decision Sciences*, 23, no. 2 (March/April 1992): 312

Davis, S. G. "Scheduling Economic Lot Size Production Runs." *Management Science*, 36, no. 8 (August 1990):985–998.

Deleersnyder, J., T. J. Hodgson, R. E. King, P. J. O´Grady, and A. Savva. "Integrating Kanban Type Pull Systems and MRP Type Push Systems: Insight from a Markovian Model." *Industrial Engineering Research & Development*, 24, no. 3 (July 1992): 43.

Ding, F., and M. Yuen. "A Modified MRP for a Production System with the Coexistence of MRP and Kanbans." *Journal of Operations Management*, 10, no. 2 (April 1991): 267–277.

Dolinsky, L. R., T. E. Vollmann, and M. J. Maggard. "Adjusting Replenishment Orders to Reflect Learning in a Material Requirements Planning Environment." *Management Science*, 36 (December 1990):1.532–1.547.

El–Najdawi, M. K., and P. R. Kleindorfer. "Common Cycle Lot-Size Scheduling for Multi–product, Multi–stage Production." *Management Science*, 39, no. 7 (July 1993): 872–885.

Freeland, J. R., J. P. Leschkle, and E. N. Weiss "Guideliness for Setup Cost Reduction Programs to Achieve Zero Inventory." *Journal of Operations Management*, 9 (January 1990): 85.

Gardiner, S. C., and J. H. Blackstone, Jr "The Effects of Lot Sizing and Dispatching on Customer Service in an MRP Enviroment." *Journal of Operations Management*, 11, no. 2 (June 1993): 143–160.

Haddock, J., and D. E. Hubicki. "Which Lot-Sizing Techniques Are Used in Material Requirements Plannings?" *Production and Inventory Management*, 30 (Third Quarter 1989): 57.

Hopp, W. J., M. L. Spearman, and I Duenyas "Economic Production Quotas for Pull Manufacturing Systems." *Industrial Engineering Research & Development*, 25, no. 2 (March 1993): 71–79.

Jacobs, F. R., and D. C. Whybarck. "A Comparasion of Reorder Point and Material Requirements Planning Inventory Control Logic." *Decision Sciences*, 23, no. 2 (March/April 1992): 332.

Ledbetter, M. E., C. A. Snyder, and S. C. Gardiner. "Work–in–Process Inventory Control for Repetitive Manufacturing in an MRP Environment: A Case Study." *Production and Inventory Management Journal*, 34, no. 2 (Second Quarter 1993): 48–52.

Martin, A. J. DRP: *Distribution Resource Planning*. Englewood Cliffs, NJ: Prentice Hall, 1983.

Meckler, V. A. "Setup Cost Reduction in the Dynamic Lot-Size Model." *Journal of Operations Management*, 11, no. 1 (March 1993): 35–44.

St. Johns, R. "The Evils of Lot Sizing in MRP. "*Production and Inventory Management*, 25 (Fourth Quarter 1984): 75–85.

Sridharan, V., and R. Lawrance LaForge. "Freezing the Master Production Schedule: Implications for Customer Service." *Decision Sciences*, 25, no. 3 (May/June 1994): 461–469.

Sum, C., D. O. Png, and K. Yang. "Effects of Product Structure Complexity on Multi–level Lot Sizing." *Decision Sciences*, 24, no. 6 (November/December 1993): 1.135–1.156.

Wagner, H. M., and T. M. Whitin. "Dynamic Version of the Economic Lot Size Model." *Management Science*, 5, no. 1 (1958): 89–96.

Zhao, X., and T. S. Lee. "Freezing the Master Production Schedule for Material Requirements Planning Systems under Demand Uncertainty." *Journal of Operations Managements*, 11, no. 2 (June 1993): 185–206.

4

Planificación Agregada

CONTENIDO DEL CAPÍTULO

PERFIL DE CLASE MUNDIAL: ANHEUSER–BUSCH

EL PROCESO DE PLANIFICACIÓN

LA NATURALEZA DE LA PLANIFICACIÓN AGREGADA

ESTRATEGIAS DE LA PLANIFICACIÓN AGREGADA
- Opciones de Capacidad
- Opciones de Demanda
- Opciones Mixtas para desarrollar un plan
- Programación nivelada

MÉTODOS PARA LA PLANIFICACIÓN AGREGADA
- Métodos de Gráficos y Tablas
- Métodos Matemáticos para Planificación
- Comparación de los Métodos de la Planificación Agregada

DESAGREGACIÓN

PLANIFICACIÓN AGREGADA EN SERVICIOS
- Restaurantes
- Servicios Varios
- Cadenas Nacionales de Pequeñas Empresas de Servicios
- Industria de Líneas Aéreas
- Hospitales

ALCANZANDO LOS ESTÁNDARES DE CLASE MUNDIAL

RESUMEN

TÉRMINOS CLAVE

USANDO AB: POM PARA RESOLVER LOS PROBLEMAS DE PLANIFICACIÓN AGREGADA

PROBLEMAS RESUELTOS

PREGUNTAS DE DISCUSIÓN

EJERCICIO DE RAZONAMIENTO CRÍTICO

PROBLEMAS

APLICACIÓN DE BASE DE DATOS

CASO DE ESTUDIO

BIBLIOGRAFÍA

OBJETIVOS DE APRENDIZAJE

Cuando acabe este capítulo debería ser capaz de:

Identificar o Definir:
- Planificación Agregada
- Programación Táctica
- Técnica Gráfica de la Programación Agregada
- Técnicas Matemáticas de Planificación

Explicar:
- Cómo realizar la Planificación Agregada

PERFIL DE CLASE MUNDIAL: ANHEUSER-BUSCH

LA PLANIFICACIÓN AGREGADA PROPORCIONA UNA VENTAJA COMPETITIVA A ANHEUSER-BUSCH

En la sala de control de la preparación, el control del proceso utiliza computadores para vigilar el proceso, donde el mosto está en su última fase de preparación antes de fermentar en cerveza.

Anheuser-Busch es una importante productora de cerveza, produciendo casi el 40% de la cerveza consumida en Estados Unidos. La compañía consigue una eficiencia de tal magnitud haciendo un excelente trabajo de igualar la capacidad a la demanda.

Igualar la capacidad y la demanda a medio plazo (3-18 meses) es el corazón de la planificación agregada. Anheuser-Busch iguala la demanda fluctuante por marca a la capacidad específica de la fábrica, mano de obra e inventario. Un cuidado meticuloso de los lotes, un eficaz mantenimiento y una eficiente programación de empleados e instalaciones contribuyen a una alta utilización de las instalaciones, un factor importante en todos los centros con gran inversión de capital.

La cerveza es producida en una instalación enfocada al producto, que produce alto volumen y poca variedad. Un proceso de producción enfocado al producto comporta normalmente altos costes fijos, pero también tiene el beneficio de unos costes variables bajos.

El mantener una alta utilización de estas instalaciones es crítico porque los altos costes de capital exigen una alta utilización para ser competitivos. Funcionar por encima del punto de equilibrio requiere una gran utilización —y el tiempo de inactividad es catastrófico—.

La producción de cerveza puede dividirse en cuatro fases. La primera fase es la selección y el aseguramiento de la entrega y la calidad de las materias primas. La segunda fase es el verdadero

Se muestran los tanques donde el mosto, más tarde convertido en cerveza, es cocido y donde se añaden los lúpulos que proporcionan el sabor y el carácter amargo.

proceso cervecero desde la molienda hasta la fermentación. La tercera fase es el envasado en la amplia variedad de contenedores deseados por el mercado.

La cuarta y última fase es la distribución, que incluye la entrega y almacenaje a temperatura controlada. Cada fase tiene sus limitaciones de recursos. Desarrollar el plan agregado para hacer que todo funcione es lo que se necesita.

Una programación agregada efectiva es un importante ingrediente en la ventaja competitiva de Anheuser-Busch.

Se utilizan vehículos guiados automáticamente para transportar los barriles llenos al almacenaje anterior a su envío.

La línea de envasado imprime en cada lata: un código que identifica el día, año y el periodo de 15 minutos de producción, la fábrica en la que el producto fue preparado y envasado y la cadena de producción usada. Esto permite que se pueda seguir y corregir cualquier problema de control de calidad.

A diferencia de otros electrodomésticos, las ventas de aparatos de aire acondicionado para habitaciones son fuertemente dependientes de la climatología. Eso hace que la elaboración de los programas de planificación agregada sea una difícil tarea para los fabricantes como Whirlpool, que produce aparatos de aire acondicionado para Sears. Si Whirlpool aumenta la producción y el verano es más caluroso de lo normal, aumenta sus ventas y su parte del mercado. Pero si el verano es frío, podría quedarse con muchas máquinas caras sin vender en el almacén. "Hay que planificar para la media del año", dice el director de ventas de Whirlpool. "Si no, es posible que te arruines por tener excesivo inventario".[1] ♦

Planificación agregada

Planificar para las demandas estacionales de aparatos de aire acondicionado en Whirlpool es un aspecto de la planificación agregada. La **planificación agregada** consiste en determinar la cantidad y la programación de la producción para un futuro próximo, normalmente de 3 a 18 meses. Los directores de operaciones intentan determinar la mejor manera de satisfacer la demanda prevista ajustando los ritmos de la producción, los niveles de mano de obra, los niveles de inventario, el trabajo en horas extras, las tasas de subcontratación y otras variables que se puedan controlar. *El objetivo del proceso de planificación es, normalmente, minimizar los costes durante el periodo de planificación.* Otros objetivos pueden ser minimizar las fluctuaciones en la fuerza de trabajo o en los niveles de inventario, u obtener un cierto estándar de nivel de servicio.

Cuatro cosas son necesarias para la planificación agregada. Primero, la empresa necesita una unidad global lógica para medir las ventas y la producción, tal como las unidades de aire acondicionado en el caso de Whirlpool o las cajas de cerveza de Anheuser-Busch. Segundo, los directivos tienen que ser capaces de pronosticar para un razonable periodo de planificación a medio plazo en estos términos agregados. Tercero, deben poder determinar los costes relevantes que tratamos en este capítulo. Y cuarto, los directores de operaciones necesitan desarrollar un modelo que combine estos pronósticos y costes así puedan tomarse buenas decisiones de programación para el periodo de planificación.

En este capítulo, describimos la naturaleza de las decisiones de la planificación agregada en empresas de los sectores de fabricación y servicios. Para ello, mostraremos como el plan agregado encaja en el proceso global de planificación, así como también describiremos varias técnicas que los directores utilizan para desarrollar un plan.

EL PROCESO DE PLANIFICACIÓN

En el Capítulo 5 del volumen *Decisiones Estratégicas*, vimos que las previsiones de la demanda pueden aplicarse a planes de corto, medio y largo plazo. Los pronósticos a largo plazo ayudan a los directores a tratar con los problemas de capacidad y estrategia y son responsabilidad de la alta dirección (véase la Figura 4.1). La dirección se plantea preguntas relacionadas con la política a seguir, como la situación y expansión de instalaciones, el desarrollo de nuevos productos, la financiación de la investigación y las inversiones de capital durante un periodo de varios años.

Decisiones de programación táctica

Una vez tomadas las decisiones de capacidad a largo plazo, los directores de operaciones pasan a efectuar la planificación a medio plazo para alcanzar los objetivos de la empresa. Las **decisiones de programación táctica** suponen crear planes mensuales o trimestrales, que resuelvan el problema de emparejar la productividad con las demandas fluctuantes. Todos estos planes necesitan ser consistentes con la estrategia a largo plazo de la alta dirección y trabajar con los recursos asignados por decisiones estratégicas anteriores. El corazón de la planificación a medio plazo es el plan de producción agregada.

[1] Nueva York Times (23 de febrero de 1989): D1, D4.

FIGURA 4.1 ■ Tareas y Responsabilidades de la Planificación

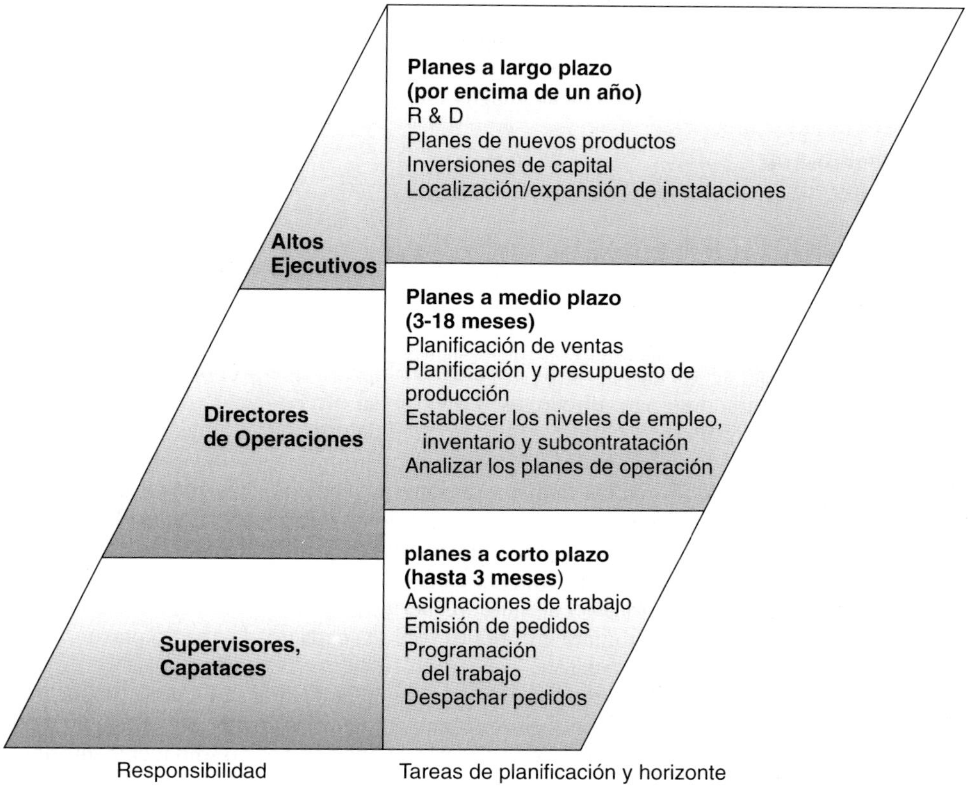

La planificación a corto plazo se extiende hasta un año, pero normalmente es menor de tres meses. Los directores de operaciones hacen estos planes en unión con los supervisores y los capataces, quienes desagregan el plan a medio plazo en programas semanales, diarios y por horas. Los métodos para efectuar la planificación a corto plazo conllevan efectutar la carga, secuenciación, despacho y envío de los pedidos, y otras cuestiones que son tratadas en el Capítulo 5.

La Figura 4.1 muestra los horizontes de tiempo, las características y responsabilidades de la planificación a corto, medio y largo plazo.

LA NATURALEZA DE LA PLANIFICACIÓN AGREGADA

Como el término *agregado* quiere decir, un plan agregado significa combinar los recursos apropiados en términos generales, globales. Dado el pronóstico de la demanda, la capacidad de las instalaciones, los niveles totales de inventario, el tamaño de la fuerza de trabajo y los inputs relacionados, el director de operaciones tiene que seleccionar la tasa (volumen) de producción del centro durante los próximos, de 3 a 18, meses. El plan puede ser para empresas manufactureras como Whirlpool o Anheuser, para hospitales, colegios, o para Prentice Hall, la editorial que publicó este libro de texto.

Tomemos, como ejemplo de una empresa manufacturera, IBM o Compaq, cada una de las cuales produce diferentes modelos de microcomputadores. Fabrican: (1) portátiles,

(2) computadores de mesa, (3) agendas electrónicas y (4) máquinas de avanzada tecnología con chips de alta velocidad.
El plan agregado de IBM o Compaq podría tener el siguiente output cada mes (en unidades de producción) para esta "familia" de microcomputadores durante los próximos 9 meses:

1° TRIMESTRE			2° TRIMESTRE			3° TRIMESTRE		
Ene..	Feb.	Mar.	Abr.	May.	Jun.	Jul.	Agos.	Sept.
150.000	120.000	110.000	100.000	130.000	150.000	180.000	150..000	140.000

Nótese que el plan presenta la producción agregada, no descompuesta por tipo de computador.

Un ejemplo del sector de servicios sería una compañía que proporcionase información en microcomputadores para directivos. La empresa ofrece cursos de Lotus, dBase, Harvard Graphics, WordPerfect y una amplia variedad de otros programas y temas, y emplea varios instructores para responder a la demanda, de empresas y del gobierno, de sus servicios. La demanda de formación tiende a ser muy baja cerca de las épocas de fiestas y durante el verano, cuando mucha gente coge las vacaciones. Para hacer frente a las necesidades fluctuantes de los cursos, la compañía puede, quizás, contratar y despedir instructores, poner anuncios para aumenta la demanda en las temporadas bajas, o subcontratar su trabajo a otras agencias de formación durante los periodos de alta demanda. De nuevo, el planificador de las operaciones tomará decisiones sobre la capacidad a medio plazo sin entrar en detalles sobre cursos o instructores específicos.

La planificación agregada forma parte de un sistema de planificación de la producción mayor. Por tanto, entender las relaciones entre el plan y numerosos factores internos y externos es muy útil. La Figura 4.2 muestra que el director de operaciones no sólo recibe información sobre el pronóstico de la demanda del departamento de márketing, sino que él o ella también tiene que trabajar con datos financieros, de personal, de capacidad y de disponibilidad de materias primas. En un entorno manufacturero, el programa maestro de producción resultante suministra su información a los sistemas de planificación de las necesidades de materiales (MRP), que dirigen a la obtención o producción de las partes o componentes necesarios para hacer el producto final (véase el Capítulo 3). Finalmente, programas detallados de trabajo para las personas y la programación de prioridades para los productos constituyen la última etapa del sistema de planificación de la producción (y son tratados en el Capítulo 5).

ESTRATEGIAS DE PLANIFICACIÓN AGREGADA

Existen varias preguntas que el director de operaciones debe responder cuando hace un plan agregado:

1. ¿Debería utilizar los inventarios para absorber los cambios de la demanda durante el periodo de planificación?
2. ¿Debería acomodarme a los cambios en la demanda variando el tamaño de la fuerza de trabajo?
3. ¿Debería utilizar trabajadores a tiempo parcial o las horas extra y las inactivas deberían absorber los cambios de la demanda?
4. ¿Debería utilizar la subcontratación durante el aumento de la demanda para que pueda mantenerse una fuerza de trabajo estable?
5. ¿Deberían cambiarse los precios u otros factores para influir en la demanda?

FIGURA 4.2 ■ Relaciones del Plan Agregado

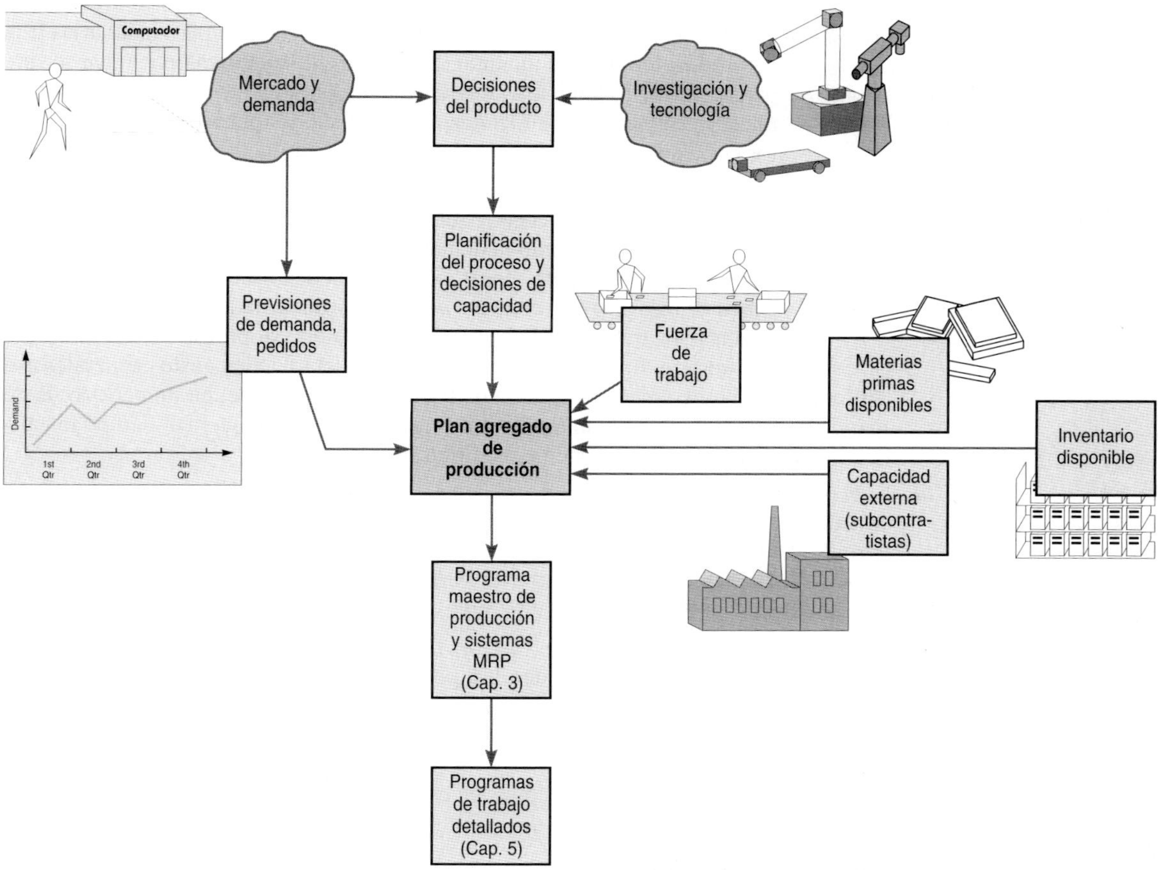

Todas las anteriores son estrategias legítimas de planificación disponibles para la gestión. Suponen la manipulación del inventario, de las tasas de producción, de los niveles de trabajo, de la capacidad y de otras variables controlables.

Ahora examinaremos ocho opciones más detalladamente. Las cinco primeras se denominan *opciones de capacidad* porque no tratan de cambiar la demanda sino que intentan absorber las fluctuaciones que en ella se dan. Las tres últimas son las *opciones de demanda* a través de las cuales las empresas tratan de influir en el modelo de demanda para suavizar sus cambios durante el periodo de planificación.

Opciones de Capacidad

Las opciones básicas de capacidad (suministro) que una empresa puede escoger son las siguientes:

1. *Cambiar los Niveles de Inventario:* Los directores pueden aumentar el inventario durante los periodos de baja demanda para hacer frente a una demanda alta en periodos futuros. Utilizar esta estrategia incrementa los costes asociados con el almacenaje, el seguro, la manutención, la obsolescencia, los robos y el capital invertido. (Estos costes normalmente van de un 15 a un 50% del valor de un artículo anualmente.) Sin embargo, cuando la empresa entra en un periodo de demanda creciente, las roturas de inventario pueden dar como resultado ventas perdidas debido a plazos de entrega potencialmente más largos y un servicio al cliente más pobre.

John Deere & Co., el "abuelo" de los fabricantes de equipos agrícolas, utiliza incentivos de ventas para igualar la demanda. Durante las bajas temporadas de otoño e invierno, las ventas son ayudadas con recortes de precios y otros incentivos. Alrededor del 70% de las grandes máquinas de Deere se piden antes de la temporada de uso; esto es casi el doble de lo que ocurre en esta industria. Los incentivos dañan los márgenes, pero Deere mantiene su participación en el mercado y controla los costes al producir de forma más regular a lo largo de todo el año.

2. *Variar el Volumen de la Fuerza de Trabajo Contratando o Despidiendo Temporalmente.* Una forma de hacer frente a la demanda es contratar o despedir temporalmente a los trabajadores de producción para igualar las tasas de producción. Pero a menudo, los nuevos trabajadores tienen que ser preparados y la productividad media baja temporalmente mientras que ellos se integran en la empresa. Los despidos, por supuesto, bajan la moral de todos los trabajadores y puede llevar a una menor productividad.

3. *Variar las Tasas de Producción mediante las horas extras o las inactivas.* Los directivos pueden regular los cambios en la demanda variando las horas de trabajo. Cuando la demanda está en gran crecimiento, no obstante, hay un límite de cuántas horas extras se pueden hacer. El coste de las horas extras es más alto que el de las normales y demasiadas horas extras pueden agotar a los trabajadores hasta el punto de que su productividad total baje. Las horas extras también implican un aumento de los gastos generales asociados con mantener abierto el centro de trabajo. Por otra parte, en un periodo de demanda decreciente, la compañía debe amortiguar de alguna manera el tiempo inactivo de los trabajadores —normalmente un difícil proceso—.

4. *Subcontratar.* Una empresa puede manejar los periodos de máxima demanda (picos) subcontratando algún trabajo. Esto, sin embargo, tiene varios peligros. Primero, es caro. Segundo, se corre el riesgo de abrir las puertas de nuestro cliente a un competidor. Y tercero, es difícil encontrar el perfecto proveedor subcontratista, que siempre envíe el producto de calidad a tiempo.

5. *Utilizar Trabajadores a Tiempo Parcial.* Los trabajadores a tiempo parcial pueden cubrir las necesidades de mano de obra poco cualificada especialmente en el sector de servicios. Contratar trabajadores a tiempo parcial es una práctica muy común en la mayoría de los supermercados, tiendas detallistas y restaurantes como McDonald's y Wendy's. El Apartado *POM en Acción* que trata de Federal Express y de United Parcel Service da dos visiones de esta estrategia.

Opciones de Demanda

Las opciones básicas de demanda son las siguientes:

1. *Influir en la demanda.* Cuando la demanda es baja, una compañía puede intentar aumentarla mediante publicidad, promociones, aumentando el personal de ventas y con recortes de precios. Por ejemplo, las compañías de líneas aéreas y los hoteles llevan mucho tiempo ofreciendo descuentos de fin de semana y precios de temporada baja; las compañías de teléfonos cobran menos por la noche y los aparatos de aire acondicionado son más baratos en invierno. No obstante, las acciones en publicidad, en promociones, en ventas y en precios especiales no son siempre capaces de equilibrar la demanda con la capacidad de producción.

2. *Retrasar pedidos (Back Ordering) Durante los Periodos de Alta Demanda.* Los pedidos pendientes (back orders) son pedidos de artículos o servicios que una empresa acepta pero es incapaz de realizar (a propósito o por casualidad) en el momento. El retrasar los pedidos funciona sólo si los clientes están dispuestos a esperar sin perder la paciencia ni cancelar su pedido. Por ejemplo, muchos vendedores de coches retrasan pedidos a propósito. Pero el método a menudo es inaceptable en la venta de artículos de consumo.

3. *Mezclar Productos con Ciclos de Demanda Complementarios.* Muchas empresas manufactureras intentan fabricar diferentes productos que son vendidos en temporadas opuestas. Los ejemplos incluyen compañías que hacen aparatos de calefacción y aparatos de aire acondicionado o cortacéspedes y quitanieves. Sin embargo, las compañías de servicios (y también las manufactureras, en cuanto a esto) que siguen

este método pueden verse introducidas en servicios o productos para los que poseen poca habilidad (experiencia) o fuera de su mercado objetivo.[2]
Estas ocho opciones, con todas sus ventajas y desventajas, están resumidas en la Tabla 4.1.

Mezclar las Opciones para Desarrollar un Plan

Aunque cada una de las cinco opciones de capacidad y de las tres opciones de demanda descritas anteriormente podía producir un plan agregado efectivo en coste, una combinación de ellos —denominada una **estrategia mixta**— a menudo funciona mejor. Las estrategias mixtas suponen la combinación de dos ó más variables que se puedan controlar para establecer un plan de producción factible. Por ejemplo, una empresa puede usar la combinación de horas extras, subcontratos y nivelación de inventario como su estrategia. No obstante, encontrar el plan agregado "óptimo" no es siempre posible porque existe un número enorme de combinaciones.

Estrategia mixta

La mezcla de opciones de estrategia es diferente para empresas de servicios que para empresas manufactureras. Por ejemplo, almacenar inventario puede no ser una opción y

TABLA 4.1 ■ Opciones de la planificación agregada: Ventajas y desventajas.

OPCIÓN	VENTAJAS	DESVENTAJAS	COMENTARIOS
Cambiar el nivel del inventario.	Los cambios en los recursos humanos son graduales o no hay; no hay cambios bruscos en la producción.	Costes de mantenimiento de inventario. Roturas de inventario, dando pérdida de ventas, pueden suceder si la demanda crece.	Esto se aplica principalmente a los entornos de producción, no de servicios
Variar el tamaño de la fuerza de trabajo contratando y despidiendo temporalmente.	Evita los costes de otras alternativas.	Costes de contratos, despidos y formación pueden ser importantes.	Usado donde mucha gente no cualificada busca ingresos extras.
Variar las tasas de producción mediante las horas extras o inactividad.	Iguala las fluctuaciones estacionales sin ningún coste de contrato/formación.	Primas de horas extras: trabajadores cansados; pueden no hacer frente a la demanda.	Permite flexibilidad dentro del plan agregado.
Subcontratar.	Permite flexibilidad y nivelar la producción de la empresa.	Pérdida del control de calidad; beneficios reducidos; pérdida de futuros negocios.	Se aplica principalmente en los entornos de producción.
Utilizar trabajadores a tiempo parcial.	Menos costoso y más flexible que los trabajadores fijos.	Costes elevados de movimiento/formación; reflejado en la calidad; difícil programación.	Bueno para trabajos no cualificados en áreas con grandes necesidades de mano de obra temporal.
Influir en la demanda.	Intentar usar la capacidad sobrante. Los descuentos atraen más clientes.	Incertidumbre en la demanda. Dificultad para emparejar exactamente la demanda con la capacidad.	Crea ideas de marketing "Sobrecontratación" (overbooking) usada en algunos negocios.
Pedidos retrasados.	Puede evitar las horas extras. Mantiene capacidad constante.	El cliente debe estar dispuesto a esperar, pero el buen nombre se pierde.	Muchas companías retrasan pedidos.
Mezclar productos y servicios de temporadas contrarias.	Utiliza completamente los recursos; permite fuerza de trabajo estable.	Puede exigir habilidades o equipo fuera del área de experiencia de la empresa.	Arriesgado buscar productos o servicios con modelos de demanda opuestos.

[2] Una buena discusión sobre el tema en general es realizada por W.E. Sasser, "Match Supply ans Demand in Service Industries" *Harvard Business Review*, 54, no. 6 (November/December 1976): 133–140.

POM
E N A C C I Ó N

Una historia de dos servicios de mensajería

Federal Express y United Parcel Service son directos competidores en el envío de paquetes. Ambas empresas tienen éxito, pero abordan la planificación agregada de forma bastante distinta.

Los directivos de Federal Express utilizan un gran número de trabajadores a tiempo parcial en su enorme centro de clasificación de paquetes. Este centro de Memphis está diseñado y provisto de personal para clasificar alrededor de un millón de sobres y paquetes en un breve turno de 4 horas durante la mitad de la noche. Federal Espress descubrió que los estudiantes de las universidades proporcionaban una buena fuente de mano de obra. Estas fuertes energías a tiempo partido ayudan a hacer frente a las máximas demandas, mientras que la empresa cree que los trabajadores fijos no podrían ser utilizados de forma efectiva en un turno completo de 8 horas.

En el centro de clasificación de paquetes de UPS, los directores se enfrentan también con la decisión de si proveer de personal principalmente con empleados fijos o a tiempo parcial. UPS escogió el método de tiempo fijo. La empresa también investiga los diseños de trabajo y los procesos de trabajo a fondo, esperando proporcionar un alto nivel de satisfacción del trabajo y un fuerte sentido de cooperación. Las horas en UPS son largas, el trabajo es duro y UPS genera quejas de unión sobre sus niveles de productividad demandantes. Pero cuando las vacantes aparecen, UPS nunca ha tenido una carestía de aspirantes.

Fuentes: J. Heskett, W. E. Sasser, y C. Hart, Service Breakthroughs (New York: Free Press, 1990); and Wall Street Journal (May 24, 1995):

subcontratar puede invitar a la competencia. Por consiguiente, las empresas de servicios a menudo afrontan la programación agregada mediante cambios en el personal. Hacen esto cambiando las necesidades de mano de obra, enseñando de forma cruzada, con rotación de puestos y utilizando empleados a tiempo parcial.

Programación nivelada

Programación nivelada

La programación nivelada, o planificación nivelada de la capacidad, es una estrategia popularizada por los japoneses y su deseo de "empleo de por vida". La **programación nivelada** significa planes agregados en los que las capacidades diarias son uniformes mes a mes. En efecto, las empresas como Toyota y Nissan mantienen los sistemas de producción a niveles uniformes y pueden dejar aumentar o disminuir el inventario de coches para amortiguar la diferencia entre la demanda mensual y el nivel de producción o encontrar trabajo alternativo para los empleados de producción. Su filosofía es que el empleo estable produce coches de mejor calidad, menos movimiento y coste de personal, menos absentismo y más compromiso de los empleados con los objetivos corporativos.

La programación nivelada normalmente da como resultado costes de personal más bajos que otras estrategias. Los trabajadores tienden a ser más experimentados, así que la supervisión es más sencilla, los costes de contratos/despidos y horas extras son reducidos al mínimo y la operación es más suave con menos aperturas y cierres dramáticos. El Apartado *POM en Acción* "Programando trajes de baño en las empresas Porges-Ruiz de Argentina" presenta otra aproximación a la programación nivelada.

MÉTODOS DE PLANIFICACIÓN AGREGADA

Algunas compañías no tienen un proceso formal de producción agregada. Usan el mismo plan año tras año, haciendo los ajustes necesarios en más o en menos para encajar la nueva demanda. Este método ciertamente no da mucha flexibilidad y si el plan original estaba por debajo del óptimo, el proceso entero de producción estará obligado a realizarse de forma subóptima.

En esta sección, introducimos varias técnicas que los directores de operaciones usan para desarrollar planes agregados más útiles y apropiados. Éstas van desde la ampliamente utilizada del método de las tablas (o gráfico), hasta una serie de técnicas matemáticas más formales, incluyendo el método del transporte de la programación lineal.

Métodos de gráficos y tablas

Métodos de gráficos y tablas

Los **métodos de gráficos y tablas** son populares porque son fáciles de entender y utilizar. Básicamente, estos planes funcionan con unas pocas variables a la vez para permitir a los planificadores comparar la demanda proyectada con la capacidad existente. Aunque son solamente métodos de prueba y error que no garantizan un plan de producción óptimo, son populares porque requieren solamente unos cálculos limitados y pueden ser realizados por el personal de oficina.

La enorme flota de aviones de Federal Express es utilizada cerca de su capacidad para los envíos nocturnos de paquetes, pero está 100% inactiva durante el día. En un intento de utilizar mejor su capacidad (y nivelar sus activos), Federal Express consideró dos servicios con modelos de demanda opuestos o de ciclos contrarios al de su servicio nocturno, servicio de pasajeros abonados y servicio chárter de pasajeros. Sin embargo, después de un minucioso análisis de estos nuevos servicios, el 12 ó 13% de retorno de la inversión fue considerado insuficiente para el riesgo que acarreaba.

En general, los métodos gráficos siguen cinco pasos:

1. Determinar la demanda en cada periodo.
2. Determinar cuál es la capacidad en el tiempo normal de trabajo, las horas extras y en subcontratación para cada periodo.
3. Hallar los costes de la mano de obra, de contratación y despido y los costes de mantener el inventario.
4. Considerar la política de la compañía que deba aplicarse a los trabajadores o a los niveles de existencias.
5. Desarrollar planes alternativos y examinar sus costes totales.

Los Ejemplos 4.1 al 4.4 muestran estos pasos.

EJEMPLO 4.1

Bill Wicker e Hijos, un fabricante de materiales para tejados de Charlotte, ha ejecutado las previsiones mensuales de tejas para techos, para el periodo enero - junio, que se presentan en la Tabla 4.2. La demanda por día se calcula simplemente dividiendo la demanda esperada entre el número de días laborables de cada mes.

TABLA 4.2

MES	DEMANDA ESPERADA	DÍAS DE PRODUCCIÓN	DEMANDA POR DÍA (CALCULADA)
Enero	900	22	41
Febrero	700	18	39
Marzo	800	21	38
Abril	1.200	21	57
Mayo	1.500	22	68
Junio	1.100	20	55
	6.200	124	

Para representar la demanda proyectada, Wicker e Hijos también dibuja una gráfica (Figura 4.3) que presenta la demanda diaria de cada mes. La línea de puntos horizontal del gráfico representa la tasa de producción requerida para responder a la demanda media. Se calcula mediante

$$\text{Necesidad media} = \frac{\text{demanda total esperada}}{\text{Número de días de producción}} = \frac{6.200}{124} = 50 \text{ unidades/día}$$

POM EN ACCIÓN

Empresa Porges-Ruiz de Argentina

La Empresa Porges-Ruiz, manufacturera de trajes de baño de Buenos Aires, llevó a cabo una política innovadora de personal que no sólo redujo costes, sino que también la hizo más sobresaliente ante sus clientes. En un negocio altamente estacional, la empresa tenía que expedir alrededor de las tres cuartas partes de sus productos en los tres meses de verano. La dirección de Porges-Ruiz tradicionalmente había confiado en las horas extras, en los trabajadores temporales y en la acumulación de inventario para resolver el enorme aumento de demanda. Pero los problemas con este método eran muchos. Por un lado, cuando la empresa producía trajes de baño con muchos meses de adelanto, era incapaz de hacer frente a las demandas de cambios de estilo. Por otro, durante los tres meses de verano, las quejas de los clientes, las necesidades de producción urgente, los cambios e incumplimientos en el programa... todo atormentaba a la dirección.

La solución de Porges-Ruiz fue variar los programas de producción y mantener el horario normal de 42 horas a la semana, a los empleados. La programación cambiaría desde agosto hasta mediados de noviembre a unas semanas producción de 52 horas.* Entonces, cuando la época punta acabase, empezaría un programa de 30 horas a la semana hasta abril. Durante el periodo de escasa actividad comercial, reproducirían las líneas de bañadores y los diseños de modelos estables.

Esta utilización flexible de los trabajadores ayudó a Porges-Ruiz a reducir sus necesidades de capital de trabajo un 40% y dobló su capacidad en la temporada alta. Manteniendo una ventaja competitiva en la calidad, la empresa también lo es en el precio y ha extendido sus ventas a Brasil, Chile y Uruguay.

*Nótese que la temporada de verano en Sudamérica es durante el invierno de Norteamérica.

FIGURA 4.3 ■ Gráfica de la Demanda Prevista y la Demanda Media Prevista.

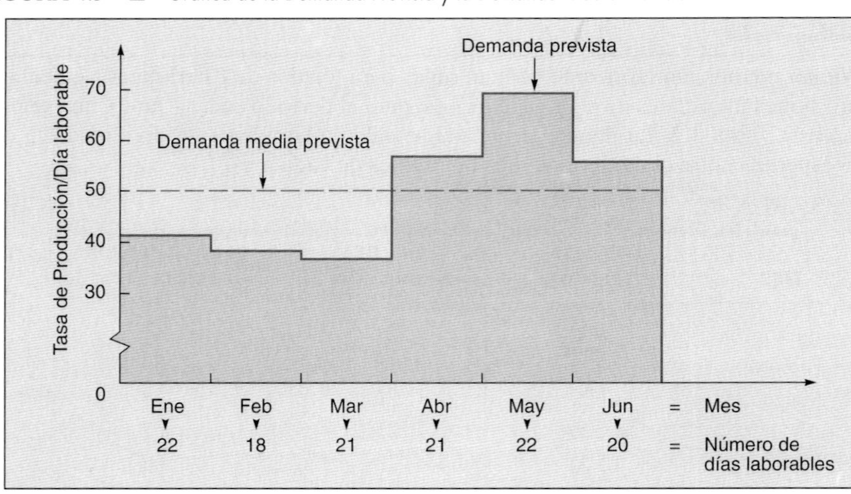

La gráfica de la Figura 4.3 muestra cómo la previsión difiere de la demanda media. Algunas estrategias para satisfacer la previsión fueron enunciadas anteriormente. La empresa de tejados, por ejemplo, puede contratar personal para dar una tasa de producción que haga frente a la demanda (como la indicada en la línea de puntos). O podría producir una tasa fija de, digamos, 30 unidades y después subcontratar la demanda restante a otros fabricantes de materiales de tejados. Un tercer plan podría ser combinar trabajo en horas extras con alguno subcontratado para absorber la demanda. Los Ejemplos 4.2, 4.3 y 4.4 muestran tres estrategias posibles.

EJEMPLO 4.2

Una posible estrategia (llamémosla Plan 1) para Wicker e Hijos, la empresa manufacturera descrita en el Ejemplo 4.1, es mantener una fuerza de trabajo constante durante el periodo de seis meses. Una segunda (Plan 2) es mantener una fuerza de trabajo constante en el nivel necesario para el mes de más baja demanda (marzo), y responder a toda la demanda por encima de este nivel subcontratando lo necesario. Todavía un tercer plan es el de contratar y despedir trabajadores según sea necesario para producir las necesidades mensuales exactas. La Tabla 4.3 proporciona la información de costes necesaria para analizar estos planes.

TABLA 4.3 ■ Información del coste

Coste de tener inventario	5$/unidad/mes
Coste de subcontratación (coste marginal por unidad sobre el coste de manufacturarlo ellos mismos)	10$/unidad
Coste medio de la hora normal	5$/hora (40$/día)
Coste de la hora extra	7$/hora (más de 8 hs.)
Horas de trabajo para producir una unidad	1,6 horas/unidad
Coste de incrementar la tasa de producción (contratación y formación)	10$/unidad
Coste de disminuir la tasa de producción (despidos)	15$/unidad

ANÁLISIS DEL PLAN 1. Cuando analizamos este método, que asume que se producen 50 unidades por día, tenemos una fuerza de trabajo constante, ni horas extras ni inactivas, no utilizamos stock de seguridad ni subcontratistas. La empresa acumula inventario durante el periodo de poca demanda, que es de enero a marzo, y lo agota durante la temporada templada de demanda más alta, de abril a junio. Asumimos que el inventario inicial es 0 y el inventario final planificado es 0.

MES	PRODUCCIÓN A 50 UNIDADES/DÍA	PREVISIÓN DE LA DEMANDA	VALORACIÓN MENSUAL DEL INVENTARIO	INVENTARIO FINAL
Enero	1.100	900	+ 200	200
Febrero	900	700	+ 200	400
Marzo	1.050	800	+250	650
Abril	1.050	1.200	– 150	500
Mayo	1.100	1.500	– 400	100
Junio	1.000	1.100	– 100	0
				1.850

(Unidades totales del inventario pasadas de un mes al siguiente) = 1.850 unidades

La fuerza de trabajo necesaria para producir 50 unidades/día = 10 trabajadores

(Como cada unidad requiere 1,6 horas de trabajo para ser producida, cada trabajador puede hacer 5 unidades en un día de 8 horas. Por lo tanto, para producir 50 unidades, son necesarios 10 trabajadores).

Los costes del Plan 1 se calculan de la siguiente manera:

COSTES		CÁLCULOS
Posesión del inventario	9.250$	(= 1.850 unidades almacenadas × $5/unidad)
Mano de obra en tiempo normal	49.600	(= 10 trabajadores × $40/día × 124 días)
Otros costes (horas extras, contratos, despidos, subcontratos)	0	
Coste total	58.850$	

El gráfico del Ejemplo 4.2 fue mostrado en la Figura 4.3. Algunos planificadores prefieren un gráfico *acumulado* para mostrar visualmente cómo la previsión se desvía de las necesidades medias. Un gráfico así se da en la Figura 4.4.

FIGURA 4.4 ■ Gráfico Acumulado para el Plan 1.

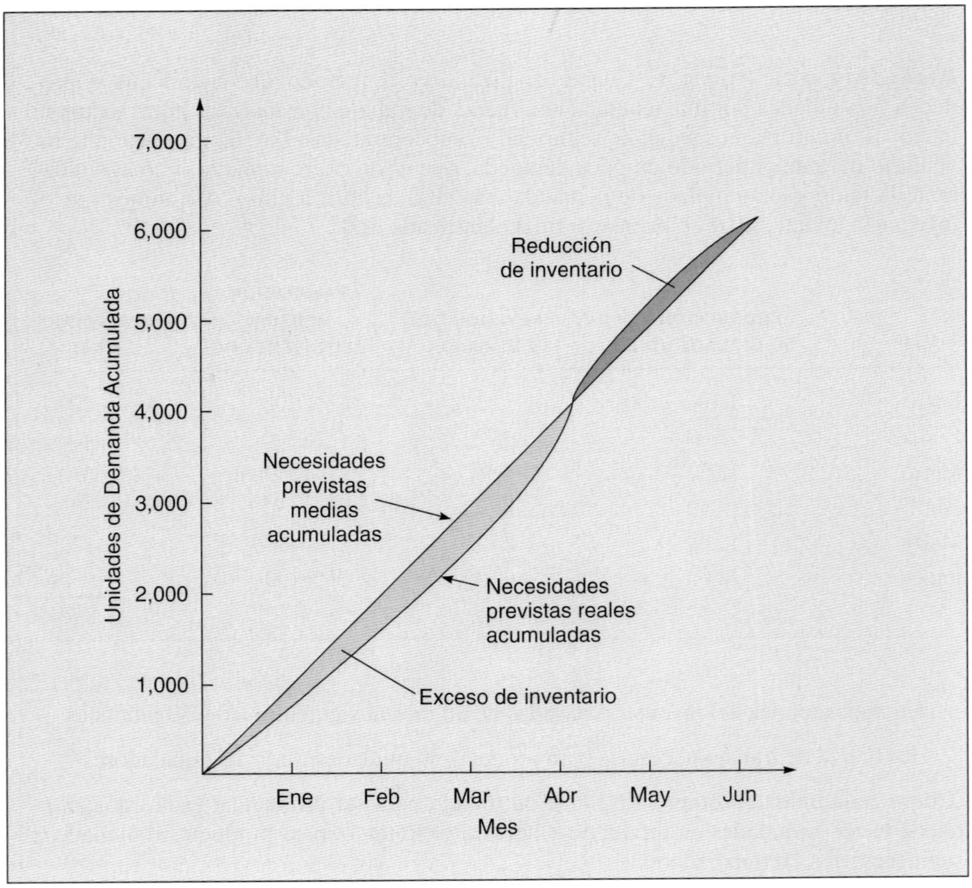

EJEMPLO 4.3

ANÁLISIS DEL PLAN 2. Se mantiene también en el Plan 2 una fuerza de trabajo constante, pero establecida lo suficientemente baja como para hacer frente a la demanda en marzo, el mes más bajo. Para producir 38 unidades/día en la fábrica, son necesarios 7,6 trabajadores. (Puede pensar en esto como 7 trabajadores fijos y uno a tiempo parcial). Toda la otra demanda es satisfecha por subcontratación, que por lo tanto necesita cada mes. No se incurren en costes de mantenimiento de inventario en este Plan 2.

Como son necesarias 6.200 unidades durante el periodo del plan agregado, debemos calcular cuántas pueden ser hechas por la empresa y cuántas subcontratadas:

Producción propia = 38 unidades/día × 124 días de producción = 4.712 unidades

Unidades subcontratadas = 6.200 - 4.712 = 1.488 unidades

Los costes del Plan 2 son:

COSTES	CÁLCULOS
Mano de obra en tiempo normal	37.696$ (= 7,6 trabajadores × $40/día × 124 días)
Subcontratación	14.880 (= 1,488 unidades × $10/unidad)
Coste total	52.576$

EJEMPLO 4.4

ANÁLISIS DEL PLAN 3. La estrategia final, Plan 3, supone variar el tamaño de la fuerza de trabajo contratando y despidiendo según sea necesario. La tasa de producción será igual a la demanda. La Tabla 4.4 muestra los cálculos y el coste total del Plan 3. Recuerde que cuesta 15 dólares por unidad producida el reducir la producción por debajo del nivel del mes anterior y 10 dólares por unidad cambiar para aumentar la producción mediante contrataciones.

TABLA 4.4 ■ Cálculos del coste del plan 3.

MES	PREVISIÓN (UNIDADES)	COSTE DE LA PRODUCCIÓN BÁSICA DEMANDA × 1.6 HR/UNID. × 5$/HR)	COSTE EXTRA DE AUMENTAR LA PRODUCCIÓN (COSTE DE CONTRATACIÓN)	COSTE EXTRA DE AUMENTAR LA PRODUCCIÓN (COSTE DE CONTRATACIÓN)	COSTE TOTAL
Enero	900	7.200$	—	—	7.200$
Febrero	700	5.600$	—	3.000$ (= 200 × 15$)	8.600
Marzo	800	6.400$	1.000$ (= 100 × 10$)	—	7.400
Abril	1.200	9.600$	4.000$ (= 400 × 10$)	—	13.600
Mayo	1.500	12.000$	3.000$ (= 300 × 10$)	—	15.000
Junio	1.100	8.800$	—	6.000$ (= 400 × 15$)	14.800
		49.600 $	8.000$	9.000$	66.600$

El último paso en el método gráfico es comparar los costes de cada plan propuesto y seleccionar el método con el menor coste total. Se da en la Tabla 4.5 un análisis resumido. Allí vemos que el Plan 2 es el de coste más bajo y es el mejor de las tres opciones.

TABLA 4.5 ■ Comparación de los tres planes.

Coste	Plan 1 (Fuerza de trabajo constante de 10 trabajadores)	Plan 2 (Fuerza de trabajo constante de 7,6 trabajadores más subcontrataciones)	Plan 3 (Contrataciones y despidos para hacer frente a la demanda)
Posesión del inventario	9.250$	0$	0$
Mano de obra normal	49.600	37.696	49.600
Mano de obra en horas extras	0	0	0
Contrataciones	0	0	8.000
Despidos	0	0	9.000
Subcontratación	0	14.880	0
Coste total	58.850$	52.576$	66.600$

Por supuesto, podemos considerar otras muchas estrategias posibles en problemas como este, incluyendo combinaciones que utilicen algunas horas extras. Aunque las tablas y los gráficos son populares herramientas de dirección, son de utilidad para evaluar estrategias, no para generarlas. Los directivos necesitan un método sistemático que considere todos los costes y produzca una solución efectiva. Los modelos matemáticos proporcionan un método de este tipo.

Métodos Matemáticos para la Planificación

Esta sección introduce algunos de los métodos matemáticos que han sido desarrollados durante los pasados 40 años para la planificación agregada.

Método de transporte de PL

EL MÉTODO DE TRANSPORTE DE LA PROGRAMACIÓN LINEAL. La programación lineal pude ser utilizada en la planificación agregada para asignar la capacidad operativa para satisfacer la demanda prevista. El **método de transporte de PL** (discutido en el Suplemento del Capítulo 9 del volumen *Decisiones Estrategicas*) no es un método de prueba y error como los métodos gráficos, sino que produce un plan óptimo que minimiza los costes. También es flexible en tanto que puede especificar la producción regular y en horas extras en cada periodo de tiempo, el número de unidades a subcontratar, turnos extra y el inventario de cada periodo a utilizar en los siguientes.

En el Ejemplo 4.5, la oferta proviene del inventario disponible y de unidades producidas en tiempo normal, horas extras y subcontratación. Los costes, en la esquina superior derecha de cada casilla de la matriz, se refieren a las unidades producidas en un periodo dado o unidades disponibles en inventario provenientes de un periodo anterior.

La solución óptima del problema del Ejemplo 4.5 puede hallarse fácilmente usando nuestro paquete software de microcomputador AB:POM descrito al final de este capítulo.

EJEMPLO 4.5

La Compañía Harpell Radial Tire (Neumáticos Radiales Harpell) elaboró una serie de datos relativos a la producción, demanda, capacidad y costes de su fábrica de West Virginia, que se muestran en la Tabla 4.6. La Tabla 4.7 muestra la estructura de la tabla de transporte y una solución posible inicial.

TABLA 4.6 ■ Datos de producción, demanda, capacidad y coste de harpell.

	PERIODO DE VENTAS		
	MARZO	ABRIL	MAYO
Demanda	800	1.000	750
Capacidad			
Normal	700	700	700
Horas extras	50	50	50
Subcontratación	150	150	130
Inventario inicial	100 neumáticos		

COSTES	
Tiempo normal	40$/neumático
Horas extras	50$/neumático
Subcontratación	70$/neumático
Costes de posesión de existencias	2$/neumático/mes

TABLA 4.7 ■ Tabla de transporte de Harpell.

PRODUCCION DE		DEMANDA DE: Periodo 1 (Marzo)	Periodo 2 (Abril)	Periodo 3 (Mayo)	Capacidad no utilizada (Ficticio)	CAPACIDAD TOTAL DISPONIBLE (PRODUCCION)
Inventario Inicial		[0] 100	[2]	[4]	[0]	100
Periodo 1	Tiempo Regular	[40] 700	[42]	[44]	[0]	700
	Horas Extras	[50]	[52] 50	[54]	[0]	50
	Subcontratos	[70]	[72] 150	[74]	[0]	150
Periodo 2	Tiempo Regular	[ ]	[40] 700	[42]	[0]	700
	Horas Extras	[ ]	[50] 50	[52]	[0]	50
	Subcontratos	[ ]	[70] 50	[72]	[0] 100	150
Periodo 3	Tiempo Regular	[ ]	[ ]	[40] 700	[0]	700
	Horas Extras	[ ]	[ ]	[50] 50	[0]	50
	Subcontratos	[ ]	[ ]	[70]	[0] 130	130
DEMANDA TOTAL		800	1.000	750	230	2.780

Debe observar lo siguiente:

1. Los costes de almacenamiento son 2 dólares por rueda y por mes. Como el coste de almacenamiento es lineal, el almacenamiento durante dos meses cuesta 4 dólares.
2. Los problemas de transporte exigen que las ofertas (suministros) igualen a la demanda. Por lo tanto, se añade una columna ficticia llamada "capacidad no usada". Los costes de la capacidad no utilizada son cero.
3. Las cantidades en cada columna de la Tabla 4.7 son los niveles de inventario necesarios para responder a las necesidades de la demanda. Vemos que la demanda de 800 neumáticos en marzo se satisface utilizando 100 neumáticos del inventario inicial y 700 neumáticos del tiempo normal.

Utilizar el método PL de transporte para resolver los problemas de planificación agregada funciona bien cuando se analizan los efectos de mantener inventarios, utilizar horas extras y subcontratar. Pero no funciona cuando se introducen más factores.[3] Así, cuando se introducen los contratos y despidos temporales, debe ser utilizado el método simple de programación lineal, visto en el Suplemento del Capítulo 6 del volumen *Decisiones Estrategicas.*

Regla de decisión (Linear Decision Rule) (LDR)

REGLA DE DECISIÓN LINEAL. La **regla de decisión lineal (Linear Decision Rule) (LDR)** es un método de planificación agregada que trata de especificar una tasa óptima de producción y un nivel de fuerza de trabajo durante un periodo específico. Éste minimiza los costes totales de nómina, contratación, despidos, horas extras e inventario a través de una serie de curvas de coste cuadráticas.[4]

MODELO DE COEFICIENTES DE GESTIÓN. Una *regla de decisión heurística* es una regla de decisión basada en las experiencias anteriores de los directivos para abordar un problema.

Modelo de coeficientes de gestión

Una aplicación heurística clásica es el **modelo de coeficientes de gestión**[5] de E.H. Bowman. Este método único construye un modelo de decisión formal alrededor de la experiencia y eficacia de un director. La teoría es que si la actuación pasada de un director ha sido bastante buena, entonces puede ser utilizada como base para futuras decisiones. Este método utiliza el análisis de regresión de las decisiones de producción pasadas tomadas por los directivos. La línea de regresión proporciona la relación entre las variables (digamos, demanda y mano de obra) para decisiones futuras. De acuerdo con Bowman, las deficiencias de los directivos eran principalmente inconsistencias en la toma de decisiones.

Programar por simulación

SIMULACIÓN. Un modelo de computador llamado **programar por simulación** fue desarrollado en 1966 por R.C. Vergin.[6] Este método de simulación utiliza un procedimiento de búsqueda para hallar la combinación, de coste mínimo, de valores del tamaño de la fuerza de trabajo y de la tasa de producción.

---

[3]Véase R. DeMata y T. Miller, "A Note on the Growth of a Production Planning System", Interfaces, 23 (abril 1993): 27–31, para una descripción de cómo la American Olean Tile Co. utiliza el método de transporte. Este importante fabricante de azulejos cerámicos genera planes que minimizan los costes de producción y transporte mientras que satisfacen las demandas de productos trimestralmente.

[4]Dado que LDR fue desarrollado por Charles C. Holt, Franco Modigliani, John F. Muth y el ganador del premio Nobel Herbert Simon, se conoce popularmente como regla HMMS. Para más detalles véase C.C. Holt C.B al., Production Planning, Inventaries, and Work Force (Englewood Cliffs, NJ: Prentice Hall, 1960)

[5]E. H Bowman, "Consistency and Optimalty in Managerial Decision Making," *Management Science*, 9, no. 2 (January 1963): 310–321.

[6]R. C. Vergin, "Production Scheduling under Seasonal Demand," *Journal of Industrial Engineering*, 17, no. 5 (May 1966): 260–266.

Regla de búsqueda de decisiones

REGLA DE BÚSQUEDA DE DECISIONES. La **Regla de búsqueda de decisiones**, desarrollada por W.H.Taubert, es un modelo de algoritmo de búsqueda que trata de encontrar la combinación, de coste mínimo, de diferentes niveles de fuerza de trabajo y producción.[7] Un computador hace las miles de búsquedas sistemáticas de combinaciones que produzcan una reducción del coste. Las reglas de búsqueda como ésta no dan soluciones óptimas, pero son lo suficientemente flexibles como para ser usadas con cualquier tipo de función de coste.

Comparación de los Métodos de Planificación Agregada

Aunque la Regla de búsqueda de decisiones, programación lineal y otros modelos matemáticos han encontrado cierta aceptación en la industria, lo cierto es que los modelos de planificación más sofisticados no son ampliamente utilizados.[8,9] ¿Por qué? Quizás esto refleja la postura media del directivo sobre lo que él o ella considera como modelos demasiado complejos. A los planificadores, como a todos nosotros, les gusta entender cómo y por qué funcionan los modelos en los que están basando decisiones importantes. Esto puede explicar por qué el método más simple de elaborar una tabla y un gráfico es el más aceptado generalmente.

La Tabla 4.8 destaca algunas de las principales características de los métodos de planificación que tratamos en este capítulo.

TABLA 4.8 ■ Resumen de los métodos de planificación agregada.

TÉCNICA	MÉTODOS DE RESOLUCIÓN	ASPECTOS IMPORTANTES
Métodos de gráficas y tablas	Prueba y error	Sencillo de entender y fácil de usar. Muchas soluciones; una elegida puede no ser óptima.
Método de transporte de programación lineal	Optimización	Disponible software PL; permite análisis de sensibilidad y nuevas restricciones; las funciones lineales pueden no ser realistas.
Regla de decisión lineal	Optimización	El modelo necesita de 1 a 3 meses para su desarrollo, las funciones de coste complejas no son siempre válidas, no siempre produce una solución factible.
Modelo de coeficientes de gestión	Heurístico	Sencillo, fácil de llevar a cabo, trata de imitar el proceso de decisión del directivo, utiliza regresión.
Simulación	Prueba y error	Capaz de probar muchas relaciones entre las variables, puede ser caro, informatizado, puede manejar cualquier función de coste.
Reglas de búsqueda de decisión	Heurístico	Ampliamente utilizado, permite cualquier función de coste, puede probar decisiones alternativas y hacer análisis de sensibilidad: de 3 a 6 meses para desarrollarlo, ciclo de búsqueda caro.

[7] W. H. Taubert, "A Search Decision Rule for the Aggregate Scheduling Problem," Management Science, 14, no. 6 (February 1968): 343–359.

[8] W. B. Lee y B. M. Khumawala, "Simulation Testing of Aggregate Production Planning Models in an Implementation Methodology," Management Science, 20, no. 6 (February 1974): 903–911.

[9] W. N. Ledbetter y J. F. Cox, "Operations Research in Production Management," Production and Inventory Management (Third Quarter 1977): 84–91.

DESAGREGACIÓN

Desagregación

Programa maestro de producción

El output del proceso de planificación agregada es normalmente un programa de producción de familias de productos. Le dice a un fabricante de coches cuántos coches ha de hacer, pero no cuántos deberían ser de dos en vez de cuatro puertas o rojos en vez de verdes. Le dice a un fabricante de acero cuántas toneladas de acero debe producir, pero no distingue entre acero enrollado o en láminas. Sin embargo, las empresas necesitan un plan que hable de productos específicos: ¿En qué cantidades debería producirse cada uno y para qué fecha? El proceso de romper el plan agregado en un mayor detalle se llama **desagregación**. La desagregación da como resultado un **programa maestro de producción**, el cuál, como vimos en el Capítulo 3, especifica:

1. el cuánto y el cuándo en lo referente a cantidades de producción de artículos específicos;
2. el cuánto y el cuándo en lo referente a componentes comprados o manufacturados;
3. la secuenciación de trabajos o pedidos individuales;
4. la asignación a corto plazo de los recursos a operaciones individuales.

PLANIFICACIÓN AGREGADA EN SERVICIOS

Los trabajadores a tiempo parcial son una táctica demostrada de planificación de recursos, especialmente en restaurantes y supermercados. McDonald's, por ejemplo, ha encontrado que contratar trabajadores retirados para trabajos de tiempo parcial da resultado. Los trabajadores mayores son empleados efectivos y fieles cuyas tasas de absentismo son normalmente mucho más bajas que las de los trabajadores jóvenes.

Algunos organizaciones de servicios realizan la planificación agregada exactamente de la misma manera que lo hicimos en los Ejemplos 4.1 al 4.5 de este capítulo. La mayoría de los servicios llevan a cabo en combinación algunas de las ocho opciones de capacidad y demanda vistas anteriormente en la Tabla 4.1, dando como resultado una estrategia mixta de planificación agregada para responder a la demanda. Hoy en día, en algunas empresas, como la banca, transportes y comida rápida, la planificación agregada puede ser incluso más sencilla que en las empresas manufactureras.

Los métodos de planificación agregada son diferentes según el tipo de servicio proporcionado. Aquí se dan cinco escenarios de servicios.[10]

Restaurantes

La planificación agregada en el caso de un negocio de producción de un alto volumen de producto, como es el caso de un restaurante, se dirige hacia (1) alisar la tasa de producción, (2) hallar el tamaño de la fuerza de trabajo que ha de ser empleada y (3) tratar de gestionar la demanda para mantener a las instalaciones y a los empleados trabajando. El método empleado normalmente requiere elaborar inventario durante los periodos de floja demanda y despachar el inventario en los periodos punta de demanda.

Como esto es muy similar a lo que les ocurre a las manufactureras, los métodos tradicionales de planificación agregada pueden ser aplicados también a los servicios tranquilos de alto volumen. Una diferencia que debe tenerse en cuenta es que en los restaurantes, el inventario es perecedero. Además, las unidades apropiadas de tiempo deben ser mucho más pequeñas que en las empresas manufactureras. Por ejemplo, en los restaurantes de comida rápida, los periodos bajos y altos de demanda pueden medirse en horas y el "producto" puede ser almacenado como mucho unos 10 minutos.

[10] Los cuatro primeros escenarios y su discusión están extraídos de R. Murdick, B Render, y R. Rusell, Service Operations Management (Boston: Allyn and Bacon, 1990), pp. 219–221.

Servicios varios

La mayoría de los servicios varios —servicios financieros, servicios de hostelería, servicios de transportes y muchos servicios de comunicación y recreativos— producen un alto volumen de producto intangible. La planificación agregada de estos servicios se orienta principalmente a la planificación de las necesidades de recursos humanos y a la gestión de la demanda. El objetivo es nivelar la demanda máxima y diseñar métodos para utilizar completamente los recursos de mano de obra durante los periodos previstos de baja demanda.

Cadenas nacionales de pequeñas empresas de servicios

Con el advenimiento de cadenas nacionales de pequeños negocios de servicios tales como funerarias, servicios de comida rápida a domicilio, centros de fotocopia/imprenta y tiendas de computadores, el plantearse la planificación agregada frente a la planificación independiente en cada establecimiento del negocio se ha convertido en todo un éxito. Un componente de la planificación agregada de una cadena de servicios es la compra centralizada, que tiene muchas ventajas. La producción también puede ser planificada centralmente cuando la demanda puede ser influenciada mediante promociones especiales. Este método tiene sus ventajas porque reduce los costes de publicidad y ayuda a regularizar la tesorería de cada local.

Industria de líneas aéreas

Otro ejemplo de servicio puede encontrarse en la industria de las líneas aéreas. Consideremos una línea aérea con centros de operaciones en Nueva York, dos locales centrales en ciudades como Atlanta y Dallas y 150 oficinas en aeropuertos por todo el país. La planificación agregada consiste en tablas o programas de (1) número de vuelos desde y hacia cada centro de operaciones; (2) número de vuelos en todas las rutas; (3) número de pasajeros a ser atendidos en todos los vuelos; y (4) número de personal aéreo y personal en tierra necesario en cada centro y aeropuerto.

Esta planificación es considerablemente más compleja que la planificación agregada para un único centro o un grupo de centros independientes. Además las decisiones de capacidad se enfocan a determinar el porcentaje de asientos que han de asignarse a diferentes clases de tarifa para maximizar el beneficio o la producción. Este tipo de problema de asignación de capacidad se llama **gestión de producción**.

Gestión de producción

Hospitales

Los hospitales hacen frente al problema de la planificación agregada asignando dinero, personal y distribuidores para responder las demandas que hacen los pacientes de sus servicios médicos. El hospital Henry Ford de Michigan, por ejemplo, planifica sus necesidades de capacidad de camas y personal en función de las previsiones de "carga" de pacientes obtenida a través de medias móviles. Su plan agregado ha llevado a la creación de un nuevo equipo de personal flotante que sirve cada área de enfermería.[11]

---

[11] G. Buxey, "Production Planning For Seasonal Demand", *International Journal of Operations and Production Management*, 13, no. 7 (1993): 4–21.

ALCANZANDO LOS ESTÁNDARES DE CLASE MUNDIAL

La planificación agregada proporciona a las compañías un arma competitiva para ayudarles a ganar cuotas de mercado en la economía agregada. Mirando con un horizonte de planificación a medio plazo, el plan agregado proporciona la habilidad de responder a las demandas cambiantes de los clientes a la vez que se continúa produciendo a niveles de alta calidad y bajo coste.

Los directivos de las empresas de clase mundial planifican bien porque saben qué programar, cómo programar y por qué. Si bien su orientación de clase mundial se inclina hacia programas nivelados, ellos equilibran de manera eficaz la capacidad, el inventario, el personal los proveedores/subcontratistas. Prefieren invertir en métodos de optimización como la programación lineal en vez de en métodos de prueba y error. El resultado es un eficaz y eficiente uso de los recursos para satisfacer las demandas del mercado.

RESUMEN

El plan agregado establece los niveles de inventario, producción, subcontratación y empleo durante un periodo de tiempo medio, normalmente de 3 a 18 meses. Este capítulo describe varias técnicas de planificación agregada, que abarcan desde el popular método de gráficos y tablas a una variedad de modelos matemáticos y orientados a computador como la programación lineal.

La planificación agregada es una importante responsabilidad táctica de un director de operaciones y una clave para alisar la producción. El output del plan agregado lleva mediante su desagregación a un programa maestro de producción más detallado, que es la base de la programación del trabajo y los sistemas MRP.

Aunque la exposición en la primera parte de este capítulo trata principalmente del entorno de fabricación, acabamos de ver los que planes agregados para los sistemas de servicios son similares. Bancos, restaurantes, líneas aéreas y talleres de coches son sistemas de servicios que pueden emplear los conceptos aquí desarrollados. Independientemente de la industria o del método de planificación, sin embargo, el tema más importante es la implementación del plan. Los directivos parecen preferir los métodos menos complejos y menos matemáticos para hacer la planificación, a menudo porque no están entrenados en el uso de los métodos cuantitativos.

TÉRMINOS CLAVE

Planificación agregada
Decisiones de programación táctica
Estrategia mixta
Programación nivelada
Métodos de gráficos y tablas
Método de transporte de PL
Regla de decisión lineal
Modelo de coeficiente de gestión
Programación por simulación
Regla de búsqueda de decisiones
Desagregación
Programa maestro de producción
Gestión de producción

Resolviendo el Ejemplo 4.2 con el Módulo de Planificación Agregada de AB:POM

USANDO AB: POM PARA RESOLVER LOS PROBLEMAS DE LA PLANIFICACIÓN AGREGADA

El módulo de Planificación Agregada de AB:POM realiza la planificación agregada o de producción durante 12 periodos de tiempo. Dada una serie de demandas para futuros periodos, Vd. puede intentar varios planes para determinar el plan de coste más bajo basado en los costes de almacenamiento, rotura, producción y cambio. La entrada inicial es el número de periodos del horizonte de planificación.

Como se muestra en el Programa 4.1, se dispone de cuatro métodos. Se proporciona más ayuda en cada uno de estos métodos *después de que Vd.* elija uno.

Además del método, hay un *flip-flop* en la segunda fila que le deja indicar si los excesos de demanda deberían ser realizados primero mediante horas extras o subcontratación. Es decir, si l*a cantidad a producir es mayor que la capacidad en tiempo normal* —qué opción debería utilizarse—.

La tabla tienen dos lados diferentes. En el lado izquierdo, se dan las capacidades, y en el lado derecho, se dan los costes. Además, los costes pueden ser los mismos en cada periodo o pueden variar de un periodo a otro. Si son los mismos, entonces la manera más fácil de entrar la columna es ir a la parte superior de la columna e introducir el coste.

El inventario inicial se coloca en la parte superior de la columna de demanda.

Los Programas 4.1 y 4.2 muestran el uso de AB:POM para analizar el Plan 1 (la primera estrategia) del Ejemplo 4.2. Ese plan definido por el usuario mantiene una fuerza de trabajo constante durante un periodo de planificación de 6 meses.

PROGRAMA 4.1 ■ Programa de Planificación Agregada de AB:POM, con Opciones de Menú y Pantalla de Introducción de Datos para el Plan 1 del Ejemplo 4.2. Observe que en el lado izquierdo de la tabla, se entran las capacidades, y en el lado derecho, se entran los costes. Para el análisis se eligió el método definido por el usuario.

```
Toggle Menu
Smooth production (let inventory vary)
Produce to demand (let work force vary)
Constant Reg time, then OT and sub
User defined

Data file: PLAN1 ——— Aggregate Planning ———Data Screen ———
Number of time periods (1-99) 6

ANALYSIS OF PLAN1 OF EXAMPLE 2

METHOD ->   User defined
PRIORITY    Overtime precedes subcontracting
```

		SCHEDULE			COSTS						
All Pds ->		0	0	0	$8.00	$11.20	$10.	$5.0	$0.0	$0.0	0.00
Pd	Demnd	Regtm	Ovrtm	Subcn	Regtim	Ovrtim	Subcon	Holdng	Shortg	Incres	Decres
Init	0	0	0	0							
Pd1	900	1100	0	0	8.00	11.20	10.00	5.00	0.00	0.00	0.00
Pd2	700	900	0	0	8.00	11.20	10.00	5.00	0.00	0.00	0.00
Pd3	800	1050	0	0	8.00	11.20	10.00	5.00	0.00	0.00	0.00
Pd4	1200	1050	0	0	8.00	11.20	10.00	5.00	0.00	0.00	0.00
Pd5	1500	1100	0	0	8.00	11.20	10.00	5.00	0.00	0.00	0.00
Pd6	1100	1000	0	0	8.00	11.20	10.00	5.00	0.00	0.00	0.00

Resolviendo los Problemas de Planificación Agregada con el Módulo de Transporte PL de AB:POM

El módulo del Modelo de Transporte de AB:POM fue introducido primeramente como una herramienta para la localización de instalaciones en el Suplemento del Capítulo 9 del volumen *Decisiones Estratégicas*. Utilizando el programa de programación lineal de transporte, podemos ver también los "orígenes" como fuentes de producción y los "destinos" como periodos, normalmente meses o trimestres. El programa puede utilizarse entonces para resolver el Ejemplo 4.6 (la Compañía Harpel Radial Tire) y otros problemas. Los nombres de origen y destino deben ser corregidos para reflejar el plan agregado. A las casillas que son claramente imposibles para el plan (digamos, aquellas que requieren retrasar pedidos) deberían asignarse costes muy elevados. Esto obligaría al computador a evitar la producción en esas fuentes. Para detalles sobre el uso de este método, remítase a los Programas S9.1 y S9.2 del volumen *Decisiones Estratégicas*.

FIGURA 4.2 ■ Output del Análisis de Planificación Agregada de AB:POM del Plan 1.

```
———————————— ANALYSIS OF PLAN1 OF EXAMPLE 2 ————————————
METHOD ->   User defined
PRIORITY    Overtime precedes subcontracting
All Pds ->     0      0      0    8.00   11.20   10.00    5.00   $0.0   $0.0   0.00
                  SCHEDULE                                U N I T S
  Pd Demnd  Regtm  Ovrtm  Subcn  Regtim  Ovrtim  Subcon  Holdng  Shortg  Incres Decres
Init     0      0      0      0
Pd1    900   1100      0      0    1100       0       0     200       0    1100      0
Pd2    700    900      0      0     900       0       0     400       0       0    200
Pd3    800   1050      0      0    1050       0       0     650       0     150      0
Pd4   1200   1050      0      0    1050       0       0     500       0       0      0
Pd5   1500   1100      0      0    1100       0       0     100       0      50      0
Pd6   1100   1000      0      0    1000       0       0       0       0       0    100
TOTL  6200   6200      0      0    6200       0       0    1850       0    1300    300
           SUBTOTAL COSTS ->49600       0       0    9250       0       0      0
           TOTAL COSTS = 58850
```

PROBLEMAS RESUELTOS

Problema resuelto 4.1

Bill Wicker e Hijos, la empresa manufacturera descrita en los Ejemplos 4.1 al 4.4, aún desea considerar una cuarta estrategia de planificación (Plan 4). Ésta mantiene una fuerza de trabajo constante de ocho personas y utiliza las horas extras cuando es necesario para hacer frente a la demanda. Utilizaremos la información de costes de la Tabla 4.3. De nuevo, asumimos que los inventarios iniciales y finales son iguales a cero.

Solución

Emplear ocho trabajadores y usar las horas extras cuando se necesiten. Ahora hallaremos los costes de almacenamiento.

Mes	Producción a 40 unidades/día	Inventario a principio de mes	Demanda prevista para este mes	Producción necesaria en horas extras	Inventario final
Enero	880	—	900	20	0
Febrero	720	0	700	0	20
Marzo	840	20	800	0	60
Abril.	840	60	1.200	300	0
Mayo	880	0	1.500	620	0
Junio	800	0	1.100	300	0
				1.240 unid.	80 unid.

Costes totales de almacenamiento = 80 unid. × 5$/unid./mes = 400$

Para producir 1.240 unidades a la tasa de horas extras (de 7 $/hora) se necesitan 1.984 horas.

Coste por horas extras = 7$/hora × 1984 horas = 13.888$

Coste regular = 8 trabajadores × 40$/día × 124 días = 39.680$

Coste	Plan 4 (Fuerza de trabajo de más de 8 horas extras)	
Coste de almacenamiento	400$	(80 unidades almacenadas × 5$/unidades)
Mano de obra normal	39.680	(8 trabajadores × 40$/día × 124 días)
Horas extras	13.888	(1.984 horas × 7$/hora)
Contratar o despedir	0	
Subcontratar	0	
Costes totales	53.968$	

Problema resuelto 4.2

Trent-Herren, un fabricante de bicicletas de Memphis, ha preparado los datos de producción, demanda, costes e inventario que se acompañan. La empresa tiene una fuerza de trabajo constante y satisface toda la demanda. Asignar la capacidad de producción para satisfacer la demanda al coste más bajo. ¿Cuál es el coste de este plan?

CAPACIDAD DE PRODUCCIÓN DISPONIBLE (EN UNIDADES)			
PERIODO	TIEMPO NORMAL	HORAS EXTRAS	SUBCONTRATACIÓN
1	300	50	200
2	400	50	200
3	450	50	200

PRONÓSTICO DE DEMANDA	
PERIODO	DEMANDA (UNIDADES)
1	450
2	550
3	750

OTROS DATOS

Inventario inicial: 50 unidades
Coste por unidad en tiempo normal: 50$
Coste por unidad en horas extras: 65$
Coste por unidad en subcontratación: 80$
Coste de almacenamiento por unidad y por periodo: 1$

Solución

SUPPLY FROM		DEMANDA DE *Periodo 1*	*Periodo 2*	*Periodo 3*	*Capacidad no usada (Ficticia)*	CAPACIDAD TOTAL DISPONIBLE (EXISTENCIAS)
COSTE DEL PLAN		[0] 50	[1]	[2]	[0]	50
Periodo 1	Tiempo Regular	[50] 300	[51]	[52]	[0]	300
	Horas Extras	[65] 50	[66]	[67]	[0]	50
	Subcontratos	[80] 50	[81]	[82]	[0] 150	200
Periodo 2	Tiempo Regular	[ ]	[50] 400	[51]	[0]	400
	Horas Extras	[ ]	[65] 50	[66]	[0]	50
	Subcontratos	[ ]	[80] 100	[81] 50	[0] 50	200
Periodo 3	Tiempo Regular	[ ]	[ ]	[50] 450	[0]	450
	Horas Extras	[ ]	[ ]	[65] 50	[0]	50
	Subcontratos	[ ]	[ ]	[80] 200	[0]	200
Total	DEMANDA	450	550	750	200	1.950

Coste por plan:

Periodo1:	50(0\$) + 300(50\$) + 50(65\$) + 50(80\$) =	22.250\$
Periodo 2:	400(50) + 50(65\$) + 100(80\$) =	31.250\$
Periodo 3:	50(81\$) + 450(50\$) + 50(65\$) + 200(80\$) =	45.800\$
	Coste total	99.300\$

PREGUNTAS DE DISCUSIÓN

1. ¿Cuál es el objetivo de la planificación agregada? Describe algunas opciones de demanda y capacidad para llevar a cabo los planes.
2. ¿Cuál es la diferencia entre las estrategias mixtas de planificación de la producción y las ocho opciones de demanda y capacidad que no son mixtas? Enumere cuatro estrategias que no sean mixtas.
3. ¿Por qué no son utilizados más extensamente los modelos matemáticos en la planificación agregada?
4. ¿Cuáles son las ventajas y desventajas de variar el tamaño de la fuerza de trabajo para responder a las necesidades de la demanda en cada periodo?
5. ¿Por qué tendrían algunas empresas unos horizontes de planificación mayores que otras?
6. ¿Cuál es la relación entre el plan agregado y el programa maestro de producción?
7. Describe brevemente cuatro métodos matemáticos para la planificación agregada.
8. ¿En qué se diferencia la planificación agregada en servicios de la de las empresas manufactureras?
9. ¿Por qué son útiles los métodos gráficos de planificación agregada?
10. ¿Cuáles son las principales limitaciones de utilizar el método del transporte para la planificación agregada?
11. ¿Qué impacto cree que puede tener en la calidad cada una de las ocho estrategias de planificación de la producción?
12. ¿Cuáles son las desventajas que tienen en común las siguientes dos estrategias: (1) variar los niveles de inventario y (2) retrasar pedidos durante los periodos de alta demanda?

EJERCICIO DE RAZONAMIENTO CRÍTICO

Muchas compañías resuelven su planificación agregada forzando las horas extras de sus empleados para ajustarse a los picos de demanda estacional. Por ejemplo, el informe del *Wall Street Journal* acerca de los largos e irregulares horarios en los Estados Unidos (14 de julio,1994, p. B1) destacaba a Angie Clark, una supervisora de J.C. Penny en Springfield, Virginia. La señora Clarks trabajaba al menos 44 horas a la semana, incluyendo tardes y a menudo turnos de fin de semana. Debido a la reciente recesión, el personal está más ocupado que 5 años antes, cuando la señora Clark tenía 38 dependientes en lugar de los 28 actuales. El resultado de esta presión es una rotación del 40%. Como la rotación en el empleo es tan grande, la preparación consiste en lo mínimo imprescindible —en su mayoría cómo manejar las cajas registradoras—.

Discuta las implicaciones de una estrategia de gran utilización de las horas extras en el sector de venta al por menor, como también en otros campos como fabricación, hospitales y líneas aéreas. ¿Cómo se compara este método americano con el de otros países?

PROBLEMAS

4.1 Desarrollar otro plan para Bill Wicker e Hijos, el fabricante de materiales para tejados tratado en los Ejemplos del 4.1. al 4.4 y en el Problema Resuelto 4.1 Para este plan, el Plan 5, la empresa quiere mantener una fuerza de trabajo constante de seis y pagar horas extras para satisfacer la demanda. ¿Es preferible este plan?

4.2 Bill Wicker e Hijos, el fabricante de tejados de los Ejemplos 4.1 al 4.4 y el Problema Resuelto 4.1, tiene todavía un sexto plan. Una fuerza de trabajo constante de siete empleado y el resto de la demanda cubierta subcontratando. ¿Es éste un plan mejor?

4.3 La presidenta de King Enterprisées, Kris King, proyecta las necesidades de demanda agregada de la empresa durante los próximos ocho meses como sigue:

Ene.	1.400	May	2.200
Feb.	1.600	Jun	2.200
Mar.	1.800	Jul	1.800
Abr.	1.800	Agos.	1.400

Su director de operaciones está considerando un nuevo plan, que empieza en enero con 200 unidades disponibles. El coste de rotura de existencias (ventas perdidas) es de 100$ por unidad. El coste de almacenamiento es de 20$ por unidad y por mes. Ignorar cualquier coste de tiempo inactivo. El plan es llamado Plan A.

El Plan A— Variar el nivel de la fuerza de trabajo para responder exactamente a las necesidades de la demanda. La tasa de producción de diciembre es de 1.600 unidades por mes. El coste de contratar trabajadores adicionales es de 5.000$ por 100 unidades. El coste de despedir a los trabajadores es de 7.500$ por 100 unidades.

Evaluar este plan.

4.4 En referencia al Problema 4.3, King Enterprises está pensando ahora el Plan B, que se presenta a continuación. El inventario inicial, los costes de rotura de existencias y los costes de almacenamiento fueron proporcionados en el Problema 4.3.

Plan B— Producir una tasa constante de 1.400 unidades por mes (que satisface la demanda mínima). Después subcontratar las unidades adicionales a un precio de 75$ la unidad.

Evaluar este plan.

4.5 En referencia al Problema 4.3, a continuación se presenta un Plan C. El inventario inicial, los costes de rotura de existencias y los costes de almacenamiento se dieron en el Problema 4.3.

Plan C— Sostener una fuerza de trabajo estable manteniendo una tasa de producción constante igual a las necesidades medias y variando los niveles de inventario. Trace la demanda con un histograma que muestre también las necesidades medias.

Evaluar este plan.

4.6 El director de operaciones de King (véase los Problemas 4.3 al 4.5) está considerando también estas dos estrategias mixtas:

Plan D— Mantener la fuerza de trabajo actual estable en 1.600 unidades por mes. Permitir un máximo del 20% de horas extras con un coste adicional de 50$ por unidad. Además, ahora el almacén restringe el máximo inventario disponible permitido a 400 unidades o menos.

Plan E— Mantener la fuerza de trabajo actual, que está produciendo 1.600 unidades por mes, y subcontratar para responder al resto de la demanda.

4.7 Mark y Ventra es un fabricante de VCR que necesita un plan agregado para julio-diciembre. La compañía ha recogido los siguientes datos:

¿Cuánto costarían las dos estrategias siguientes?

a) Variar la fuerza de trabajo para realizar la producción exacta para responder a la demanda prevista. Empezar con ocho trabajadores en plantilla a finales de junio.

b) Variar sólo las horas extras y usar una fuerza de trabajo constante de ocho.

COSTES	
Coste de almacenamiento	8$/VCR/mes
Subcontratación	80$/VCR
Mano de obra en el tiempo normal	10$/hora
Mano de obra en horas extras	16$/hora (por encima de 8) trabajador/día
Coste de contrataciones	40$/trabajador
Coste de despidos	80$/trabajador

DEMANDA	
Julio	400
Agosto	500
Septiembre	550
Octubre	700
Noviembre	800
Diciembre	700

OTROS DATOS	
Fuerza de trabajo actual	8
Horas de mano de obra/VCR	4
Días laborables/mes	20
Inventario inicial de VCR	150

4.8 Desarrolle su propio plan agregado para Mark y Ventra (véase el Problema 4.7). Justifique su método.

4.9 Vanessa Juenger, la directora de operaciones de Muebles Lauren Wallace, ha recibido las siguientes estimaciones de necesidades de demanda.

Asumiendo que los costes de rotura de existencias por ventas perdidas son 100$ y los costes de almacenamiento son 25$/unidad/mes, evaluar estos dos planes en una base de *coste incremental*.

Plan A— Producir a una tasa fija (igual a las necesidades mínimas) de 1.000 unidades por mes y subcontratar las unidades adicionales a un coste de 60$ por unidad.

ABR.	MAY	JUN	JUL	AGOS.	SEPT.
1.000	1.200	1.400	1.800	1.800	1.600

Plan B— Variar la fuerza de trabajo, que está a un nivel de producción actual de 1.300 unidades por mes. El coste de contratar trabajadores adicionales es de 3.000$ por 100 unidades producidas. El coste de los despidos es de 6.000$ por 100 unidades reducidas.

: **4.10** Vanessa Juenger (véase Problema 4.9) está considerando dos estrategias mixtas más. Usando los datos del Problema 4.9, compare los Planes C y D con los anteriores y haga su recomendación.

Plan C— Mantener fija la fuerza de trabajo actual a un nivel de producción de 1.300 unidades por mes. Subcontratar el resto para responder a la demanda. Suponer que 300 unidades restantes de marzo están disponibles para abril.

Plan D— Mantener la actual fuerza de trabajo capaz de producir 1.300 unidades por mes. Permitir un máximo del 20% de horas extras a un precio de 40$ por unidad. Asumir que las limitaciones del almacén no permiten guardar más de 180 unidades de un mes a otro. Esto significa que cada vez que los inventarios llegan a 180, la fábrica detiene su actividad. El tiempo inactivo por cada unidad supone 60$. Cualquier necesidad adicional es subcontratada a un coste de 60$ por unidad incremental.

· **4.11** Considerar el siguiente problema agregado para un trimestre.

	TIEMPO NORMAL	HORAS EXTRAS	SUBCONTRATACIÓN
Capacidad de producción/mes	1.000	200	150
Coste de producción/unidad	5$	7$	8$

Suponer que no hay inventario inicial y hay una demanda prevista de 1.250 unidades en cada uno de los tres meses. El coste de almacenamiento es 1$ por unidad por mes. Resolver este problema de planificación agregada.

: **4.12** La empresa Carrie Mattanini ha elaborado los datos de producción, demanda, coste e inventario, que se indican a continuación. Asignar la capacidad de producción para responder a la demanda con un coste mínimo. ¿Cuál es el coste?

PRODUCCIÓN DISPONIBLE

PERIODO	TIEMPO NORMAL	HORAS EXTRAS	DEMANDA DE SUBCONTRATACIÓN	PRONÓSTICO
1	30	10	5	40
2	35	12	5	50
3	30	10	5	40

Inventario inicial	20 unid.
Coste por unidad en tiempo normal	100$
Coste por unidad en horas extras	150$
Coste por unidad subcontratada	200$
Coste de almacenamiento por unidad y por un mes	4$

: **4.13** El periodo de planificación de la producción de las placas RAM de 10 megabytes para los computadores personales CDM es de 4 meses. Los datos del coste son los siguientes:

Coste por placa en tiempo normal	70$
Coste por placa en horas extras	110$
Coste por placa subcontratada	120$
Coste de almacenamiento por placa y por mes	4$

La capacidad y la demanda de las placas RAM para cada uno de los cuatro meses son las siguientes:

	PERIODO			
	MES 1	MES 2	MES 3*	MES 4
Demanda	2.000	2.500	1.500	2.100
Capacidad				
Tiempo normal	1.500	1.600	750	1.600
Horas extras	400	400	200	400
Subcontratación	600	600	600	600

*La fábrica cierra dos semanas por vacaciones.

CDM espera iniciar el periodo de planificación con 500 placas RAM en existencia. No se permite retrasar la realización de pedidos (es decir, por ejemplo, que las placas producidas en el segundo mes no pueden ser utilizadas en el primero). Establecer un plan de producción que minimice los costes.

4.14 Instrumentos Haifa, una productora israelí de unidades de diálisis de riñón portátiles y otros productos médicos, elabora un plan agregado de 4 meses. La previsión de demanda y de capacidad (en unidades) son las siguientes:

FUENTE DE CAPACIDAD	MES 1	MES 2	MES 3	MES 4
Mano de obra				
Tiempo normal	235	255	290	300
Horas extras	20	24	26	24
Subcontratación	12	15	15	17
Demanda	255	294	321	301

El coste de producir cada unidad de diálisis es de 985$ en tiempo normal, 1.310$ en horas extras y 1.500$ subcontratando. El coste de almacenar el inventario es de 199$ por unidad y por mes. No va a haber inventario inicial ni final. Establecer un plan de producción que minimice los costes.

4.15 Una fábrica de Birmingham, Alabama, produce lingotes de hierro colado de acuerdo con un plan de capacidad de 3 meses. El coste de la mano de obra tiene una media de 100$ por cada hora del turno normal y 140$ por cada hora extraordinaria. El coste de almacenamiento se estima que sea 4$ por hora de mano de obra en inventario. Hay 50 horas de mano de obra directa en inventario provenientes de marzo. Para los 3 meses siguientes la demanda y la capacidad (en horas de trabajo) son como sigue:

	CAPACIDAD		
MES	HORAS DE MANO DE OBRA NORMALES	HORAS DE MANO DE OBRA EXTRAORDINARIAS	DEMANDA
Abril	2.880	355	3.000
Mayo	2.780	315	2.750
Junio	2.760	305	2.950

Llevar a cabo un plan agregado para el periodo de 3 meses.

4.16 Una gran fábrica de pienso en Omaha prepara su plan agregado a 6 meses pronosticando la demanda de bolsas de 50 libras de pienso para el ganado de la siguiente manera: enero, 1.000 bolsas; febrero, 1.200; marzo, 1.250; abril, 1.450; mayo, 1.400; y junio, 1.400. La fábrica de pienso planea empezar el nuevo año sin inventario sobrante del año anterior. Proyecta que la capacidad (durante las horas normales) para producir bolsas de pienso permanecerá constante en 800 hasta el final de abril, y después aumentará a 1.100 bolsas por mes cuando el 1 de mayo se haya completado la expansión planificada. La capacidad en horas extras está establecida en 300 bolsas por mes hasta la expansión, en cuyo momento aumentará a 400 bolsas por mes. Un cordial competidor en Siroux City, Iowa, está también disponible como fuente de apoyo para responder a la demanda —pero éste insiste en un contrato firme y sólo puede proveer un total de 500 bolsas durante el periodo de 6 meses—.

Los datos de coste son los siguientes:

Coste de cada bolsa en tiempo normal (hasta el 30 de abril)	12$
Coste de cada bolsa en tiempo normal (a partir del 1 de mayo)	11$
Coste de cada bolsa en horas extras (durante todo el periodo)	16$
Coste de compra en el exterior de cada bolsa	18,50$
Coste de almacenamiento por bolsa y por mes	1$

Elaborar un plan de producción a 6 meses para la fábrica de pienso.

4.17 La Compañía de Suministros Químicos Todd Corbin fabrica y empaqueta caros frascos de mercurio. Dados los siguientes datos de demanda, producción, costes e inventario, asignar la capacidad de producción para hacer frente a la demanda con un coste mínimo. Se cuenta con que exista una fuerza de trabajo constante y no se permite retrasar pedidos.

	Capacidad de producción (en unidades)			
Periodo	Tiempo normal	Horas extras	Subcontratada	Demanda (en unidades)
1	25	5	6	32
2	28	4	6	32
3	30	8	6	40
4	29	6	7	40

Otros datos	
Inventario inicial	4 unid.
Inventario final deseado	3 unid.
Coste por unidad en tiempo normal	2.000$
Coste por unidad en horas extras	2.475$
Coste por unidad en subcontratación	3.200$
Coste de almacenamiento por unidad y por periodo	200$

4.18 Dada la siguiente información, obtener el plan de mínimo coste:

	Periodo					
	1	2	3	4	5	
Demanda	150	160	130	200	210	Subcontrataciones: 100 unid. disponibles durante el periodo de 5 meses
Capacidad						
Normal	150	150	150	150	150	Inventario inicial: 0 unidades
Horas extras	20	20	10	10	10	Inventario final necesario: 20 unidades

COSTE	
Coste por unidad en tiempo normal	100$
Coste por unidad en horas extras	125$
Coste por unidad en subcontratación	135$
Coste de inventario por unidad y por periodo	3$

Asumir que retrasar pedidos no está permitido.

APLICACIÓN DE BASE DE DATOS

4.19 Rich Rowe, propietario de una fábrica de equipos de limpieza en seco, elabora un plan agregado de 8 meses. Los pronósticos de demanda y de capacidad (en unidades) son los siguientes:

FUENTE DE CAPACIDAD	ENE..	FEB.	MAR.	ABR.	MAY.	JUN.	JUL.	AGOS.
Mano de obra								
Normal	235	255	290	300	300	290	300	290
Horas extras	20	24	26	24	30	28	30	30
Subcontratación	12	16	15	17	17	19	19	20
Demanda	255	294	321	301	330	320	345	340

El coste de producir cada unidad de limpieza en seco es de 1.000$ en tiempo normal, 1.300$ en horas extras y 1.500$ subcontratando. El coste de almacenamiento es de 100$ por unidad por mes. No hay inventario inicial ni final y no se permite retrasar pedidos de un periodo a otro.

a) Establecer un plan de producción que minimice el coste produciendo exactamente la demanda de cada mes y dejando que la fuerza de trabajo varíe. ¿Cuál es el coste del plan?

b) Con una mejor planificación, la producción en tiempo normal puede situarse exactamente en 275 por mes. ¿Altera esto la solución?

c) Si los costes en horas extras suben de 1.300$ a 1.400$. ¿cambiaría su respuesta del apartado (a)? ¿Y si bajaran a 1.200$?

CASO DE ESTUDIO

Andrew-Carter S.A.

Andrew-Carter, S.A. (A-C) es una importante productora y distribuidora canadiense de instalaciones de alumbrado exteriores. Su instalación se distribuye por Norteamérica y ha tenido mucha demanda durante varios años. La compañía tiene tres fábricas que manufacturan la instalación y la distribuyen a cinco centros de distribución (almacenes).

Durante la presente recesión, A-C ha contemplado una importante caída en la demanda de su instalación, debido al declive del mercado doméstico. Basándose en el pronóstico de los tipos de interés, el jefe de operaciones piensa que la demanda de vivienda y por tanto de su producto permanecerá baja en un futuro previsible. A-C está pensando cerrar una de sus plantas, porque ahora está funcionando con una capacidad en exceso prevista de 34.000 unidades por semana. Las demandas semanales previstas para el año que viene son:

Almacén 1	9.000 unidades
Almacén 2	13.000 unidades
Almacén 3	11.000 unidades
Almacén 4	15.000 unidades
Almacén 5	8.000 unidades

Las capacidades de las fábricas, en unidades por semana, son

Fábrica 1, en tiempo normal	27.000 unidades
Fábrica 1, en horas extras	7.000 unidades
Fábrica 2, en tiempo normal	20.000 unidades
Fábrica 2, en horas extras	5.000 unidades
Fábrica 3, en tiempo normal	25.000 unidades
Fábrica 3, en horas extras	6.000 unidades

Si A-C cierra alguna fábrica, sus costes semanales cambiarán, porque los costes fijos son más bajos para una planta no operativa. La Tabla 1 muestra los costes de producción en cada fábrica, los variables en tiempo normal y horas extras, y fijos cuando la fábrica está operativa y cerrada. La Tabla 2 muestra los costes de distribución desde cada planta a cada almacén (centro de distribución).

PREGUNTAS DE DISCUSIÓN

1. Evaluar las diversas configuraciones de fábricas operativas y cerradas que satisfará la demanda semanalmente. Determinar qué configuración minimiza los costes totales.
2. Discuta las implicaciones de cerrar una fábrica.

Fuente: Professor Michael Ballot, University of the Pacific.

TABLA 1 ■ Costes variables y costes de producción fijos de Andrew-Carter, S.A.

Fábrica	Coste variable	Coste fijo por semana	
		Operativa	No operativa
Nº. 1, tiempo normal	2,80$/unidades	14.000$	6.000$
Nº. 1, horas extras	3,52		
Nº. 2, tiempo normal	2,78	12.000	5.000
Nº. 2, horas extras	3,48		
Nº. 3, tiempo normal	2,72	15.000	7.500
Nº. 3, horas extras	3,42		

TABLA 2 ■ Costes de distribución por unidad de Andrew-Carter, S.A.

Desde las fábricas	A los centros de distribución				
	W1	W2	W3	W4	W5
Nº. 1	0,50$	0,44$	0,49$	0,46$	0,56$
Nº. 2	0,40	0,52	0,50	0,56	0,57
Nº. 3	0,56	0,53	0,51	0,54	0,35

BIBLIOGRAFÍA

Armacost, R. L., R. J. Penlesky, and S. C. Ross. "Avoiding Problems Inherent in Spreadsheet-Based Simulation Models—An Aggregate Planning Application." *Production and Inventory Management*, 31 (Second Quarter 1990): 62–68.

Bowers, M. R., and J. P. Jarvis. "A Hierarchical Production Planning and Scheduling Model." *Decision Sciences*, 23 (January/February 1992): 144–157.

Buxey, G. "Production Planning and Scheduling for Seasonal Demand." *International Journal of Operations and Production Management*, 13, no. 7 (1993): 4–21.

Coker, J. L. "Analyzing Production Switching Heuristics for Aggregate Planning Models via an Application." *Production and Inventory Management* (Fourth Quarter 1985): 1–13.

DeMatta, R., and T. Miller. "A Note on the Growth of a Production Planning System." *Interfaces*, 23 (April 1993): 27–31.

Heskett, J., W. E. Sasser, and C. Hart. *Service Breakthroughs: Changing the Rules of the Game*. New York: Free Press, 1990.

Krajewski, L. J., and L. B. Ritzman. "Disaggregation in Manufacturing and Service Organizations." *Decision Sciences*, 8 (January 1977): 1–18.

Leone, R. A., and J. R. Meyer. "Capacity Strategies for the 1980's." *Harvard Business Review* 58 (November/December 1980): 133.

McLeavey, D. W., and S. L. Narasimham. *Production Planning and Inventory Control*. Boston: Allyn and Bacon, 1985.

Murdick, R., B. Render, and R. Russell. *Service Operations Management*. Boston: Allyn and Bacon, 1990.

Sasser, W. E. "Match Supply and Demand in Service Industries." *Harvard Business Review*, 54 (November/December 1976): 133–140.

Schramm, W. R., and L. E. Freund. "Application of Economic Control Charts by a Nursing Modeling Team." *Industrial Engineering*, 25 (April 1993): 27–31.

Vollmann, T. E., W. L. Berry, and D. C. Whybark. *Manufacturing Planning and Control Systems*, Third Edition. Homewood, IL: Irwin, 1992.

5

TÁCTICAS DE PROGRAMACIÓN A CORTO PLAZO

CONTENIDO DEL CAPÍTULO

PERFIL DE CLASE MUNDIAL: LTV
CONCEPTOS DE PROGRAMACIÓN
- Hacia Adelante y Hacia Atrás
- Programación
- Criterios de Programación

PROGRAMACIÓN DE CENTROS DE TRABAJO ENFOCADOS AL PROCESO
CARGA DE TRABAJOS EN LOS CENTROS DE TRABAJO
- Control Input- Output
- Diagramas de Gantt
- Método de Asignación

SECUENCIACIÓN DE TRABAJOS EN LOS CENTROS DE TRABAJO
- Reglas de Prioridad para Ejecutar los Trabajos
- Índice Crítico
- Programar *N* Trabajos en Dos Máquinas
- Programar *N* Trabajos en Tres Máquinas
- Programar *N* Trabajos en M Máquinas
- Centros de Trabajo Cuello de Botella
- Limitaciones de los Sistemas Basados en Reglas

AVANCES EN PROGRAMACIÓN Y SECUENCIACIÓN
- Sistemas Expertos
- Programación Finita

FABRICACIÓN REPETITIVA
PROGRAMACIÓN EN LOS SERVICIOS
- Programar el Personal de un Banco con Programación Lineal
- Programar Enfermeras con Programación Cíclica

ALCANZANDO ESTÁNDARES DE CLASE MUNDIAL
RESUMEN
TÉRMINOS CLAVE
UTILIZAR AB:POM PARA RESOLVER
PROBLEMAS DE PROGRAMACIÓN
- Máquinas: Regla de Johnson

PROBLEMAS RESUELTOS
PREGUNTAS DE DISCUSIÓN
EJERCICIO DE RAZONAMIENTO CRÍTICO
PROBLEMAS
APLICACIÓN DE LA BASE DE DATOS
CASO DE ESTUDIO
BIBLIOGRAFÍA

OBJETIVOS DE APRENDIZAJE

Cuando acabe este capítulo debería ser capaz de:

Identificar o Definir:
- Diagramas de Gantt
- El Método de Asignación
- Reglas de Secuenciación
- Regla de Johnson

Explicar:
- Carga del centro de trabajo
- Secuenciación
- Programación

PERFIL DE CLASE MUNDIAL: LTV

LA PROGRAMACIÓN PROPORCIONA UNA VENTAJA COMPETITIVA A LTV

Con el desarrollo de máquinas de control numérico (máquinas controladas por programas de ordenador), las compañías ahora controlan (1) el movimiento de piezas en la máquina, (2) el cambio de herramientas de la máquina, y (3) el movimiento de materiales de máquina a máquina. Cuando se combinan estas capacidades, tenemos un sistema de fabricación flexible (FMS).

Este FMS en LTV Aircraft Products Group, en Dallas, permite que se consigan un buen número de cosas. Entre ellas están un rápido movimiento de piezas entre las máquinas, una rápida preparación de las herramientas, un manejo efectivo de los desechos, una utilización económica del espacio y una elevada utilización de las máquinas. En un FMS bien programado, la utilización de las máquinas puede aumentar en un 200% o 300% más que en un taller de control numérico estándar.

Todas las instrucciones de las máquinas y del movimiento de materiales (código de ordenador) se cargan en un ordenador central. El ordenador central trasvasa los programas a un ordenador en el FMS, donde un programador in situ toma las determinaciones finales sobre el trabajo que se debe procesar a continuación. El programador in situ determina las herramientas necesarias y los dispositivos de soporte (que sostienen las partes a fabricar), así como el programa final.

El FMS hace posible la programación de unidades en orden aleatorio, el manejo de piezas similares o distintas y el mezclar tamaños y formas diversas sin afectar al flujo de producción. Esta versatilidad da como resultado que las piezas sean fabricadas en un entorno de justo a tiempo (JIT). Por lo tanto, la flexibilidad del proceso ha mejorado.

La ventaja competitiva llega a LTV de diferentes maneras. Primero, la utilización de las máquinas es unas tres veces la de un centro de máquinas normal. Segundo, se necesitan menos de tres horas para producir una pieza, así que el trabajo en curso es menor. Tercero, como el tiempo de preparación de una pieza es bajo y la producción es rápida, se mejora el servicio al cliente.

Utilizando las instrucciones de trabajo generadas por computador, el personal de planificación y de programación determina las herramientas necesarias para cada trabajo. Entonces se colocan las herramientas necesarias para ese trabajo en la posición adecuada en la máquina a la que se ha asignado el trabajo.

Se muestra una cinta transportadora (carrusel) que recibe y envía cada dispositivo de sujeción de componentes, llamados elevadores, los cuales sostienen las partes hasta el vehículo guiado automáticamente (AGV). La cinta tiene dos estaciones de trabajo para montar y desmontar las piezas en los distintos elevadores. Aquí se ve un operario en el extremo izquierdo, que está quitando un trabajo finalizado y el otro, que determina la siguiente orden. Los operadores que efectúan la carga y descarga de las partes también hacen un control de verificación antes de marcar la parte como completada y mandarla para ser inspeccionada. El cuarto de control del segundo piso que se encuentra en la parte de atrás le ofrece retroalimentación visual al programador.

El AGV deja el dispositivo de sujeción (elevador 35) en la transportadora de carga de la estación de lavado. La estación automática de lavado permite una completa rotación de la pieza mientras se lava con refrigerante de alta presión. Mientras se lava cada pieza, las virutas metálicas corren por tubos de desagüe en el suelo hasta la estación control de clasificación de virutas.

El problema de programar los equipos de árbitros de la Liga Americana de beisbol de una serie de partidos a la siguiente se complica por la existencia de muchas restricciones de viajes, que van desde los cambios de horarios de costa a costa, a los programas de vuelos de las líneas aéreas y a los partidos nocturnos que acaban muy tarde.

La Liga intenta cumplir dos objetivos principales: (1) equilibrar las asignaciones de los árbitros de forma relativamente equitativa, entre todos los equipos a través de una temporada, y (2) minimizar los costes de los viajes. Estos objetivos son conflictivos por naturaleza, ya que para intentar equilibrar las asignaciones de árbitros se necesita una cantidad considerable de viajes en avión y de movimientos de equipos, lo que aumenta los costes de los viajes. Utilizando la fórmula del problema de asignación, descrito en este capítulo, se ha disminuido de forma significativa el tiempo que le lleva a la Liga la programación de tal asignación. Y se ha mejorado su calidad.[1] ◆

La programación asigna recursos, como herramientas en LTV o árbitros en beisbol, durante el tiempo para ejecutar las tareas de una organización. La Tabla 5.1 muestra las decisiones de programación en cuatro organizaciones: un hospital, una universidad, una fábrica y una compañía aérea.

El proceso de programación comienza con la planificación de la *capacidad,* la cual implica la adquisición de instalaciones y equipo. En la fase de la planificación agregada, se toman decisiones con respecto a la *utilización* de las instalaciones, el inventario, la gente y los contratistas externos. Después el programa maestro descompone el plan agregado y desarrolla un programa *completo* de los productos. Los programas a corto plazo entonces traducen las decisiones de capacidad, la planificación intermedia y los programas maestros en secuencias de trabajo, asignaciones concretas de personal, materiales y maquinaria. En este capítulo se describe el difícil problema de la programación de bienes y servicios a *corto plazo* (es decir, sobre una base semanal, diaria o por hora).

CONCEPTOS DE PROGRAMACIÓN

La programación implica asignar fechas de entrega para trabajos concretos, pero muchos trabajos compiten simultáneamente por los mismos recursos. Para ayudar a tratar las dificultades inherentes a la programación, podemos clasificar las técnicas de programación en (1) programación hacia adelante (forward) y (2) programación hacia atrás (backward).

Programación hacia adelante y hacia atrás

Programación hacia adelante

La **programación hacia adelante** empieza el programa tan pronto como se conocen las necesidades. Esta programación se utiliza en una gran variedad de organizaciones tales como hospitales, clínicas, restaurantes y fábricas de máquinas y herramientas. En estas instalaciones, los trabajos se realizan bajo pedido del cliente y la entrega, normalmente, se requiere lo antes posible. La programación hacia adelante está normalmente diseñada para crear un programa que pueda cumplirse incluso si ello significa no cumplir la fecha de entrega. En muchos casos, la programación hacia adelante provoca una acumulación de inventario de trabajo en curso.

1 James Evans, "Scheduling American League Umpires,) *Interfaces* (November/December 1988): 42-51

TABLA 5.1 ■ Decisiones de programación

ORGANIZACIÓN	LOS DIRECTIVOS DEBEN PROGRAMAR LO SIGUIENTE:
Hospital	La utilización de las salas de operación La admisión de pacientes Personal de enfermería, seguridad, mantenimiento Tratamientos de pacientes externos
Universidad	Aulas y equipo audiovisual Programación de estudiantes y profesores Cursos de postgrado y licenciatura
Fábrica	Producción de bienes Compras de materiales Trabajadores
Compañía Aérea	Mantenimiento de los aviones Horarios de salidas Tripulaciones de vuelo, personal de abastecimiento, de embarque y de billetes

FIGURA 5.1 ■ La Relación Entre la Planificación de Capacidad, Planificación Agregada, Programa Maestro y Programación a Corto Plazo.

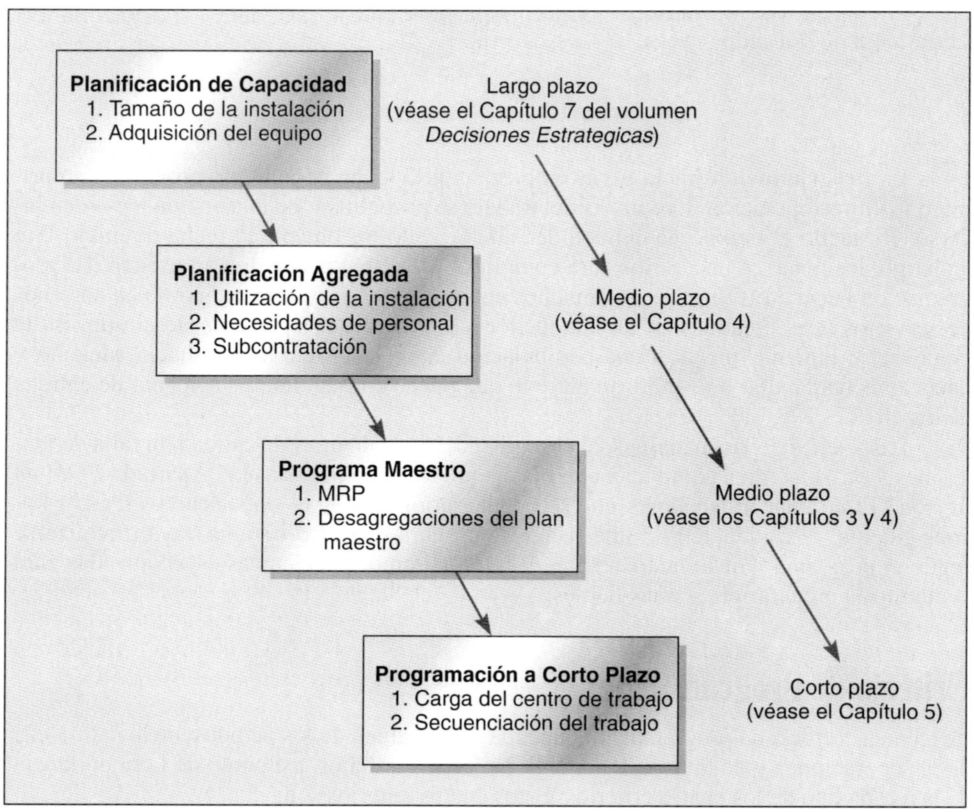

POM EN ACCIÓN

Programar trabajadores que se quedan dormidos en el trabajo no es fácil

Incapaz de hacer frente a un programa de trabajo que cambia constantemente, un operario de una gran refinería de petróleo se queda dormido en mitad de la noche —y vierte sin darse cuenta miles de galones de sustancias químicas en un río cercano—.

Una historia similar puede decirse de los pilotos. Sus programas incongruentes a menudo les obligan a echar una cabezada en la cabina de mando para dormir lo suficiente. "Ha habido ocasiones que he tenido tanto sueño, que me he quedado dormido mientras estaba rodando por la pista para tomar la posición de despegue", dice un piloto de Federal Express. "Me he quedado dormido leyendo las listas de control. Me he quedado dormido en mitad de una palabra."

20 millones de personas en Estados Unidos trabajan en industrias que mantienen programas de 24 horas. En entrevistas con investigadores, los empleados del turno de noche cuentan historias de ver a trabajadores de la cadena de montaje dormidos caerse de sus taburetes, lotes de partes defectuosas pasar por inspectores que estaban durmiendo, y operadores de carretillas elevadoras exhaustos chocar contra las paredes. "Es muy alarmante. ¿Cómo puede admitirse que los operadores de una planta de energía nuclear se duerman de forma regular en el trabajo?", dice un investigador de Harvard.

La programación es un problema importante en empresas con turnos de noche. Algunas compañías, aunque lejos de ser todas, están tomando medidas para resolver los problemas de sueño relacionados con el programa entre los trabajadores. Dow Chemical, Detroit Edison, Pennzoil y Exxon, por ejemplo, están dando a sus trabajadores varios días libres entre los cambios de turno. El Departamento de Policía de Filadelfia está realizando menos cambios de programa y hechos menos al azar y presenta un descenso del 40% en los accidentes de tráfico en servicio de los oficiales.

Cuanto más se sabe del coste económico que suponen los constantes cambios de programa, las compañías descubren que no pueden permitirse continuar ignorando el problema. Como dice el Dr. David Kupfer, "Está en juego un dineral, y algunas veces, vidas."

Fuentes: Prevention (mayo, 1994): 72-80; y *Wall Street Journal* (julio 7, 1988): 1.

Programación hacia atrás

La **programación hacia atrás** empieza con la fecha de entrega, programando primero la última operación. Las etapas del trabajo se programan, de una en una, en orden inverso. Restando el tiempo de entrega de cada artículo, se obtiene la fecha de inicio. Sin embargo, los recursos necesarios para cumplir el programa puede que no existan. La programación hacia atrás se utiliza en muchos entornos de fabricación, así como en entornos de servicios tales como servir un banquete o programar una operación de cirujía. En la práctica, se utiliza a menudo una combinación entre la programación hacia adelante y hacia atrás para hallar un equilibrio entre lo que puede conseguirse y las fechas de entrega de los clientes.

Las averías de las máquinas, el absentismo, los problemas de calidad, la falta de materiales y otros factores complican aún más la programación. (Véase el Apartado *POM en Acción* "Programar trabajadores que se quedan dormidos en el trabajo no es fácil.") Por consiguiente, la asignación de una fecha no asegura que el programa vaya a realizarse según el programa. Por lo tanto, se han desarrollado muchas técnicas especializadas para ayudarnos a preparar programas fiables.

Criterio de Programación

La técnica correcta de programación depende del volumen de los pedidos, de la naturaleza de las operaciones y de la complejidad global de los trabajos, así como de la importancia dada a cada uno de los cuatro criterios. Estos cuatro criterios son:

1. *Minimizar el Tiempo de Finalización:* Esto se evalúa determinando el tiempo medio de finalización de cada trabajo.
2. *Maximizar la Utilización:* Esto se evalúa determinando el porcentaje del tiempo que se utiliza la instalación.
3. *Minimizar el Inventario del Trabajo en curso (WIP):* Esto se evalúa determinando el número medio de trabajos en el sistema. La relación entre el número de trabajos en el sistema y el inventario WIP es alta. Por lo tanto, cuanto más bajo sea el número de trabajos en el sistema, menor será el inventario.
4. *Minimizar el Tiempo de Espera de los Clientes:* Esto se evalúa determinando el número medio de días de retraso.

Estos cuatro criterios se utilizan en este capítulo, como se hace en la industria, para evaluar la eficacia de la programación. Además, los buenos métodos de programación deben ser simples, claros, fáciles de entender, fáciles de llevar a cabo, flexibles y realistas. Dadas estas consideraciones, *el objetivo de la programación es la optimización de la utilización de los recursos de tal forma que se cumplan los objetivos globales de la producción.* En este capítulo, examinamos la programación en la producción enfocada al proceso (intermitente), en la producción repetitiva y en el sector de servicios.

PROGRAMACIÓN DE LOS CENTROS DE TRABAJO ENFOCADOS AL PROCESO

Las instalaciones enfocadas al proceso (también conocidas como instalaciones intermitentes o talleres)[2] son sistemas de gran variedad y bajo volumen, que se encuentran comúnmente en organizaciones manufactureras y de servicios. Es un sistema de producción en el cual los productos se hacen bajo el pedido. Los artículos hechos mediante este sistema normalmente difieren de forma considerable en términos de materiales utilizados, el orden de proceso, los requerimientos del proceso, el tiempo de proceso y las necesidades de preparación. Debido a estas diferencias, la programación puede ser complicada. Para llevar una instalación de forma eficaz y equilibrada, el director necesita un sistema de planificación y control de la producción. Este sistema debería:

1. Programar los pedidos que se reciben sin violar las limitaciones de capacidad de cada centro de trabajo individual.
2. Comprobar la disponibilidad de herramientas y materiales antes de lanzar una orden a un departamento.
3. Establecer las fechas de entrega para cada trabajo y comprobar su progreso en relación alas fechas de necesidad y a los plazos de producción de las órdenes.
4. Comprobar el trabajo en proceso según los trabajos se mueven a través del taller.
5. Proporcionar retroalimentación de la planta y de las actividades de producción.
6. Proporcionar estadísticas de eficiencia del trabajo y controlar los tiempos de los operarios a efectos de su remuneración y del análisis de la distribución de la mano de obra.

Independientemente de que el sistema de programación sea manual o automático, debe ser preciso y apropiado. Esto significa que necesita una base de datos de producción con archivos de planificación y control.[3] Existen tres tipos de **archivos de planificación**

Archivos de planificación

[2] La mayoría de los libros de programación son sobre la fabricación; por lo tanto el término tradicional *programación del taller* se utiliza con frecuencia.

[3] Para una discusión más extensa, véase *APICS Training Aid —Shop Floor Control* (Fall Church, VA: American Production and Inventory Control Society

que son (1) el *archivo maestro de artículos,* que contiene información sobre cada componente que la empresa fabrica o compra; (2) un *archivo de rutas,* que indica la marcha de cada componente por el centro de trabajo; y (3) un *archivo maestro del centro de trabajo,* que contiene información sobre el centro de trabajo, como la capacidad y la eficiencia. Los **archivos de control** siguen el progreso actual conseguido por cada orden de trabajo comparado con el plan.

Archivos de control

CARGA DE LOS CENTROS DE TRABAJO

Carga

La **carga** significa la asignación de tareas a centros de trabajo o de proceso. Los directores de operaciones asignan trabajos a los centros de trabajo de tal forma que los costes, el tiempo ocioso o los tiempos de terminación se mantengan en un mínimo. La carga de los centros de trabajo presenta dos formas.[4] Una está orientada a la capacidad; la segunda está relacionada con la asignación de trabajos específicos a los centros de trabajo. Primero, se examina la carga desde la perspectiva de la capacidad mediante una técnica conocida como control input-output. A continuación, se presentan dos enfoques utilizados para la carga: los *diagramas de Gantt* y el *método de asignación* de programación lineal.

Control Input-Output

Muchas empresas tienen problemas de programación (es decir, alcanzar una producción efectiva) porque sobrecargan los procesos de producción. Esto sucede a menudo porque se desconoce la eficiencia real de los centros de trabajo. Una programación eficaz se basa en la igualdad entre lo programado y lo ejecutado. La falta de conocimiento sobre la capacidad y la eficacia del centro provoca una producción por debajo de lo programado.

Control input-output

El **control input-output** es una técnica que permite al personal de operaciones dirigir la marcha del trabajo en la instalación. Si el trabajo llega más rápido de lo que se procesa, se está sobrecargando la instalación y surge un atraso. La sobrecarga provoca aglomeración en la instalación, llevando a falta de eficiencia y problemas de calidad. Si el trabajo llega en una cantidad inferior a la que se está ejecutando, se está subcargando la instalación y el centro de trabajo puede llegar a estar parado. Subcargar la instalación da como resultado capacidad inutilizada y recursos malgastados. El Ejemplo 5.1 muestra el uso de controles input-output.

EJEMPLO 5.1

La Figura 5.2 muestra la capacidad planificada del centro de trabajo DNC de fresado para 8 semanas (semanas 6/6 hasta 25/7). El input planificado es de 280 horas estándar por semana. El input actual está próximo a esta cifra, variando entre 250 y 285. El output está programado en 320 horas estándar, que es la capacidad establecida. Hay un atraso de 300 horas en el centro de trabajo. Sin embargo, el output actual (270 horas) es sustancialmente menor que el planificado. Por lo tanto, no se está logrando ni el input ni el output planificados. De hecho, el retraso de trabajo en este centro de trabajo ha aumentado en 5 horas en la semana 4. Esto aumenta el inventario del trabajo en curso, complicando la tarea de programación e indicando la necesidad de actuación de la dirección.

[4] Nótese que esta discusión se puede aplicar a centros de trabajo que podrían llamarse un "taller" en una empresa manufacturera, o "sala" en un hospital, o un "departamento" en una oficina o una gran cocina.

FIGURA 5.2 ■ Control Input-Output

Centro de trabajo DNC Fresado (en horas estándar)

Semana que termina	6/6	6/13	6/20	6/27	7/4	7/11	7/18	7/25
Input planificado	280	280	280	280	280	280	280	280
Input actual	270	250	280	285	280	285		
Desviación acumulada	−10	−40	−40	−35	−35	−30		
Output planificado	320	320	320	320				
Output actual	270	270	270	270				
Desviación acumulada	−50	−100	−150	−200				
Cambio acumulado en el atraso*	0	−20	−10	+5				

*Suma de los inputs actuales menos suma de los outputs actuales = cambio acumulado en el atraso

Las opciones disponibles para que el personal de operaciones gestione el flujo del trabajo en la instalación incluyen

1. corrección de las eficiencias;
2. aumentar el tamaño de la instalación;
3. aumentar o reducir el input del centro de trabajo;
   (a) enviando trabajo a o desde otros centros de trabajo,
   (b) aumentando o disminuyendo la subcontratación,
   (c) produciendo menos (o produciendo más).

Producir menos no es una solución muy querida para muchos directivos, pero las ventajas pueden ser sustanciales. Primero, el nivel de servicio al cliente puede mejorar porque las unidades pueden producirse a tiempo. Segundo, la eficiencia puede mejorar debido a menos trabajo en curso abarrotando el centro de trabajo y aumentando a los costes generales. Tercero, la calidad puede mejorar porque menos trabajo en curso oculta menos problemas.

Diagramas de Gantt

Diagramas de Gantt

Los **diagramas de Gantt** son ayudas visuales útiles en la carga y programación. Su nombre se deriva de Henry Gantt, quien desarrolló el concepto a finales del siglo XIX. Los diagramas ayudan a describir la utilización de los recursos, tales como los centros de trabajo y el tiempo extra.

Cuando se utilizan en la *carga,* los diagramas de Gantt muestran el tiempo de carga y el tiempo ocioso de diferentes departamentos, máquinas o instalaciones. Muestran las cargas de trabajo relativas en el sistema de tal forma que el director sabe qué ajustes son los apropiados. Por ejemplo, cuando existe una sobrecarga en algún centro de trabajo, se puede transferir temporalmente empleados de otro centro de trabajo con poca carga, para aumentar la fuerza de trabajo. O si trabajos en espera se pueden procesar en distintos centros de trabajo, algunos trabajos de centros muy cargados se pueden transferir a otros con menos carga. El equipo versátil también puede ser transferido entre los centros de trabajo. El Ejemplo 5.2 ilustra un sencillo diagrama de carga Gantt.

EJEMPLO 5.2

Un fabricante de lavadoras de Nueva Orleans acepta órdenes especiales de lavadoras que serán utilizadas en ciertas instalaciones especiales tales como submarinos, hospitales y grandes lavanderías industriales. La producción de cada lavadora requiere tareas y duraciones diferentes. La Figura 5.3 muestra el diagrama de carga para la semana del 8 de marzo.

Los cuatro centros procesan diferentes trabajos durante la semana. Este diagrama en particular indica que los centros de trabajo de metal y de pintura se encuentran totalmente cargados durante toda la semana. Los centros de mecánica y electrónica tienen algún tiempo ocioso diseminado durante la semana. También se puede observar que el centro de trabajo en metal no está disponible el martes, quizá debido al mantenimiento preventivo.

FIGURA 5.3 ■ Diagrama de Carga de Gantt para la Semana del 8 de marzo.

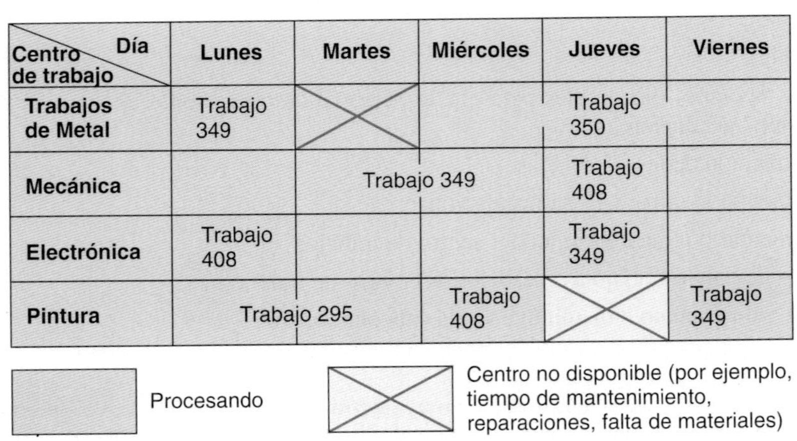

El *diagrama de carga* de Gantt tiene algunas limitaciones importantes. Por un lado, no tiene en cuenta la variabilidad de la producción, tal como averías inesperadas o errores humanos que requieren una repetición del trabajo. El diagrama también debe ser actualizado de forma regular para tener en cuenta los trabajos nuevos y revisar las estimaciones de tiempo.

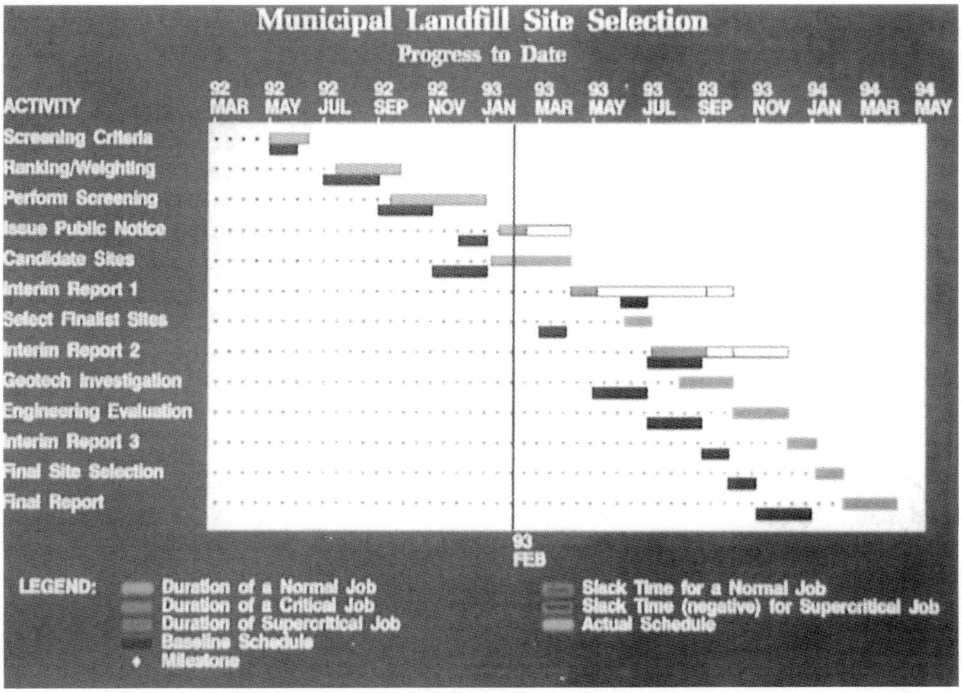

El software del diagrama de Gantt, tal como éste de SAS Institute, Inc., en Cary, N.C., ayuda a los directivos a programar fácilmente sus proyectos. Las restricciones de tiempo, recursos, y procedimientos también se pueden incluir para seguir el desarrollo del proyecto. Aquí se muestra la forma en que el diagrama de Gantt de SAS da seguimiento al proceso de selección para elegir el lugar de un aeropuerto municipal.

Un *diagrama de programación* de Gantt se utiliza para realizar el seguimiento de los trabajos que se están realizando.[5] Indica los trabajos que están según el programa y los que están adelantados o atrasados. En la práctica, existen muchas versiones del diagrama. El diagrama de programación del Ejemplo 5.3 sitúa los trabajos en desarrollo en el eje vertical y el tiempo en el eje horizontal.

El Método de Asignación

Método de asignación

El **método de asignación** es una clase especial del modelo de programación lineal que se ocupa de la asignación de tareas o trabajos a los recursos. Los ejemplos incluyen la asignación de trabajos a las máquinas, contratos a los proveedores, personas a los proyectos y vendedores a las zonas. El objetivo más común es la minimización de los costes totales o el tiempo necesario para desarrollar las tareas a realizar. Una característica importante de los problemas de asignación es que sólo un trabajo (o trabajador) se asigna a una máquina (o proyecto).

Cada problema de asignación utiliza una tabla. Los números de la tabla serán los costes o tiempos asociados a cada asignación concreta. Por ejemplo, si un centro de trabajo tiene tres máquinas disponibles (A, B y C) y tres trabajos nuevos que se deben realizar, esa tabla puede parecerse a la que se muestra a continuación. Los valores en dólares representan la estimación de la empresa de lo que costará completar cada trabajo en cada máquina.

[5] Los diagramas de Gantt también se utilizan en la programación de proyectos y se tratan nuevamente en el Capítulo 6, "Dirección de proyectos"

EJEMPLO 5.3

JH Products Corporaction utiliza el diagrama de Gantt en la Figura 5.4 para visualizar la programación de tres pedidos, los trabajos A, B y C. Cada par de corchetes, en el eje del tiempo, significan una estimación de principio y terminación de un trabajo contenido dentro de él. Las barras sólidas reflejan el estado real o el progreso del trabajo. El trabajo A, por ejemplo, se encuentra retrasado un día y medio del programa al final del día 5. El trabajo B se completó después del mantenimiento del equipo. El trabajo C se encuentra por delante del programa.

FIGURA 5.4 ■ Diagrama de programa de Gantt para los trabajos A, B y C.

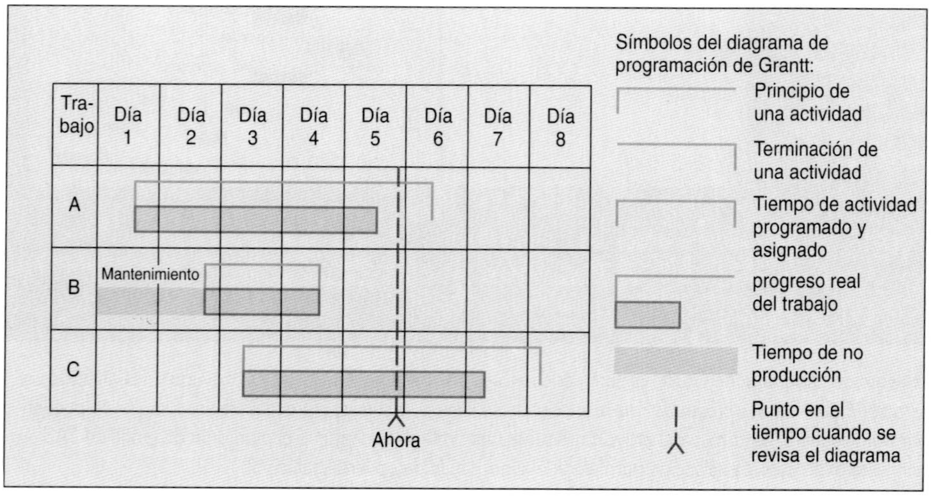

TRABAJO \ MÁQUINA	A	B	C
R-34	11$	14$	6$
S-66	8$	10$	11$
T-50	9$	12$	7$

El método de asignación implica sumar y restar los números apropiados en la tabla, para encontrar el menor *costo de oportunidad* [6]de cada asignación. Hay cuatro pasos que se deben seguir:

1. Restar el número menor de cada fila a cada número de esa fila y después restar el número más pequeño de cada columna a cada número de esa columna. Este paso tiene el efecto de reducir los números de la tabla hasta que aparezca una serie de ceros, que significan *costes de oportunidad de cero.* Aunque los números cambian, este problema reducido es equivalente al problema original, y la solución óptima será la misma.

[6] Los costes de oportunidad son aquellos beneficios renunciados o no obtenidos.

2. Escoger el número menor de líneas rectas horizontales y verticales necesarias para cubrir todos los ceros de la tabla, después se puede hacer una asignación óptima (véase el paso 4). Si el número de líneas es menor que el número de filas o columnas, se procede al paso 3.
3. Restar el número menor no cubierto por una línea de cada número que esté descubierto. Sumar el mismo número a cada número(s) que se encuentre en la intersección de dos líneas. Regresar al paso 2 y continuar hasta que sea posible una asignación óptima.
4. Las asignaciones óptimas estarán siempre en las casillas con cero en la tabla. Una manera sistemática de hacer una asignación válida es mediante la selección en primer lugar de una fila o columna que contenga sólo una casilla con cero. Se puede hacer una asignación a dicha casilla y después dibujar líneas horizontales y verticales que pasen a través de la casilla. De las filas y columnas descubiertas, se elige otra fila o columna en la cual exista únicamente una casilla con cero. Se establece dicha asignación y se continúa el procedimiento mencionado hasta que se hayan asignado cada persona o máquina a una tarea.

El Ejemplo 5.4 muestra cómo utilizar el método de asignación.

EJEMPLO 5.4

A continuación se repite la tabla de costes mostrada anteriormente en esta sección. Se halla la asignación de los trabajos a las máquinas con coste total mínimo aplicando los pasos 1 a 4.

MÁQUINA / TRABAJO	A	B	C
R-34	11$	14$	6$
S-66	8$	10$	11$
T-50	9$	12$	7$

Paso 1a. Utilizando la tabla anterior, restar el número menor de cada fila a cada número de la fila. El resultado se muestra a continuación.

MÁQUINA / TRABAJO	A	B	C
R-34	5	8	0
S-66	0	2	3
T-50	2	5	0

Paso 1b. Utilizando la tabla anterior, restar el número menor de cada columna a cada número de la columna. El resultado se muestra a continuación.

TRABAJO \ MÁQUINA	A	B	C
R-34	5	6	0
S-66	0	0	3
T-50	2	3	0

Paso 2. Trazar el número mínimo de líneas rectas necesarias para cubrir todos los ceros. Ya que son suficientes dos líneas, la solución no es óptima.

TRABAJO \ MÁQUINA	A	B	C
R-34	5	6	0
S-66	0	0	3
T-50	(2)	3	0

Menor número sin cubrir

Paso 3. Restar el menor número sin cubrir (2 en esta tabla) de todos los números sin cubrir y sumarlo a los números que se encuentran en la intersección de dos rectas.

TRABAJO \ MÁQUINA	A	B	C
R-34	3	4	0
S-66	0	0	5
T-50	0	1	0

Regresar al paso 2. Cubrir los ceros con líneas rectas una vez más.

TRABAJO \ MÁQUINA	A	B	C
R-34	3	4	0
S-66	0	0	5
T-50	0	1	0

Debido a que son necesarias tres líneas, se puede establecer una asignación óptima (véase el paso 4). Asignar R-34 a la máquina C, S-66 a la máquina B y T-50 a la máquina A.

Mínimo Coste = 6$ + 10$ + 9$ = 25$

(*Nota:* Si se hubiera asignado S-66 a la máquina A, no se podría asignar T-50 a una casilla con cero.)

Algunos problemas de asignación buscan *maximizar* los beneficios, la efectividad o los resultados de una asignación de personas a tareas o a la asignación de los trabajos a las máquinas. Es fácil obtener un problema equivalente de minimización convirtiendo cada número de la tabla en una *pérdida de oportunidad.* Para convertir un problema de maximización en uno equivalente de minimización, se resta cada número de la tabla de resultados del mayor número de esa tabla. Entonces aplicamos los pasos 1 al 4 del método de asignación. Resulta que la minimización de la pérdida de oportunidad produce la misma solución de asignación que el problema original de maximización.

Su doctor puede utilizar una regla de prioridad de primera entrada, primer servicio de forma satisfactoria. Sin embargo, tal regla puede ser menos que óptima para esta sala de emergencia. ¿Qué regla de prioridad puede ser mejor y por qué? ¿Qué regla de prioridad se utiliza a menudo en el programa de televisión M*A*S*H*?

SECUENCIACIÓN DE TRABAJOS EN LOS CENTROS DE TRABAJO

La *programación* ofrece una base para la asignación de trabajos a los centros correspondientes. La carga es una técnica de control de la capacidad que señala tanto las sobrecargas como las subcargas. La **secuenciación** especifica el orden en que los trabajos deben realizarse en cada centro. Por ejemplo, supóngase que 10 pacientes están asignados a una clínica médica para su tratamiento. ¿En qué orden deben ser tratados? ¿Se debe dar preferencia al primer paciente que llegó o a aquel que necesita un tratamiento de emergencia? Los métodos de secuenciación ofrecen tal información detallada. A estos métodos se les conoce como reglas para ejecutar los trabajos (dispatching) en los centros de trabajo.

Secuenciación

Reglas de Prioridad para Ejecutar Trabajos

Las **reglas de prioridad** proporcionan pautas para establecer la secuencia en la que deben realizarse los trabajos. Las reglas son especialmente aplicables para las instalaciones centradas en el proceso, como clínicas, imprentas y talleres manufactureros. Examinaremos algunas de las reglas de prioridad más conocidas. Las reglas de prioridad intentan disminuir el tiempo de finalización, el número de trabajos en el sistema, y el retraso del trabajo, así como la maximización de la utilización de la instalación.

Reglas de prioridad

Las reglas de prioridad más populares son:

CFS: Primera entrada, primer servicio. El primer trabajo en llegar al centro de trabajo será procesado en primer lugar. **CFS**

SPT: Tiempo de proceso más corto. Los trabajos más cortos se realizan primero y se terminan. **SPT**

EDD: Fecha de entrega más temprana. El trabajo con la fecha de entrega más temprana se elige en primer lugar. **EDD**

LPT: Tiempo de proceso más largo. Los trabajos más largos son a menudo muy importantes y se eligen primero. **LPT**

El Ejemplo 5.5 compara estas reglas.

EJEMPLO 5.5

Cinco trabajos de metal están esperando para ser asignados en un centro de trabajo de Ajax Company, en Long Beach. Sus tiempos de trabajo (proceso) y las fechas de entrega se muestran a continuación. Se quiere determinar la secuencia de proceso de acuerdo con las reglas (1) FCFS, (2) SPT, (3) EDD y (4) LPT. A los trabajos se asignó una letra en el orden en que llegaron.

TRABAJO	TIEMPO DE PROCESO DEL TRABAJO (DÍAS)	FECHA DE ENTREGA DEL TRABAJO (DÍAS)	TRABAJO	TIEMPO DE PROCESO DEL TRABAJO (DÍAS)	FECHA DE ENTREGA DEL TRABAJO (DÍAS)
A	6	8	D	3	15
B	2	6	E	9	23
C	8	18			

1. La secuencia FCFS es simplemente A-B-C-D-E. El "tiempo de flujo" en el sistema, para esta secuencia, mide el tiempo que cada trabajo pasa esperando, más su tiempo de proceso. Por ejemplo, el trabajo B, espera 6 días mientras se está procesando el trabajo A, y luego lleva 2 días más de operación para sí mismo; así que será completado en ocho días —lo cual es dos días más tarde que su fecha de entrega—.

SECUENCIA DE LOS TRABAJOS	TIEMPO DE PROCESO	TIEMPO DE FLUJO	FECHA DE ENTREGA	RETRASO DEL TRABAJO
A	6	6	8	0
B	2	8	6	2
C	8	16	18	0
D	3	19	15	4
E	9	28	23	5
	28	77		11

La regla de primera entrada, primer servicio da como resultado las siguientes medidas de efectividad:

(a) $$\text{Tiempo medio de finalización} = \frac{\text{Suma de los tiempos de flujo totales}}{\text{Número de trabajos}}$$

$$= \frac{77 \text{ días}}{5} = 15{,}4 \text{ días}$$

(b) $$\text{Utilización} = \frac{\text{Tiempo total del proceso}}{\text{Suma de los tiempos totales de flujo}} = \frac{28}{77} = 36{,}4\%$$

(c) $$\text{Número medio de trabajos en el sistema} = \frac{\text{Suma de los tiempos totales de flujo}}{\text{Tiempo total de prodesamiento}}$$

$$= \frac{77 \text{ días}}{28 \text{ días}} = 2{,}75 \text{ trabajos}$$

(d) $$\text{Retraso medio del trabajo} = \frac{\text{Días totales de retraso}}{\text{Número de trabajos}} = \frac{11}{5} = 2{,}2 \text{ días}$$

2. La regla *SPT* da como resultado la secuencia B-D-A-C-E (véase a continuación). A los pedidos se les da una secuencia de acuerdo al tiempo de proceso, con la prioridad más alta otorgada al trabajo más corto.

Secuencia de los Trabajos	Tiempo de Proceso	Tiempo de Flujo	Fecha de Entrega	Retraso del Trabajo
B	2	2	6	0
D	3	5	15	0
A	6	11	8	3
C	8	19	18	1
E	9	28	23	5
	28	65		9

Las medidas de la efectividad de SPT son:

(a) Tiempo medio de finalización = $\frac{65}{5}$ = 13 días

(b) Utilización = $\frac{28}{65}$ = 43,1%

(c) Número medio de trabajos en el sistema = $\frac{65}{28}$ = 2,32

(d) Retraso medio del trabajo = $\frac{9}{5}$ = 1,8 días

3. La regla *EDD* da la secuencia B-A-D-C-E. Obsérvese que los trabajos se encuentran ordenados según la fecha de entrega más temprana.

Secuencia de los Trabajos	Tiempo de Proceso	Tiempo de Flujo	Fecha de Entrega	Retraso del Trabajo
B	2	2	6	0
A	6	8	8	0
D	3	11	15	0
C	8	19	18	1
E	9	28	23	5
	28	68		6

Las medidas de la efectividad de EDD son:

(a) Tiempo medio de finalización = $\frac{68}{5}$ = 13,6 días

(b) Utilización = $\frac{28}{68}$ = 41,2 %

(c) Número medio de trabajos en el sistema = $\frac{68}{28}$ = 2,42

(d) Retraso medio del trabajo = $\frac{6}{5}$ = 1,2 días

4. La regla de *LPT* da como resultado la secuencia E-C-A-D-B.

SECUENCIA DE LOS TRABAJOS	TIEMPO DE PROCESO	TIEMPO DE FLUJO	FECHA DE ENTREGA	RETRASO DEL TRABAJO
E	9	9	23	0
C	8	17	18	0
A	6	23	8	15
D	3	26	15	11
B	2	28	6	22
	28	103		48

Las medidas de la efectividad de LPT son:

(a) Tiempo medio de finalización $= \frac{103}{5} = 20{,}6$ días

(b) Utilización $= \frac{28}{103} = 28{,}2\%$

(c) Número medio de trabajos en el sistema $= \frac{103}{28} = 3{,}68$

(d) Retraso medio del trabajo $= \frac{48}{5} = 9{,}6$ días

A continuación se resumen los resultados de estas cuatro reglas .

REGLA	TIEMPO MEDIO DE FINALIZACIÓN (DÍAS)	UTILIZACIÓN (%)	NÚMERO MEDIO DE TRABAJOS EN EL SISTEMA	REtraso Medio (Días)
FCFS	15,4	36,4	2,75	2,2
SPT	13,0	43,1	2,32	1,8
EDD	13,6	41,2	2,42	1,2
LPT	20,6	28,2	3,68	9,6

Como se puede observar en el Ejemplo 5.5, LPT es la medida de secuenciación menos efectiva para la Ajax Company. SPT es superior en tres mediciones y EDD en la cuarta (retraso medio). Esto también es cierto en la vida real y ha sido apoyado por un gran número de experimentos de simulación.[7] Nosotros pensamos que ninguna regla de secuenciación es siempre la mejor en todos los criterios. La experiencia indica lo siguiente:

1. El menor tiempo de proceso es generalmente la mejor técnica para minimizar el flujo de trabajo y para minimizar el número medio de trabajos en el sistema. Su mayor desventaja es que los trabajos de larga duración son continuamente relegados y la prioridad favorece a los de corta duración. Los clientes pueden ver esto como algo oscuro, y se deben hacer ajustes periódicos para que los trabajos más largos se puedan llevar a cabo.
2. La regla de primera entrada, primer servicio no da buenos resultados en la mayor parte de los criterios (aunque tampoco tiene calificaciones particularmente pobres).

7 Véase R.W. Conway, W.L. Maxwell y L. W. Miller, *Theory of Scheduling* (Reading, MA: Addison-Wesley, 1976)

Tiene la ventaja, sin embargo, de parecer justa a los clientes, lo cual resulta importante en los sistemas de servicios.

Índice Crítico

Otro tipo de regla de secuenciación es el **índice crítico**. El índice crítico (CR) es un número que se calcula dividiendo el tiempo que falta hasta la fecha de entrega entre el tiempo de trabajo restante. En oposición a las reglas de prioridad, el índice crítico es dinámico y fácil de actualizar. Tiende a lograr mejor que FCFS, SPT, EDD o LPT el criterio del retraso medio del trabajo.

Índice crítico

El índice crítico da prioridad a los trabajos que se deben realizar para mantener los envíos según el programa. Un trabajo con un índice crítico bajo (menos de 1,0) es aquel que está retrasándose del programa. Si el CR es exactamente 1,0 el trabajo está según el programa. Un CR mayor que 1,0 significa que el trabajo está por delante del programa y tiene cierta holgura.

La fórmula del índice crítico es:

$$CR = \frac{\text{Tiempo restante}}{\text{Días de trabajo restantes}} = \frac{\text{Fecha de entrega} - \text{Fecha actual}}{\text{Tiempo de trabajo restante (para entregar)}}$$

El Ejemplo 5.6 muestra como utilizar el índice crítico.

EJEMPLO 5.6

Hoy es el día 25 en el programa de producción de S. Geraud Food. Tres trabajos están en marcha, como se indica a continuación:

TRABAJO	FECHA DE ENTEGA	DÍAS DE TRABAJO RESTANTES
A	30	4
B	28	5
C	27	2

Se calculan los índices críticos, utilizando la fórmula de CR.

TRABAJO	ÍNDICE CRÍTICO	ORDEN DE PRIORIDAD
A	$(30 - 25)/4 = 1,25$	3
B	$(28 - 25)/5 = 0,60$	1
C	$(27 - 25)/2 = 1$	2

El trabajo B tiene un índice crítico menor que 1, lo que significa que se retasará a menos que se acelere; así, éste tiene la prioridad más alta. El Trabajo C está a tiempo y el A tiene cierta holgura.

La regla del índice crítico puede ayudar en la mayoría de los sistemas de programación de producción a conseguir lo siguiente:

1. Determinar el estado de un trabajo específico.
2. Establecer una prioridad relativa entre los trabajos sobre una base común.

La programación de máquinas y personas para ofrecer los servicios en que confiamos es una parte importante de POM. Las emisores de televisión, utilizan algoritmos que se ocupan de la programación de las máquinas editoras de cintas. El trabajo más grande del departamento de noticias es tomar diariamente varias horas de vídeo para editarlos en 7 u 8 vídeoclips de uno o dos minutos, además de una presentación de cuatro minutos, y todo preparado para el momento límite del programa de noticias de la tarde. La programación de recursos limitados es un trabajo crítico. A menudo es resuelto por personal de operaciones mediante el empleo de las técnicas de este capítulo.

3. Relacionar tanto los trabajos para estock como los bajo pedido sobre una base común.
4. Ajustar las prioridades (y revisar los programas) de forma automática según los cambios tanto en la demanda como en el desarrollo de los trabajos.
5. Seguir dinámicamente el progreso y situación de los trabajos.

Programar *N* Trabajos en Dos Máquinas: Regla de Johnson

El siguiente paso en complejidad es el caso en el que N trabajos (donde *N* es 2 o más) deben pasar a través de dos máquinas o centros de trabajo en el mismo orden. A esto se le ha llamado el problema *N/2*.

Regla de Johnson

La **regla de Johnson** se puede utilizar para minimizar el tiempo de proceso resultante de secuenciar un grupo de trabajos a través de dos instalaciones.[8] También minimiza el tiempo ocioso total de las máquinas. La *regla de Johnson* implica cuatro pasos:

1. Todos los trabajos se deben colocar en una lista, así como el tiempo que requiere cada uno en cada máquina.
2. Se selecciona el trabajo con menor tiempo de actividad. Si el menor tiempo correspondiente a la primera máquina, el trabajo se programa primero. Si el menor tiempo cae con la segunda máquina, el trabajo se programa el último. Los empates en los tiempo de actividades se pueden romper de forma arbitraria.
3. Una vez que el trabajo está programado, se debe eliminar la lista.
4. Aplicar los pasos 2 y 3 para los trabajos restantes, trabajando hacia el centro de la secuencia.

EJEMPLO 5.7

El Ejemplo 5.7 muestra como aplicar la Regla de Johnson
En un centro de trabajo de herramientas y matrices en Fredonia, Nueva York, se deben procesar cinco trabajos específicos a través de dos centros de trabajo (taladro y torno). El tiempo para procesar cada trabajo se muestra a continuación:

TIEMPO DE TRABAJO (PROCESO) PARA LOS TRABAJOS EN HORAS

TRABAJO	CENTRO DE TRABAJO 1 (TALADRO)	CENTRO DE TRABAJO 2 (TORNO)
A	5	2
B	3	6
C	8	4
D	10	7
E	7	12

1. Se desea establecer la secuencia que minimizará el tiempo total de proceso de los cinco trabajos. El trabajo con el tiempo de proceso más corto es A, en el centro

[8] M. Johnson, "Optimal Two and Three Stage Production Schedules with Set-Up Times Included," *Naval Research Logistics Quartely*, 1, nº. 1 (marzo 1954): c61-68.

de trabajo 2 (con un tiempo de 2 horas). Como está en el segundo centro, A se programa al final. Se elimina de la lista.

				A

2. El trabajo B tiene el siguiente tiempo más corto (3). Como está en el primer centro de trabajo, se programa al principio y se elimina.

B				A

3. El siguiente trabajo con el tiempo más corto es C (4) en la segunda máquina. Por lo tanto, se coloca lo más tarde posible.

B			C	A

4. Existe un empate (de 7 horas) en el siguiente trabajo restante más corto. Se puede colocar E, que estaba en el primer centro de trabajo, primero. Después se coloca D en la posición restante de la secuencia.

D	E	D	C	A

Los tiempos de la secuencia son:

Centro de Trabajo 1	3	7	10	8	5
Centro de Trabajo 2	6	12	7	4	2

El flujo con fases de tiempo de esta secuencia de trabajo se muestra mejor gráficamente:

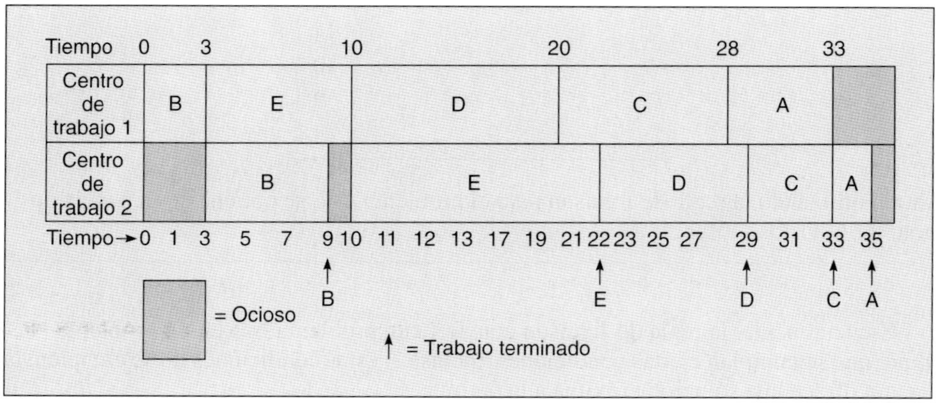

Así, los cinco trabajos se terminan en 35 horas. El segundo centro de trabajo tendrá que esperar 3 horas por su primer trabajo y también tendrá que esperar 1 hora después de acabar el trabajo B.

Programar *N* trabajos en tres máquinas

La solución óptima para programar la secuencia de *N* trabajos en tres máquinas es bastante complicada. No obstante, si se cumple alguna o ambas de las siguientes condiciones, la solución es posible por la regla de Johnson:

1. La menor duración en la máquina 1 es, al menos, tan grande como la duración más larga en la máquina 2.
2. La menor duración en la máquina 3 es, al menos, tan grande como la duración más larga en la máquina 2.

El Ejemplo 5.8 ilustra este concepto.

EJEMPLO 5.8

Considere los siguientes trabajos y sus tiempos de proceso en las máquinas correspondientes:

	DURACIÓN (HORAS)		
TRABAJO	MÁQUINA 1, T_1	MÁQUINA 2, T_2	MÁQUINA 3, T_3
A	13	5	9
B	5	3	7
C	6	4	5
D	7	2	6

Se desea utilizar la regla de Johnson para hallar la secuencia óptima. Como se cumplen las dos condiciones de la regla de Johnson, ésta se puede aplicar. Primero, se crea una nueva tabla como la siguiente:

TRABAJO	$T_1 + T_2$	$T_2 + T_3$
A	18	14
B	8	10
C	10	9
D	9	8

Ahora, utilizando la regla de Johnson para el problema *N/2*, se obtiene la secuencia óptima: B, A, C, D.

Esencialmente, la regla de Johnson convierte un problema N/3 en un problema N/2, siempre que se cumplan ciertas condiciones. Incluso si estas condiciones no se cumplen, la regla aún ofrece una solución próxima a la óptima.

Programar *N* trabajos en *M* máquinas

Cuando varios trabajos tienen que ser procesados a través de muchas instalaciones, encontrar la secuencia óptima requiere un complejo procedimiento de búsqueda. Un procedimiento heurístico eficaz se conoce como el algoritmo CDS.[9] El algoritmo CDS extiende la regla N/3 de Johnson a un problema general N/M y ofrece una solución casi óptima.

[9] H.G. Campbell, R.A. Dudeck, y M. L. Smith, "A Heuristic Algorithm for the (n) Job, (m) Machine Sequencing Problem," *Management Science*, 16 (junio 1970): 630-637.

Centros de trabajo cuellos de botella

Cuellos de botella

Los centros de trabajo **cuellos de botella** limitan la salida de producción. Los cuellos de botella tienen menos capacidad que los centros de trabajos anteriores o posteriores. Los cuellos de botella aparecen con frecuencia porque, incluso los sistemas bien diseñados, están raramente equilibrados durante mucho tiempo. Cambios en los productos, en las mezclas de productos y en los volúmenes a menudo crean cuellos de botella múltiples y cambiantes. Consecuentemente, los centros de trabajo cuellos de botella se dan en prácticamente en todos los procesos de producción, desde hospitales y restaurantes hasta fábricas. Los métodos utilizados para tratar los cuellos de botella incluyen aumentar la capacidad del cuello de botella, desviar el trabajo, cambiar el tamaño del lote, cambiar la secuencia del trabajo o aceptar la inactividad en otras estaciones de trabajo. Se ha realizado una investigación sustancial sobre el tema de los cuellos de botella;[10] un análisis fácil de leer sobre esto se encuentra en *The Goal: A Process of Ongoing Improvement.*[11]

Para administrar sus cientos de tiendas de galletas al por menor, Debbi Fields decidió capturar su experiencia en un "sistema experto" al que pudiera acceder cualquier tienda en cualquier momento. Su Sistema Inteligente de Operación al Detalle (ROIS) saca ventaja de la experiencia de las oficinas centrales al programar empleados con salarios bajos, los cuales son la ayuda predominante en el mostrador. El software elabora un programa de trabajo, el cual incluye los descansos, para utilizar el tiempo de los empleados de la mejor manera. ROIS también crea una proyección de un día completo de la cantidad de pasta que se debe procesar y presenta el progreso y las ventas sobre la base de hora por hora. Incluso le indica al personal cuándo reducir la producción y comenzar a ofrecer muestras gratis a los clientes que pasan.

Limitaciones de los sistemas basados en reglas

Los sistemas tradicionales basados en reglas tienen un número de limitaciones. Entre ellas están

1. La programación es dinámica, por lo tanto, las reglas necesitan ser revisadas para ajustarse a los cambios en el proceso, equipo, mezcla de productos, etcétera.
2. Las reglas no miran hacia adelante y hacia atrás; de su aplicación pueden resultar recursos ociosos y cuellos de botella en otros departamentos, que pueden no apreciarse.
3. Las reglas no miran más allá de las fechas de entrega. Por ejemplo, dos pedidos pueden tener la misma fecha de entrega. Un pedido implica reabastecer a un distribuidor y el otro es un pedido de un cliente que hará parar la fábrica del cliente si no se termina. Ambos tienen la misma fecha de entrega, pero claramente el pedido del cliente es más importante.

Como puede deducirse de esta lista de limitaciones y de la anterior exposición de los recursos cuello de botella, la programación puede resultar difícil de realizar y todavía dar resultados pobres —una combinación poco provechosa—. Por ejemplo, un director de operaciones puede coger una regla de decisión como el *índice crítico* y "empezar el pedido con el tiempo restante menos holgado," o "empezar el pedido que utiliza la misma preparación de máquina". Ambos ejemplos podrían verse como decisiones razonables. La primera se centra en cumplir las fechas de entrega del cliente y la segunda en mejorar la eficiencia. Pero el "pedido con tiempo restante menos holgado" puede dar lugar a una preparación ineficaz, y el pedido con la "misma preparación" puede que no sea necesario en una semana. O podría ser que el programa debería incluir una nueva orden que podría ser enviada con un pedido que sale esta noche. Nuestra opinión es que, incluso con reglas sofisticadas, una buena programación es muy difícil.

¿Cómo toman los programadores las decisiones de secuenciación que deben hacer cada día? La respuesta es que, a pesar de sus limitaciones, normalmente utilizan reglas de

---

[10] Véase, por ejemplo, Thomas E. Morton y David W. Pentico, *Heuristic Scheduling Systems* (New York: John Wiley, 1993)

[11] Eliyahu, M. Goldratt, y Jeff Cox, The Goal: A Process of Ongoing Improvement (Croton-on-Hudson, NY: North River Press, 1986).

secuenciación tales como SPT, EDD o índice crítico. Aplican estos métodos periódicamente en cada centro de trabajo y después el programador modifica la secuencia para tener en cuenta la multitud de variables del mundo real.

AVANCES EN PROGRAMACIÓN Y SECUENCIACIÓN

Dos recientes avances están demostrando ser muy beneficiosos para las operaciones de programación. Estos son los sistemas *expertos* y la *programación finita.*

Sistemas expertos

Sistema experto

Como se describió en el Capítulo 8 del volumen *Decisiones Estratégicas*, un **sistema experto** es un programa de computador que toma decisiones y resuelve problemas igual que lo haría un experto humano. La idea en programación es utilizar el conocimiento y las habilidades de una persona que es un experto en secuenciación y programación. La empresa puede obtener entonces los beneficios de un juicio experto sin tener al experto presente.

Existe un número cada vez mayor de sistemas expertos de programación, remontandonos hasta Intelligent Scheduling and Information System (ISIS) en 1984.[12] ISIS trabaja buscando soluciones que satisfagan las limitaciones de la programación. Cuando no puede encontrar una solución factible, relaja las limitaciones basadandose en su importancia relativa. Texas Instruments es una compañía que utiliza un sistema experto en su planta manufacturera en Carrolton, Texas. Su sistema coordina la programación, el despacho y la carga de herramientas en la planta de fabricación.[13]

Programación finita

Programación finita

El segundo avance reciente es la programación finita interactiva. La **programación finita** supera las desventajas de los sistemas basados en reglas ofreciendo cálculos gráficos interactivos al programador. Este sistema se caracteriza por la capacidad del programador de hacer cambios basados en la información de última hora. Estos programas aparecen normalmente en diagramas de Gantt (véase la Figura 5.5). El programador tiene flexibilidad para manejar cualquier situación, incluyendo cambios en los pedidos, trabajos o máquinas.

La programación finita permite que las necesidades de entrega sean equilibradas con la eficiencia basado en las condiciones y pedidos actuales, no de acuerdo con alguna regla definida anteriormente. Muchos de los actuales programas de computador de programación finita ofrecen características de limitación de recursos, una multitud de reglas y la capacidad del programador de trabajar de forma interactiva con el sistema de programación para crear un programa realista.[14] Estos sistemas pueden también combinar un sistema experto[15] y técnicas de simulación[16] y permite al programador asignar costes a diferentes opciones. La programa-

---

[12] M. S. Fox y S. F. Smith, "ISIS: A Knowledge-Based System for Factory Scheduling." *Expert Systems*, 1, no. 1 (July 1984): 25–49.

[13] J. Lyman, "Manufacturing," *Electronics* (October 16, 1986): 105–106.

[14] Andrew Gilman, "Interest in Finite Scheduling Is Growing . . . Why?" *APICS: The Performance Advantage*, 4, no. 8 (August 1994): 45–48.

[15] Factrol, Inc., West Lafayette, Indiana 47906.

[16] AutoSimulations, Bountiful, Utah 84010.

FIGURA 5.5 ■ La mayoría de los Sistemas de Programación Finita generan un Diagrama de Gantt que puede ser manipulado por el Usuario en una Pantalla de computador

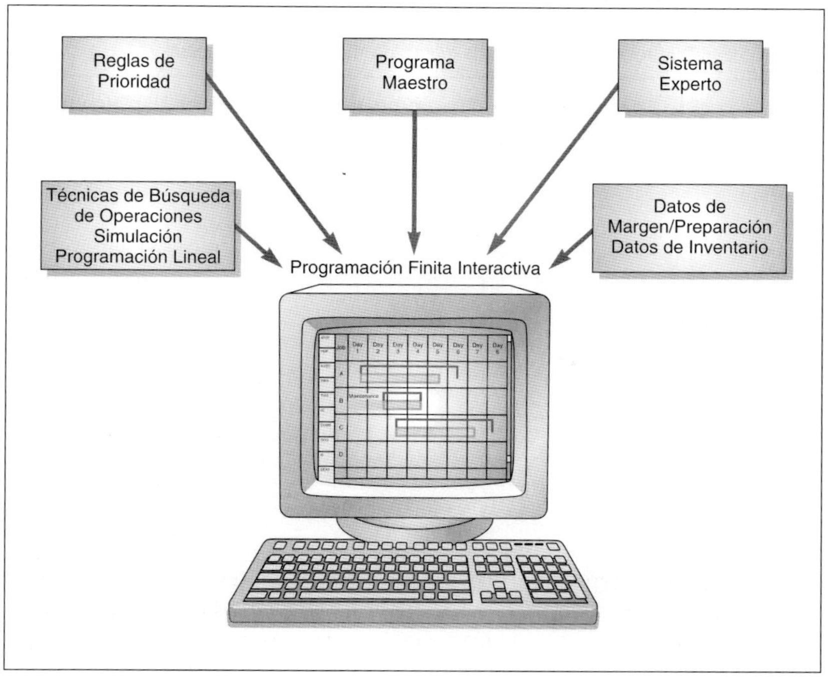

ción finita ayuda al programador, pero deja en manos del programador determinar lo que constituye un "buen" programa.

FABRICACIÓN REPETITIVA

Los objetivos de la programación de acuerdo a la forma en que se definieron al principio de este capítulo también son apropiadas para la producción repetitiva. Se podrá recordar (como se presenta en el Capítulo 7 del volumen *Decisiones Estratégicas*) que los productores repetitivos fabrican productos estándar a partir de módulos. Los productores repetitivos desean satisfacer las demandas de los clientes, reducir la inversión en inventario, reducir el tamaño del lote y utilizar el equipo y los procesos. La forma para dirigirse hacia estas metas es moviéndose hacia un programa de uso nivelado de material. El **uso nivelado de material** significa el empleo de lotes frecuentes, de tamaño pequeño y de alta calidad, que contribuyen a la producción justo a tiempo. Esto es exactamente lo que hacen los productores de clase mundial como Harley-Davidson y John Deere. Las ventajas del uso nivelado de material son:

Uso nivelado de material

1. Niveles más bajos de inventario, lo que deja capital libre para otros usos.
2. Fabricación más rápidas de los productos (es decir, menores tiempos de entrega).
3. Calidad mejorada de los componentes y por lo tanto calidad mejorada de los productos.
4. Reducción de las necesidades de espacio para la planta de fabricación.
5. Mejor comunicación entre los empleados debido a que están más cerca (lo cual puede dar como resultado un mejor trabajo de equipo y *espíritu de cooperación*).

6. Un proceso de producción más equilibrado porque los lotes grandes no han "escondido" los problemas.

TABLA 5.2 ■ Tractor de serie L en una fábrica de tractores estadounidenses.

Modelo	Tamaño del Lote Tradicional (Necesidades Mensuales; Mes de 20 Días)	Programa de Uso Nivelado de Material (Necesidades Diarias para Hacer Frente a la Demanda)
LA30	120	6
LB38	220	11
LB46	180	9
LC38	240	12
LC46	240	12
LD38	500	25
LE38	1.160	58
	2.660	133

Supóngase un productor repetitivo que produce grandes lotes mensuales. Con un programa de uso nivelado de material, la dirección iría hacia la reducción de este ciclo mensual. La dirección podría realizar este nuevo ciclo cada semana, día u hora.

La Tabla 5.2 muestra un lote tradicional y un nuevo programa de uso nivelado de material para un fabricante repetitivo de pequeños tractores en el Medio Oeste. Su programa diario de uso nivelado de material satisface a la demanda diaria con ahorros substanciales sobre los costes del sistema de lotes, que hace frente a la demanda mensual. Todos los costes de directos, excepto el de manejo de material, se reducen de forma sustancial.

Una manera de desarrollar el programa de uso nivelado de material es determinar primero el tamaño mínimo del lote que mantendrá en movimiento el proceso de producción. De forma ideal, este lote será la unidad que se mueve de un proceso al siguiente. De forma más realista, cuando se determina el tamaño del lote, debe tenerse en cuenta el análisis del proceso, el tiempo de transporte y los contenedores utilizados para transportar las unidades. Tal análisis normalmente da como resultado un tamaño pequeño de lote, pero mayor que uno. Una vez que se ha determinado el tamaño del lote, el modelo lote económico de producción EOQ puede modificarse para determinar el tiempo de preparación deseado. En el Capítulo 2 se vio que el modelo de lote económico de producción toma la siguiente forma:

$$Q^{\star} = \sqrt{\frac{2DS}{H[1 - (d/p)]}}$$

donde D = demanda anual
S = coste de preparación
H = coste de manejo de inventario o de almacenamiento
d = demanda diaria
p = producción diaria

El Ejemplo 5.9 muestra como Crate Furniture, Inc., una empresa que produce mueble rústicos, va hacia un programa de uso nivelado del material.

EJEMPLO 5.9

La analista de producción de Crate Furniture, Aleda Roth, determinó que un ciclo de producción de dos horas sería aceptable entre dos departamentos. Más aún, concluyó que se debía lograr un tiempo de preparación que se acomodara al tiempo del ciclo en 2 horas. Aleda desarrolló los siguientes datos y procedimientos para determinar de forma analítica ese tiempo óptimo de preparación.

D = demanda anual = 400.000 unidades
d = demanda diaria = 400.000/250 días = 1.600 unidades por día
p = tasa de producción diaria = 4.000
Q = EOQ deseado = 400 (que es la demanda de 2 horas, es decir, 1.600 por día/4 periodos de 2 horas)
H = coste de almacenamiento = 20$ por unidad por año
S = coste de preparación (a determinar)

Aleda determina que el coste, por hora, para preparar el equipo es de 30$. Además, calcula que el coste por cada preparación debe ser:

$$Q = \sqrt{\frac{2DS}{H(1 - d/p)}}$$

$$Q^2 = \frac{2DS}{H(1 - d/p)}$$

$$S = \frac{(Q^2)(H)(1 - d/p)}{2D}$$

$$S = \frac{(400)^2(20)(1 - 1.600/4.000)}{2(400.000)}$$

$$= \frac{(3.200.000)(0,6)}{800.000} = 2,40\$$$

Tiempo de preparación = 2,40$/ tasa horaria de la mano de obra
= 2,40$/30$ por hora
= 0,08 horas o 4,8 minutos

Ahora, en lugar de producir componentes en grandes lotes, Crane Furniture puede producir en ciclos de 2 horas con la ventaja de una rotación de inventario de 4 veces *por día*.

Sólo se necesitan dos cambios para que funcione este tipo de flujo de material nivelado. Primero es la reducción radical de los tiempos de preparación, lo que normalmente no es difícil desde un punto de vista técnico. En segundo lugar, es necesario hacer cambios para mejorar la manipulación de los materiales. Con ciclos de producción cortos habrá poco tiempo de espera.

PROGRAMACIÓN EN LOS SERVICIOS

La programación de los sistemas de servicios se diferencia de la programación de los sistemas de manufactura en varios aspectos. Primero, en la fabricación, el énfasis del director de operaciones en la programación está en los materiales, pero en los servicios, está en los niveles de personal. En segundo lugar, los sistemas de servicio no almacenan inventarios de servicios. En tercer lugar, los servicios son intensivos en mano de obra y la demanda de esta mano de obra puede ser muy variable.

Un hospital es un ejemplo de una instalación de servicio que debe utilizar un sistema de programación tan complejo como el que se puede encontrar en un taller. Los hospitales raramente utilizan un sistema de prioridades como el de primera llegada, primer servicio (FCFS) para tratar los pacientes con casos de urgencia. Sin embargo, hace programas de productos (tales como cirugías) justo como lo hace un taller de trabajo, aunque obviamente no se puedan mantener productos terminados en el inventario y las capacidades deban hacer frente a un amplio grado de variación en la demanda.

Esta sección aborda la programación en cuatro organizaciones de servicios típicas: bancos, hospital, compañías aéreas y restaurantes.

Programación personal de un banco con programación lineal

La programación lineal, como se puede ver en el Suplemento del Capítulo 6 del volumen Decisiones Estratégicas, puede ser una herramienta muy útil para la programación de empleados de servicios. Chase Manhattan Bank utilizaba esta técnica para tratar la curva de carga de trabajo mostrada en la Figura 5.6.[17] Emplear personal a tiempo parcial de forma efectiva proporciona una capacidad variable. Estos trabajan al menos 4 horas/día en Chase, no tienen pausa de comida y no tienen derecho a todos los incentivos del banco, lo que les hace menos caros que los trabajadores a tiempo completo. Pero consideraciones corporativas limitaron la contratación de trabajadores a tiempo parcial en otros departamentos. Así que el problema de Chase era encontrar un programa de fuerza de trabajo óptimo que respondiera a las necesidades de mano de obra (en la mitad superior de la Tabla 5.3), y a la vez fuera económico. Un modelo de programación lineal con 18 variables y 21 restricciones proporcionó el programa presentado en la segunda mitad de la Tabla 5.3.

Una aplicación mayor de Programación Lineal se expone en el Apartado POM en Acción "Programar las Tripulaciones con Programación Lineal en American Airlines".

Programando enfermeras con programación cíclica

Las enfermeras jefe de grandes hospitales a menudo pasan más de 20 horas al mes estableciendo programas para sus departamentos. Ellas consideran un periodo de planificación bastante largo (digamos 6 semanas) y después necesitan establecer programas convenientes y eficaces que permitan dar a los pacientes la asistencia sanitaria adecuada y a la vez mantener al personal contento con sus horarios. Aunque existen diferentes maneras de abordar este problema, incluyendo la programación lineal, un método factible y simple a la vez, es la *programación cíclica*.[18]

---

[17] S. L. Moondra, "An L.P. Model for Workforce Scheduling for Banks," *Journal of Bank Research* (Winter 1976).

[18] Para más detalles, véase R. Murdick, B. Render y R. Rusell, *Service Operations Management* (Boston: Allyn and Bacon, 1990), pp. 336–340, or J. D. Megeath, "Successful Hospital Personnel Scheduling," *Interfaces*, 8, no. 6 (febrero 1978): 55–59.

TABLA 5.3 ■ Resultados del análisis de programación lineal de Chase Manhattan para la programación de personal

Programa de la Fuerza de Trabajo				
		Número de Personas Disponibles		
Periodo de Tiempo	Número de Personas Necesarias	A Tiempo Completo	A Tiempo Parcial	Total
9–10 A.M.	14	29	—	29
10–11	25	29	—	29
11–12	26	15	11	26
12–1 P.M.	38	14	26	40
1–2	55	29	26	55
2–3	60	29	31	60
3–4	51	29	22	51
4–5	29	29	5	34
5–6	14	9	5	14
6–7	9	9	0	9

Resultados utilizando PL: Programas de tiempo.

		Empleados a Tiempo Completo			
Número de Empleados	Hora de Comienzo	Número de Empleados	Hora de Comida	Número de Empleados	Hora de Salida
29	9 A.M.	14	11–12	20	5 P.M.
		15	12–1	9	7 P.M.

	Empleados a Tiempo Parcial		
Número de empleados	Hora de Comienzo	Número de Empleados	Hora de Salida
11	11 A.M.	9	3 P.M.
		2	4 P.M.
15	12 mediodía	15	4 P.M.
5	2 P.M.	5	6 P.M.

FIGURA 5.6 ■ Curva de carga de trabajo del Chase Manhattan Bank

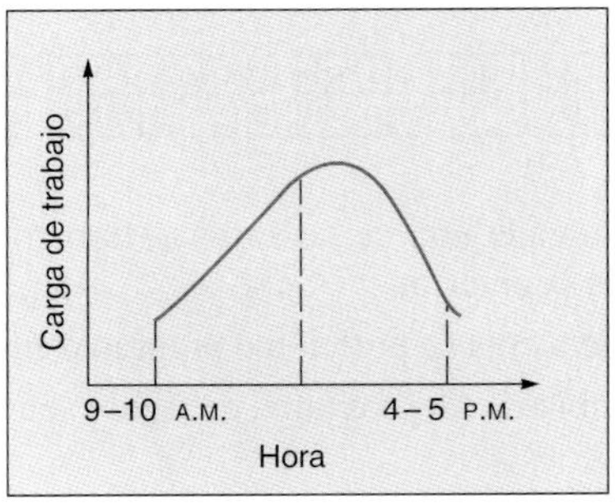

POM EN ACCIÓN

Programar las Tripulaciones con PL en American Airlines

American Airlines emplea más de 8.300 pilotos y 16.200 asistentes para hacer volar más de 500 aviones. El coste total de personal supera los 1,4 miles de millones de dólares cada año y es el segundo coste de la empresa superado sólo por el coste de combustible. Pero, al contrario que el coste del combustible, una gran parte de los costes de personal se puede controlar. Para desarrollar planes de asignación del personal que alcancen un alto nivel de utilización del mismo, los americanos confían seriamente en la programación lineal.

Por supuesto, cada vuelo de una compañía necesita una tripulación completa de pilotos y asistentes de vuelo, pero como los miembros de la tripulación son personas y no máquinas, programar su utilización es considerablemente más complicado que programar la utilización del avión, puertas de embarque u otros equipos. La FAA ha establecido una compleja serie de limitaciones en las horas de trabajo diseñadas para asegurar que los miembros de la tripulación pueden ocuparse de sus tareas sin problema.

Además, aspectos financieros afectan a las prácticas de programación. Los acuerdos sindicales especifican que al personal de vuelo se le pagará de forma garantizada por cierto número de horas cada día o cada viaje. Por lo tanto, los planificadores de las compañías deben intentar crear unos programas de personal que respondan o sobrepasen las garantías de pago de la tripulación en la máxima extensión posible. Un viaje que suponga uno o más días con pequeñas cantidades de tiempo de vuelo podría ser muy caro, porque la tripulación recibiría una paga extra por encima del tiempo de vuelo asignado.

El modelo de PL, 15 años-hombre en su realización, asigna tripulaciones en 12 ciudades. Esto supone unas 500 horas de tiempo del computador central al mes, pero genera unos ahorros anuales de más de 20 millones de dólares. Considerado el mejor método de programación para problemas de este tipo, American ha vendido el modelo a otras 10 compañías aéreas y una ferroviaria.

Fuentes: Interfaces (january/february, 1991): 62-74; and *Management Science* (june 1993): 657-682.

La programación cíclica consta de siete pasos:

1. Planificar un programa igual en extensión al número de personas que se han de programar.
2. Determinar cuántos de cada uno de los turnos menos deseables deben ser cubiertos cada semana.
3. Empezar la programación por una enfermera programando los días libres durante el ciclo de planificación (con una tasa de dos días por semana como media).
4. Asignar turnos libres para esa primera enfermera utilizando el paso 2. Aquí hay un ejemplo de un programa de 42 días de una enfermera, donde X es el día libre, D es el turno de día y E es el turno de noche:

D	L	M	X	J	V	S
E	E	E	E	E	X	X

D	L	M	X	J	V	S
X	X	E	E	E	E	E

D	L	M	X	J	V	S
E	D	X	D	D	D	D

D	L	M	X	J	V	S
D	D	X	X	D	E	X

D	L	M	X	J	V	S
X	E	E	E	E	E	X

D	L	M	X	J	V	S
D	E	D	D	X	X	E

5. Repetir este modelo para cada una de las otras enfermeras, pero desplazando cada una en una semana desde la anterior.
6. Permitir que cada enfermera coja su posición o programa en función de su antigüedad.
7. Exigir que cualquier cambio de un programa escogido sea estrictamente entre el personal que quiere cambiar.

POM EN ACCIÓN

Programar empleados en McDonald's resulta muy sencillo

Al Boxley, el progresista propietario de cuatro restaurantes McDonald's en Cumberland, en el área de Maryland, se enfrentaba a un problema de operaciones que todavía persigue a la mayoría de los pequeños negocios. Cada semana, el director de cada uno de los restaurantes de Boxley estaba gastando más de 8 horas para preparar manualmente los programas de trabajo de 150 empleados. Esta rutina semanal implicaba pronosticar las ventas por hora; trasladar estas ventas a necesidades de personal por hora en las áreas de plancha, mostrador y servicio a coches; y después encajar las disponibilidades y habilidades de los empleados, la mayoría a tiempo parcial, con las necesidades por hora de McDonald's. Esta actividad que representaba mucho tiempo, se complicaba aún más por la alta rotación, el movimiento de empleados entre los restaurantes y el constante cambio en la disponibilidad de estudiantes trabajadores.

Boxley decidió que necesitaba un sistema de programación basado en PC, fácil de utilizar y barato, que pudiera reducir de manera importante la pérdida de tiempo del director. Aplicando a la programación lineal descubrió que para un restaurante con 3 áreas de trabajo, 150 empleados y 30 turnos de trabajo posibles, formular un problema de programación da como resultado 100.000 variables de decisión y 3.000 restricciones. Por supuesto, un problema tan grande no podía resolverse muy rápido en un PC. Pero dividiendo el problema de PL en un número de subproblemas más simples (en un proceso llamado "descomposición"), el programa podía realmente obtenerse en sólo 15 minutos.

Los resultados fueron impresionantes: los directores obtuvieron una reducción del 80-90% del tiempo que les suponía crear los programas de los empleados. Los costes se redujeron eliminando el personal sobrante y se mejoró la moral y la eficiencia de los empleados. Además, los directores disponían ahora de una valiosa herramienta "y qué si" para medir la sensibilidad de los programas de empleados frente a una variedad de condiciones operativas.

Fuente: Robert Love and James Hoey, *Interfaces* (March/April 1990): 21-29

Cuando este método fue aplicado en el Hospital General de Colorado, la enfermera jefe ahorró una media de 10 a 15 horas por mes y encontró estas ventajas: (1) no se necesitó ningún computador, (2) las enfermeras estaban contentas con el programa, (3) los ciclos se podían cambiar durante las diferentes estaciones (para complacer a los fervientes esquiadores), y (4) la contratación era más fácil debido a la predictibilidad y flexibilidad.

También se pueden obtener grandes ahorros de tiempo en la programación en los pequeños negocios, tales como restaurantes. Como apunta el Apartado *POM en Acción* "Programar empleados para McDonald´s resulta muy sencillo", los sistemas de programación basados en PC pueden ser una gran ayuda para los directivos.

ALCANZANDO LOS ESTÁNDARES DE CLASE MUNDIAL

Como los clientes esperan sus entregas según el programa, las empresas de clase mundial realizan la programación correctamente. La programación juega un papel muy importante en la moral de los empleados, la utilización de la fábrica y en la obtención de pedidos. Por consiguiente, las empresas de clase mundial se están moviendo hacia sistemas de programación que utilizan una combinación entre ordenadores y personas. Cada vez más, esto significa utilizar sistemas que incluyan reglas de ejecución, sistemas expertos, simulación y sistemas de programación finita. Los programas creados por ordenador, ajustados por humanos, están demostrando dar una programación excepcionalmente buena. Las firmas de clase mundial como Pratt & Whitney, LTV, Texas Instruments y NUCOR han verificado esta tendencia. Todos estas empresas están utilizando ahora una o más de estas técnicas.

RESUMEN

La programación significa situar en el tiempo las operaciones para lograr el movimiento eficiente de las unidades a través del sistema. Este capítulo presenta los conceptos de la programación a corto plazo en entornos enfocados a proceso, en entornos repetitivos y en entornos de servicios. Vimos que las instalaciones enfocadas a proceso son sistemas de producción, en los cuales los productos se hacen sobre pedido, y que la programación de las tareas en ellos se puede convertir en algo complicado. Se presentaron diferentes aspectos y métodos de programar, cargar y secuenciar a los trabajos. Estos van desde los diagramas de Gantt y los métodos de asignación para programar hasta una serie de reglas de prioridad, la regla del índice crítico y la regla de Johnson para establecer secuencias. También se examinó el uso de flujo nivelado de material en ambientes de manufactura repetitiva.

Los sistemas de servicios generalmente difieren de los sistemas de fabricación. Esto conduce al empleo de sistemas de citas, sistemas de primera llegada, primer servicio y sistemas de reserva, así como de algunos métodos heurísticos y de programación matemática para darle el servicio a los clientes.

TÉRMINOS CLAVE

Programación hacia adelante	FCFS
Programación hacia atrás	SPT
Archivos de planificación	EDD
Archivos de control	LPT
Carga	Índice crítico
Control Input-Output	Regla de Johnson
Diagramas de Gantt	Cuello de botella
Método de asignación	Sistema experto
Secuenciación	Programación finita
Reglas de prioridad	Uso nivelado de material

AB: POM PARA RESOLVER PROBLEMAS DE PROGRAMACIÓN

El módulo de asignación de se utiliza para resolver el problema tradicional de asignación uno a uno de personas a las tareas, máquinas a los trabajos, etcétera. El Programa 5.1 muestra la pantalla de "entrada" de un problema de tres trabajos, tres máquinas utilizando los datos del Ejemplo 5.4. La sencilla "salida" y solución se ven en el Programa 5.2.

El Programa 5.3 presenta el módulo de programación de taller de AB:POM, el cual puede resolver un problema de taller de una o dos máquinas. Los datos del Ejemplo 5.5 se utilizan como input. Los output aparecen en la misma pantalla.

PROGRAMA 5.1 ■ Programación del Modelo de Asignación de AB: POM utilizando como Input los datos del ejemplo 5.4

Assignment Data Screen

Number of jobs (2–99) 3 Number of machines (2–99) 3

minimize

EXAMPLE 4 ASSIGNMENT

	MACH A	MACH B	MACH C
R-34	11	14	6
S-66	8	10	11
T-50	9	12	7

PROGRAMA 5.2 ■ Output del programa de asignación del ejemplo

EXAMPLE 4 ASSIGNMENT

SHIPMENTS	MACH A	MACH B	MACH C
R-34			1
S-66		1	
T-50	1		

The minimum total cost = $25

NOTE: alternate optimal solutions exist

PROGRAMA 5.3 ■ Programa de programación de taller de AB: POM utilizando los datos del Ejemplo 5.5. Las reglas de Prioridad disponibles incluyen SPT, FCFS, EDD y LPT. Cada una puede examinarse por orden una vez que se han introducido todos los datos.

Job Shop Sequencing — Solution

Number of jobs (1–14) 5 Number of machines (1–2) 1

AJAX COMPANY, EXAMPLE 5

SPT	mach. 1	Due Dat	EXTRA	Order	Flow tm	Tardy
JOB A	6	8	0	third	11	3
JOB B	2	6	0	first	2	0
JOB C	8	18	0	fourth	19	1
JOB D	3	15	0	second	5	0
JOB E	9	23	0	fifth	28	5
Average # of jobs in system = 2.32			TOTAL	65	9	
SEQUENCE			AVERAGE	13.00	1.80	

JOB B, JOB D, JOB A, JOB C, JOB E

PROBLEMAS RESUELTOS

Problema resuelto 5.1

King Finance Corporation, con oficinas centrales en Nueva York, desea asignar a tres recién graduados de universidad que acaban de contratar, Julie Jones, Al Smith y Pat Wilson, a sus oficinas regionales. Pero la empresa también está abriendo una oficina en Nueva York y quiere enviar allí a alguno de los tres si resulta más económico que enviarlos a Omaha, Dallas o Miami. Asignar a Jones en Nueva York costará 1.000$, 800$ colocar a Smith allí y 1.500$ mover a Wilson. ¿Cuál es la asignación óptima de personal a las oficinas?

Persona \ Oficina	Omaha	Miami	Dallas
Jones	800$	1.100$	1.200$
Smith	500$	1.600$	1.300$
Wilson	500$	1.000$	2.300$

Solución

(a) La tabla de costes tiene una cuarta columna que representa a Nueva York. Para "equilibrar" el problema, se agrega una fila "ficticia" (persona) con un coste de colocación de cero para cada ciudad.

Persona \ Oficina	Omaha	Miami	Dallas	New York
Jones	800$	1.100$	1.200$	1.000$
Smith	500$	1.600$	1.300$	800$
Wilson	500$	1.000$	2.300$	1.500$
Ficticio	0	0	0	0

(b) Restar el número menor en cada fila y cubrir los ceros (las restas por columnas darán los mismos números así que no serán necesarias).

Hiree \ Oficina	Omaha	Miami	Dallas	New York
Jones	0	300	400	200
Smith	0	1.100	800	300
Wilson	0	500	1.800	1.000
Ficticio	0	0	0	0

(c) Restar el menor número no cubierto (200), sumarlo en cada cuadro donde se intersectan dos líneas y cubrir todos los ceros.

OFICINA / PERSONA	OMAHA	MIAMI	DALLAS	NEW YORK
Jones	0	100	200	0
Smith	0	900	600	100
Wilson	0	300	1.600	800
Ficticio	200	0	0	0

(d) Restar el menor número no cubierto (100), sumarlo en cada cuadro donde se intersectan dos líneas y cubrir todos los ceros.

OFICINA / PERSONA	OMAHA	MIAMI	DALLAS	NEW YORK
Jones	0	0	100	0
Smith	0	800	500	100
Wilson	0	200	1.500	800
Ficticio	300	0	0	100

(e) Restar el menor número no cubierto (100), sumarlo en cada cuadro donde se intersectan dos líneas y cubrir todos los ceros.

OFICINA / PERSONA	OMAHA	MIAMI	DALLAS	NEW YORK
Jones	100	0	100	0
Smith	0	700	400	0
Wilson	0	100	1.400	700
Ficticio	400	0	0	100

(f) Como se necesitan cuatro líneas para cubrir todos los ceros, se puede hacer una asignación óptima en casillas con cero cuadros. Se asignan:

Ficticio (nadie) a Dallas
Wilson a Omaha
Smith a Nueva York
Jones a Miami

Coste = 0$ + 500$ + 800$ + 1.100$ = 2.400$

Problema resuelto 5.2

Un contratista de defensa en Dallas tiene seis trabajos pendientes para procesar. Los tiempos de proceso y las fechas de entrega se dan a continuación. Establecer la secuencia de procesamiento según FCFS y evaluarlo.

TRABAJO	TIEMPO DE PROCESO DEL TRABAJO (DÍAS)	FECHA DE ENTREGA DEL TRABAJO (DÍAS)
A	6	22
B	12	14
C	14	30
D	2	18
E	10	25
F	4	34

Solución

FCFS tiene la secuencia A-B-D-E-F.

SECUENCIA DE TRABAJO	TIEMPO DE PROCESO DEL TRABAJO	TIEMPO DE FLUJO	FECHA DE ENTREGA	RETRASO DEL TRABAJO
A	6	6	22	0
B	12	18	14	4
C	14	32	30	2
D	2	34	18	16
E	10	44	25	19
F	4	48	34	14
	48	182		55

1. -Tiempo medio de finalización = 182/6 = 30,33

2. Número medio de trabajos en el sistema = 182/48 = 3,79

3. Retraso medio del trabajo = 55/6 = 9,16 días

4. Utilización = 48/182 = 26,4%

Problema resuelto 5.3

La empresa de Dallas mencionada en el Problema resuelto 5.2 quiere también considerar la secuencia de trabajo mediante la regla de prioridad SPT. Aplíquese SPT a los mismos datos y dé una recomendación.

Solución

SPT tiene la secuencia D-F-A-E-B-C.

Secuencia de Trabajo	Tiempo de Proceso del Trabajo	Tiempo de Flujo	Fecha de Entrega	Retraso del Trabajo
D	2	2	18	0
F	4	6	34	0
A	6	12	22	0
E	10	22	25	0
B	12	34	14	20
C	14	48	30	18
	48	124		38

1. Tiempo medio de finalización = 124/6 = 20,67
2. Número medio de trabajos en el sistema = 124/48 = 2,58
3. Retraso medio del trabajo = 38/6 = 6,33 días
4. Utilización = 48/124 = 38,7%

SPT es superior a FCFS en este caso en todas la medidas. Sin embargo, si se tuviera que analizar también EDD, se descubriría que el retraso medio del trabajo es más bajo con 5,5 días. SPT es una buena recomendación. La mayor desventaja de SPT es que hace esperar a los trabajos grandes, algunas veces durante largos periodos.

Problema resuelto 5.4

Utilice la regla de Johnson para hallar la secuencia óptima para procesar los trabajos que se muestran a continuación a través de dos centros de trabajo. Los tiempos de cada centro están en horas.

Trabajo	Centro de Trabajo 1	Centro de Trabajo 2
A	6	12
B	3	7
C	18	9
D	15	14
E	16	8
F	10	15

Solución

B	A	F	D	C	E

Los tiempos secuenciales son

Centro de Trabajo 1	3	6	10	15	18	16
Centro de Trabajo 2	7	12	15	14	9	8

Problema resuelto 5.5

Ilustrar los tiempo de proceso y tiempos ociosos en los dos centros de trabajo del Problema Resuelto 5.4, mediante la construcción de una gráfica con fases de tiempo.

Solución

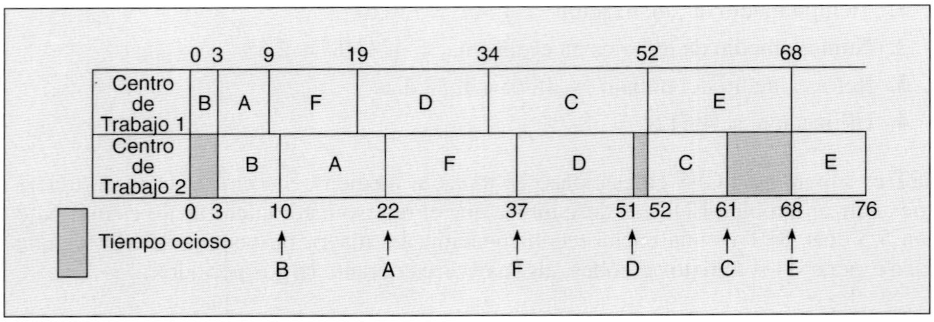

Problema resuelto 5.6

Swearingen Products fabrica hornos microondas y desea realizar un programa de uso nivelado de material para los distintos componentes utilizados en esos hornos. Tradicionalmente la empresa ha fabricado los componentes y unidades en grandes lotes, porque el capataz así lo quería, y los almacenaba en inventario hasta que se necesitaban. Debido a que el capataz se retiró la semana pasada, el presidente, John Swearing, quiere cambiar a un programa de uso nivelado del material. Al revisar el flujo del primer componente, un panel de control, el analista de P/OM descubrió que el contenedor estándar significaba 2 horas de trabajo de la cadena de producción (100 unidades) y que el tiempo de movimiento era menos de 1 hora, incluso permitiendo el retraso ocasional que algunas veces ocurría. Con estos datos, el analista concluye que un ciclo de 3 horas sería un buen valor para empezar. Los datos de producción de Swearing para los paneles de control son

Demanda anual = 104.000
Tasa de la demanda diaria = 400
Tasa de la producción diaria = 1.000
Tamaño de lote deseado (un suministro de 3 horas) = 300
Coste de posesión = 10$ por unidad por año
Coste de preparación de mano de obra por hora = 12$

¿Cuál debería ser el tiempo de preparación?

Solución

$$Q = \sqrt{\frac{2DS}{H(1 - d/p)}}$$

$$Q^2 = \frac{2DS}{H(1 - d/p)}$$

$$S = \frac{Q^2H(1 - d/p)}{2D} = \text{Coste de preparación por preparación}$$

$$S = \frac{(300)^2(10)(1 - 400/1.000)}{2(104.000)} = (4{,}327)(0{,}6) = 2{,}59\$$$

Tiempo de preparación = 2,59$/(tasa de mano de obra por hora)
= 2,59$/(12$) = 0,1295 horas = 7,77 minutos

PREGUNTAS DE DISCUSIÓN

1. Nombrar cinco reglas de prioridad de secuenciación. Explicar cómo funciona cada una para asignar los trabajos.
2. ¿Cuándo se aplica mejor la regla de Johnson en programación?
3. Describir las diferencias entre programación hacia adelante y hacia atrás.
4. ¿Cuál es la diferencia entre un diagrama de carga de Gantt y diagrama de programación de Gantt?
5. Describir brevemente cómo funciona el método de asignación.
6. ¿Cuál es la regla de prioridad más popular y por qué?
7. ¿Por qué la programación de servicios resulta un problema difícil?
8. ¿Qué es el control input-output? ¿De qué forma ayuda al director de operaciones?
9. ¿Cuáles son los criterios mediante los que se evalúan las reglas de secuenciación?
10. ¿Cuáles son las ventajas del flujo nivelado de material?
11. ¿De qué forma afecta a la programación un centro de trabajo cuello de botella?

EJERCICIO DE RAZONAMIENTO CRÍTICO

Programar la gente para trabajar en el último turno o "turno de noche", es un problema en la mayoría de las compañías que trabajan las 24 horas. El Apartado de *POM en Acción* "Programar trabajadores que se quedan dormidos en el trabajo no es fácil", describe los dilemas que se presentan en el turno de noche en una refinería de petróleo y un departamento de policía. La programación es también difícil para las compañías aéreas que vuelan en grandes trayectos, como el conocido vuelo de 11 horas sin parada de Tel Aviv a Nueva York de la Compañía El A1.

Seleccione cinco compañías que necesiten turnos de noche y discuta cómo puede tratar cada una sus necesidades de personal. ¿Cuáles son los principales problemas en cada una que afectan a la moral, la productividad, la conciencia en el trabajo y la seguridad?

PROBLEMAS

5.1 La compañía de David Gillespie ha programado cinco trabajos. Hoy, día 7, David está revisando el diagrama de Gantt que presenta estos programas.

- El trabajo A fue programado para empezar el día 3 y durar 6 días. Actualmente está dentro del tiempo.
- El trabajo B fue programado para empezar el día 1 y durar 4 días. Actualmente está dentro del tiempo.
- El trabajo C fue programado para empezar el día 7 y durar 3 días. Realmente empezó el día 6 y está progresando de acuerdo con el plan.
- El trabajo D fue programado para empezar el día 5, pero la falta de equipo lo retrasó hasta el día 6. Está progresando como se esperaba y debería tardar 3 días.
- El trabajo E fue programado para empezar el día 4 y durar 5 días. Empezó a tiempo, pero se ha retrasado 2 días.

Dibuje el diagrama de Gantt de la forma en que lo ve David.

5.2 La compañía de Alice Harra desea asignar una serie de trabajos a una serie de máquinas. La siguiente tabla ofrece datos de la productividad de cada máquina cuando realiza el trabajo específico.

a) Determine las asignaciones más apropiadas de trabajos a las máquinas para maximizar la productividad total.

b) ¿Cuál es el coste total de sus asignaciones?

TRABAJO \ MÁQUINA	A	B	C	D
1	7	9	8	10
2	10	9	7	6
3	11	5	9	6
4	9	11	5	8

5.3 La compañía de Bill Hendee desea asignar una serie de trabajos a una serie de máquinas. La siguiente tabla ofrece datos del coste de cada trabajo cuando se realiza en una máquina específica.

a) Determine las asignaciones más apropiadas de trabajos a máquinas para minimizar el coste total de Bill.

b) ¿Cuál es el coste total de sus asignaciones?

TRABAJO \ MÁQUINA	A	B	C	D
1	7	9	8	10
2	10	9	7	6
3	11	5	9	6
4	9	11	5	8

: **5.4** JH Products Corporation tiene cuatro trabajos más para programar, además de los vistos en el Ejemplo 5.3. El personal de programación de la producción de JH está revisando el diagrama de Gantt al final del día 4.

- El trabajo D fue programado para empezar al principio del día 2 y acabar en la mita del día 9. Por ahora (el punto de revisión al final del día 4), va 2 días por delante del programa.
- El trabajo E debía empezar el día 1 y terminar el día 3. Estaba según el plan.
- El trabajo F tenía que empezar el día 3, pero el mantenimiento provocó un retraso de 1 día y medio. El trabajo debería llevar ahora 5 días enteros. Está dentro del programa.
- El trabajo G está un día por detrás del programa. Comenzó al principio del día 2 y debía necesitar 6 días para terminar.

Desarrolle un diagrama de programa de Gantt para la JH Corporation.

· **5.5** El director de operaciones de King Manufacturing debe asignar tres tareas a tres máquinas. Los datos de coste se presentan a continuación:

TRABAJO \ MÁQUINA	#1	#2	#3
C-3	800$	1.100$	1.200$
C-5	500$	1.600$	1.300$
C-8	500$	1.000$	2.300$

Utilice el algoritmo de asignación para resolver este problema.

: **5.6** El programador de una pequeña fábrica del sudoeste de los EE.UU. tiene seis trabajos que se pueden procesar en cualquiera de seis máquinas, con sus respectivos tiempos (en horas) mostrados a continuación. Determine la asignación de los trabajos a las máquinas que dé como resultado la minimización del tiempo.

	MÁQUINA					
TRABAJO	#1	#2	#3	#4	#5	#6
A-52	60	22	34	42	30	60
A-53	22	52	16	32	18	48
A-56	29	16	58	28	22	55
A-59	42	32	28	46	15	30
A-60	30	18	25	15	45	42
A-61	50	48	57	30	44	60

· **5.7** La administradora del Hospital St. Charles General debe asignar jefes de enfermeras en cuatro departamentos recién establecidos: urología, cardiología, ortopedia y obstetricia. Anticipándose a su problema de personal, había contratado a cuatro enfermeras: Hawkins, Condriac, Bardot y Hoolihan. Confiando en los métodos de análisis de P/OM para resolver el problema, la administradora entrevistó a todas las enfermeras; consideró sus experiencias, personalidades y talentos; y desarrolló una escala de costes del 0 al 100, para utilizarla en la asignación. Un 0 para la enfermera Hawkins significa que ella encajaría perfectamente en esa tarea. Por otro lado, un valor cercano al 100 implicaría que no es adecuada para manejar dicha unidad. La tabla anexa ofrece el conjunto total de datos de costes que la administradora intuyó que representaban todas las asignaciones posibles. ¿Qué enfermera debe asignarse a qué unidad?

	Departamento			
Enfermera	Urología	Cardiología	Ortopedia	Obstetricia
Hawkins	28	18	15	75
Condriac	32	48	23	38
Bardot	51	36	24	36
Hoolihan	25	38	55	12

• **5.8** La Gleaming Company acaba de desarrollar un nuevo líquido para lavar los platos y está preparándose para una campaña promocional en la televisión nacional. La empresa ha decidido programar una serie de anuncios de un minuto durante las horas punta de audiencia de amas de casa, de 1:00 a 5:00 P.M. Para abarcar la mayor audiencia posible, Gleaming desea programar un anuncio en cada una de las cuatro cadenas y tener un anuncio durante cada uno de los cuatro bloques de una hora. Los índices de exposición por cada hora, representan el número de televidentes por cada 1.000 dólares gastados, y se presentan en la siguiente tabla. ¿Qué cadena debería ser programada en cada hora para ofrecer una máxima exposición a la audiencia?

	Cadenas			
Hora	A	B	C	Independiente
1:00–2:00 P.M.	27,1	18,1	11,3	9,5
2:00–3:00 P.M.	18,9	15,5	17,1	10,6
3:00–4:00 P.M.	19,2	18,5	9,9	7,7
4:00–5:00 P.M.	11,5	21,4	16,8	12,8

: **5.9** La Kevin Johnson Manufacturing Company está introduciendo siete nuevos componentes electrónicos. Cada una de las ocho fábricas de Johnson tiene la posibilidad de añadir un producto más a su actual línea de partes electrónicas. Los costes unitarios de fabricación para producir las diferentes partes en las ocho fábricas se muestran en la siguiente tabla. ¿Cómo debe asignar Johnson los nuevos productos a las fábricas para minimizar los costes de fabricación?

	Fábricas							
Componentes Electrónicos	1	2	3	4	5	6	7	8
C53	10¢	12¢	13¢	11¢	10¢	6¢	16¢	12¢
C81	5	6	4	8	4	9	6	6
D5	32	40	31	30	42	35	36	49
D44	17	14	19	15	10	16	19	12
E2	6	7	10	5	8	10	11	5
E35	8	10	12	8	9	10	9	6
G99	55	62	61	70	62	63	65	59

: **5.10** Los siguientes trabajos están esperando a ser procesados en el mismo centro de máquinas. Los trabajos están registrados según su llegada:

TRABAJO	FECHA DE ENTREGA	DURACIÓN (DÍAS)
A	313	8
B	312	16
C	325	40
D	314	5
E	314	3

¿En qué secuencia serían colocados los trabajos de acuerdo con las siguientes reglas de decisión: (a) FCFS, (b) EDD, (c) SPT y (d) LPT? Todas las fechas están especificadas como días de calendario de planificación de fabricación. Suponga que todos los trabajos llegan el día 275. ¿Qué decisión es mejor y por qué?

· **5.11** Suponga que hoy es el día 300 en el calendario de planificación y que no se ha empezado ninguno de los trabajos dados en el Problema 5.10. Utilizando la técnica del índice crítico. ¿En qué secuencia programaría usted estos trabajos?

: **5.12** Una maderera de Alabama tiene cuatro trabajos pendientes, como se muestra a continuación. Hoy es el día 205 en el programa de la maderera. Establezca las prioridades del proceso.

TRABAJO	FECHA DE ENTREGA	TIEMPO RESTANTE EN DÍAS
A	212	6
B	209	3
C	208	3
D	210	8

: **5.13** Los siguientes trabajos están esperando a ser procesados en un pequeño centro de máquinas:

TRABAJO	FECHA DE ENTREGA	DURACIÓN (DÍAS)
010	260	30
020	258	16
030	260	8
040	270	20
050	275	10

¿En qué secuencia serían colocados los trabajos de acuerdo a las siguientes reglas de decisión: (a) FCFS, (b) EDD, (c) SPT y (e) LPT? Todos los datos se especifican como días de calendario de planificación de producción. Suponga que todos lo trabajos llegan el día 210. ¿Cuál es la mejor regla de decisión?

5.14 Los siguientes trabajos están esperando a ser procesados en el centro de máquinas de Bill Leonard:

TRABAJO	FECHA DE LLEGADA DEL PEDIDO	DÍAS DE PRODUCCIÓN NECESARIOS	FECHA DE ENTREGA DEL PEDIDO
A	110	20	180
B	120	30	200
C	122	10	175
D	125	16	230
E	130	18	210

¿En qué secuencia serían colocados los trabajos de acuerdo con las siguientes reglas de decisión: (a) FCFS, (b) EDD, (c) SPT y (d) LPT? Todas las fechas están especificadas como días de calendario de planificación del taller. Hoy es día 130 en el calendario de planificación. ¿Cuál sería la mejor regla de decisión?

5.15 Suponga que hoy es día 150 del calendario de planificación y que aún no se ha empezado ninguno de los trabajos del Problema 5.14. Utilizando la técnica del índice crítico. ¿En qué secuencia programaría usted estos trabajos?

5.16 Barry Automation Company estima que la entrada de datos y los tiempos de verificación de cuatro trabajos son los siguientes:

TRABAJO	ENTRADA DE DATOS (HORAS)	VERIFICACIÓN (HORAS)
A	2,5	1,7
B	3,8	2,6
C	1,9	1,0
D	1,8	3,0

¿En qué orden deben hacerse los trabajos si la compañía dispone de un operario para cada trabajo? Muestre gráficamente el flujo con fases de tiempo para la secuencia de estos trabajos.

5.17 Se van a procesar seis trabajos mediante una operación de dos etapas. La primera operación es el arenado y la segunda la pintura. Los tiempos de proceso son los siguientes:

TRABAJO	OPERACIÓN 1 (HORAS)	OPERACIÓN 2 (HORAS)
A	10	5
B	7	4
C	5	7
D	3	8
E	2	6
F	4	3

Determinar la secuencia que minimiza el tiempo total de finalización de estos trabajos. Muéstrelo gráficamente.

5.18 Considere los siguientes trabajos y sus tiempos de proceso en las tres máquinas. No se permite alterar el orden de paso los trabajos en las máquinas, es decir, primero la máquina 1, luego la 2 y después la 3.

TRABAJO	MÁQUINA 1 (HORAS)	MÁQUINA 2 (HORAS)	MÁQUINA 3 (HORAS)
A	6	4	7
B	5	2	4
C	9	3	10
D	7	4	5
E	11	5	2

Utilizando la regla de Johnson, halle la secuencia en la que deben realizarse los trabajos.

5.19 Bill Penny tiene una fábrica de manufactura repetitiva que produce enganches para camiones de remolque en Arlington. La fábrica tiene un inventario promedio de sólo 12 rotaciones por años. Por lo tanto, ha determinado que reducirá los tamaños de los lotes de los componentes. Determinó los siguientes datos para un componente, el clip de la cadena de seguridad.

Demanda anual = 31.200

Demanda diaria = 120

Producción diaria = 960

Tamaño de lote deseado (1 hora de producción) = 120 unidades

Coste de posesión por unidad por año = 12$

Coste de mano de obra de preparación por hora = 20$

¿Qué tiempo de preparación debe indicarle al director de la fábrica para que éste lo tenga como objetivo con respecto a este componente?

5.20 Mark Davis es el director del taller de chapa en Cumberland Ford. El lunes por la mañana, llegó al trabajo a las 7:30 a.m. y descubrió que el servicio de grúa de la empresa había traído cinco coches que habían sufrido accidentes durante el fin de semana. En todos los casos, los propietarios habían autorizado a Cumberland Ford a realizar todos las reparaciones necesarias. Mark analizó detenidamente la extensión de los daños de cada coche y anotó la cantidad de tiempo (en horas) que cada coche necesitaría en cada estación del taller. La tabla siguiente muestra estas estimaciones de tiempo.

AUTOMÓVIL	TRABAJO DEL METAL Y SUSTITUCIÓN DE PARTES	ARENAR Y CUBRIR	PINTAR Y HORNEAR
Crown Victoria	9 horas	8 horas	2 horas
Mustang	12	6	3
Escort	10	3	5
Tempo	8	7	4
T Bird	14	2	1

Mark quería minimizar el tiempo de espera y el tiempo total empleado en reparar los cinco automóviles. Sin embargo, no estaba seguro sobre la prioridad que darle a cada coche para cumplir este objetivo. Después de repasar la exactitud de sus estimaciones de tiempo, meditó su decisión.

a) Sugiera un método de programación con el que Mark pudiera sustituir sus decisiones de secuenciación de "ensayo y error" o al azar. Ilústrelo.

b) ¿En qué secuencia debería pasar los coches a través de las distintas operaciones para minimizar el tiempo de espera y el tiempo total empleado?

APLICACIÓN DE LA BASE DE DATOS

5.21 Actualmente el equipo de astronautas de la NASA incluye 10 especialistas en misiones que tienen un doctorado ya sea en astrofísica o en astromedicina. Uno de estos especialistas estará asignado a cada uno de los 10 vuelos programados para los próximos 9 meses. Los especialistas de las misiones son responsables de llevar a cabo experimentos científicos o médicos en el espacio o lanzar, recuperar o reparar satélites. El jefe de personal de los astronautas, un exmiembro del equipo de astronautas con tres misiones de experiencia, debe decidir quién debe ser asignado y entrenado para cada una de las diferentes misiones. Obviamente, los astronautas con educaciones médicas están más capacitados para las misiones que implican experimentos biológicos o médicos, mientras que los que tienen estudios de ingeniería u alguna orientación en física están mejor capacitados para otro tipo de misiones. El jefe asigna a cada astronauta una calificación en la escala de 1 a 10 para cada posible misión, con un 10 como una asignación perfecta para la tarea y un 1 como una asignación desaconsejable. Únicamente se asigna a un especialista a cada vuelo y ninguno es asignado por segunda vez hasta que todos los demás hayan volado una vez por lo menos.

	Misión									
Astronauta	**12 de Ene.**	**27 de Ene.**	**5 de Feb.**	**26 de Feb.**	**26 de Mar.**	**12 de Abr.**	**1 de May.**	**9 de Jun.**	**20 de Ago.**	**19 de Sep.**
Vincze	9	7	2	1	10	9	8	9	2	6
Veit	8	8	3	4	7	9	7	7	4	4
Anderson	2	1	10	10	1	4	7	6	6	7
Herbert	4	4	10	9	9	9	1	2	3	4
Schatz	10	10	9	9	8	9	1	1	1	1
Plane	1	3	5	7	9	7	10	10	9	2
Certo	9	9	8	8	9	1	1	2	2	9
Moses	3	2	7	6	4	3	9	7	7	9
Brandon	5	4	5	9	10	10	5	4	9	8
Drtina	10	10	9	7	6	7	5	4	8	8

a) ¿Quién debería ser asignado a qué vuelo?

b) Se nos acaba de notificar que Anderson se casará en febrero y que se le ha otorgado al mismo tiempo un tour publicitario altamente solicitado en Europa. (Él intenta llevarse a su esposa y darle también al viaje un sentido de luna de miel.) ¿Cómo cambia esto el programa definitivo?

c) Certo se ha quejado de que se le ha calificado mal en su misión de enero. La calificación debe de ser 10, le dice a su jefe, el cuál está de acuerdo y vuelve a calcular el programa. ¿Se presenta alguna variación sobre el programa establecido en la pregunta (b)?

d) ¿Cuál es la fuerza y debilidad de este método de programación?

CASO DE ESTUDIO

Old Oregon Wood Store

En 1995, George Brown creó a la Old Oregon Wood Store para fabricar mesas de Old Oregon. Cada mesa está cuidadosamente construida a mano, utilizando roble de la mejor calidad.

El proceso de fabricación consiste en cuatro pasos: preparación, montaje, acabado y empaquetado. Cada paso lo realiza una persona. Además de supervisar toda la operación, George hace todo el acabado. Tom Surowki realiza la operación de preparación, que implica cortar y darle forma a los componentes básicos de las mesas. León Davis está encargado del montaje y Cathy Stark realiza el empaquetado.

Aunque cada persona es responsable de sólo una etapa en el proceso de fabricación, todos pueden realizar cualquiera de ellas. Según la política de George, ocasionalmente cada uno debe completar varias mesas por su cuenta sin ninguna ayuda o asistencia. Se realiza una pequeña competición para ver quien puede terminar una mesa entera en menos tiempo. George guarda la media de los tiempos de terminación totales e intermedios. Los datos se muestran en la Figura 5.7.

FIGURA 5.7 ■ Tiempo de fabricación en minutos

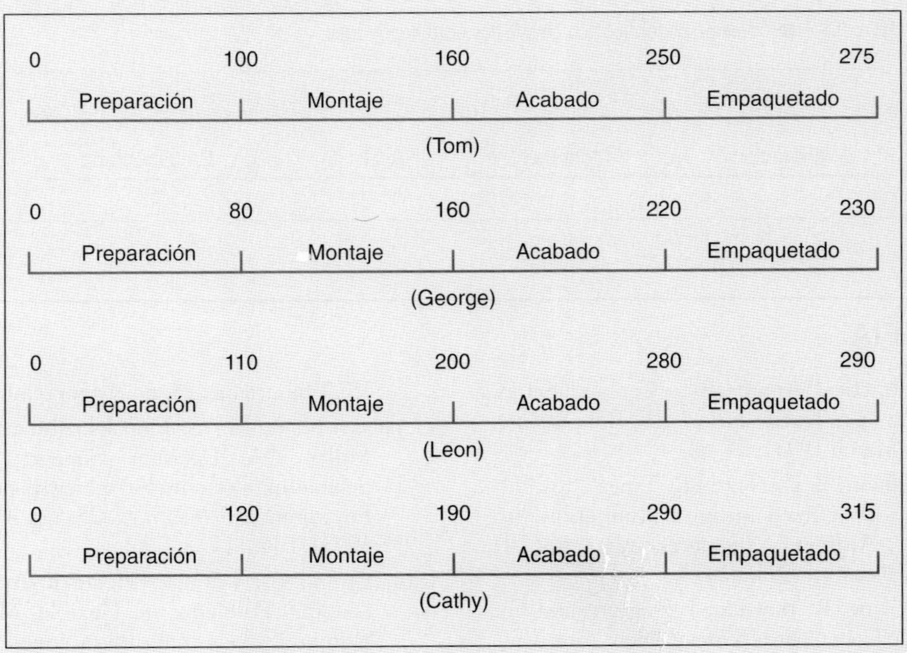

A Cathy le lleva más tiempo construir una mesa Old Oregon que a los otros. Además de ser más lenta que los otros empleados, Cathy está descontenta con su actual responsabilidad de empaquetado, que la tiene parada la mayor parte del día. Su primera preferencia es el acabado y la segunda, la preparación.

Además de la calidad, George está interesado en los costes y la eficacia. Cuando uno de los empleados falta un día, esto provoca importantes problemas de programación. Las horas extras son caras, y esperar a que el empleado vuelva al trabajo provoca retrasos y, a veces, para todo el proceso de fabricación.

Para superar algunos de estos problemas, se contrató a Randy Lane. Las principales obligaciones de Randy son las de realizar trabajos variados y echar una mano si alguno de los empleados no está. George ha preparado a Randy en todas las fases del proceso de fabricación, y está contento con la rapidez con la que Randy ha sido capaz de aprender a montar completamente las mesas Old Oregon. Los tiempos de finalización totales e intermedios de Randy se dan en la Figura 5.8.

PREGUNTAS DE DISCUSIÓN

1. ¿Cuál es la forma más rápida de fabricar las mesas Old Oregon utilizando la plantilla original? ¿Cuántas pueden hacerse cada día?
2. ¿Cambiarían las tasas de producción y las cantidades de forma considerable si George permitiera a Randy realizar una de las cuatro funciones y convertir a uno de la plantilla original en la persona de refuerzo?
3. ¿Cuál es el tiempo más rápido de fabricación de una mesa con la plantilla original si Cathy se traslada a la preparación o el acabado.
4. Cualquiera que realice la función de empaquetado es infrautilizado. ¿Podría usted encontrar una forma mejor de utilización de la plantilla de 4 ó 5 personas que dar a cada uno un único trabajo o permitir fabricar a cada uno una mesa entera? ¿Cuántas mesas podrían fabricarse cada día con este nuevo sistema?

Fuente: B. Render y R. M. Stair, *Quantitative Analysis for Management*, 5th ed. (Boston: Allyn and Bacon, 1994), p. 583.

FIGURA 5.8 ■ Tiempo de fabricación en minutos para Randy Lane

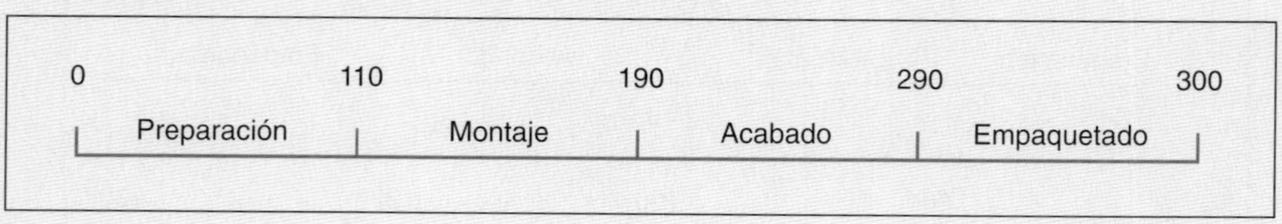

BIBLIOGRAFÍA

Akinc, U. "A Practical Approach to Lot and Setup Scheduling at a Textile Firm." *IIE Transactions*, 25, no. 2 (March 1993): 54–64.

Anbil, R., E. Gelman, B. Patty, and R. Tanga. "Recent Advances in Crew-Pairing Optimization at American Airlines." *Interfaces*, 21, no. 1 (January/February 1991): 62–74.

Bauer, A., J. Browne, R. Bowden, J. Duggan, and G. Lyons. *Shop Floor Control Systems*. New York: Van Nostrand Reinhold, 1991.

Ghosh, S., and C. Gaimon. "Production Scheduling in a Flexible Manufacturing System with Setups." *IIE Transactions*, 25, no. 5 (September 1993): 21.

Gopalakrishnan, M., S. Gopalakrishnan, and D. M. Miller. "A Decision Support System for Scheduling Personnel in a Newspaper Publishing Environment." *Interfaces*, 23, no. 4 (July/August 1993): 104–115.

Kim, Y., and C. A. Yano. "Heuristic Approaches for Loading Problems in Flexible Manufacturing Systems." *Industrial Engineering Research & Development*, 25, no. 1 (January 1993): 26.

Morton, Thomas E., and David W. Pentico. *Heuristic Scheduling Systems*. New York: John Wiley, 1993.

Render, B., and R. M. Stair. *Quantitative Analysis for Management*, 5th ed. Boston: Allyn and Bacon, 1994.

Schartner, A., and J. M. Pruett. "Interactive Job Shop Scheduling: An Experiment." *Decision Sciences*, 22, no. 5 (November/December 1991).

Sivakumar, R. A., R. Batta, and K. Tehrani. "Scheduling Repairs at Texas Instruments." *Interfaces*, 23, no. 4 (July/August 1993): 68–74.

Vollmann, T. E., W. L. Berry, and D. C. Whybark. *Manufacturing Planning and Control Systems*, 3rd ed. Homewood, IL: Irwin, 1992.

6

DIRECCIÓN DE PROYECTOS

CONTENIDO DEL CAPÍTULO

PERFIL DE CLASE MUNDIAL: BECHTEL

PLANIFICACIÓN DE PROYECTOS

PROGRAMACIÓN DE PROYECTOS

CONTROL DE PROYECTOS

TÉCNICAS DE DIRECCIÓN DE PROYECTOS: PERT Y CPM

- El marco de PERT y CPM
- Actividades, Sucesos (Etapas) y Grafos (Redes)
- Actividades y Sucesos Ficticios
- PERT y las estimaciones de duración de las Actividades
- Análisis del camino crítico
- Probabilidad de finalización del proyecto
- Caso de Estudio de PERT: Schware Foundry

TÉRMINOS CLAVE

PERT/COST

UNA CRÍTICA DE PERT Y CPM

ALCANZANDO LOS ESTÁNDARES DE CLASE MUNDIAL

RESUMEN

TÉRMINOS CLAVE

USANDO AB: POM Y HOJAS DE CÁLCULO PARA RESOLVER PROBLEMAS DE DIRECCIÓN DE PROYECTOS

PROBLEMAS RESUELTOS

PREGUNTAS DE DISCUSIÓN

EJERCICIO DE RAZONAMIENTO CRÍTICO

PROBLEMAS

CASO DE ESTUDIO

BIBLIOGRAFÍA

OBJETIVOS DE APRENDIZAJE

Cuando acabe este capítulo debería ser capaz de:

Identificar o Definir:

- Actividad
- Etapa o Suceso
- Camino crítico
- PERT/Cost
- Actividad Ficticia

Explicar:

- El método del camino crítico (CPM)
- Técnica de evaluación y revisión de programas (PERT)
- Reducción de la duracción de un proyecto

PERFIL DE CLASE MUNDIAL BECHTEL

LA DIRECCIÓN DE PROYECTOS PROPORCIONA UNA VENTAJA COMPETITIVA A BECHTEL

Los equipos contra incendios confiaban en los explosivos y la maquinaria pesada para quitar el residuo de petróleo endurecido que se había formado alrededor de muchos pozos. Incluso un día después de haber apagado un fuego, la superficie está todavía tan caliente como para hervir agua.

Se construyeron más de 200 lagunas llenas con un millón de galones de agua de mar. Fueron instaladas bombas y mangueras para lanzar seis mil galones de agua por minuto.

A finales del otoño de 1990, Irak invadió Kuwait. En una devastadora acción final antes de la derrota de Irak en la "Operación Tormenta del Desierto", Saddam Hussein incendió los pozos de petróleo de Kuwait. Para comenzar la reconstrucción de sus tierras, el gobierno de Kuwait llamó a una de las empresas de construcción más grandes del mundo, Bechtel, que tiene su oficina central en San Francisco. Cuando los tres primeros miembros del equipo avanzado de Bechtel aterrizaron, en los días del final de la Tormenta del Desierto, el panorama de destrucción era impresionante.

Alrededor de 650 pozos estaban en llamas y otros echaban a chorros miles de barriles de petróleo en oscuros lagos en el desierto. El fuego salía de la tierra desde casi cualquier punto cardinal. Restaurar los campos de petróleo de Kuwait fue un proyecto monumental. No había agua, electricidad, comida o instalaciones. También, el país estaba lleno de minas, bombas, granadas y proyectiles de artillería sin explotar. Finalmente, una buena porción de los fuegos eran inaccesibles debido a que las carreteras estaban cubiertas por lagos de petróleo y el fuego se extendía sobre la tierra que rodeaba muchos de los pozos.

Incluso para Bechtel, cuya ventaja competitiva es la dirección de proyectos, éste era un problema logístico de primera magnitud. El número de etapas del proyecto específico que debían ser identificadas y alcanzadas era enorme. Bechtel inició una tarea de valora-

Las nubes oscuras y densas producidas por la quema de los pozos de petróleo convertía los días en noches y añadía un nuevo significado a "preparar a la brasa".

ción in situ, con un equipo de planificación a nivel mundial para llevar a cabo la tarea. Era necesario un gran programa global de aprovisionamientos. Se pidió a los especialistas en equipos de Bechtel en San Francisco, Houston y Londres que introdujeran en los computadores de la compañía la red de compradores y distribuidores de todo el mundo.

Entonces el problema fue cómo alimentar, alojar y equipar una fuerza de trabajo que aumentaría a varios miles de personas en el momento en que la campaña fuese completamente movilizada.

Bechtel estableció sus instalaciones para descargar y almacenar en el puerto de Dubai, a aproximadamente 550 millas al sur de Kuwait. Como punto central de transbordo para Kuwait, el puerto recibía y procesaba cientos de envíos fletados en barcos y aviones.

El equipo de dirección del proyecto de Bechtel aprovisionaba, enviaba y utilizaba 125.000 toneladas de equipos y suministros, incluyendo unas 4.000 piezas de equipo operativo desde bulldozers hasta ambulancias. El equipo gestionaba también una fuerza de trabajo que tendía unos 150 kilómetros de tubería, capaz de enviar 20 millones de galones de agua por día al lugar del fuego.

El equipo de dirección del proyecto de Bechtel movilizaba también:

- una fuerza de clase mundial de casi 8.000 trabajadores manuales
- 1.000 profesionales de proyecto y construcción
- 6 corredores de servicio completo
- 27.000 comidas al día
- 2 equipos de evacuación en helicóptero
- un hospital de campaña con 40 camas
- un equipo de personal médico de 100 personas para siete estaciones médicas

Los fuegos se han extinguido. Kuwait está enviando petróleo otra vez y Bechtel ha demostrado su ventaja competitiva —dirección de proyectos— .

El daño se extendió tanto a las instalaciones como a los campos de petróleo y cada artículo tenía que ser incluido en el programa que los directores del proyecto desarrollaron para resolver este gran problema.

David Cutler arremete contra la puerta que conduce hasta el laboratorio de la Corporación Microsoft. Son las 10:20 a.m. del lunes 3 de mayo de 1993, y el Sr. Cutler está comprobando el progreso del NT de Windows, el mayor, más completo y, posiblemente, más importante programa diseñado hasta el momento para un computador de mesa. Cutler no está contento, y este director de proyecto no cree en eso de reprimir las emociones, como demuestra la pared que agrietó con una violenta patada por los fallos de programación. El tiempo es más o menos la única cosa que le preocupa y los 200 programadores que están creando esta versión de Windows para red. El producto ya lleva 6 meses de retraso y Microsoft planea empezar a enviar cientos de miles de copias a los clientes dentro de 60 días. Fallar en cumplir la fecha límite - o enviar el NT defectuoso- estropearía la reputación de un programa de computador considerado el más ambicioso jamás llevado a cabo. Tratándose de la friolera de 4,3 millones de líneas de código y costando más de 150 millones de dólares de desarrollo, Windows NT está diseñado para conquistar nuevos mundos para el Microsoft. Enormes intereses dependen de que este proyecto sea finalizado a tiempo.[1] ◆

En uno u otro punto, casi todas las organizaciones asumirán un proyecto largo y complejo como el que David Cutler dirigía para Microsoft Corporation. Una compañía de construcción como Bechtel, ayudando a restaurar los pozos de petróleo de Kuwait, debe completar miles de costosas actividades. Una agencia de gobierno, al instalar un costoso computador, invierte muchos meses preparando los detalles para una conversión sin problemas al nuevo equipo. Una refinería de petróleo en paro temporal por un importante proyecto de mantenimiento se enfrenta a gastos astronómicos si esta difícil tarea se retrasa excesivamente por cualquier motivo. El problema siempre es cómo dirigir un proyecto tan complicado de forma efectiva.

Proyectos enormes, a menudo únicos, son retos difíciles para los directores de operaciones. Los riesgos son elevados. Pueden ser despilfarrados millones de dólares de exceso de coste debido a una pobre planificación en los proyectos. Por una mala programación pueden suceder retrasos innecesarios. Y las Compañías pueden ir a la ruina a causa de malos controles.

Proyectos especiales que necesitan meses o años para completarse, son realizados normalmente fuera del sistema normal de producción. Se crean organizaciones de proyecto dentro de la propia empresa para manejar esos trabajos y a menudo son disueltas cuando se completa el proyecto. La dirección de grandes proyectos comprende tres fases (véase la Figura 6.1):

1. *Planificación.* Esto incluye fijar el objetivo, definir el proyecto y organizar el equipo. Obsérvese en la Figura 6.1 que está finalizada antes incluso de que el proyecto comience.
2. *Programación.* Relaciona la gente, el dinero y los suministros con actividades específicas y relaciona las actividades entre sí.
3. *Control.* Aquí la empresa vigila los recursos, los costes, la calidad y los presupuestos. También revisa/cambia los planes y varía los recursos para hacer frente a las demandas de duración y coste.

[1] Wall Street Journal (26 de mayo de 1993):A1, A12.

FIGURA 6.1 ■ Planificación, programación y control del Proyecto

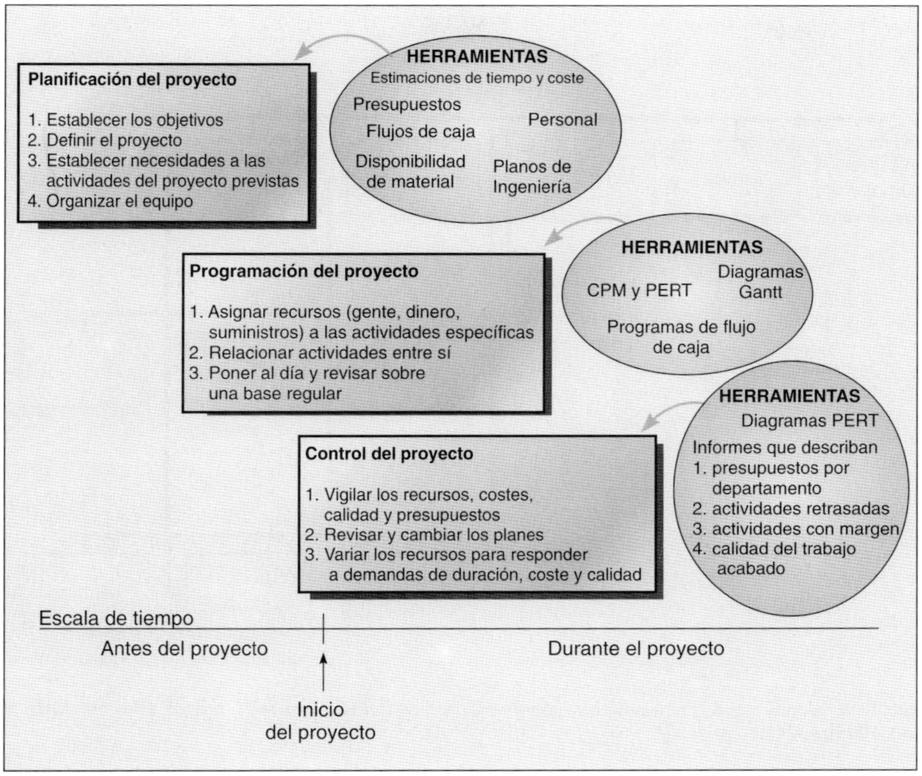

PLANIFICACIÓN DEL PROYECTO

Los proyectos pueden definirse normalmente como una serie de tareas relacionadas encaminadas hacia una mayor producción. Se desarrolla una **organización de proyecto** para asegurar que los programas existentes continúan funcionando tranquilamente en base del día a día mientras que los nuevos proyectos son finalizados con éxito.

Organización de proyecto

Una organización del proyecto es una forma efectiva de agrupar las personas y los recursos físicos necesarios durante un tiempo limitado para completar un proyecto específico. Es básicamente una estructura de organización temporal diseñada para alcanzar resultados usando especialistas de toda la empresa. Durante muchos años, la NASA utilizó el enfoque de proyecto para alcanzar sus objetivos. Han de recordarse el *Proyecto Gemini* y el *Proyecto Apollo.* Estos nombres fueron utilizados para describir los equipos que la NASA organizó para alcanzar los objetivos de las exploraciones espaciales.

La organización de proyecto funciona mejor cuando

1. el trabajo puede ser definido con un objetivo y una fecha tope específicos;
2. el trabajo es único o algo no familiar para la organización existente;
3. el trabajo comprende tareas complejas interrelacionadas que requieren habilidades especiales;
4. el proyecto es temporal pero crítico para la organización.

FIGURA 6.2 ■ Ejemplo de una organización de proyectos

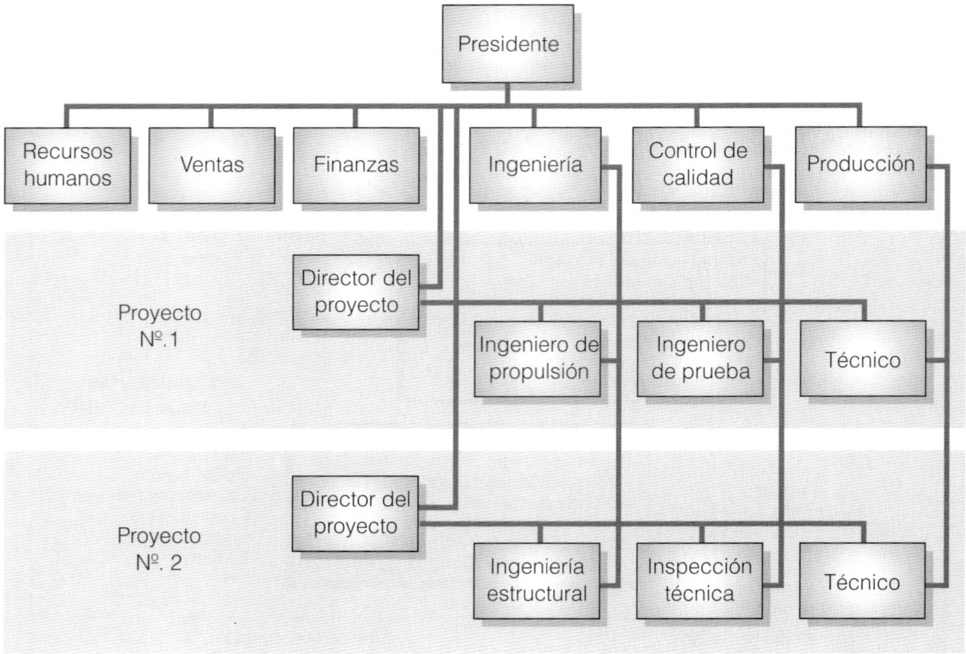

Fuente: R.W. Mondy y S.R. Premeaux, *Management: Concepts, Practices and Skills*, 6th ed. (Boston: Allyn and Bacon, 1993), p. 247.

Un ejemplo de una organización de proyecto simplificada que forma parte de una empresa en funcionamiento se muestra en la Figura 6.2. Los miembros del equipo del proyecto son asignados temporalmente al proyecto e informan al director del mismo. El director que dirige el proyecto coordina sus actividades con otros departamentos e informa directamente a la alta dirección, con frecuencia el presidente, de la compañía. Los directores de proyecto admiten alta visibilidad en una empresa y son el elemento clave en la planificación y control de las actividades del proyecto.

El equipo de dirección comienza su tarea con adelanto sobre el inicio del proyecto para que pueda ser desarrollado un plan. Uno de sus primeros pasos es fijar los objetivos del proyecto cuidadosamente y entonces definir el proyecto y descomponerlo en una serie de actividades y costes relacionados. Las necesidades brutas de personal, material y equipo son también calculadas en la fase de planificación.

PROGRAMACIÓN DEL PROYECTO

La programación del proyecto implica ordenar y asignar tiempo a todas las actividades del proyecto. En esta fase, los directivos deciden cuánto durará cada actividad y calculan cuánta gente y cuánto material serán necesarios en cada fase de producción. Los directivos también trazan programas separados de necesidades de personal según su tipo de habilidad (cualificación), (dirección, ingeniería, o vertido de hormigón, por ejemplo). También pueden desarrollarse diagramas para programar los materiales.

FIGURA 6.3 ■ Diagrama de Grantt de Muestra. Los códigos dentro de un cículo representan relaciones de precedencia (por ejemplo, la actividad c, contruir chimenea de recogida, no puede empezar hasta que la actividad a, que está redondeada, sea acabada).

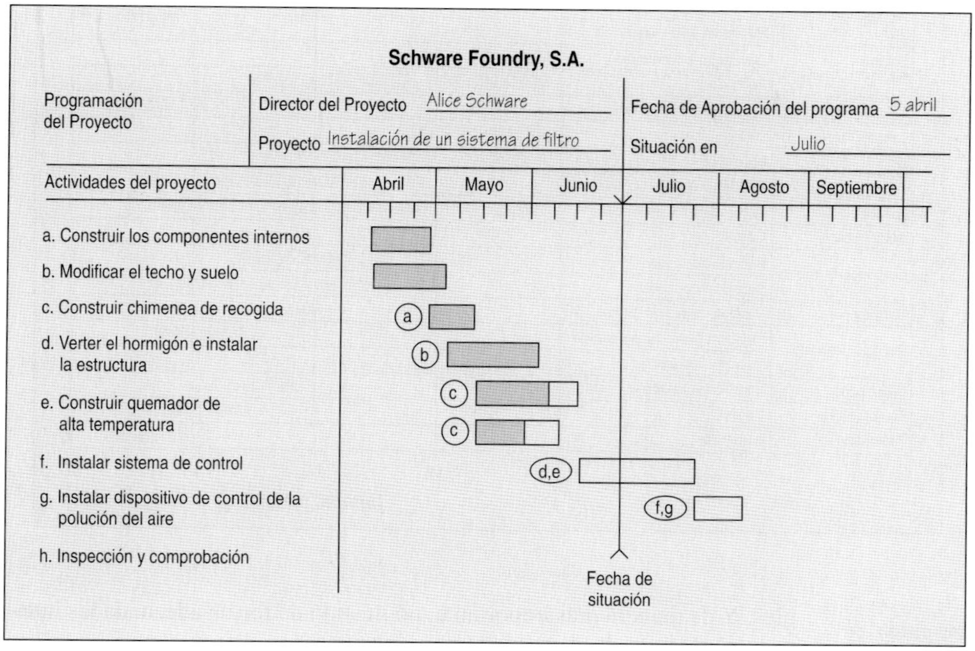

Un popular método de programación de proyectos es el Diagrama Gantt. Los **diagramas de Gantt** son herramientas de bajo coste para ayudar a los directores a estar seguros de que (1) todas las actividades están planificadas, (2) su orden de realización es tenido en cuenta, (3) se ha indicado las estimaciones de duración de las actividades, y (4) se ha desarrollado la duración global del proyecto. Como muestra la Figura 6.3, los diagramas de Gantt son fáciles de entender. Se dibuja una barra horizontal para cada actividad del proyecto a lo largo de una línea de tiempo. Las letras de la izquierda de cada barra indican al planificador qué otras actividades tienen que estar acabadas antes de que esa pueda empezar.

Diagramas de Gantt

Una vez que el proyecto real está en marcha, el progreso de la actividad se anota, sombreando las barras horizontales cuando la actividad está parcial o completamente acabada. Por ejemplo, vemos en la Figura 6.3 que las actividades a, b, c y d están de acuerdo al programa porque sus barras han sido sombreadas hasta la línea de referencia de situación vertical (fecha actual). La línea de referencia (fecha actual),1 de julio en este caso, da una información periódica del estado del proyecto que permite a los participantes ver qué tareas están dentro del tiempo, cuáles van por delante del tiempo y cuáles se han retrasado de lo programado. Las actividades e, f y g están todas por detrás del programa, porque sus barras no están sombreadas en su totalidad o hasta la línea de referencia de situación.

Un segundo ejemplo de un diagrama de Gantt se muestra en la Figura 6.4. Esta ilustración de un servicio rutinario de un avión a reacción de la Delta durante una escala de 60 minutos muestra que los diagramas de Gantt pueden utilizarse también para programar operaciones repetitivas. En este caso, el diagrama ayuda a señalar los retrasos potenciales. El Apartado de *POM en Acción* de Delta nos ofrece información adicional.

Diagramas de programación como estos pueden utilizarse sólo en proyectos sencillos. Permiten a los directivos observar el progreso de cada actividad y descubrir y abordar las áreas con problemas. Sin embargo, los diagramas Gantt no son fácilmente actualiza-

FIGURA 6.4 ■ Actividades de Servicio en un reactor comercial. Durante una escala de 60 minutos.

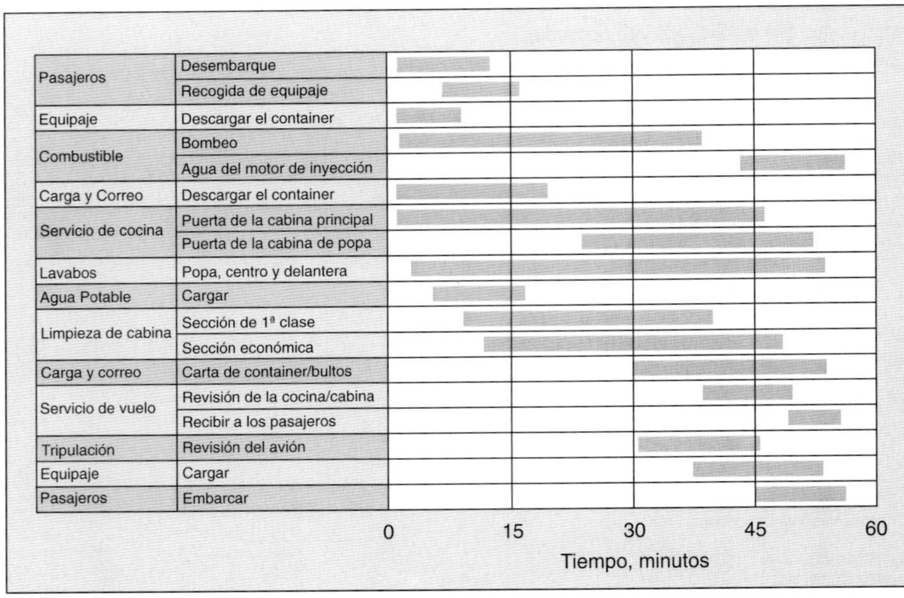

Ser capaz de manejar poderosos paquetes de software de dirección de proyectos tales como Primavera requiere primero entender los principios de PERT y CPM. En un ambiente competitivo de trabajo, un graduado que tenga experiencia en uno de los populares programas se descubrirá como un valorado miembro de cualquier organización a la que se le planteen problemas de planificación de proyectos.

bles. Y de manera más importante, no ilustran de forma adecuada las interrelaciones entre las actividades y los recursos.

PERT y CPM, las dos técnicas de grafos más utilizadas que discutiremos a continuación, tienen la característica de poder presentar las relaciones de precedencia y la interdependencia de las actividades. En proyectos complejos, la programación de los cuáles es casi siempre informatizada, PERT y CPM tienen ventaja sobre los diagramas Gantt más simples. Incluso en los grandes proyectos, sin embargo, los diagramas Gantt pueden utilizarse como un resumen de la situación del proyecto y pueden cumplimentar los otros métodos de grafos.

En resumen, cualquiera que sea el método elegido por un director de proyecto, la programación del proyecto sirve para varios propósitos:

1. Muestra la relación de cada actividad con las demás y con todo el proyecto.
2. Identifica las relaciones de precedencia entre las actividades.
3. Fomenta el establecimiento de una duración y coste realista para cada actividad.
4. Ayuda a una mejor utilización de los recursos de personal, dinero y materiales identificando cuellos de botella críticos en el proyecto.

CONTROL DE PROYECTOS

El control de grandes proyectos, como el control de cualquier sistema de dirección, implica un seguimiento muy de cerca de los recursos, los costes, la calidad y los presupuestos. El control significa también utilizar un circuito cerrado de realimentación para revisar el plan del proyecto y tener la posibilidad de mover los recursos a donde sean más necesarios. Los informes y diagramas PERT/CPM informatizados están ampliamente

POM EN ACCIÓN

El personal de Tierra de Delta organiza un suave despegue

Los tres motores del vuelo 199 chirrían en su llegada cuando el jet L-1011 de fuselaje ancho avanza pesadamente por la pista de rodaje de Orlando con 200 pasajeros que llegan de San Juan. En una hora el avión va a estar volando de nuevo.

Pero antes de que este avión pueda salir, hay tareas que atender: cientos de pasajeros y toneladas de equipaje y cargamento que descargar y cargar; cientos de comidas, miles de galones de combustible para el avión, un sin número de refrescos y botellas de licor que reabastecer; limpiar la cabina y los baños; vaciar los tanques de los servicios; y revisar los motores, las alas, y el tren de aterrizaje.

Las 12 personas del personal de tierra saben que un error en cualquier sitio —un transportador de cargamento roto, equipaje perdido, pasajeros mal dirigidos— puede significar una salida con retraso y provocar una reacción en cadena de dolores de cabeza desde Orlando hasta Dallas y a cada destino de un vuelo conectado.

A Dennis Dettro, el director de operaciones de Delta en el Aeropuerto Internacional de Orlando, le gusta llamar a la operación de carga y descarga "una sinfonía bien dirigida". Como el personal de los boxes esperando un coche de carreras, personal entrenado está esperando al Vuelo 199 con carros para equipaje y tractores, grúas hidráulicas de carga, un camión para cargar comida y bebidas, otro para elevar al personal de limpieza, otro para echar el combustible y un cuarto para vaciar el agua. La "orquesta" normalmente trabaja tan suavemente que la mayoría de los pasajeros no sospechan las proporciones del esfuerzo. Los diagramas Gantt, como el de la Figura 6.4, ayudan a Delta y a otras líneas aéreas con la asignación de personal y la programación necesarias para tocar esta sinfonía.

Fuentes: Orlando Sentinel (December 21, 1993): A-1; *Distribución* (October 1991): 38-40; and *Aviation Week* (November 23, 1992): 42-43.

disponibles hoy en computadores personales. Algunos de los programas más conocidos son Harvard Total Proyect Manager (de Harvard Sowftware, S.A.), Primavera (de Primavera Systems, S.A.), Proyect (de Microsoft Corp.), MacProyect (de Apple Computer Corp.), Pertmaster (de Westminster Software, S.A.), VisiSchedule (de Paladin Software Corp.), y Time Line (de Symantec Corp.).

Estos programas producen una amplia variedad de informes incluyendo (1) desgloses detallados del coste de cada tarea, (2) curvas de mano de obra total del programa, (3) tablas de distribución del coste, (4) resúmenes de costes y horas por función, (5) pronósticos de materias primas y gastos, (6) informes de problemas, (7) informes de análisis de duración, y (8) informes de la situación de trabajo. Cuando el software disponible en el mercado no proporciona todas las funciones que una compañía quiere, la compañía debe entonces desarrollar sus propios programas de dirección de proyectos, como vemos en el Apartado de *POM en Acción,* "M.W. Kellogg Company".

TÉCNICAS DE DIRECCIÓN DE PROYECTOS: PERT Y CPM

La técnica de revisión y evaluación de proyectos (PERT) y el **método del camino crítico** fueron ambos desarrollados en los años 50 para ayudar a los directivos a programar, seguir y controlar grandes y complicados proyectos. CPM llegó primero, en 1957, como una herramienta desarrollada por J. E. Kelly de Remington Rand y M. R. Walker de duPont para ayudar en la construcción y mantenimiento de plantas químicas en duPont. Independientemente, PERT fue desarrollado en 1958 por Booz, Allen y Hamilton en la Marina.

La técnica de revisión y evaluación de proyectos (PERT)
Método del camino crítico

POM EN ACCIÓN

Controlar los proyectos en M. W. Kellogg Company

La Empresa M. W. Kellogg Company de Houston es uno de los mayores contratistas de construcción mundiales, especializado en la ingeniería y construcción de complejos petrolíferos y petroquímicos. Hasta hace 10 años utilizaba software comercial de dirección de proyecto para controlar sus numerosos y amplios proyectos. Cuando Kellogg consideró obsoleto el software, decidió desarrollar sus propios programas para integrar análisis de tiempo, programación, elaboración de grafos, y diagramas de los programas, materiales y costes de los proyectos. El enorme nuevo programa, llamado Sistema de control de Proyecto Integrado (IPCS), podía gestionar unos 20 proyectos a la vez. Un proyecto típico de Kellogg implicaría 1.500 actividades de ingeniería, 1.100 suministros, y previsiones para 4.000 líneas de contabilidad de costes.

IPCS ahora sigue la realización de cada proyecto cada dos semanas midiendo las horas reales gastadas en relación a las planificadas. IPCS ha recortado el tiempo de puesta al día, de 24 horas con el viejo software, a cuestión de minutos hoy en día. También hace la dirección de proyectos en Kellogg más eficiente que en las compañías competidoras. En el ambiente dinámico, visible y de consciencia sobre la seguridad de los proyectos de ingeniería a gran escala, IPCS es capaz de reducir riesgos, controlar los proyectos y dar a la dirección de Kellogg información más exacta y flexible.

Fuentes: A.M. Hickman, "Refining the Process of Project Control," *Production and Inventory Management* (February 1992): 26–27; and P. W. Stonebraker and G. K. Leong, *Operations Strategy* (Boston: Allyn and Bacon, 1994), p. 505.

El marco de PERT y CPM

PERT y CPM siguen ambos seis pasos básicos:

1. Definir el proyecto y todos sus actividades o tareas significantes.
2. Desarrollar las relaciones entre las actividades. Decidir qué actividades deben preceder y cuáles deben seguir a las otras.
3. Dibujar el grafo (red) que conecta todas las actividades.
4. Asignar las estimaciones de duración y/o coste a cada actividad.
5. Calcular el camino de mayor duración de la red. Éste es el denominado camino crítico.
6. Utilizar la red para ayudar a planificar, programar, seguir y controlar el proyecto.

El paso 5, encontrar el camino crítico, es una parte importante en el control del proyecto. Las actividades del camino crítico representan tareas que retrasarán el proyecto completo a menos que sean acabadas a tiempo. Los directivos pueden obtener la flexibilidad necesaria para completar las tareas críticas identificando las actividades no críticas y planificando, programando y asignando recursos tales como la mano de obra y las finanzas nuevamente.

Aunque PERT y CPM se diferencian en alguna extensión en terminología y en la construcción de la red, sus objetivos son los mismos. Además, el análisis utilizado en ambas técnicas es muy similar. La diferencia principal es que PERT emplea tres estimaciones de duración para cada actividad. Cada estimación tiene una probabilidad de ocurrencia asociada, la cual, a su vez, se utiliza para calcular el valor esperado y la desviación estándar de la duración de la actividad. CPM hace la suposición de que la duración de la actividad es sabida con certeza, y en consecuencia sólo necesita un factor de tiempo para cada actividad.

Con propósito de ilustración, el resto del capítulo se centra en la discusión del PERT y del PERT/Cost. PERT/Cost es una técnica que combina los beneficios de PERT y de

CPM. La mayoría de los comentarios y procedimientos descritos, sin embargo, son aplicables también a CPM.

PERT, PERT/Cost y CPM son importantes porque pueden ayudar a responder preguntas como las siguientes sobre proyectos con miles de actividades:

> La Marina de los EE.UU, trabajando con Booz, Allen y Hamilton, creó el PERT para ayudar a planificar y controlar el programa de misiles Polaris para submarinos. Ese proyecto implicó la coordinación de miles de contratistas, y a el PERT se le atribuyó la reducción de la duración del proyecto en 18 meses.

1. ¿Cuándo estará finalizado el proyecto completo?
2. ¿Cuáles son las actividades o tareas críticas en el proyecto, es decir, las que demorarán todo el proyecto si van con retraso?
3. ¿Cuáles son las actividades no críticas, es decir, las que pueden ejecutarse con retraso sin demorar la terminación de todo el proyecto?
4. ¿Cuál es la probabilidad de que el proyecto sea finalizado en una fecha determinada?
5. En una fecha determinada, ¿está el proyecto dentro de lo programado, por detrás de lo programado o por delante de lo programado?
6. En una fecha dada, ¿se ha gastado el mismo dinero, menos dinero o más dinero que la cantidad presupuestada?
7. ¿Hay suficientes recursos disponibles para acabar el proyecto a tiempo?
8. Si el proyecto tiene que estar acabado en un corto espacio de tiempo, ¿cuál es el mejor modo de lograrlo al mínimo coste?

Actividades, Sucesos (Etapas) y Grafos (Redes)

Suceso (etapa)
Actividad

El primer paso en PERT es dividir el proyecto completo en sucesos y actividades significativas. Un **suceso (etapa)** marca el comienzo o la terminación de una tarea o actividad concreta. Una **actividad** es una tarea o un subproyecto que tiene lugar entre dos sucesos. La Tabla 6.1 muestra los símbolos utilizados para representar los sucesos y las actividades.

Este modo es el más común para dibujar redes y también se denomina modo de Actividad-en-flecha (AOA). Un modo menos popular, denominado Actividad-en-Nodo (AON), sitúa las actividades en nodos. Para simplificar, sólo trataremos el AOA.

TABLA 6.1 ■ Sucesos, actividades y cómo se relacionan

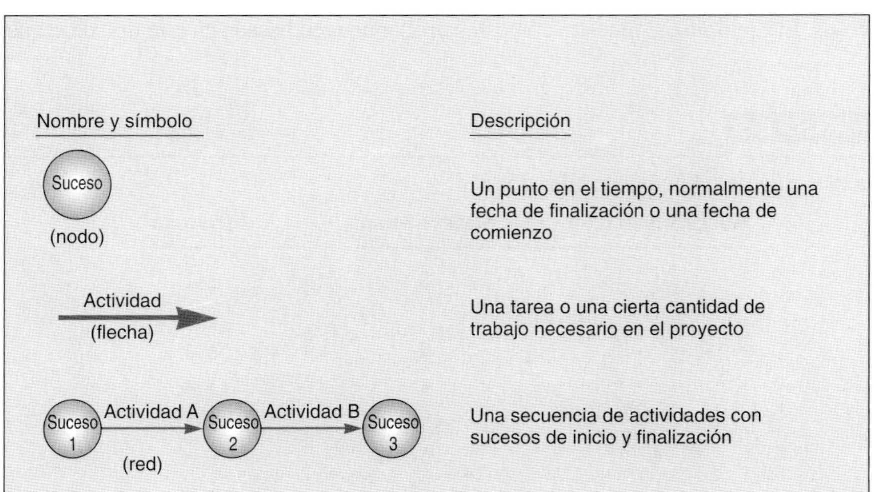

Grafo

Cualquier proyecto que pueda ser descrito por actividades y sucesos debe ser analizado por un **grafo** PERT. Un grafo o red, mostrado en el Ejemplo 6.1, es una secuencia de actividades definidas por sucesos de inicio y fin.

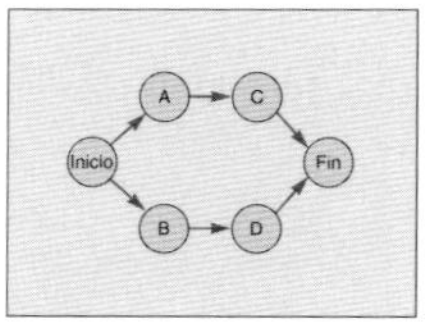

EJEMPLO 6.1

Dada la siguiente información, desarrollar una red.

ACTIVIDAD	PREDECESOR(ES) INMEDIATO(S)
A	—
B	—
C	A
D	B

En la red de más abajo, asignamos a cada suceso un número. También es posible identificar cada actividad con un suceso o nodo inicial y final. Por ejemplo, la actividad A es la actividad que empieza con el suceso 1 y termina en el nodo, o suceso, 2. En general, numeramos los nodos de derecha a izquierda. El nodo inicial, o suceso, del proyecto completo es el número 1, y el último nodo, o suceso, del proyecto completo lleva el número más grande. El último nodo de la red muestra el número 4.

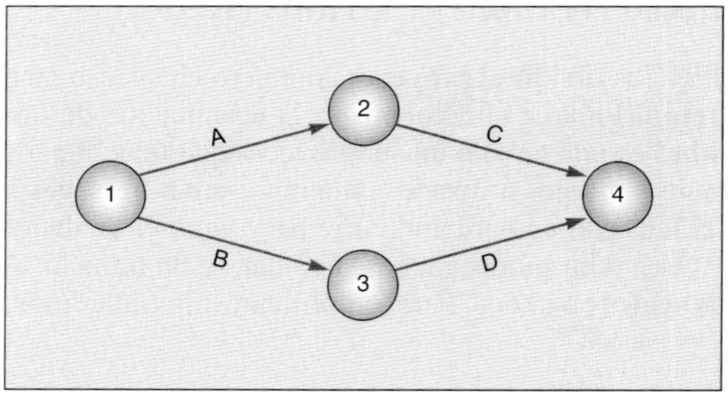

Podemos también especificar las redes por sucesos y las actividades que ocurren entre los sucesos. El Ejemplo 6.2 muestra cómo desarrollar una red basada en este tipo de esquema.

EJEMPLO 6.2

Dada la siguiente tabla, desarrollar una red.

SUCESO INICIAL	SUCESO FINAL	ACTIVIDAD
1	2	1–2
1	3	1–3
2	4	2–4
3	4	3–4
3	5	3–5
4	6	4–6
5	6	5–6

En lugar de utilizar una letra para describir las actividades y sus actividades predecesoras, podemos representar las actividades por su suceso inicial y su suceso final. Comenzando por la actividad que empieza en el suceso 1 y termina en el suceso 2, podemos construir la siguiente red.

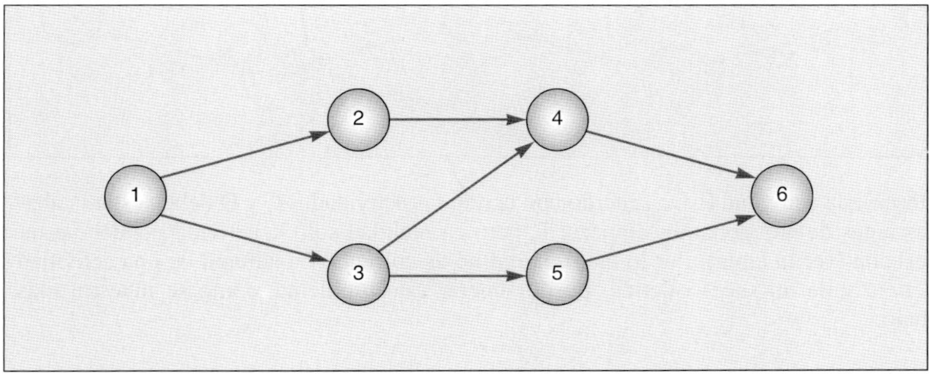

Todo lo necesario para construir una red es el suceso inicial y el final de cada actividad.

Actividades y Sucesos Ficticios

Vd. puede encontrar una red que tenga dos actividades con idénticos sucesos inicial y final. Para solucionar este problema pueden situarse en la red las **actividades** y los **sucesos ficticios**. Una actividad ficticia se define como una actividad que no tiene duración, pero es incluida en una red para mantener la lógica de la red. El uso de actividades y sucesos ficticios es especialmente importante cuando se va a emplear los programas de ordenador para determinar el camino crítico y el tiempo de finalización del proyecto. Las actividades y los sucesos ficticios también sirven para asegurar que la red refleja correctamente el proyecto estudiado. Una actividad ficticia tiene un tiempo de ejecución, t, de cero. El Ejemplo 6.3 muestra el uso de actividades ficticias.

Actividades

Sucesos ficticios

EJEMPLO 6.3

Desarrollar una red basada en la siguiente información:

ACTIVIDAD	PREDECESOR(ES) INMEDIATO(S)	ACTIVIDAD	PREDECESOR(ES) INMEDIATO(S)
A	—	E	C, D
B	—	F	D
C	A	G	E
D	B	H	F

Dados estos datos, puede desarrollar la siguiente red.

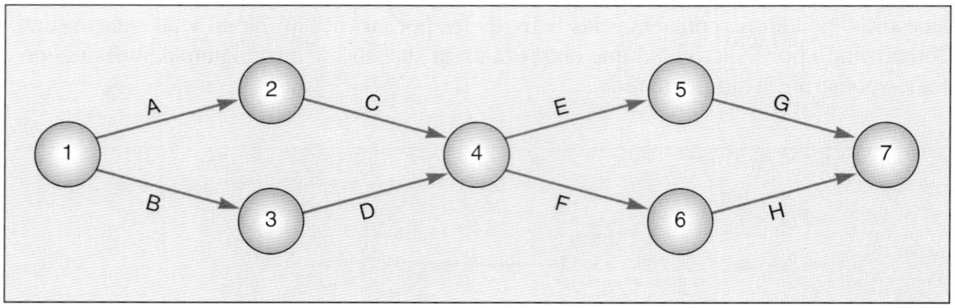

Observe la actividad F. De acuerdo con la red, las actividades C y D deben estar acabadas antes de que podamos empezar F, pero en realidad sólo la actividad D debe estar acabada (ver la tabla). Por lo tanto, la red no es correcta. La adición de una actividad ficticia y de un suceso ficticio puede superar este problema, como se muestra más abajo.

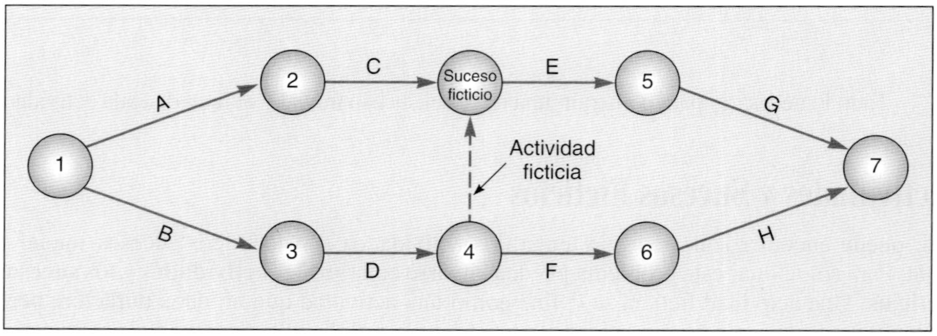

Ahora la red incluye todas las relaciones correctas y puede ser analizado como siempre.

PERT y las estimaciones de duración de las actividades

Estimaciones de duración
Duración optimista
Duración probable
Duración pesimista

Distribución de probabilidad beta

Como ya se mencionó anteriormente, una diferencia distintiva entre PERT y CPM es la utilización en la técnica PERT de tres **estimaciones de duración** para cada actividad. En la técnica CPM sólo se da una estimación de duración para cada actividad.

Para cada actividad en PERT, debemos especificar una estimación de **duración optimista**, otra de **duración** más **probable**, y una tercera de **duración pesimista**. Entonces usamos estas tres estimaciones de tiempo para hallar un tiempo de realización esperado y la varianza de cada actividad. Si asumimos, como suponen muchos investigadores, que las duraciones de la actividad siguen una **distribución de probabilidad beta,** podemos utilizar la fórmula:[2]

$$t = \frac{a + 4m + b}{6} \quad \text{y} \quad v = \left(\frac{b - a}{6}\right)^2 \qquad (6.1)$$

[2] Aunque la distribución beta ha sido muy utilizada en los análisis PERT durante 40 años, su aplicación a sido cuestionada. Véase M. W. Sasieni, "A Note on PERT Times," *Management Science*, 32, no. 12 (December 1986): 1.662-1.663.

donde a = duración optimista para la ejecución de la actividad
b = duración pesimista para la ejecución de la actividad
m = duración más probable para la ejecución de la actividad
t = duración esperada de la realización de la actividad
v = varianza del tiempo de realización de la actividad

En PERT, después de que hayamos desarrollado la red, calculamos la duración y las varianzas esperadas para cada actividad. El Ejemplo 6.4 muestra estos cálculos.

EJEMPLO 6.4

Calcular las duraciones y las varianza esperadas de ejecución para cada actividad basados en las siguientes estimaciones de duración.

ACTIVIDAD	a	m	b
1–2	3	4	5
1–3	1	3	5
2–4	5	6	7
3–4	6	7	8

ACTIVIDAD	a + 4m + b	t	$\frac{b-a}{6}$	v
1–2	24	4	2/6	4/36
1–3	18	3	4/6	16/36
2–4	36	6	2/6	4/36
3–4	42	7	2/6	4/36

Análisis del camino crítico

El objetivo del **análisis del camino crítico** es determinar las siguientes cantidades para cada actividad:

Análisis del camino crítico

ES: Fecha más temprana para que comience una actividad. *Todas las actividades predecesoras* deben estar acabadas antes de que pueda empezarse una actividad. El tiempo final de las actividades predecesoras es el primer tiempo en el que una actividad puede ser empezada.
LS: Fecha más tardía para que comience una actividad. *Todas las actividades siguientes* deben estar acabadas sin retrasar el proyecto entero. Éste es el tiempo que más tarde puede empezar una actividad sin retrasar el proyecto entero.
EF: Fecha más temprana para finalizar una actividad.
LF: Fecha más tardía para finalizar una actividad.
S: **Tiempo de holgura** de una actividad, que es igual al (LS - ES) ó (LF - EF).

Tiempo de holgura

Para cualquier actividad, si podemos calcular ES y LS, podemos hallar las otras tres cantidades de la siguiente manera:

$$EF = ES + t$$
$$LF = LS + t$$
$$S = LS - ES$$

ó

$$S = LF - EF$$

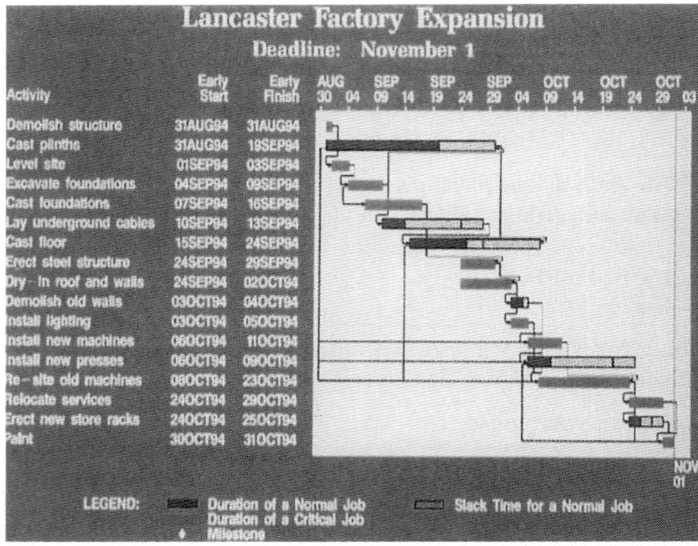

SAS Institute, Inc. También posee un software de PERT. En la foto aparecen las fechas más tempranas de inicio y de finalización, las tareas normales, y los tiempos de holgura, para un proyecto de expansión de una fábrica, en Lancaster, PA.

Una vez que conocemos estos valores para cada actividad, podemos analizar el proyecto total. Normalmente, este análisis incluye el examen de lo siguiente:

1. El camino crítico —el grupo de actividades del proyecto que tienen un tiempo de holgura igual a cero. Este camino es *crítico* porque un retraso en cualquier actividad de este camino retrasaría el proyecto entero.
2. *T* —el tiempo total de realización del proyecto, que se calcula sumando los valores de duración esperada (*t*) de aquellas actividades que forman el camino crítico.
3. *V* —varianza del camino crítico, que se calcula sumando la variación (*v*) de aquellas actividades individuales del camino crítico.

El análisis del camino crítico normalmente empieza con la determinación de ES y EF. El Ejemplo 6.5 muestra el procedimiento:

EJEMPLO 6.5

Dada la siguiente información, determinar ES y EF para cada actividad.

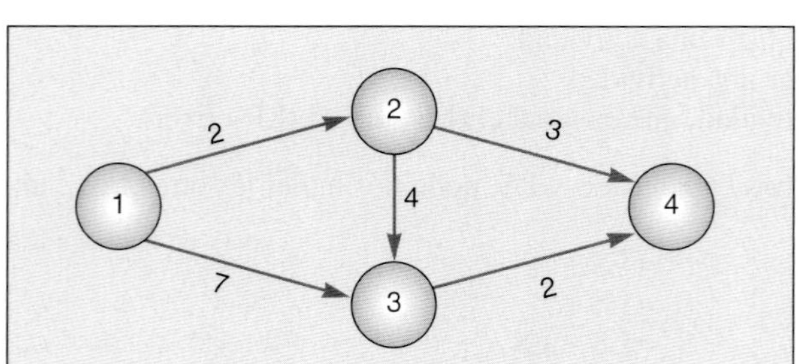

ACTIVIDAD	t
1–2	2
1–3	7
2–3	4
2–4	3
3–4	2

Hallamos ES moviéndonos desde las actividades iniciales del proyecto hasta las actividades finales del proyectos. En las actividades iniciales , ES es o cero, o la fecha real de comienzo, digamos, el 1 de agosto. Para las actividades 1-2 y 1-3, ES es cero. (Por convención, todos los proyectos comienzan en el instante cero).

Hay una regla básica general. Antes de que una actividad pueda empezar, todas sus actividades predecesoras deben estar completas. En otras palabras, para determinar la ES de una actividad buscamos el camino más largo que lleva a esa actividad. Para la actividad 2-3, ES es 2. Su única actividad predecesora es 1-2, para la que t = 2. Por el mismo razonamiento, ES de la actividad 2-4 también es 2. Para la actividad 3-4, sin embargo, ES es 7. Tiene dos caminos predecesores: la actividad 1-3 con t = 7 y las actividades 1-2 y 2-3 con un tiempo total esperado de 6 (ó 2 + 4). De esta manera, ES para la actividad 3-4 es 7 porque la actividad 1-3 debe estar acabada antes de que la actividad 3-4 pueda empezarse. Calculamos la EF a continuación añadiendo t a ES para cada actividad.

Ver la tabla siguiente.

ACTIVIDAD	ES	*t*	EF
1–2	0	2	2
1–3	0	7	7
2–3	2	4	6
2–4	2	3	5
3–4	7	2	9

El siguiente paso es calcular LS, la fecha más tardía de comienzo para cada actividad. Empezamos con las últimas actividades y nos movemos hacia atrás hacia las primeras actividades, para determinar la fecha más tardía posible de comienzo de una actividad (LS) sin aumentar la fecha más temprana de finalización (EF). Esta tarea parece más difícil de lo que realmente es. El Ejemplo 6.6 muestra cómo calcular LS.

EJEMPLO 6.6

Determinar LS, LF y S (la holgura) de cada actividad basado en los siguientes datos:

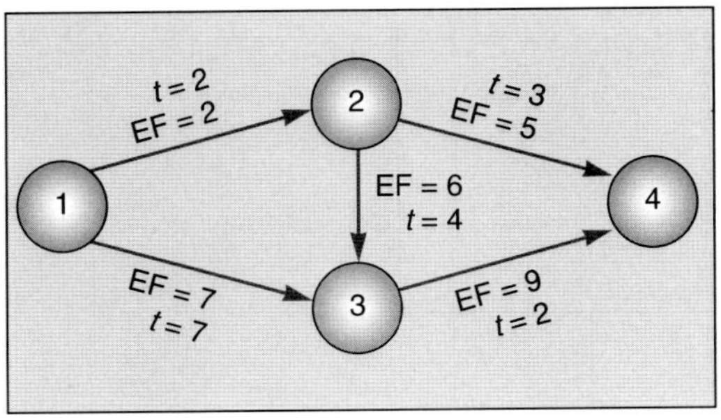

ACTIVIDAD	t	ES	EF
1–2	2	0	2
1–3	7	0	7
2–3	4	2	6
2–4	3	2	5
3–4	2	7	9

La fecha más temprana en la que puede estar terminado el proyecto entero es 9 porque las actividades 2-4 (EF = 5) y 3-4 (EF = 9) *deben* estar ambas acabadas. Utilizando el 9 como base, ahora trabajaremos hacia atrás restando de 9 los valores apropiados de *t*.

La última fecha en la que podemos empezar la actividad 3-4 es 7 (ó 9 - 2) para poder completar aún el proyecto en el periodo de tiempo 9. Por lo tanto, LS de la actividad 3-4 es 7. Usando el mismo razonamiento, LS de la actividad 2-4 es 6 (ó 9 - 3). Si empezamos la actividad 2-4 en el instante 6 y ésta necesita 3 unidades de tiempo para ser completada, todavía podemos acabar el proyecto en 9 unidades de tiempo. La última fecha en la que podemos empezar la actividad 2-3 es 3 (ó 9 - 2 - 4). Si empezamos la actividad 2-3 en 3 y las actividades 2-3 y 3-4 tardan 2 y 4 unidades de tiempo, respectivamente, todavía podemos acabar a tiempo. De esta forma, LS en la actividad 2-3 es 3. Usando el mismo razonamiento, LS en la actividad 1-3 es 0 (ó 9 - 2 - 7). Analizar la actividad 1-2 es más difícil porque hay dos caminos. Ambos tienen que estar acabados en 9 unidades de tiempo.

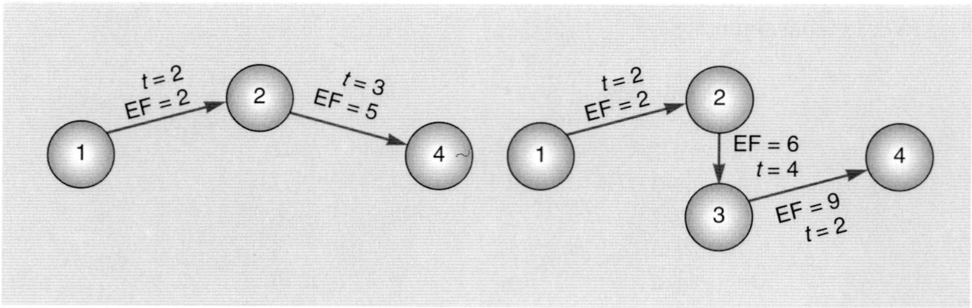

Porque los dos caminos anteriores deben de ser completados, la LS en la actividad 1-2 se calcula a partir del camino que más restringe, el más lento. Así, la LS de la actividad 1-2 *es* 1 (ó 9 - 2 - 4 - 2) y *no* 4 (ó 9 - 3 - 2). Teniendo en cuenta las siguientes relaciones, podemos construir una tabla resumiendo los resultados.

$$LF = LS + t$$

$$S = LF - EF$$

ó

$$S = LS - ES$$

ACTIVIDAD	ES	EF	LS	LF	S
1–2	0	2	1	3	1
1–3	0	7	0	7	0
2–3	2	6	3	7	1
2–4	2	5	6	9	4
3–4	7	9	7	9	0

Una vez que hemos calculado ES, EF, LS, LF y S, podemos acabar analizando el proyecto entero. El análisis incluye determinar el camino crítico, la fecha de finalización del proyecto y la varianza del proyecto. El Ejemplo 6.7 muestra este proceso.

EJEMPLO 6.7

Hemos calculado los tiempos, las varianza de las actividades y otras informaciones de la siguiente red. ¿Cuál es el camino crítico, el tiempo total de finalización T y la varianza del proyecto V de esta red?

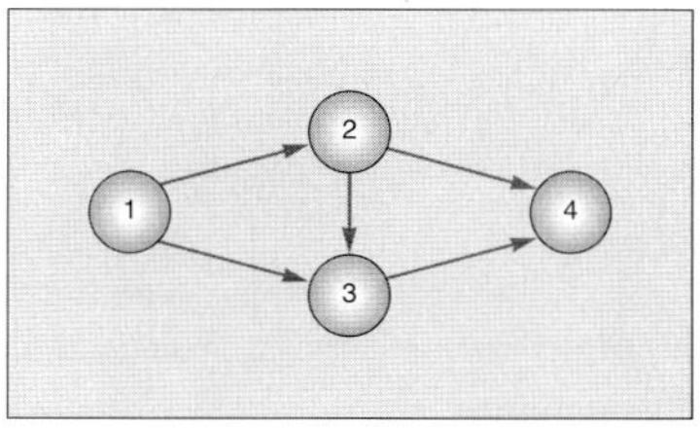

ACTIVIDAD	t	v	ES	EF	LS	LF	S
1–2	2	2/6	0	2	1	3	1
1–3	7	3/6	0	7	0	7	0
2–3	4	1/6	2	6	3	7	1
2–4	3	2/6	2	5	6	9	4
3–4	2	4/6	7	9	7	9	0

El camino crítico consiste en aquellas actividades con tiempo de holgura 0. Éstas son las actividades 1-3 y 3-4.

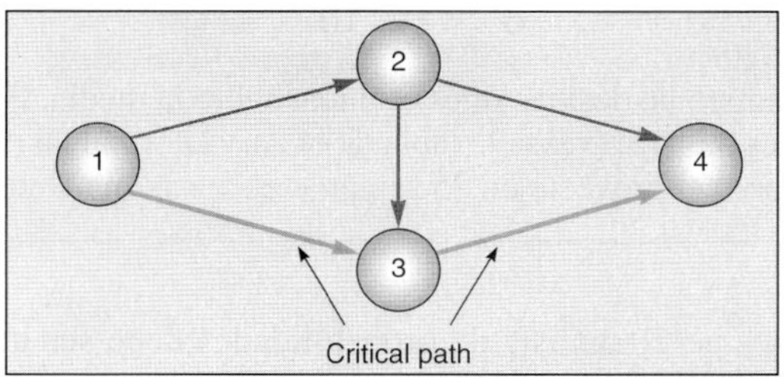

El tiempo total de finalización del proyecto es 9 (ó 7 + 2). La varianza del proyecto es la suma de las *varianzas de las actividades* a lo largo del *camino crítico*, que es 7/6 (ó 3/6 + 4/6).

Probabilidad de finalización del proyecto

Habiendo calculado el tiempo esperado de realización T y la variación del mismo V, podemos determinar la probabilidad de que el proyecto sea acabado en una fecha específica. Si suponemos que la distribución de las fechas de finalización sigue una curva normal, podemos calcular la probabilidad de finalización como se indica en el Ejemplo 6.8.

EJEMPLO 6.8

Si el tiempo esperado T de finalización del proyecto es 20 semanas y la varianza V del proyecto es 100, ¿cuál es la probabilidad de que el proyecto esté acabado en o antes de la semana 25?

$$T = 20$$
$$V = 100$$
$$\sigma = \text{desviación estándar} = \sqrt{\text{varianza del proyecto}} = \sqrt{V}$$
$$= \sqrt{100} = 10$$
$$C = \text{fecha deseada de finalización}$$
$$= 25 \text{ semanas}$$

La curva normal sería la siguiente:

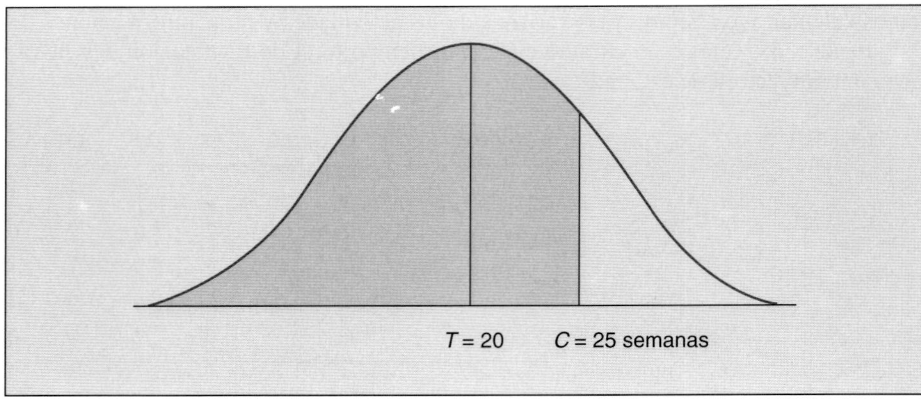

$$Z = \frac{C - T}{\sigma} = \frac{25 - 20}{10} = 0{,}5$$

donde Z es igual al número de desviaciones estándar sobre la media. El área por debajo de la curva para $Z = 0{,}5$ es 0,6915. (véase la tabla de la curva normal en el Apéndice A). Así, la probabilidad de acabar el proyecto en 25 semanas es aproximadamente 0,69, ó el 69%.

Debemos señalar que el análisis de probabilidades debe ser utilizado con precaución. Por ejemplo, un camino de actividades no crítico con una gran variación podría convertirse en un camino de actividades crítico. Esto provocaría que el análisis fuera erróneo. Considere la red dibujada en la Figura 6.5. El camino crítico es 1-3 y 3-4 con $T = 12$ y $V = 4$. Si la fecha de finalización deseada es 14, el valor de Z es 1 [ó (14 - 12) / $\sqrt{4}$]. La posibilidad de finalización es de un 84%, obtenida de la tabla de la distribución normal que aparece en el apéndice. ¿Qué ocurriría si las actividades 1-2 y 2-4 pasaran a constituir el camino crítico? Debido a su elevada varianza, este suceso no es imposible. Con los mismos valores de C y T, Z pasa a ser 0'4 [ó (14 - 12)/ $\sqrt{25}$]. Mirando la tabla de la distribución normal, vemos que la posibilidad de finalización del proyecto es el 66%. Si las actividades 1-2 y 2-4 pasaran a ser el camino crítico, la posibilidad de finalización del proyecto bajaría de manera significante debido a la gran varianza total (25 = 16 + 9) de estas actividades. Una simulación del proyecto podría darnos datos mejores.

FIGURA 6.5 ■ Análisis del Camino Crítico

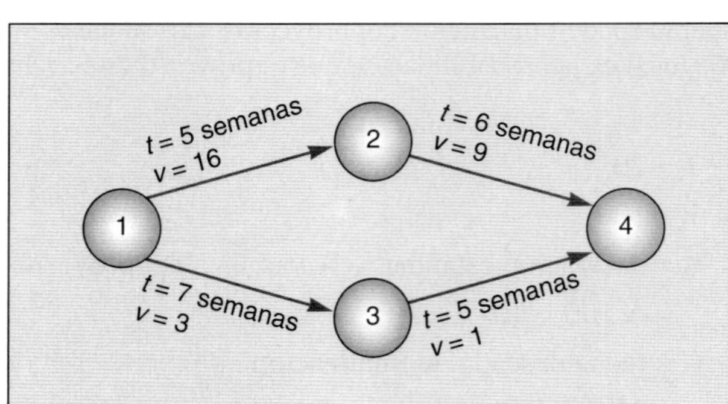

TABLA 6.2 ■ Actividades y predecesores inmediatos para Schware Foundry S.A.

ACTIVIDAD	DESCRIPCIÓN	PREDECESORES INMEDIATOS
A	Instalar los componentes internos	—
B	Modificar el techo y el suelo	—
C	Construir chimenea de recogida	A
D	Verter el cemento e instalar la estructura	B
E	Construir un quemador de alta temperatura	C
F	Instalar sistema de control	C
G	Instalar dispositivo de control de la polución del aire	D, E
H	Inspección y prueba	F, G

Caso de Estudio de PERT: Schware Foundry

Schware Foundry, S.A., una fábrica metalúrgica en Takoma Park, Maryland, ha decidido hacer una importante inversión en un nuevo equipo de control de la polución del aire. La fábrica, sin embargo, debe cerrar durante este proceso de instalación. El consejo de dirección de Schware estima que la compañía no puede sobrevivir más de 16 semanas sin producción a pleno desarrollo. Alice Schware, la directora socia, quiere asegurarse de que la instalación del sistema de filtro progrese normalmente y a tiempo.

Todas las actividades implicadas en el proyecto de la fundición son mostradas en la Tabla 6.2. (Debe acordarse de haber visto los mismos datos anteriormente en el ejemplo del diagrama Gantt de la Figura 6.3.) Vemos en la tabla que antes de que la chimenea de recogida pueda ser construida (actividad C), deben ser instalados los componentes internos (actividad A). Así, la actividad A es el inmediato predecesor de la actividad C. De la misma manera, las actividades D y E deben ser realizadas justo antes de la instalación del dispositivo de control de la polución del aire (actividad G). La red de Schware Foundry se muestra en la Figura 6.6.

FIGURA 6.6 ■ Red de Schware Foundry; Inc.

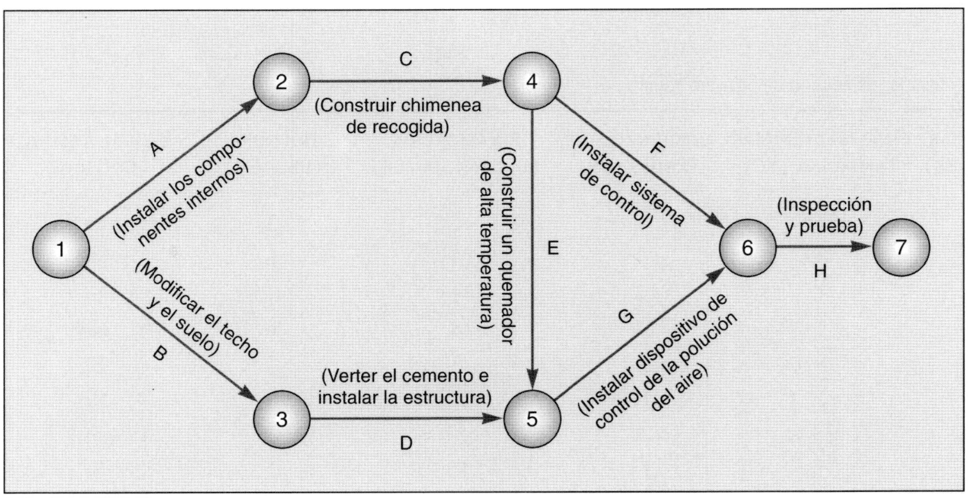

TABLA 6.3 ■ Cálculos de duración (en semanas) para Schware Foundry, S.A.

ACTIVIDAD	OPTIMISTA a	MÁS PROBABLE m	PESIMISTA b	DURACIÓN ESPERADA $t = (a + 4m + b)/6$	VARIANZA $[(b - a)/6]^2$
A	1	2	3	2	$\left(\frac{3-1}{6}\right)^2 = \frac{4}{36}$
B	2	3	4	3	$\left(\frac{4-2}{6}\right)^2 = \frac{4}{36}$
C	1	2	3	2	$\left(\frac{3-1}{6}\right)^2 = \frac{4}{36}$
D	2	4	6	4	$\left(\frac{6-2}{6}\right)^2 = \frac{16}{36}$
E	1	4	7	4	$\left(\frac{7-1}{6}\right)^2 = \frac{36}{36}$
F	1	2	9	3	$\left(\frac{9-1}{6}\right)^2 = \frac{64}{36}$
G	3	4	11	5	$\left(\frac{11-3}{6}\right)^2 = \frac{64}{36}$
H	1	2	3	2	$\left(\frac{3-1}{6}\right)^2 = \frac{4}{36}$
				Total: 25 semanas	

La Tabla 6.3 muestra las estimaciones de tiempo optimista, más probable y pesimista de cada actividad. También revela el tiempo esperado (t) y la varianza de cada una de las actividades. La Tabla 6.4 resume el análisis del camino crítico de las actividades y la red. El tiempo total de finalización del proyecto, 15 semanas, es el número más grande se observa en las columnas de EF y LF de la Tabla 6.4. Los directores de operaciones suelen referirse a esta tabla como la tabla de fechas límite.

TABLA 6.4 ■ Programa y tiempos de holgura de Schware Foundy

ACTIVIDAD	COMIENZO MÁS TEMPRANO (ES)	FINALIZACIÓN MÁS TEMPRANA (EF)	COMIENZO MÁS TARDÍO (LS)	FINALIZACIÓN MÁS TARDÍA (LF)	HOLGURA (LS – ES)	¿EN EL CAMINO CRÍTICO?
A	0	2	0	2	0	Sí
B	0	3	1	4	1	No
C	2	4	2	4	0	Sí
D	3	7	4	8	1	No
E	4	8	4	8	0	Sí
F	4	7	10	13	6	No
G	8	13	8	13	0	Sí
H	13	15	13	15	0	Sí

FIGURA 6.7 ■ Probabilidad de que Schware Foundry cumpla con la fecha límite de 16 semanas.

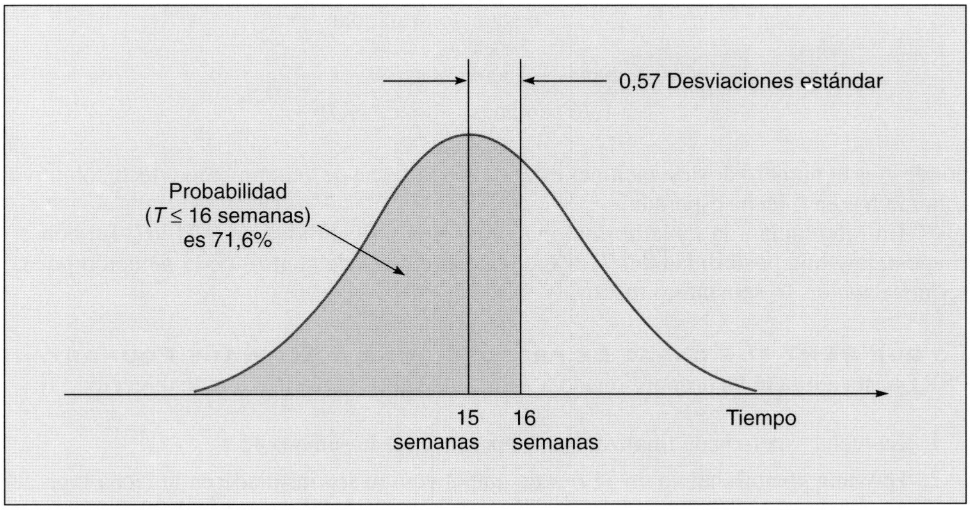

PROBABILIDAD DE FINALIZACIÓN DEL PROYECTO. El análisis del camino crítico nos ayudó a determinar que el tiempo esperado de finalización del proyecto de la fundición es de 15 semanas. No obstante, Alice es consciente de que hay una varianza significativa en las estimaciones de duración de varias actividades. La varianza en las actividades que están en el camino crítico pueden tener un impacto sobre la finalización del proyecto total, posiblemente retrasándolo. Este es un suceso que preocupa de forma considerable a Alice.

PERT utiliza la varianza de las actividades del camino crítico para ayudar a determinar la varianza del proyecto completo. La varianza del proyecto se calcula sumando las varianzas de las actividades críticas.

De la Tabla 6.3 y la Ecuación (6.1), sabemos que

ACTIVIDAD CRÍTICA	VARIANZA
A	4/36
C	4/36
E	36/36
G	64/36
H	4/36

De ahí, la varianza del proyecto = 4/36 + 4/36 + 36/36 + 64/36 + 4/36 = 3,111.

$$\text{La desviación estándar del proyecto} = \sqrt{\text{varianza del proyecto}}$$

$$= \sqrt{3{,}111} = 1{,}76 \text{ semana}$$

Para que Alice encuentre la probabilidad de que su proyecto esté acabado en o antes de la fecha tope de la semana 16, necesita determinar el área correspondiente bajo la curva normal en la Figura 6.7. La ecuación estándar de la normal puede aplicarse de la siguiente manera:

$$Z = \frac{\text{fecha objetivo - fecha esperada de finalización}}{\text{desviación estándar}} \tag{6.2}$$

$$= \frac{16 \text{ semanas} - 15 \text{ semanas}}{1{,}76 \text{ semanas}} = \frac{1}{1{,}76} = 0{,}57$$

donde Z es el número de desviaciones estándar de la fecha de vencimiento o fecha objetivo sobre la media o fecha esperada.

En referencia a la tabla normal, hallamos una probabilidad de 0,71567. En consecuencia, hay una posibilidad del 71,6% de que el equipo de control de la polución pueda ser instalado en 16 semanas o menos.

LO QUE PERT FUE CAPAZ DE PROPORCIONAR A SCHWARE FOUNDRY. PERT hasta ahora le ha proporcionado a Alice una valiosa información de dirección.

1. La fecha esperada de finalización del proyecto es la semana 15.
2. Hay una posibilidad de un 71,6% de que el equipo sea instalado en la fecha tope de 16 semanas. Y PERT puede hallar fácilmente la probabilidad de acabar en cualquier otra fecha en la que Alice esté interesada.
3. Cinco actividades (A, C, E, G, H) están en el camino crítico. Si cualquiera de ellas se retrasa por alguna razón, todo el proyecto se retrasará.
4. Tres actividades (B, D, F) no son críticas sino que tienen algún tiempo de holgura incluido. Esto significa que Alice puede tomar parte de sus recursos y, si es necesario, podría ser capaz de acelerar el proyecto entero.
5. Se ha creado un programa detallado de las fechas de inicio y finalización de las actividades (Tabla 6.4).

PERT/COST

Hasta ahora, hemos supuesto que no es posible reducir las duraciones de las actividades. Sin embargo, normalmente esto no es así. Quizás recursos adicionales pueden reducir las duraciones de ciertas actividades del proyecto. Estos recursos pueden ser mano de obra adicional, más equipos, etcétera. Aunque reducir las duraciones de las actividades puede ser caro, hacerlo puede merecer la pena. Si una compañía se enfrenta a costosas penalizaciones por retrasarse en un proyecto, utilizar recursos adicionales para acabar el proyecto a tiempo puede ser económico. Podría haber costes fijos cada día que el proyecto está en proceso. Así, sería rentable usar recursos adicionales para reducir la duración del proyecto y ahorrar algunos de los costes fijos diarios. Pero, ¿qué actividades deben ser reducidas? ¿Cuánto costaría esta acción? ¿Una reducción en la duración de una actividad reduciría a su vez el tiempo necesario para completar el proyecto total? Lo ideal sería que halláramos el método más barato de reducir el proyecto entero. Éste es el propósito del **PERT/Cost**.

PERT/Cost

La Figura 6.8 muestra las curvas de coste y duración de dos actividades. Para la actividad 5-6, cuesta 300$ acabarla en 8 semanas, 400$ en 7 semanas y 600$ en 6 semanas. La actividad 2-4 necesita 3.000$ de recursos adicionales para finalizar en 12 semanas y 1.000$ en 14 semanas. Curvas o relaciones similares de coste y duración pueden elaborarse normalmente para todas las actividades de la red.

El objetivo de PERT/Cost es reducir la duración del proceso completo en una cierta cantidad al más bajo coste. Para lograr este objetivo, debemos introducir unas cuantas varia-

FIGURA 6.8 ■ Curvas de Coste y Duración Usadas en el Análisis PERT/Cost.

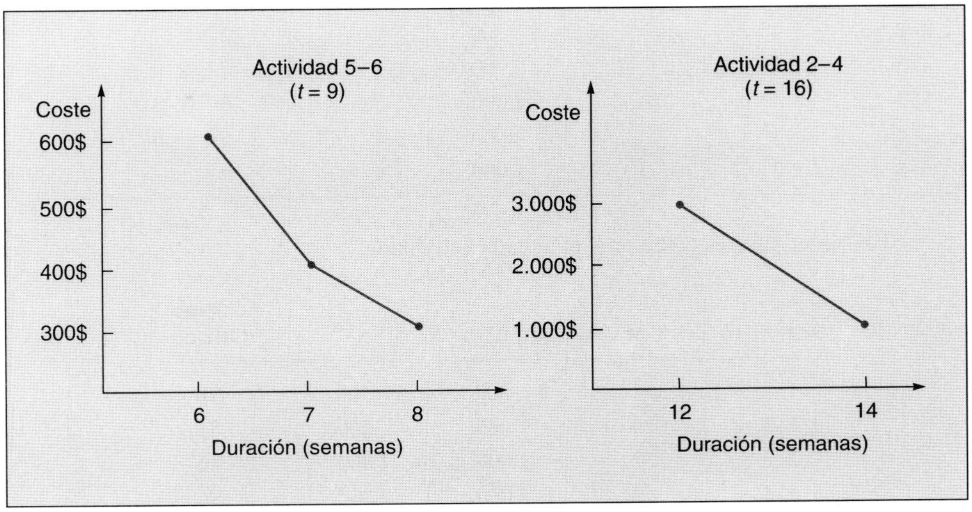

bles más. Para cada actividad existirá una reducción en la duración de la actividad y el coste asociado para esa reducción de duración. Sea:

M_i = máxima reducción de duración para la actividad *i*.

C_i = coste adicional asociado a reducir la duración de la actividad para la actividad *i*.

K_i = coste de reducir la duración de la actividad en una unidad de tiempo para la actividad *i*.

$$K_i = \frac{C_i}{M_i} \qquad (6.3)$$

Con esta información, es posible determinar el coste más bajo para reducir la fecha de finalización del proyecto. El Ejemplo 6.9 muestra este procedimiento.

EJEMPLO 6.9

Dada la siguiente información, determinar el menor coste para reducir el tiempo de finalización del proyecto en 1 semana.

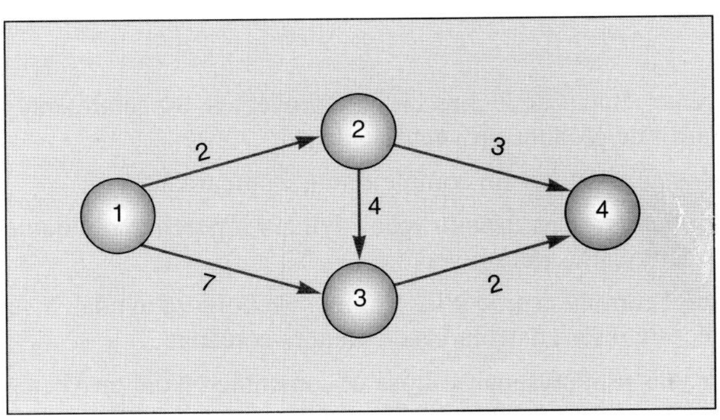

ACTIVIDAD	t (SEMANAS)	M (SEMANAS)	C
1–2	2	1	$ 300
1–3	7	4	2.000
2–3	4	2	2.000
2–4	3	2	4.000
3–4	2	1	2.000

ACTIVIDAD	ES	EF	LS	LF	S
1–2	0	2	1	3	1
1–3	0	7	0	7	0
2–3	2	6	3	7	1
2–4	2	5	6	9	4
3–4	7	9	7	9	0

El primer paso es calcular *K* para cada actividad:

ACTIVIDAD	M	C	K	CAMINO CRÍTICO
1–2	1	$ 300	$ 300	No
1–3	4	2.000	500	Sí
2–3	2	2.000	1.000	No
2–4	2	4.000	2.000	No
3–4	1	2.000	2.000	Sí

El segundo paso es localizar que actividad del camino crítico tiene el menor valor de K_i. El camino crítico lo forman las actividades 1-3 y 3-4. Como la actividad 1-3 tiene un valor más bajo de K_i, podemos reducir el tiempo de finalización del proyecto en 1 semana, a 8 semanas, incurriendo en un coste adicional de 500$.

Debemos tener mucho cuidado al utilizar este procedimiento. Cualquier reducción más en la duración de la actividad a lo largo del camino crítico provocaría que el camino crítico incluyera también las actividades 1-2, 2-3 y 3-4. En otras palabras, habría dos caminos críticos y actividades en ambos caminos necesitarían ser reducidas en su duración para reducir el tiempo de finalización del proyecto.

UNA CRÍTICA A PERT Y CPM

Como revisión de nuestro análisis de PERT, aquí presentamos algunas de sus características sobre las que un director de operaciones necesita ser consciente.

VENTAJAS

1. Útil en diferentes etapas de la dirección de proyectos, especialmente en la programación y el control de grandes proyectos.
2. Sencillo en los conceptos y no complejo matemáticamente.
3. Representaciones gráficas usando redes ayudan a percibir rápidamente las relaciones entre las actividades del proyecto.
4. Los análisis del camino crítico y los tiempos de holgura ayudan a señalar las actividades que necesitan ser controlados de manera cercana.
5. Las redes creadas proporcionan valiosa documentación del proyecto y señalan gráficamente quién es el responsable de diferentes actividades.

6. Aplicable a una amplia variedad de proyectos e industrias.
7. Útil para controlar no sólo programas, sino también costes.

LIMITACIONES

1. Las actividades del proyecto tienen que estar definidas de forma clara, independientes y estables en sus relaciones.
2. Las relaciones de precedencia deben ser especificadas y dibujadas a la vez.
3. Las estimaciones de duración tienden a ser subjetivas y son causa de confusión para los directivos que temen los peligros de que sean demasiado optimistas o no suficientemente pesimistas.
4. Existe el peligro inherente de poner demasiado énfasis en el camino más largo, o crítico. Los caminos cuasi críticos también necesitan ser controlados de cerca.

ALCANZANDO LOS ESTÁNDARES DE CLASE MUNDIAL

Las empresas de clase mundial dirigen de forma efectiva los proyectos y los recursos necesarios para llevar a cabo esos proyectos. Utilizando herramientas de dirección de proyectos, gestionan numerosos y complicados proyectos tales como implementar sistemas de ordenador, construir fábricas y automatizar almacenes. Las herramientas utilizadas incluyen diagramas Gantt, PERT, CPM y PERT/Cost informatizados. Con estas herramientas, los directivos conocen el estado de cada actividad y saben qué actividades son críticas y cuáles tienen tiempo de holgura; además, saben dónde tiene más sentido disminuir la duración de las actividades. Los proyectos se dividen en actividades discretas y se identifican los recursos específicos. Esto permite a los directores de proyectos de las organizaciones de clase mundial responder con empuje y dinamismo a la competitividad global. Por otra parte, una dirección de proyecto efectiva también permite a estas empresas crear productos y servicios para los mercados globales.

Estas empresas conocen la cantidad de recursos humanos así como los recursos de capital necesarios en cada fase de un proyecto. Este conocimiento permite a los directivos contratar y preparar exactamente a los empleados necesarios para cada nuevo desafío. Los resultados son proyectos llevados a cabo de forma efectiva. Este uso eficiente de mano de obra y capital proporciona a las empresas de clase mundial, como Bechtel (como vimos en el Perfil Internacional que abrió este capítulo), una ventaja competitiva.

RESUMEN

PERT, CPM y otras técnicas de programación han demostrado ser valiosas herramientas para controlar grandes y complejos proyectos. También se encuentran disponibles una amplia variedad de paquetes de software para ayudar a los directivos a gestionar los problemas de modelización con redes.

No obstante, PERT, CPM y PERT/Cost no resolverán todos los problemas de programación y dirección de proyectos en los negocios y en la Administración. También son necesarias buenas prácticas de dirección, claras responsabilidades en las tareas y sistemas sencillos y que informen puntualmente. Es importante recordar que los modelos que tratamos en este capítulo son sólo herramientas para ayudar a los directivos a tomar mejores decisiones.

TÉRMINOS CLAVE

Organización de proyectos
Diagramas Gantt
Técnica de revisión y evaluación de proyectos (PERT)
Método del camino crítico (CPM)
Camino crítico
Suceso
Actividad
Red
Actividades ficticias
Estimaciones de la duración de las actividades
Duración optimista
Duración probable
Duración pesimista
Distribución de probabilidad Beta
Análisis del camino crítico
Tiempo de holgura
PERT/Cost

USANDO AB:POM Y HOJAS DE CÁLCULO PARA RESOLVER LOS PROBLEMAS DE DIRECCIÓN DE PROYECTOS

Resolver el Ejemplo de Schware Foundry con el módulo CPM/PERT de AB:POM

El módulo de programación de proyectos hallará el tiempo esperado de finalización del proyecto de una red PERT y CPM con una o con las tres estimaciones de duración. El Programa 6.1 contiene los datos de entrada de Schware Foundry. El Programa 6.2 da los datos completos de entrada repetidos de Schware Foundry, así como los resultados finales. El programa CPM/PERT con una *estimación de duración* contiene menos resultados.

PROGRAMA 6.1 ■ Módulo CPM/PERT de AB:POM, Pantalla de Datos de Entrada de Schware Foundry. La pantalla permite nombrar las tareas e introducir duraciones y predecesores de aquellas actividades que tengan predecesores.

—— CPM/PERT Project Scheduling —— Data Screen ——

Number of activities (1–99) 8

—— SCHWARE FOUNDRY ——

Task	opt time	lik time	pes time	Predecessors			
a	1	2	3	—	—	—	—
b	2	3	4	—	—	—	—
c	1	2	3	a	—	—	—
d	2	4	6	b	—	—	—
e	1	4	7	c	—	—	—
f	1	2	9	c	—	—	—
g	3	4	11	d	e	—	—
h	1	2	3	f	g	—	—

PROGRAMA 6.2 ■ Solución al ejemplo de Schware Foundry utilizando AB:POM. El camino crítico consta de aquellas actividades que no tienen tiempo de holgura, concretamente, a, c, e, g y h.

SCHWARE FOUNDRY

Project completion time = 15 Project standard deviation = 1.7638

Task	opt time	lik time	pes time	Time	ES	EF	LS	LF	slack	σ
a	1	2	3	2	0	2	0	2	0	.33
b	2	3	4	3	0	3	1	4	1	.33
c	1	2	3	2	2	4	2	4	0	.33
d	2	4	6	4	3	7	4	8	1	.67
e	1	4	7	4	4	8	4	8	0	1
f	1	2	9	3	4	7	10	13	6	1.33
g	3	4	11	5	8	13	8	13	0	1.33
h	1	2	3	2	13	15	13	15	0	.33

PROGRAMA 6.3 ■ Utilizando una Hoja de Cálculo para realizar el análisis PERT. Los datos de entrada (duración de las actividades, que ya han sido calculadas) aparecen en las filas 3 hasta la 10. El resultado aparece en las filas 13 hasta la 20.

	A	B	C	D	E	F
1	Input Data					
2	Activity	Times				
3	A	2				
4	B	3				
5	C	2				
6	D	4				
7	E	4				
8	F	3				
9	G	5				
10	H	2				
11	Output Results					
12	Activity	ES	EF	LS	LF	Slack
13	A	0	+B3	+E13–B3	+D15	+E13–C13
14	B	0	+B4	+E14–B4	+D16	+E14–C14
15	C	+C13	+B15+B5	+E15–B5	@MIN(D17..D18)	+E15–C15
16	D	+C14	+B16+B6	+E16–B6	+D19	+E16–C16
17	E	+C15	+B17+B7	+E17–B7	+D19	+E17–C17
18	F	+C15	+B18+B8	+E18–B8	+D20	+E18–C18
19	G	@MAX(C16..C17)	+B19+B9	+E19–B9	+D20	+E19–C19
20	H	@MAX(C18..C19)	+B20+B10	+E20–B10	+C20	+E20–C20

Utilizar Hojas de Cálculo para PERT/ CPM

Pueden ser desarrolladas fácilmente fórmulas de hojas de cálculo para calcular los valores y varianzas esperados por actividad, como hicimos a mano para Schware Foundry en la Tabla 6.3. Después la Tabla 6.4 resumía el análisis PERT para esa empresa. El Programa 6.3 realiza el mismo análisis. El ES para la actividad C es igual al EF para la actividad A (o + C13). EL EF de la actividad C es el ES de la actividad C más la duración de la actividad (o + B15 + B5). Véase el uso de la función @MAX para asegurar que las dos actividades que llegan a G y después a H son acabadas antes de que estas actividades hayan comenzado. El cálculo de ES y EF completa el "movimiento hacia adelante" a través de la red.

El "paso hacia atrás" se empieza con la última actividad —actividad H—. El valor de LF de la actividad H es el mismo que el EF para esta actividad (15, ó + C20). El valor de LS se calcula restando la duración de la actividad del valor de LF. Para la actividad H, éste es + E20 - B10. Los mismos cálculos son realizados después para las otras actividades comenzando por la actividad G y siguiendo hasta la actividad A. Véase el uso de @ MIN para la actividad C. Esto es necesario porque hay dos caminos entre la actividad C y el final de la red. Después de que haya acabado el paso hacia atrás, se determinan los valores de holgura. Esto se hace en la columna F. El tiempo de holgura es igual a LF menos EF.

PROBLEMAS RESUELTOS

Problema resuelto 6.1

Construye una red basada en la siguiente tabla.

Actividad			
1–2	1–4	3–5	5–7
1–3	2–5	4–6	6–7

Solución

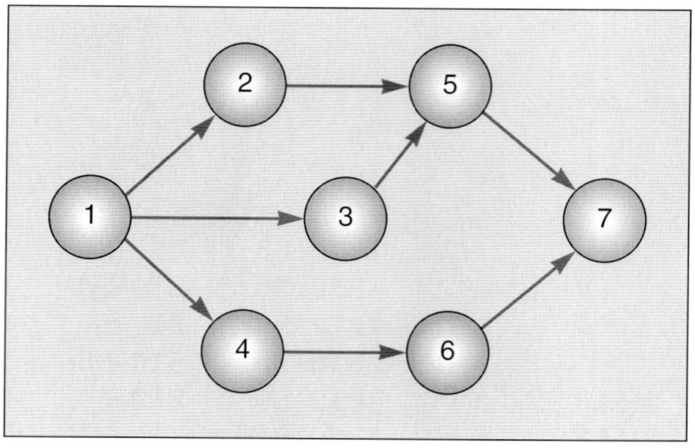

Problema resuelto 6.2

Inserte actividades y sucesos ficticios para corregir la siguiente red:

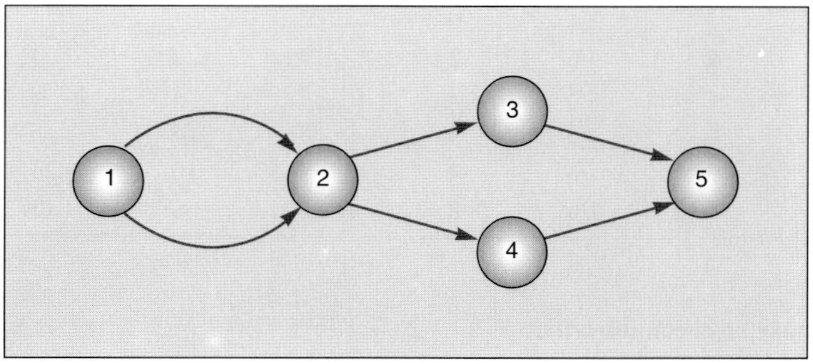

Solución

Podemos añadir las siguientes actividades ficticias y sucesos ficticios para obtener la red correcta:

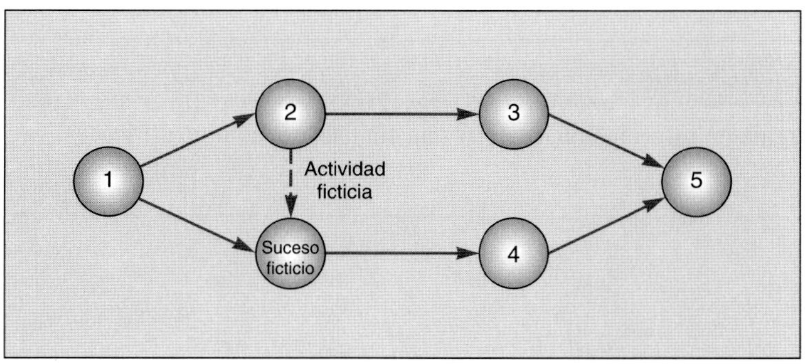

Problema resuelto 6.3

Calcular el camino crítico, el tiempo de finalización T y la varianza V basados en la siguiente información.

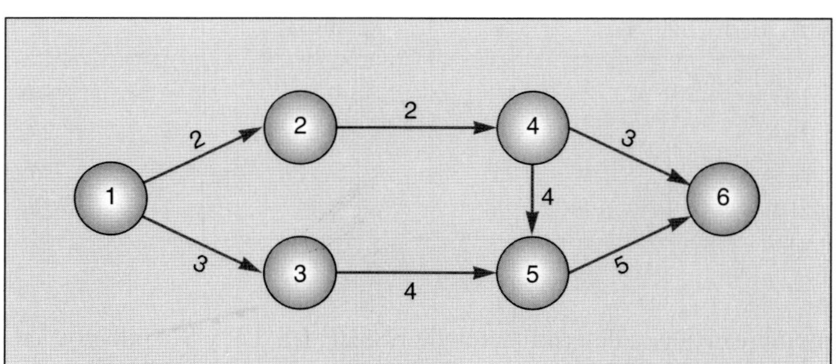

ACTIVIDAD	t	v	ES	EF	LS	LF	S
1–2	2	2/6	0	2	0	2	0
1–3	3	2/6	0	3	1	4	1
2–4	2	4/6	2	4	2	4	0
3–5	4	4/6	3	7	4	8	1
4–5	4	2/6	4	8	4	8	0
4–6	3	1/6	4	7	10	13	6
5–6	5	1/6	8	13	8	13	0

Solución

Observamos que el camino crítico es 1 → 2 → 4 → 5 → 6.

$$T = 2 + 2 + 4 + 5 = 13$$

y

$$V = \frac{2}{6} + \frac{4}{6} + \frac{2}{6} + \frac{1}{6} = \frac{9}{6} = 1{,}5$$

Problema resuelto 6.4

Dada la siguiente información, realizar una análisis del camino crítico.

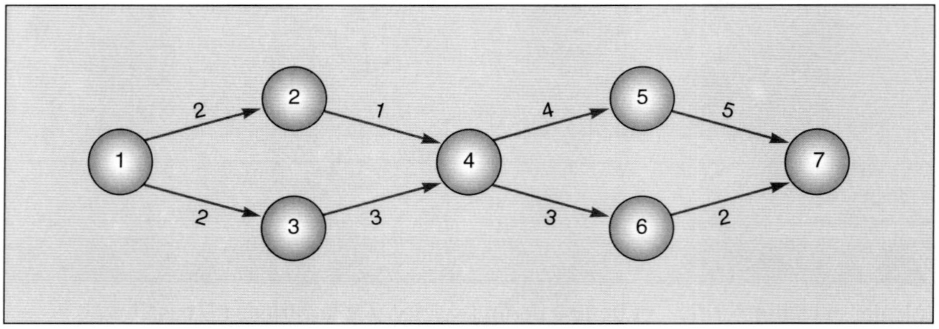

ACTIVIDAD	t	v	ACTIVIDAD	t	v
1–2	2	1/6	4–5	4	4/6
1–3	2	1/6	4–6	3	2/6
2–4	1	2/6	5–7	5	1/6
3–4	3	2/6	6–7	2	2/6

Solución

La solución empieza con la determinación de ES, EF, LS, LF y S. Podemos hallar estos valores de la información anterior y después introducirlos en la tabla siguiente:

ACTIVIDAD	t	v	ES	EF	LS	LF	S
1–2	2	1/6	0	2	2	4	2
1–3	2	1/6	0	2	0	2	0
2–4	1	2/6	2	3	4	5	2
3–4	3	2/6	2	5	2	5	0
4–5	4	4/6	5	9	5	9	0
4–6	3	2/6	5	8	9	12	4
5–7	5	1/6	9	14	9	14	0
6–7	2	2/6	8	10	12	14	4

Después podemos hallar el camino crítico, T y V. El camino crítico es 1–3, 3–4, 4–5, 5–7.

$$T = 2 + 3 + 4 + 5 = 14 \qquad V = \frac{1}{6} + \frac{2}{6} + \frac{4}{6} + \frac{1}{6} = \frac{8}{6}$$

Problema resuelto 6.5

La siguiente información ha sido calculada de un proyecto:

$$T = 62 \text{ semanas}$$
$$V = 81$$

¿Cuál es la probabilidad de que el proyecto sea acabado 18 semanas antes de su fecha de finalización esperada?

Solución

La fecha de finalización deseada es 18 semanas antes de la fecha de finalización esperada, 62 semanas. La fecha de finalización deseada es 44 (o 62 - 18) semanas.

$$Z = \frac{C - T}{\sigma} = \frac{44 - 62}{9} = \frac{-18}{9}$$

La curva de la normal es la siguiente:

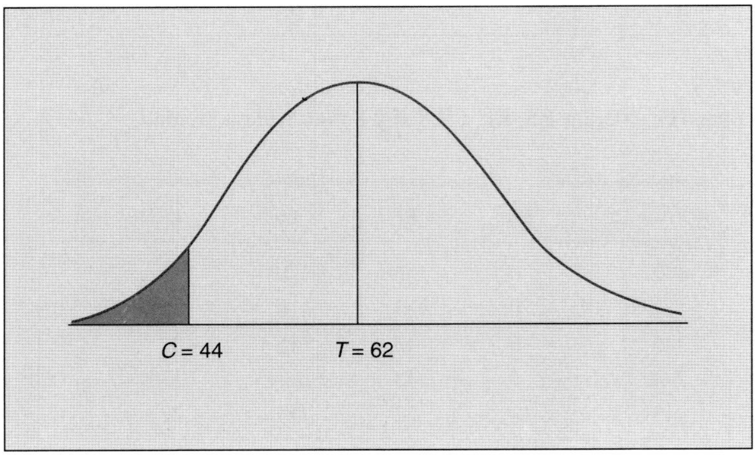

Como la curva de la normal es simétrica y los valores de la tabla están calculados para los valores positivos de *Z*, el área deseada es igual a 1– (el valor de la tabla). Si $Z = +2{,}0$, el área de la tabla es 0,97725. Así, el área correspondiente al valor de *Z* de -2,0 es 0,02275 (ó 1– 0,97725). De ahí, la probabilidad de completar el proyecto 18 semanas antes de la fecha de finalización esperada es aproximadamente 0,02, o el 2%.

Problema resuelto 6.6

Determinar el menor coste de reducción de la fecha de finalización del proyecto en 3 meses basado en la siguiente información:

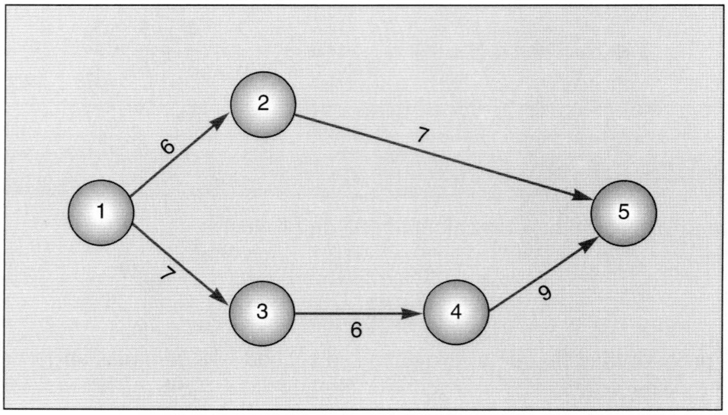

Actividad	t (Meses)	M (Meses)	C
1–2	6	2	$400
1–3	7	2	500
2–5	7	1	300
3–4	6	2	600
4–5	9	1	200

Solución

El primera paso es calcular ES, EF, LS, LF y S para cada actividad.

Actividad	ES	EF	LS	LF	S
1–2	0	6	9	15	9
1–3	0	7	0	7	0
2–5	6	13	15	22	9
3–4	7	13	7	13	0
4–5	13	22	13	22	0

El camino crítico consta de las actividades 1-3, 3-4 y 4-5.

A continuación, debe calcularse *k* para cada actividad dividiendo *C* por *M* en cada actividad.

ACTIVIDAD	M	C	K	¿CAMINO CRÍTICO?
1–2	2	400$	200$/mes	No
1–3	2	500	250/mes	Sí
2–5	1	300	300/mes	No
3–4	2	600	300/mes	Sí
4–5	1	200	200/mes	Sí

Finalmente, seleccionaremos aquella actividad del camino crítico que tenga el valor de k_i más pequeño. Esta es la actividad 4-5. De esta forma, podemos reducir la fecha de finalización de todo el proyecto en 1 mes (porque M = 1 mes) por un coste adicional de 200$. Todavía tenemos que reducir la fecha de finalización del proyecto en 2 meses más. Esta reducción puede lograrse al coste más bajo a lo largo del camino crítico reduciendo la actividad 1-3 en 2 meses por una coste adicional de 500$. Esta solución se resume en la siguiente tabla:

ACTIVIDADES	MESES REDUCIDOS	COSTE
4–5	1	200$
1–3	2	500
	Total:	700$

PREGUNTAS DE DISCUSIÓN

1. ¿Cuáles son algunas de las preguntas que pueden ser respondidas con PERT Y CPM?
2. ¿Qué es una actividad? ¿Qué es un suceso? ¿Qué es un predecesor inmediato?
3. Describe cómo pueden calcularse las duraciones esperadas de las actividades y las varianzas en una red PERT.
4. Explique brevemente que se entiende por análisis del camino crítico. ¿Cuáles son las actividades del camino crítico y por qué son importantes?
5. ¿Cuál es la fecha más temprana para que empiece la actividad y la fecha más tarde para que empiece la actividad y cómo se calculan?
6. Describa el significado de "holgura" y explique cómo puede determinarse.
7. ¿Cómo podemos determinar la probabilidad de que un proyecto está acabado en una fecha dada? ¿Qué suposiciones se toman en este cálculo?
8. Describa brevemente PERT/Cost y cómo se utiliza.
9. ¿Qué es reducir la duración de un proyecto y cómo se hace manualmente?
10. ¿Cuáles son la tres fases involucradas en la dirección de un gran proyecto?
11. ¿Qué es una actividad ficticia y cuándo es necesaria?
12. ¿Cuál es la diferencia básica entre PERT y CPM?
13. ¿Cómo se calcula la varianza del proyecto total en PERT?
14. ¿Cómo se calcula el tiempo de finalización esperado de un proyecto PERT?
15. ¿Qué es la organización de proyectos?

16. Describa las diferencias entre un diagrama Gantt y una red PERT/CPM.
17. Nombre algunos programas software de dirección de proyectos más utilizados.
18. ¿Cuál es la diferencia entre una red de Actividad-en-flecha (AOA) y una red de Actividad-en-nodo (AON)? ¿Cuál es la usada en este capítulo?

EJERCICIO DE RAZONAMIENTO CRÍTICO

El Apartado *POM en Acción* en este capítulo que describe los procedimientos de carga y descarga "bien organizados" del personal de tierra de las Líneas Aéreas Delta, trata de un serio problema para todas las compañías aéreas. En realidad, el artículo del Wall Street Journal "Nueva manía de las compañías aéreas: Carga y descarga más rápidas en los Aeropuertos" (4 de agosto, 1994, pp. B1-B2) describe similares mejoras en la programación en USAir, Continental y Southwest. Durante años, Southwest había cargado y descargado sus aviones en 15 minutos.

Hacer sugerencias detalladas de cómo pueden las compañías aéreas acelerar sus tiempos de carga y descarga. ¿Cuáles son los procedimientos de Southwest? ¿Qué problemas evitan que otras compañías puedan imitar a Southwest? ¿Cuál es la herramienta preferida —diagramas Gantt o PERT/CPM—, y por qué?

PROBLEMAS

6.1 Dibujar la red PERT asociada con las siguientes actividades para el próximo proyecto de trabajo casero de Bill Beville.

ACTIVIDAD	PREDECESOR(ES) INMEDIATOS(S)	ACTIVIDAD	PREDECESOR(ES) INMEDIATOS(S)
A	—	E	B
B	A	F	C
C	A	G	D
D	B	H	E, F

6.2 Dadas las actividades cuya secuencia es descrita por la siguiente tabla:

ACTIVIDAD	PREDECESOR(ES) INMEDIATOS(S)	ACTIVIDAD	PREDECESOR(ES) INMEDIATOS(S)
A	—	F	C
B	A	G	E, F
C	A	H	D
D	B	I	G, H
E	B		

Dibujar el diagrama PERT apropiado.

6.3 Las siguientes representan las actividades en el proyecto de la Compañía Constructora de Daniella Popoff. Dibuja la red para representar la situación.

ACTIVIDAD	PREDECESOR(ES) INMEDIATOS(S)	ACTIVIDAD	PREDECESOR(ES) INMEDIATOS(S)
A	—	E	B
B	—	F	C, E
C	A	G	D
D	B	H	F, G

• **6.4** Sally McPherson es la directora de personal de Babson & Willcount, una compañía especializada en consultaría e investigación. Uno de los programas de formación que Sally está considerando para los directivos de nivel medio de Babson & Willcount es la formación en liderazgo. Sally ha listado un conjunto de actividades que deben estar acabadas antes de que un programa de capacitación de esta naturaleza pueda llevarse a cabo. Las actividades y sus inmediatos predecesores aparecen en la tabla que se acompaña:

ACTIVIDAD	PREDECESOR(ES) INMEDIATOS(S)	ACTIVIDAD	PREDECESOR(ES) INMEDIATOS(S)
A	—	E	A, D
B	—	F	C
C	—	G	E, F
D	B		

Desarrolle una red para este problema.

• **6.5** Sally McPherson fue capaz de determinar las duraciones de las actividades del programa de capacitación en el liderazgo. Le gustaría determinar la fecha de finalización de todo el proyecto y el camino crítico. Las duraciones de las actividades aparecen en la tabla que acompaña. (véase Problema 6.4).

ACTIVIDAD	DURACIÓN (DÍAS)
A	2
B	5
C	1
D	10
E	3
F	6
G	8
Total:	35 días

• **6.6** Las actividades necesarias para construir una máquina segadora experimental en Timthy Urban Machinery Corp. están escritas en la siguiente tabla. Construir una red para esas actividades.

ACTIVIDAD	PREDECESOR(ES) INMEDIATOS(S)	ACTIVIDAD	PREDECESOR(ES) INMEDIATOS(S)
A	—	E	B
B	—	F	B
C	A	G	C, E
D	A	H	D, F

• **6.7** Timothy Urban (véase Problema 6.6) fue capaz de determinar las duraciones de las actividades para construir su máquina segadora. Urban quisiera determinar ES, EF, LS, LF y el tiempo de holgura para cada actividad. También deberían determinarse la fecha de finalización total del proyecto y el camino crítico. Aquí se presentan las duraciones de las actividades.

ACTIVIDAD	DURACIÓN (SEMANAS)	ACTIVIDAD	DURACIÓN (SEMANAS)
A	0,6	E	4
B	0,5	F	6
C	0,3	G	10
D	0,2	H	7

• **6.8** Riddick Wiring & Electric es una compañía de instalación de cables y elementos eléctricos en las construcciones residenciales. Anne Riddick ha estado muy interesada en la determinación de la cantidad de tiempo que se necesita para acabar los trabajos de instalación. Algunos de sus trabajadores son muy informales. En la tabla a continuación se da una lista de las actividades y sus duraciones optimistas, pesimistas y más probables (todas en días).

Determinar la duración esperada y la varianza de cada actividad.

ACTIVIDAD	a	m	b	PREDECESOR (ES) INMEDIATO (S)
A	3	6	8	—
B	2	4	4	—
C	1	2	3	—
D	6	7	8	C
E	2	4	6	B, D
F	6	10	14	A, E
G	1	2	4	A, E
H	3	6	9	F
I	10	11	12	G
J	14	16	20	C
K	2	8	10	H, I

: **6.9** Anne Riddick quisiera determinar el tiempo necesario para la finalización del proyecto y el camino crítico para la instalación de cableado y equipos eléctricos en las casas residenciales. Véase el Problema 6.8 para los detalles. Determinar, además, ES, EF, LS, LF y el tiempo de holgura para cada actividad.

: **6.10** ¿Cuál es la probabilidad de que Riddick acabe el proyecto descrito en los Problemas 6.8 y 6.9 en 40 días o menos?

· **6.11** Las actividades descritas por la siguiente tabla pertenecen a la empresa Rivera Corporation:

ACTIVIDAD	PREDECESOR (ES) INMEDIATO (S)	DURACIÓN
A	—	9
B	A	7
C	A	3
D	B	6
E	B	9
F	C	4
G	E, F	6
H	D	5
I	G, H	3

a) Dibujar el diagrama PERT apropiado para el equipo de dirección de David Rivera.
b) Hallar el camino crítico.

: **6.12** Un pequeño proyecto de desarrollo de software en la empresa de Jack McGarrie tiene cuatro actividades principales. Las duraciones están calculadas y dadas en la tabla siguiente. Hallar el tiempo necesario esperado para completar el proyecto de McGarrie.

ACTIVIDAD	PREDECESOR INMEDIATO	a	m	b
A	—	2	5	8
B	—	3	6	9
C	A	4	7	10
D	B	2	5	14
E	C	3	3	3

a) ¿Cuál es el tiempo esperado necesario para la finalización de este proyecto?
b) ¿Qué varianza debería utilizarse para hallar las probabilidades de acabar en un fecha dada?

: **6.13** Dadas las actividades descritas por la siguiente tabla:
a) Dibujar el diagrama PERT apropiado.
b) Hallar el camino crítico y la fecha de finalización del proyecto.
c) Hallar la probabilidad de que el proyecto tarde más de 49 periodos de tiempo para acabar.

ACTIVIDAD	DURACIÓN ESPERADA	DESVIACIÓN ESTÁNDAR DE LA DURACIÓN ESTIMADA	PREDECESOR (ES) INMEDIATO (S)
A	7	2	—
B	3	1	A
C	9	3	A
D	4	1	B, C
E	5	1	B, C
F	8	2	E
G	8	1	D, F
H	6	2	G

⁝ **6.14** La empresa de software de Joan Blasco-Paul está considerando el desarrollo de una nueva versión de lujo de un determinado producto software. Las actividades necesarias para la finalización de este son mostradas en la siguiente tabla.

ACTIVIDAD	DURACIÓN NORMAL	DURACIÓN MÍNIMA	COSTE NORMAL	COSTE MÍNIMO	PREDECESOR (ES) INMEDIATO (S)
A	4	3	2.000	2.600	—
B	2	1	2.200	2.800	—
C	3	3	500	500	—
D	8	4	2.300	2.600	A
E	6	3	900	1.200	B
F	3	2	3.000	4.200	C
G	4	2	1.400	2.000	D, E

a) ¿Cuál es la fecha de finalización del proyecto?

b) ¿Cuál es el coste total necesario para acabar este proyecto en el tiempo normal?

c) Si quisiera reducir el tiempo necesario para acabar este proyecto en una semana, ¿qué actividad debería ser reducida y cuánto aumentaría esto el coste total?

⁝ **6.15** Un proyecto en la compañía de Janice Laughlin tiene un tiempo de realización esperado de 40 semanas y una desviación estándar de 5 semanas. Se asume que el tiempo de realización del proyecto está distribuido normalmente.

a) ¿Cuál es la probabilidad de acabar el proyecto en 50 días o menos?

b) ¿Cuál es la probabilidad de acabar el proyecto en 38 días o menos?

c) La fecha tope del proyecto está fijada de modo que existe un 90% de probabilidad de que el proyecto esté acabado para esa fecha. ¿Cuál es la fecha tope?

⁝ **6.16** La Manufacturera B&R produce dispositivos de control de polución sucesos por encargo para acerías de tamaño medio. El proyecto más reciente a realizar por B&R exige 14 actividades diferentes. Los directores de B&R quieren determinar el tiempo total de realización del proyecto y aquellas actividades que se extienden a lo largo del camino crítico. Los datos apropiados son mostrados en la tabla siguiente.

ACTIVIDAD	PREDECESOR (ES) INMEDIATO (S)	DURACIÓN OPTIMISTA	DURACIÓN MÁS PROBABLE	DURACIÓN PESIMISTA
A	—	4	6	7
B	—	1	2	3
C	A	6	6	6
D	A	5	8	11
E	B, C	1	9	18
F	D	2	3	6
G	D	1	7	8
H	E, F	4	4	6
I	G, H	1	6	8
J	I	2	5	7
K	I	8	9	11
L	J	2	4	6
M	K	1	2	3
N	L, M	6	8	10

: **6.17** Bill Trigiero, el director de personal de Trigiero Resources, S.A., está diseñando un programa que sus clientes puedan utilizar en el proceso de buscar trabajo. Algunas de las actividades incluyen preparar resúmenes, escribir cartas, concertar citas para ver a posibles empleados, investigar en compañías e industrias, etcétera. Alguna información sobre las actividades aparece en la siguiente tabla.

ACTIVIDAD	DURACIÓN a	m	b	PREDECESOR (ES) INMEDIATO (S)
A	8	10	12	—
B	6	7	9	—
C	3	3	4	—
D	10	20	30	A
E	6	7	8	C
F	9	10	11	B, D, E
G	6	7	10	B, D, E
H	14	15	16	F
I	10	11	13	F
J	6	7	8	G, H
K	4	7	8	I, J
L	1	2	4	G, H

a) Construir una red para este problema.
b) Determinar las duraciones esperadas y las varianzas para cada actividad.
c) Determinar ES, EF, LS y el tiempo de holgura para cada actividad.
d) Determinar el camino crítico y el tiempo de realización del proyecto.
e) Determinar la probabilidad de que el proyecto esté acabado en 70 días.
f) Determinar la probabilidad de que el proyecto esté acabado en 80 días.
g) Determinar la probabilidad de que el proyecto esté acabado en 90 días.

: **6.18** Usando PERT, Marcie Pleau-Watson pudo determinar que el tiempo de realización esperado del proyecto de construcción de un yate de recreo es de 21 meses, y la varianza del proyecto es 4.

a) ¿Cuál es la probabilidad de que el proyecto esté acabado en 17 meses?

b) ¿Cuál es la probabilidad de que el proyecto esté acabado en 20 meses?
c) ¿Cuál es la probabilidad de que el proyecto esté acabado en 23 meses?
d) ¿Cuál es la probabilidad de que el proyecto esté acabado en 25 meses?

6.19 Norris Builders fabrica naves de almacenaje de acero para uso comercial. Clay Norris, presidente de Norris Builders, está considerando producir casetas para uso doméstico. Las actividades necesarias para construir un modelo experimental y los datos relacionados se dan en la tabla que acompaña.

ACTIVIDAD	DURACIÓN NORMAL	DURACIÓN MÍNIMA	COSTE NORMAL ($)	COSTE MÍNIMO ($)	PREDECESOR (ES) INMEDIATO (E)
A	3	2	1.600	1.600	—
B	2	1	2.700	2.700	—
C	1	0	300	600	—
D	7	3	1.300	1.600	A
E	6	3	850	1.000	B
F	2	1	4.000	5.000	C
G	4	2	1.500	2.000	D, E

a) ¿Cuál es la fecha de finalización del programa?
b) Reducir este proyecto a 10 semanas al menor coste.

6.20 El Maser es un nuevo coche deportivo diseñado a medida. Un análisis de la tarea de construir el Maser revela la siguiente lista de actividades relevantes, sus inmediatos predecesores y su duración.[3]

CÓDIGO DEL TRABAJO	DESCRIPCIÓN	PREDECESOR (ES) INMEDIATO (S)	DURACIÓN NORMAL (DÍAS)
A	Comienzo	—	0
B	Diseño	A	8
C	Pedir accesorios especiales	B	0,1
D	Construir la estructura	B	1
E	Construir las puertas	B	1
F	Colocar los ejes, ruedas, tanque de gasolina	D	1
G	Construir la carrocería	B	2
H	Construir la transmisión y el tren de dirección	B	3
I	Encajar las puertas en la carrocería	G, E	1
J	Construir el motor	B	4
K	Mandar el motor a la mesa de pruebas	J	2
L	Montar el chasis	F, H, K	1
M	Probar el chasis en carretera	L	0,5
N	Pintar la carrocería	I	2
O	Instalar los componentes eléctricos	N	1
P	Instalar el interior	N	1,5
Q	Aceptar el envío de accesorios especiales	C	5
R	Montar la carrocería y los accesorios en el chasis	M, O, P, Q	1
S	Probar el cohe en carretera	R	0,5
T	Colocar los embellecedores externos	S	1
U	Acabado	T	0

[3] Fuente: Lames A.F. Stoner y Charles Wankel, Management, 3rd ed. (Englewood Cliffs, NJ: Prentice Hall, 1986), p. 195

a) Dibujar un diagrama de red para el proyecto.
b) Marcar el camino crítico y establecer su duración.
c) Si el Maser tuviera que ser acabado 2 días antes, ¿ayudaría:
i) comprar transmisiones y trenes de dirección ya montados?
ii) instalar robots para reducir en un 50% el tiempo de construir los motores?
iii) acelerar la entrega de los accesorios especiales en 3 días?
d) ¿Cómo podrían tomarse los recursos de las actividades de caminos no críticos para acelerar las actividades del camino crítico?

⋮ **6.21** Obtener un título de una escuela o universidad es una tarea larga y difícil. Algunas asignaturas deben haberse aprobado antes de que puedan cogerse otras. Desarrollar un diagrama de red en el que cada actividad sea una asignatura determinada que deba cogerse para un determinado título. Los predecesores inmediatos serán los prerequisitos esenciales de la asignatura. No olvide incluir los requerimientos de las asignaturas del departamento, la escuela y la universidad. Después intente agrupar estas asignaturas en semestres o trimestres para tu escuela concreta. ¿Qué asignaturas, si no se cogen en la secuencia apropiada, podrían retrasar su graduación?

APLICACIÓN DE LA BASE DE DATOS

⋮ **6.22** La Compañía Constructora Van Voorhis se dedica a la construcción de edificios municipales y otras estructuras que son utilizadas principalmente por entidades públicas locales y estatales. Esto requiere elaborar documentos legales, presentar estudios de viabilidad, obtener la evaluación de bonos, etcétera. Hace poco, a Jamie Van Voorhis le dijeron que presentara una propuesta para la construcción de un edificio municipal. El primer paso es elaborar la documentación legal y realizar todos los pasos necesarios antes de firmar el contrato de construcción. Esto requiere realizar aproximadamente 20 actividades diferentes. Estas actividades, sus inmediatos predecesores y las duraciones se dan en la tabla mostrada más abajo. Como puede verse, se han dado las estimaciones de duración optimista (a), más probable (m) y pesimista (b) para todas las actividades descritas en la tabla. Usando estos datos, determinar el tiempo total de realización del proyecto para esta etapa preliminar, el camino crítico y el tiempo de holgura de todas las actividades implicadas.

	Tiempo necesario (semanas)				
Actividad	**a**	**m**	**b**	**Descripción**	**Predecesor (es) inmediato (s)**
1	1	4	5	Redactar los documentos legales	—
2	2	3	4	Preparación de los informes financieros	—
3	3	4	5	Preparar la historia	—
4	7	8	9	Preparar la parte del estudio de viabilidad que trata de la demanda	—
5	4	4	5	Revisión y aprobación de los documentos legales	1
6	1	2	4	Revisión y aprobación de la historia	3
7	4	5	6	Revisión del estudio de viabilidad	4
8	1	2	4	Radactar la parte financiera final del estudio de viabilidad	7
9	3	4	4	Redactar los sucesos relevantes de la transacción de bonos	5
10	1	1	2	Revisar y aprobar los informes financieros	2
11	18	20	26	Recibir el precio firme del proyecto	—
12	1	2	3	Revisión y finalización de la parte finaciera del estudio de viabilidad	8
13	1	1	2	Redactar el informe completo	6, 9, 10, 11, 12
14	0,10	0,14	0,16	Mandar todos los materiales a los servicios de tasación de bonos	13

(Continúa)

ACTIVIDAD	TIEMPO NECESARIO (SEMANAS) a	m	b	DESCRIPCIÓN	PREDECESOR (ES) INMEDIATO (S)
15	0,2	0,3	0,4	Imprimir y distribuir el informe a todos los partidos interesados	14
16	1	1	2	Presentación a los servicios de tasación de bonos	14
17	1	2	3	Recibir la tasación de los bonos	16
18	3	5	7	Venta de bonos	15, 17
19	0,1	0,1	0,2	Ejecutar el contrato de compra	18
20	0,1	0,14	0,16	Autorizar y acabar el informe final	19
21	2	3	6	Contrato de compra	19
22	0,1	0,1	0,2	Recaudación de bonos disponible	20
23	0,0	0,2	0,2	Firmar el contrato de construcción	21, 22

CASO DE ESTUDIO

El centro de investigación de planificación familiar de Nigeria

Al Dr. Adinombe Watage, subdirector del Centro de Investigación de Planificación Familiar en la provincia Over-The-River de Nigeria le fue asignada la tarea de organizar y capacitar cinco grupos de trabajadores de campo para efectuar tareas de educación y ayuda social como parte de un largo proyecto para enseñar un nuevo método de control de natalidad. Estos trabajadores ya habían recibido educación de planificación familiar, pero deben recibir una preparación especial en relación con el nuevo método de contracepción. También deben ser preparados dos tipos de materiales: (1) aquellos que se van usar en la preparación de los trabajadores, y (2) aquellos para la distribución en el campo. El profesorado de educación debe contratarse y deben establecerse acuerdos para el transporte y la acomodación de los participantes.

El Dr. Watage convocó primero una reunión con su personal de oficina. Juntos identificaron las actividades que debían realizarse, sus secuencias y el tiempo que iban a necesitar. Sus resultados están expuestos en la Tabla 1.

Louis Odaga, el empleado jefe, significó que el proyecto tenía que estar acabado en 60 días. Sacando rápidamente su calculadora solar, sumó el tiempo que necesitaban: 94 días. "Una misión imposible", afirmó, entonces. "No", le respondió el Dr. Watage, "algunas de estas tareas pueden avanzar en paralelo." "Ten cuidado, no obstante", le advirtió Mr. Oglagadu, la enfermera jefe, "no hay suficientes personas entre nosotros. Sólo somos 10 en esta oficina."

TABLA 1 ■ Centro de información de planificación familiar

ACTIVIDAD	DEBE SEGUIR	TIEMPO (DÍAS)	PERSONAL NECESARIO
A. Identificar al profesorado y sus programas	—	5	2
B. Organizar el transporte a la base	—	7	3
C. Identificar y recoger los materiales de enseñanza	—	5	2
D. Organizar los alojamientos	A	3	1
E. Identificar el equipo	A	7	4
F. Contratar el equipo	B, E	2	1
G. Transportar al profesorado a la base	A, B	3	2
H. Imprimir el material del programa	C	10	6
I. Mandar el material del programa	H	7	3
J. Realizar el programa de enseñanza	D, F, G, I	15	0
K. Realizar la enseñanza en trabajo de campo	J	30	0

"Yo puedo comprobar si hay suficientes manos y cabezas, una vez que haya programado provisionalmente las actividades", respondió el Dr. Watage. "Si el programa es muy ajustado, tengo permiso de Pathminder Fund para gastar algunos fondos para acelerarlo, siempre que pueda probar que puede hacerse al menor coste necesario. ¿Podéis ayudarme a probarlo? Aquí están los costes de las actividades con la duración que planeamos y los costes y duraciones, si los reducimos al mínimo absoluto". Esos datos están en la Tabla 2.

CUESTIONES DE DISCUSIÓN

1. Algunas de las tareas en este proyecto pueden hacerse en paralelo. Preparar un diagrama que muestre la red de tareas y defina el camino crítico. ¿Cuál es la duración del proyecto sin reducciones?
2. ¿Puede hacerse el proyecto con 10 personas?
3. Si el camino crítico es mayor de 60 días, ¿cuál es la menor cantidad que el Dr. Watage puede gastar y todavía alcanzar su objetivo programado? ¿cómo puede él probar a Pathminder Foundation que ése es el mínimo coste alternativo?

Fuente: Profesor Curtis P. McLaughlin, Kenan–Flagler Business School, University of North Carolina at Chapel Hill.

TABLA 2 ■ Centro de información de planificación familiar

	Normal		Mínimo		
Actividad	Tiempo	Coste ($)	Tiempo	Coste ($)	Coste medio por día ahorrado ($)
A. Identificar el profesorado	5	400	2	700	100
B. Organizar el transporte	7	1.000	4	1.450	150
C. Identificar los materiales	5	400	3	500	50
D. Concertar los alojamientos	3	2.500	1	3.000	250
E. Identificar el equipo	7	400	4	850	150
F. Contratar el equipo	2	1.000	1	2.000	1.000
G. Transportar al profesorado	3	1.500	2	2.000	500
H. Imprimir los materiales	10	3.000	5	4.000	200
I. Enviar los materiales	7	200	2	600	80
J. Enseñar el equipo	15	5.000	10	7.000	400
K. Hacer el trabajo de campo	30	10.000	20	14.000	400

CASO DE ESTUDIO

Compañía de Petróleo Shale

La Compañía de Petróleo Shale tiene varias unidades operativas que constituyen su complejo manufacturero de Aston, Ohio. Estas unidades procesan el crudo que es bombeado y transformado en una multitud de productos de hidrocarburo. Las unidades funcionan 24 horas al día, 7 días a la semana, y deben ser cerradas para su mantenimiento según un determinado programa. Una de estas unidades es la Unidad de Destilación Nº 5, o DU5. Algunos estudios han demostrado que DU5 puede funcionar 3,5 años sin averías importantes en el equipo ni pérdida excesiva de eficiencia. Por lo tanto, la DU5 es parada cada 3,5 años para limpieza, inspección y reparaciones.

La DU5 es la única unidad de destilación para el crudo en el complejo de Aston, y su paro afecta seriamente a todas las otras unidades operativas. Parte de la producción puede ser compensada por las refinerías de Shale en otras localidades, pero el resto debe ser procesado antes de la parada y almacenado. Sin una planificación apropiada, podía ocurrir un desabastecimiento de la gasolina Shale a nivel nacional. El tiempo de cierre de DU5 es crítico, y el periodo de tiempo que la unidad está cerrada debe mantenerse en un mínimo para limitar la pérdida de producción. Shale utiliza PERT como una herramienta de planificación y control para minimizar el tiempo del paro.

La primera fase de un paro es abrir y limpiar el equipo. Los inspectores pueden entrar entonces en la unidad y examinar los daños. Una vez que estos están determinados, pueden llevarse a cabo las reparaciones necesarias. Los tiempos de las reparaciones pueden variar considerablemente dependiendo del daño que revela la inspección. Basado en anteriores registros de inspección, parte del trabajo de reparación es sabido por adelantado. Es también necesaria una limpieza minuciosa del equipo para mejorar la eficiencia de la unidad operativa. La Tabla 3 lista las muchas actividades de mantenimiento y sus tiempos estimados de realización.

PREGUNTAS DE DISCUSIÓN

1. Determinar el tiempo esperado de paro y la probabilidad de que éste pueda ser disminuido en 1 semana.
2. ¿Cuáles son las probabilidades de que Shale acabe el proyecto de mantenimiento 1, 2, 3, 4, 5 ó 6 días antes?
3. Petróleo Shale está pensando en aumentar el presupuesto para reducir el paro. ¿Cómo sugiere Vd. que actúe la compañía?

TABLA 3 ■ Mantenimiento preventivo de DU5

		Estimaciones de duración (en días)		
	Actividades	Optimista	Más probable	Pesimista
1–2	Hacer circular agua por la unidad para lavarla	1	2	2,5
2–3	Instalar pantallas	1,5	2	2,5
3–4	Abrir y limpiar los recipientes y columnas	2	3	4
3–5	Abrir y limpiar los cambiadores de calor; quitar el conjunto de tubos	1	2	3
3–6	Abrir y limpiar la caldera	1	2	4
3–7	Abrir y limpiar el equipo mecánico	2	2,5	3
3–8	Inspeccionar la instrumentación	2	4	5
4–9	Inspeccionar los recipientes y las columnas	1	2	3
5–10	Inspeccionar las estructuras de los cambiadores de calor	1	1,5	2
5–11	Inspeccionar el conjunto de tubos	1	1,5	2
6–12	Inspeccionar las calderas	2	2,5	3
6–17	Volver a entubar las calderas	15	20	30
7–13	Inspeccionar el equipo mecánico	1	1,5	2

TABLA 3 ■ Mantenimiento preventivo de DU5

Actividades		Estimaciones de duración (en días)		
		Optimista	Más probable	Pesimista
7–18	Instalar nuevos sellos mecánicos de bombas	3	5	8
8–19	Reparar la instrumentación	3	8	15
9–14	Reparar los recipientes y columnas	14	21	28
10–16	Reparar los sellos de los cambiadores de calor	1	5	10
11–15	Reparar los grupos de tubos; volver a entubar	2	5	10
12–17	Reparar las calderas	5	10	20
13–18	Reparar el equipo mecánico	10	15	25
14–20	Probar y cerrar los recipientes y columnas	4	5	8
15–16	Instalar los grupos de tubos en las estructuras de los cambiadores de calor	1	2	3
16–20	Probar y cerrar los cambiadores de calor	1	2	2,5
17–20	Probar y cerrar las calderas	1	2	3
18–20	Probar y cerrar el equipo mecánico	1	2	3
19–20	Probar la instrumentación	2	4	6
20–21	Sacar las pantallas	1,5	2	2,5
21–22	Purgar todos los equipos con vapor	1	3	5
22–23	Poner en marcha la unidad	3	5	10

BIBLIOGRAFÍA

Cleland, D. I., and W. R. King. *Project Management Handbook*. New York: Van Nostrand Reinhold, 1984.

Dean, B. V. "Getting the Job Done! Managing Project Teams and Task Forces for Success." *The Executive*, 6, no. 4 (November 1992): 94.

Dusenberry, W. "CPM for New Product Introductions." *Harvard Business Review* (July/August 1967): 124–139.

Hickman, Anita. "Refining the Process of Project Control." *Production and Inventory Management* (February 1992): 26–27.

Keefer, D. L., and W. A. Verdini. "Better Estimation of PERT Activity Time Parameters." *Management Science*, 39, no. 9 (September 1993): 1,086.

Kerzner, H., and H. Thamhain. *Project Management for Small and Medium Size Business*. New York: Van Nostrand Reinhold, 1984.

Kim, S., and R. C. Leachman. "Multi-Project Scheduling with Explicit Lateness Costs." *IIE Transactions*, 25, no. 2 (March 1993): 34–44.

Pinto, M. B., J. K. Pinto, and J. E. Prescott. "Antecedents and Consequences of Project Team Cross-functional Cooperation." *Management Science*, 39, no. 10 (October 1993): 1,281.

Render, B., and R. M. Stair. *Introduction to Management Science*. Boston: Allyn and Bacon, 1992.

———. *Quantitative Analysis for Management*, 5th ed. Boston: Allyn and Bacon, 1994.

7

MANTENIMIENTO Y FIABILIDAD

CONTENIDO DEL CAPÍTULO

PERFIL DE CLASE MUNDIAL: ORLANDO UTILITIES COMMISSION

FIABILIDAD

- Mejorar Componentes Individuales
- Proporcionar Redundancia

MANTENIMIENTO

- Implementación del Mantenimiento Preventivo

AUMENTAR LAS CAPACIDADES DE REPARACIÓN

OTRAS TÉCNICAS DE POLÍTICA DE MANTENIMIENTO

ALCANZANDO LOS ESTÁNDARES DE CLASE MUNDIAL

RESUMEN

TÉRMINOS CLAVE

USANDO AB: POM PARA RESOLVER LOS PROBLEMAS DE FIABILIDAD

PROBLEMAS RESUELTOS

PREGUNTAS DE DISCUSIÓN

EJERCICIO DE RAZONAMIENTO CRÍTICO

PROBLEMAS

CASO DE ESTUDIO

BIBLIOGRAFÍA

OBJETIVOS DE APRENDIZAJE

Cuando acabe este capítulo debería ser capaz de:

Identificar o Definir:

- Mantenimiento
- Redundancia
- Mantenimiento Preventivo
- Mantenimiento correctivo
- Tiempo Medio entre Fallos
- Mortalidad Infantil

Explicar:

- Cómo medir la fiabilidad de un Sistema
- Cómo mejorar el Mantenimiento
- Cómo evaluar la realización del Mantenimiento

PERFIL DE CLASE MUNDIAL: ORLANDO UTILITIES COMMISSION

El mantenimiento proporciona una ventaja competitiva a Orlando Utilities Commission

Orlando Utilities Commission (OUC) posee y opera centrales eléctricas que suministran energía a 13 condados de Florida central. Cada año, OUC pone fuera de funcionamiento de una a tres semanas a cada una de sus unidades generadoras de energía para realizar trabajos de mantenimiento.

Además, cada unidad es puesta fuera de servicio cada 3 años para una revisión completa y una inspección del generador de turbina. Las revisiones se programan en primavera y otoño, cuando el clima es templado y la demanda de energía es baja. Estas revisiones duran de 6 a 8 semanas.

Las unidades del Centro de Energía Stanton de OUC requieren que el personal del servicio de mantenimiento realice aproximadamente 12.000 tareas de reparación y mantenimiento preventivo anualmente. Para llevar a cabo estas tareas de manera eficiente, muchos de estos trabajos se programan diariamente a través de un programa informatizado de gestión de mantenimiento. El computador genera órdenes de trabajo de mantenimiento preventivo y listas de los materiales necesarios.

Cada día que una central está cerrada por mantenimiento le cuesta a OUC unos 55.000$ extras por el coste de reemplazo de la energía que tiene que ser generada en otro sitio. No obstante, estos costes parecen nimios comparados con los costes asociados a un corte de electricidad forzoso. ¡Un corte inesperado podría costarle a OUC de 250.000$ a 500.000$ adicionales diariamente!

Las revisiones completas programadas no son fáciles; cada una tiene 1.800 tareas diferentes y necesitan 72.000 horas de mano de obra. Pero el valor del mantenimiento preventivo fue evidente con la primera revisión completa del generador de turbina. Los trabajadores descubrieron una cuchilla del rotor quebrada, que podría haber destruido una pieza de equipo de 27 millones de dólares. Para encontrar esas grietas, que son invisibles a simple vista, los metales son examinados mediante pruebas de color, rayos X y ultrasonido.

En OUC, el mantenimiento preventivo vale su peso en oro. Como resultado, el sistema de distribución de electricidad de OUC está considerado el número 1 en Florida en fiabilidad. El mantenimiento efectivo proporciona una ventaja competitiva a Utilities Commission de Orlando.

El mantenimiento de las instalaciones intensivas en capital exige una buena planificación para minimizar el tiempo de inactividad. Aquí, se está llevando a cabo una revisión de la turbina. Organizar las miles de partes y piezas necesarias para un paro es un esfuerzo importante.

Se ha retirado la sección de altas y bajas presiones de la turbina para una revisión. Cuando el vapor entre por primera vez en este rotor de alta presión de 23 toneladas, éste soporta la fuerza de un huracán.

Se está llevando a cabo una inspección en la sección de baja presión de la turbina. Las extremidades de las cuchillas de esta turbina se moverán a velocidades supersónicas de 1.300 millas por hora cuando la central está en funcionamiento. Y una grieta en una de estas cuchillas puede causar un fallo catastrófico.

Cuando el DC-10 de la United Airlines dejó Denver, los tres motores y los tres sistemas hidráulicos estaban funcionando. Pero a las 3:17 P.M., una explosión agitó el avión. El motor número 2 se destrozó. Los tres sistemas hidráulicos independientes dejaron de funcionar. A pesar del trabajo de dedicados diseñadores y personal de mantenimiento muy cualificado, el motor falló. A pesar de tener tres sistemas hidráulicos diferentes, el avión no tenía sistema hidráulico que funcionara. A pesar de los ocho millones de horas sin fatales accidentes de la United Airlines, más de cien personas estaban a punto de morir.♦

Fallo

Este capítulo está enfocado a evitar los resultados indeseables del **fallo** de un sistema. Un fallo es el cambio en un producto o sistema desde una condición de trabajo satisfactoria a una condición que está por debajo de un estándar aceptable. Incluso cuando los resultados no son catastróficos, los resultados de un fallo pueden provocar desorganización, inconvenientes, pérdidas y ser caros.

Un estudio que trataba de la disminución en la productividad Británica comparaba las empresas británicas y las alemanas.[1] El estudio descubrió que aunque la maquinaria en las fábricas británicas no era más antigua que la de las fábricas alemanas, estaba mal mantenida. Se descubrió que las averías eran más frecuentes y duraban más. Que los operadores estaban menos capacitados para hacer las reparaciones ellos mismos. Los fallos de maquinaría y producto pueden tener efectos de largo alcance en el funcionamiento y beneficios de una empresa. En fábricas complejas y altamente mecanizadas, un proceso fuera de tolerancia o una avería en máquina puede dar como resultado que los empleados y las instalaciones queden inactivos, pérdida de clientes y de credibilidad, y que los beneficios se conviertan en pérdidas. De la misma manera, en una oficina, el fallo de un generador, de un sistema de aire acondicionado, o de un computador puede interrumpir las operaciones.

La fiabilidad es importante para los directivos de P/OM. El mantenimiento es importante para los directivos de P/OM. Los fallos en los sistemas causan resultados indeseables.

Los buenos directivos mantienen un sistema a la vez que tienen controlados los costes de mantenimiento y averías. La fiabilidad y el mantenimiento protegen tanto el rendimiento de la empresa como sus inversiones. Los sistemas deben ser diseñados y mantenerse en buenas condiciones para conseguir el rendimiento esperado y los estándares de calidad. La **Fiabilidad** es la probabilidad de que un componente de una máquina o un producto funcione adecuadamente durante un periodo de tiempo dado. El **Mantenimiento** incluye todas las actividades asociadas con mantener en buen estado de funcionamiento el equipo de un sistema. *El objetivo de la fiabilidad y el mantenimiento es conservar la capacidad del sistema mientras se controlan los costes.*

Fiabilidad

Mantenimiento

En este capítulo, examinamos cuatro métodos para mejorar la fiabilidad y el mantenimiento de los productos y equipos así como los sistemas que los producen. Los cuatro métodos están organizados en torno a la fiabilidad y el mantenimiento:

Los métodos de fiabilidad son:

1. mejorar los componentes individuales;
2. proporcionar redundancia;

Los métodos de mantenimiento son:

1. implementar o mejorar el mantenimiento preventivo;
2. aumentar las capacidades o la rapidez de reparación.

---

[1] Instituto Nacional de Investigaciones Económicas y Sociales, informó en "Britain´s Economy," The Economist (march 9, 1985): 62-63.

FIGURA 7.1 ■ Fiabilidad Total del Sistema como una Función del Número de Componentes y de la Fiabilidad de los Componentes con los Componentes en Serie.

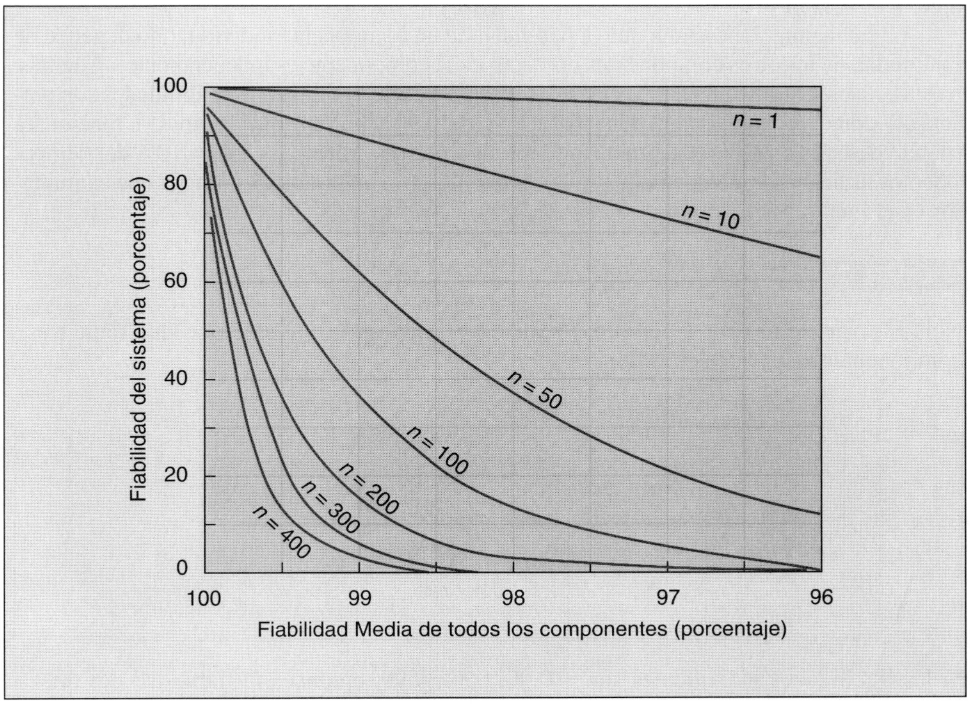

FIABILIDAD

Los sistemas están formados por una serie de componentes individuales interrelacionados, realizando cada uno un trabajo específico. Si *algún* componente no funciona, por cualquier motivo, el sistema entero (por ejemplo, un avión o una máquina) puede fallar.

Mejorar los componentes individuales

Como muestra la historia de la United Airlines del principio de este capítulo, los fallos sí se producen. Ese acontecer de fallos es un concepto importante de fiabilidad.

La Figura 7.1 muestra que cuando el número de componentes en *serie* aumenta, la fiabilidad de todo el sistema disminuye rápidamente. Un sistema de $n = 50$ partes interactivas, cada una de las cuales tiene un 99,5% de fiabilidad, tiene una fiabilidad total del 78%. Si el sistema o la máquina tiene 100 partes interactivas, cada una con un fiabilidad individual de 99,5%, ¡la fiabilidad total será solamente del 60%!

Para medir la fiabilidad de un sistema en el que cada parte o componente individual puede tener su propia tasa de fiabilidad, no podemos utilizar la curva de fiabilidad de la Figura 7.1. No obstante, el método para calcular la fiabilidad del sistema (R_s) es sencillo. Consiste en hallar el producto de las fiabilidades individuales como sigue:

$$R_s = R_1 \times R_2 \times R_3 \times \ldots\ldots \times R_n \qquad (7.1)$$

donde R_1 = fiabilidad del componènte 1
R_2 = fiabilidad del componente 2
etcétera

La Ecuación (7.1) asume que la fiabilidad de un componente individual no depende de la fiabilidad de los otros componentes (es decir, cada componente es independiente). Además, en esta ecuación, como en la mayoría de las discusiones de fiabilidad, las fiabilidades son presentadas como probabilidades. Una fiabilidad de 0,90 significa que la unidad funcionará según lo deseado el 90% del tiempo. También significa que fallará 1 – 0,90 = 10% del tiempo. Podemos utilizar este método para evaluar la fiabilidad de un producto, como el que examinamos en el Ejemplo 7.1.

EJEMPLO 7.1

Nels Electric de Greely, Colorado, produce un interruptor relé eléctrico que tiene tres componentes dispuestos en serie:

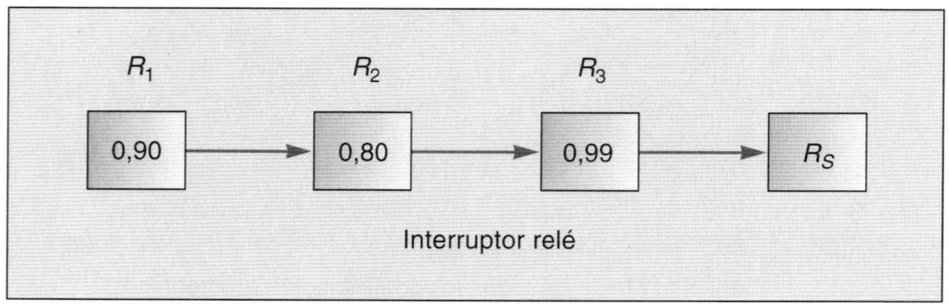

Si las fiabilidades individuales son = 0,90, 0,80, 0,99, entonces la fiabilidad del interruptor relé completo es:

$$R_s = R_1R_2R_3 = (0{,}90)(0{,}80)(0{,}99) = 0{,}713, \text{ ó } 71{,}3\%$$

Hoy en día se espera que los aviones estén diseñados de manera que un fallo en el sistema no paralice otros automáticamente. Pero el accidente de 1989 del DC-10 de la United Airlines en Sioux City, Iowa, parece indicar que a los sistemas hidráulicos de los aviones de McDonell Douglas no se les está dando la protección suficiente. El DC-10 tiene tres complejos separados de tuberías de media pulgada recorriendo todo el avión. Cada tubería está diseñada para bombear continuamente líquido que hace funcionar los dispositivos de control. Pero investigadores federales creen que las tuberías de la cola del avión fueron dañadas por partes de la cola que volaron. El líquido hidráulico, entonces, salió disparado, provocando la pérdida del control y , finalmente, el accidente.

La fiabilidad de los componentes es normalmente una cuestión de diseño o especificación de la cual debe ser responsable el personal de diseño de ingeniería. No obstante, el personal de compra puede ser capaz de mejorar los componentes de los sistemas estando al corriente de los productos y esfuerzos de investigación de los proveedores. El personal de compras también puede contribuir directamente a la evaluación de la actuación del proveedor.

La unidad básica de medida de la fiabilidad es la tasa de fallo del producto (FR, del inglés Failure Rate). Las empresas que producen equipos de alta tecnología a menudo proporcionan datos de la tasa de fallo de sus productos. La tasa de fallo mide el porcentaje de fallos entre el número total de productos probados, FR(%), o un número de fallos durante un periodo de tiempo, FR(N):

$$\text{FR}(\%) = \frac{\text{número de fallos}}{\text{número de unidades probadas}} \times 100\% \qquad (7.2)$$

$$\text{FR}(N) = \frac{\text{número de fallos}}{\text{número de unidades–horas del tiempo de operación}} \qquad (7.3)$$

Tiempo medio entre fallos (MTBF)

Quizá el término más común en el análisis de fiabilidad es el **tiempo medio entre fallos (MTBF**, del inglés Mean Time Between Failures), que es el recíproco de FR(N):

$$\text{MTBF} = \frac{1}{\text{FR(N)}} \tag{7.4}$$

En el Ejemplo 7.2, calculamos el porcentaje de fallo FR(%), el número de fallos FR(N) y el tiempo medio entre cada fallo (MTBF).

EJEMPLO 7.2

Veinte aparatos de aire acondicionado que serán utilizados por astronautas en los transbordadores espaciales de la NASA, estuvieron funcionando durante 1000 horas en las instalaciones de prueba de la NASA en Huntsville, Alabama. Dos de los sistemas fallaron durante la prueba —uno después de 200 horas y el otro después de 600 horas—. Para calcular el porcentaje de fallos,

$$\text{FR}(\%) = \frac{\text{número de fallos}}{\text{número probado}} = \frac{2}{20}\ (100\%) = 10\%$$

Después calculamos el número de fallos por cada hora de operación:

$$\text{FR}(N) = \frac{\text{número de fallos}}{\text{tiempo de operación}}$$

donde

Tiempo total = (1.000 horas)(20 unidades) = 20.000 unidades-hora

Tiempo sin operación = 800 horas del 1er fallo + 400 horas del 2º fallo = 1.200 unid-hora

Tiempo de operación = tiempo total – tiempo sin operación

$$\text{FR}(N) = \frac{2}{20.000 - 1.200} = \frac{2}{18.800} = 0{,}00106 \text{ fallos/unid-hora}$$

y como $\text{MTBF} = \dfrac{1}{\text{FR}(N)}$

$$\text{MTBF} = \frac{1}{0{,}00106} = 9.434 \text{ horas}$$

Si el típico viaje del transbordador espacial dura 60 días, la NASA puede estar interesada en la tasa de fallos por viaje:

$$\begin{aligned}\text{Tasa de fallos} &= (\text{fallos/unid-hr})(24\ \text{hr/día})(60\ \text{días/viaje})\\ &= (0{,}000106)(24)(60) = 0{,}152\ \text{fallos/viaje}\end{aligned}$$

Como el porcentaje de fallos del Ejemplo 7.2 es, probablemente, muy elevado, la NASA tendrá que aumentar la fiabilidad de los componentes individuales, y por lo tanto del sistema, o si no instalar varias unidades de aire acondicionado de reserva en cada transbordador espacial. Las unidades de reserva proporcionan redundancia.

Proporcionar redundancia

Para aumentar la fiabilidad de los sistemas, se añade la redundancia ("tener componentes de reserva"). La redundancia se da si un componente falla, y el sistema puede recurrir a otro. Por ejemplo, pongamos que la fiabilidad de un componente es 0,80 y tenemos otro componente de repuesto con una fiabilidad de 0,80. Entonces la fiabilidad resultante es la probabilidad de que el primer componente funcione más la probabilidad de que el componente de repuesto funcione multiplicado por la probabilidad de que el componente de repuesto sea necesario (1 – 0,8 = 0,2).
Por lo tanto:

$$\begin{pmatrix}\text{Probabilidad}\\ \text{de que el } 1^{er}\\ \text{componente}\\ \text{funcione}\end{pmatrix} + \left[\begin{pmatrix}\text{Probabilidad}\\ \text{de que el } 2^{o}\\ \text{componente}\\ \text{funcione}\end{pmatrix} \times \begin{pmatrix}\text{Probabilidad}\\ \text{de necesitar}\\ \text{el } 2^{o}\\ \text{componente}\end{pmatrix}\right] =$$

$$(0{,}8) \quad + \quad (0{,}8) \quad \times \quad (1 - 0{,}8) \quad = 0{,}8 + 1{,}6 = 0{,}96$$

El Ejemplo 7.3 muestra como la redundancia puede mejorar la fiabilidad del sistema presentado en el Ejemplo 7.1.

EJEMPLO 7.3

Nels Electric está preocupado porque su relé eléctrico tiene una fiabilidad de sólo 0,713 (véase el Elemplo 7.1). Por lo tanto, Nels decide proporcionar redundancia a los dos componentes con menos fiabilidad. Esto da como resultado el sistema mostrado a continuación:

R_1		R_2		R_3
0,90		0,8		
↓		↓		
0,90	→	0,8	→	0,99

$$= [0{,}9 + 0{,}9(1 - 0{,}9)] \times [(0{,}8 + 0{,}8(1 - 0{,}8)] \times 0{,}99$$
$$= [0{,}9 + (0{,}9)(0{,}1)] \times [0{,}8 + (0{,}8)(0{,}2)] \times 0{,}99$$
$$= 0{,}99 \times 0{,}96 \times 0{,}99 = 0{,}94$$

Así que proporcionando redundancia a dos componentes, Nels ha aumentado la fiabilidad del interruptor de 0,713 a 0,94.

MANTENIMIENTO

Mantenimiento preventivo

Mantenimiento correctivo

Hay dos tipos de mantenimiento: mantenimiento preventivo y mantenimiento correctivo. El **mantenimiento preventivo** implica realizar inspecciones y hacer servicios rutinarios y mantener las instalaciones en buen estado. Estas actividades pretenden crear un sistema que encuentre fallos potenciales y haga cambios o reparaciones que eviten los fallos. El mantenimiento preventivo es mucho más que mantener la maquinaria y el equipo funcionando. También implica diseñar sistemas técnicos y humanos que mantengan funcionando dentro de la tolerancia al proceso productivo; permite funcionar el sistema. El énfasis del mantenimiento preventivo estriba en el entendimiento del proceso y permitirle trabajar sin interrupción. El **mantenimiento correctivo** ocurre cuando el equipo falla y debe ser reparado con urgencia o prioridad.

FIGURA 7.2 ■ Porcentajes de Fallo durante la Vida Útil

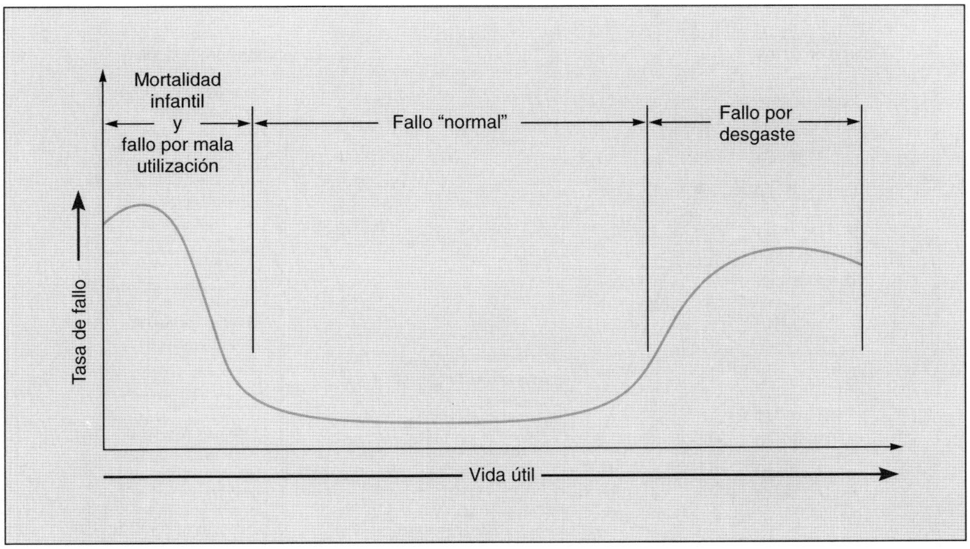

Implementación del Mantenimiento Preventivo

El mantenimiento preventivo implica que se puede determinar cuándo un sistema necesita servicio o cuándo necesita reparación. La Figura 7.2 indica que el fallo ocurre con diferentes tasas durante la vida de un producto. Esta tasa de fallo puede seguir diferentes distribuciones estadísticas. Para muchos productos existe inicialmente un alto porcentaje de fallos, denominado **mortalidad infantil**. Ésta es la razón por la que muchas empresas electrónicas "queman" sus productos antes de distribuirlos. Esto quiere decir que muchas empresas llevan a cabo una gran variedad de pruebas para detectar los problemas "iniciales" antes del envío. Otras empresas ofrecen una garantía de 90 días. Debemos tener en cuanta que muchos de los fallos de mortalidad infantil no son fallos del producto en sí, sino fallos debido a un uso incorrecto. Este hecho da mayor importancia a que la dirección de operaciones construya un sistema de mantenimiento que incluya la selección y entrenamiento del personal.

Mortalidad infantil

Una vez que el producto, máquina o proceso se "acomode", se puede hacer un estudio de la distribución MTBF (tiempo promedio entre fallos). Cuando las distribuciones tienen una pequeña desviación estándar, entonces sabemos que tenemos un candidato para el mantenimiento preventivo aunque el mantenimiento resulte costoso. [2]

Una vez que se tiene un candidato para el mantenimiento preventivo, se desea determinar cuándo es económico el mantenimiento preventivo. Normalmente, cuanto más caro es el mantenimiento más estrecha debe ser la distribución MTBF. Además, si el proceso no es más caro de reparar cuando se estropea que el coste del mantenimiento preventivo, quizá se deba esperar hasta que el proceso se estropee y entonces repararlo. Sin embargo, la consecuencia de la avería debe considerarse con detalle. Algunas averías relativamente menores tienen consecuencias catastróficas. Por otra parte, los costes del mantenimiento preventivo pueden ser tan poco importantes que el mantenimiento preventivo sea apropiado aún cuando la distribución sea más bien plana (es decir, que tiene una gran desviación estándar).

[2] Véase, por ejemplo, el trabajo de P.M. Morse, *Queus, Inventories, and Maintenance* (New York: John Wiley, 1958), pp. 161–168; and "Using Statistical Thinking to Solve Maintenance Problems," *Quality Progress* (May 1989): 55–60

FIGURA 7.3 ■ Un Sistema de Mantenimiento Informatizado

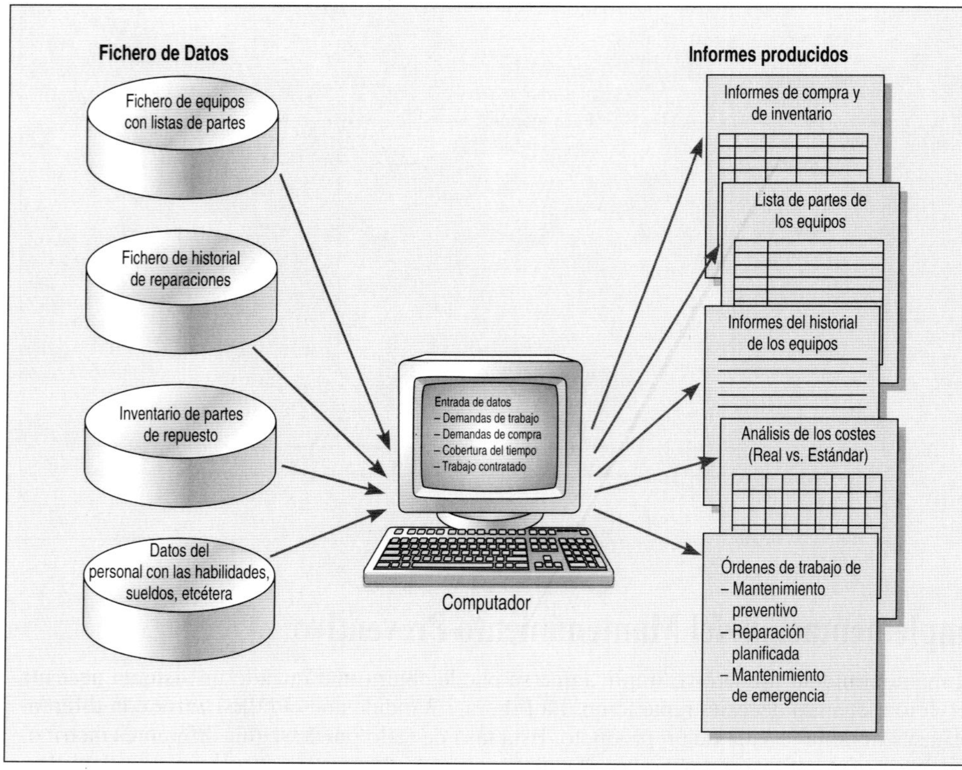

En cualquier caso, todos los operarios de máquinas deben ser los responsables del mantenimiento preventivo de su propio equipo y herramientas.

Existen diferentes dispositivos sensores para ayudar a determinar cuando un proceso debe recibir mantenimiento. Por ejemplo, muchos motores de avión tienen un sensor que indica la presencia de metales en los aceites lubricantes. Este sensor indica un desgaste inusual y la necesidad de un mantenimiento preventivo antes de que ocurra una avería (una buena idea, particularmente en aviones). Otros muchos dispositivos, desde sensores de vibración a termografía infrarroja, están disponibles para ayudar a determinar las necesidades de mantenimiento preventivo.[3] Además, con buenas técnicas de informe, las empresas pueden mantener los datos de procesos, máquinas o equipos individuales. Tales datos pueden dar un perfil del tipo de mantenimiento requerido y la planificación del mantenimiento necesario. El mantener el historial del equipo es una parte importante de un sistema de mantenimiento preventivo, porque es un registro del tiempo y el coste de hacer el arreglo. Tales datos pueden también aportar información similar sobre la familia del equipo como de los proveedores.

El mantenimiento de datos es de tal importancia que la mayoría de los buenos sistemas de mantenimiento están ahora informatizados. La Figura 7.3 muestra los principales componentes de tal sistema con los ficheros que han de mantenerse en la izquierda y los informes generados en la derecha.

[3] Ronald L. Stiemsma, "Vibration Monitoring Proves Itslf at Clinton Power Station," *Electric Light and Power*, 70, nº. 6 (june 1992): 2; y Bruce D. Nordwall, "Engine Monitoring System May Provide 100-Hr. Warning Before Jet Failure, " *Aviation Week and Space Technology*, 136, nº. 10 (march 9, 1992): 54–56.

FIGURA 7.4 ■ Costes de Mantenimiento

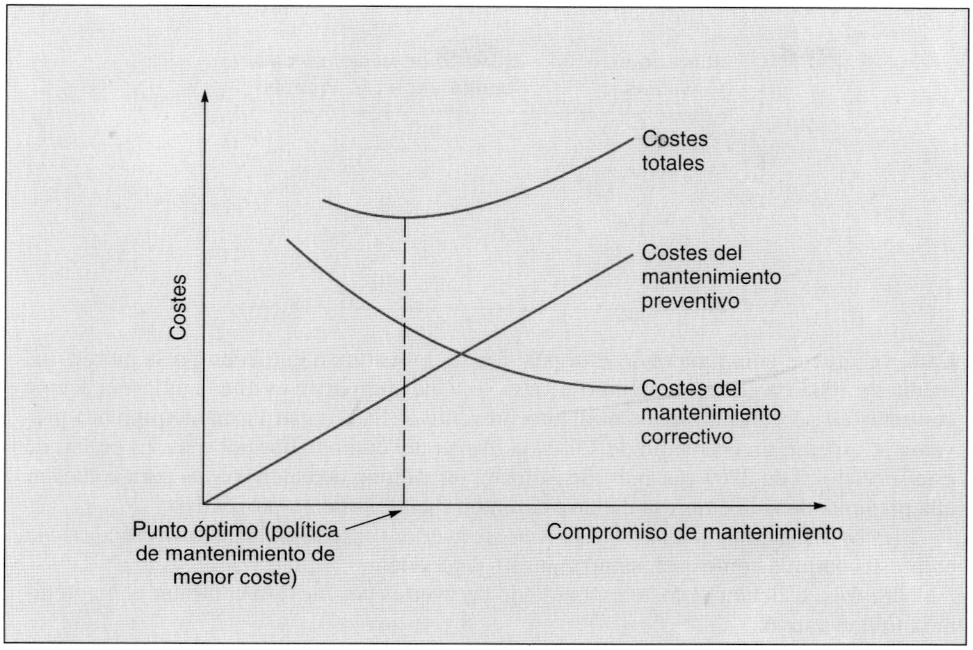

La Figura 7.4 muestra la relación entre el mantenimiento preventivo y el mantenimiento correctivo. Los directores de operaciones necesitan tener en cuenta un equilibrio entre los dos costes. Asignar más dinero y personal al mantenimiento preventivo reduciría el número de averías. Pero, en algún punto, el descenso de los costes de mantenimiento correctivo será menor que el aumento de los costes de mantenimiento preventivo, y la curva del coste total empezaría a subir. Más allá de este punto óptimo, la empresa deberá esperar a que ocurran las averías y entonces repararlas.

Desafortunadamente, estas curvas de coste rara vez tienen en cuenta los costes totales de una avería: Muchos costes se ignoran porque no están directamente relacionados con la avería en sí. Por ejemplo, el coste del inventario que se mantiene para compensar este tiempo inactivo, no se tiene normalmente en cuenta; y el tiempo inactivo puede tener un efecto devastador en la moral. Los empleados pueden empezar a creer que el lograr los estándares y el mantenimiento del propio equipo no son importantes. Además, el tiempo inactivo puede afectar negativamente a los programas de envío, destruyendo las relaciones con los consumidores y las ventas futuras.

Suponiendo que todos los costes asociados con la avería han sido identificados, el personal de operaciones puede calcular el nivel óptimo de la actividad de mantenimiento desde un punto de vista teórico. El análisis, por supuesto, también requiere unos datos históricos precisos de los costes de mantenimiento, las probabilidades de avería y los tiempos de reparación. El Ejemplo 7.4 muestra cómo comparar ambos costes de mantenimiento, tanto el preventivo como el correctivo, para elegir la política de mantenimiento menos costosa.

EJEMPLO 7.4

Huntsman and Associates es una empresa de contables, especializada en la preparación de nómina. Los contables han tenido éxito en la automatización de una gran parte de su trabajo, utilizando computadores para el procesamiento y la preparación de informes. Sin embargo, el método informatizado tiene problemas.

Durante los últimos 20 meses, el computador se ha averiado, según se indica a continuación.

NÚMERO DE AVERÍAS	NÚMERO DE MESES EN QUE OCURRIERON LAS AVERÍAS
0	4
1	8
2	6
3	2
Total:	20

Cada vez que el computador se estropea, los socios estiman que la empresa pierde una media de 300$ en gastos de tiempo y servicio. Una alternativa es que la empresa acepte contratar un servicio de mantenimiento preventivo. Si aceptan el mantenimiento preventivo, esperan un promedio de sólo una *avería* del computador por mes. El precio de este servicio es de 220$ por mes. Se utilizará un método de cuatro pasos para contestar a la pregunta de si la empresa debería contratar mantenimiento preventivo:

Paso 1. Calcular el *número esperado* de averías (basado en la historia pasada) si la empresa continúa como está, sin el contrato de servicio.

Paso 2. Calcular el coste esperado de las averías por mes sin contratar el mantenimiento preventivo.

Paso 3. Calcular el coste del mantenimiento preventivo.

Paso 4. Calcular las dos opciones y elegir la que cueste menos.

1.

NÚMERO DE AVERÍAS	FRECUENCIA	NÚMERO DE AVERÍAS	FRECUENCIA
0	4/20 = 0,2	2	6/20 = 0,3
1	8/20 = 0,4	3	2/20 = 0,1

$$\begin{pmatrix}\text{Número esperado}\\\text{de averías}\end{pmatrix} = \Sigma\left[\begin{pmatrix}\text{Número de}\\\text{averías}\end{pmatrix}\times\begin{pmatrix}\text{Frecuencia}\\\text{correspondiente}\end{pmatrix}\right]$$

$$= (0)(0{,}2) + (1)(0{,}4) + (2)(0{,}3) + (3)(0{,}1)$$

$$= 0 + 0{,}4 + 0{,}6 + 0{,}3$$

$$= 1{,}3 \text{ averías/mes}$$

2. Coste esperado de averías $= \begin{pmatrix}\text{Número esperado}\\\text{de averías}\end{pmatrix}\times\begin{pmatrix}\text{Coste por}\\\text{avería}\end{pmatrix}$

$$= (1{,}3)(300\$)$$

$$= 390/\text{mes}\$$$

3. $\begin{pmatrix}\text{Coste del manteni-}\\\text{miento preventivo}\end{pmatrix} = \begin{pmatrix}\text{Coste de las averías espe-}\\\text{radas si se firma el con-}\\\text{trato de mantenimiento}\end{pmatrix} + \begin{pmatrix}\text{Coste del con-}\\\text{trato de servicio}\end{pmatrix}$

= (1 avería/mes)(300$) + 220$/mes
= 520$/mes

4. Dado que es más barato sufrir las averías sin un contrato de servicio de mantenimiento (390$) que con uno (520$), la empresa debería continuar su política actual.

Mediante las variaciones de la técnica mostradas en el Ejemplo 7.4, los directores de operaciones pueden determinar las políticas de mantenimiento de menor coste.

AUMENTAR LAS CAPACIDADES DE REPARACIÓN

Cuando no se ha alcanzado fiabilidad ni mantenimiento preventivo, los directores de operaciones necesitan buenos talleres de reparación. Agrandar o mejorar los talleres de reparación puede hacer que el sistema se ponga de nuevo en funcionamiento más rápidamente. Un buen taller de mantenimiento debería cumplir estas seis características:

1. personal muy capacitado;
2. recursos suficientes;
3. capacidad para establecer un plan de reparaciones y prioridades;[4]
4. capacidad y autoridad para hacer la planificación de material;
5. capacidad para identificar la causa de las averías;
6. capacidad para diseñar maneras para aumentar el tiempo medio entre averías (MTBF).

Sin embargo, no todas las reparaciones pueden hacerse en el taller de la empresa. Los directivos deben decidir, por lo tanto, dónde deben llevarse a cabo. La Figura 7.5 muestra algunas de las opciones y cómo están consideradas en términos de velocidad, coste y competencia. Consecuente con la potenciación de los empleados, un buen ejemplo puede ser el de estos realizando el mantenimiento de su propio equipo, pero este tipo de reparación puede ser también el punto más débil en la cadena de reparación. No todos los empleados puede ser formados en todos los aspectos de la reparación de los equipos.

Cualquiera de las políticas y técnicas de mantenimiento preventivo que elija la dirección debe hacer hincapié en la importancia de que los empleados acepten la responsabilidad del mantenimiento que sean capaces de hacer. El mantenimiento realizado por los empleados puede ser sólo de "limpiar, controlar y observar", pero si cada operario hace esas actividades dentro de su capacidad, el director ha dado un paso hacia la potenciación de los empleados y hacia el mantenimiento de la eficiencia del sistema.

OTRAS TÉCNICAS DE POLÍTICA DE MANTENIMIENTO

Otras dos técnicas P/OM han demostrado ser beneficiosas para los sistemas de mantenimiento: la simulación y los sistemas expertos.

[4] Recordará que en nuestra discusión de planificación de redes en el Capítulo 6, duPont desarrollaba el método del camino crítico (CPM) para mejorar la programación proyectos de mantenimiento.

FIGURA 7.5 ■ El director de operaciones debe determinar cómo se llevará a cabo el mantenimiento

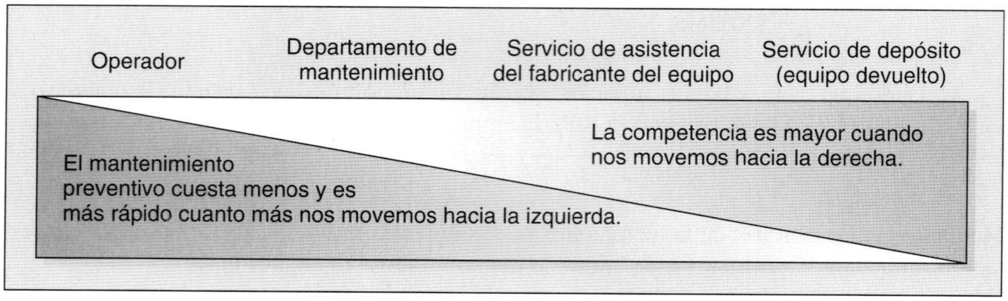

SIMULACIÓN. Debido a la complejidad de algunas decisiones de mantenimiento, la simulación es una buena herramienta para evaluar el impacto de diferentes políticas de mantenimiento. Por ejemplo, el personal de operaciones puede decidir si añadir más personal de mantenimiento en base a los equilibrios entre los costes de inactividad de las máquinas y los costes de la mano de obra adicional. La dirección también puede simular el reemplazo de partes que todavía no han fallado como medida de prevención de futuras averías. La simulación mediante modelos físicos también puede ser útil. Por ejemplo, un modelo físico puede agitar un avión para simular miles de horas de vuelo para evaluar las necesidades de mantenimiento. El Suplemento del Capítulo 2 trata el tema de la simulación con mayor detalle.

SISTEMAS EXPERTOS. Los directivos de P/OM utilizan sistemas expertos para ayudar al personal a aislar y reparar diferentes fallos en la maquinaria y el equipo. Por ejemplo, el sistema DELTA de General Electric hace una serie de preguntas detalladas que dirigen y ayudan al usuario a identificar el problema. Los sistemas expertos son discutidos en el Capítulo 8 del volumen *Decisiones Estratégicas.*

ALCANZANDO LOS ESTÁNDARES DE CLASE MUNDIAL

Las empresas de clase mundial tienen sistemas fiables. Tales empresas alcanzan la fiabilidad mediante el diseño de sistemas y un mantenimiento eficiente. Compañías como Orlando Utilities, presentada anteriormente en este capítulo, utilizan software sofisticado para programar proyectos de mantenimiento, controlar el inventario de los repuestos y seguir las averías de las partes.

Otras empresas utilizan sensores automáticos y controles para avisar cuando la maquinaria de producción está a punto de fallar o está siendo dañada por el calor, vibración o escapes de fluidos. General Motors, por ejemplo, ha desarrollado un sistema de computador para notar vibraciones inusuales de las máquinas mientras están funcionando. DuPont utiliza sistemas expertos para controlar el equipo y preparar al personal de mantenimiento. La clave está en evitar fallos y realizar mantenimiento preventivo antes de que las máquinas se estropeen.

Finalmente, las compañías de clase mundial les dan a sus empleados una sensación de "propiedad" de su equipo. Cuando un trabajador arregla o hace un mantenimiento preventivo en su propia máquina, normalmente se evitan las averías. Empleados muy capacitados y potenciados aseguran sistemas fiables a través del mantenimiento preventivo. Un equipo fiable y en buen estado no solo proporciona una mayor utilización, sino que también mejora la calidad y la realización de lo programado. Las empresas de clase mundial crean y mantienen los sistemas para que los clientes pueden confiar en productos fabricados según las especificaciones y en su fecha.

RESUMEN

Los sistemas fiables son una necesidad. A pesar de nuestros grandes esfuerzos para diseñar componentes fiables, los sistemas algunas veces fallan. Por consiguiente, se utilizan componentes de reserva. Las mejoras en la fiabilidad también pueden obtenerse mediante el uso del mantenimiento preventivo y excelentes talleres de reparación. Los sistemas expertos y la recogida y análisis de los datos ayudan a la gestión de la fiabilidad y el mantenimiento. Las técnicas de simulación pueden también ayudar a determinar las políticas de mantenimiento. Los procesos fiables necesitan sistemas bien diseñados, personal capacitado y buen mantenimiento de datos.

TÉRMINOS CLAVE

Avería/Fallo
Fiabilidad
Mantenimiento
Tiempo medio entre fallos (MTBF)
Mantenimiento preventivo
Mantenimiento correctivo
Mortalidad infantil

UTILIZANDO AB: POM PARA RESOLVER PROBLEMAS DE FIABILIDAD

Resolver el Ejemplo 7.3 Utilizando el Módulo de Fiabilidad de AB:POM

El Programa 7.1 muestra la utilización de AB:POM para resolver un problema de fiabilidad.

PROGRAMA 7.1 ■ Ejemplo del Módulo de Fiabilidad de AB:POM. Las entradas para la fiabilidad son: 1. número de sistemas (componentes) en serie (de 1 a 10); 2. *número de componentes de reserva o paralelos* (de 1 a 10); 3. *fiabilidad de los componentes*. Introduzca la fiabilidad de cada componente en el cuerpo de la tabla. Los datos de las series son introducidos en horizontal y los datos de los de reserva o paralelos debajo.

```
                                   Reliability                          Data Screen
Number of systems in series (1-10) 3      Max # of parallel components (1-10)
Par1l        Par1l        Par1l
Sys 1        Sys 2        Sys 3                                                  2
0.9000       0.8000       0,0000
0.9000       0.8000       0.9900
                                                                                Esc
Output:                            Reliability
Par1l                Par1l                 Par1l
Sys 1                Sys 2                 Sys 3
0.9000               0.8000
0.9000               0.8000                0.9900
0.9900               0.9600                0.9900
System reliability = 0.94090
```

Nótese que las entradas que eran 0 han sido eliminadas. Los productos para cada columna muestran la fiabilidad de los componentes combinada con los de reserva o paralelos.

PROBLEMAS RESUELTOS

Problema resuelto 7.1

El semiconductor utilizado en la Calculadora de Muñeca Sullivan tiene cinco partes, cada una de las cuales tiene su propia tasa de fiabilidad. El componente 1 tiene una fiabilidad de 0,90; el componente 2, 0,95; el componente 3, 0,98; el componente 4, 0,90 y el componente 5, 0,99. ¿Cuál es la fiabilidad del semiconductor?

Solución

Fiabilidad del semicondutor, $R_S = R_1R_2R_3R_4R_5$
$= (0,90)(0,95)(0,98)(0,90)(0,99) = 0,7466$

Problema resuelto 7.2

Un cambio reciente de ingeniería en la Calculadora de Muñeca Sullivan sitúa un componente de reserva en cada uno de los dos circuitos transistores menos fiables. El nuevo circuito se parecerá al siguiente:

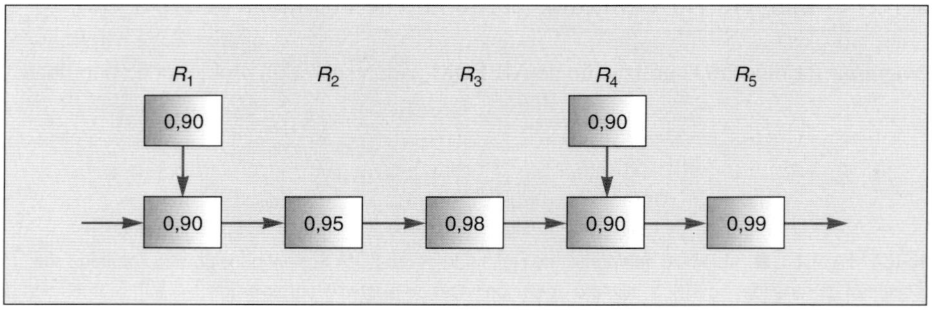

¿Cuál es la fiabilidad de este nuevo sistema?

Solución

$$\begin{aligned}\text{Fiabilidad} &= [0,9 + (1 - 0,9) \times 0,9] \times 0,95 \times 0,98 \times [0,90 + (1 - 0,9) \times 0,9] \times 0,99 \\ &= [0,9 + 0,09] \times 0,95 \times 0,98 \times [0,90 + 0,09] \times 0,99 \\ &= 0,99 \times 0,95 \times 0,98 \times 0,99 \times 0,99 \\ &= 0,903\end{aligned}$$

PREGUNTAS DE DISCUSIÓN

1. ¿Cuáles son las variables que contribuyen a la mortalidad infantil en maquinaria nueva?
2. ¿Qué técnicas puede utilizar la dirección para mejorar la fiabilidad de los sistemas?
3. ¿Bajo qué condiciones puede ser adecuado el mantenimiento preventivo?
4. ¿Por qué es la simulación una técnica apropiada para los problemas de mantenimiento?
5. ¿Cuál es el equilibrio entre el mantenimiento realizado por el operario frente al mantenimiento realizado por el proveedor?
6. ¿Cómo puede el director evaluar la eficiencia de la función de mantenimiento?
7. ¿Qué clase de datos son útiles cuando desarrollamos un buen sistema de mantenimiento?

8. ¿Cómo mejoran los sistemas expertos los sistemas de mantenimiento?

9. ¿Cómo puede una firma mejorar o hacer más rápidos a sus talleres de reparación?

EJERCICIO DE RAZONAMIENTO CRÍTICO

El accidente en 1989 de un DC-10 de McDonnell Douglas indicó que los sistemas hidráulicos del avión puede que no proporcionasen la suficiente protección. El DC-10 tiene tres sistemas hidráulicos separados, todos fallaron cuando el motor explotó: El motor explotó esparciendo trozos de metal que dañaron dos de las tuberías, y la tercera tubería necesitaba la energía del motor destrozado del cual ya no se podía disponer. El DC-10, al contrario que otros jets comerciales, no tiene válvulas de cierre que podrían haber detenido el escape de fluido hidráulico. El "trijet" L-1011 similar de Lockheed tiene cuatro sistemas hidráulicos. Un VP de McDonnell Douglas dice, "se puede ser siempre un extremista y en la realidad no tener un avión. Se puede ser totalmente seguro y nunca despegar." Discuta los pros y los contras de la posición de McDonnell. ¿Cómo podría diseñar Vd. un experimento de fiabilidad?

PROBLEMAS

· **7.1** La unidad de proceso electrónico del computador Beta II contiene 50 componentes en serie. La fiabilidad media de cada componente es 99,0%. Usando la Figura 7.1, determine la fiabilidad global de la unidad de proceso.

: **7.2** Holzwart Manufacturing, una empresa fabricante de material médico, ha sometido 100 marcapasos a 5.000 horas de prueba. En mitad de la prueba , 5 marcapasos fallaron. ¿Cuál fue la tasa de fallos en términos de:

a) porcentaje de fallos?

b) número de fallos por unidad-hora?

c) número de fallos por unidad-año?

d) si 1.100 personas reciben implantes de marcapasos, ¿cuántas unidades puede esperarse que fallen durante el año siguiente?

· **7.3** Dadas las siguientes probabilidades de un taller de máquinas, halle el coste esperado de averías.

NÚMERO DE AVERÍAS	FRECUENCIA DIARIA
0	0,3
1	0,2
2	0,2
3	0,3
	1,0

El coste por avería es de 10$.

· **7.4** Vd. tiene un sistema compuesto por cuatro componentes en serie. La fiabilidad de cada componente es 0,95. ¿Cuál es la fiabilidad del sistema?

· **7.5** Vd. tiene un sistema compuesto por una conexión en serie de cuatro componentes con las siguientes fiabilidades:

COMPONENTE	FIABILIDAD
1	0,90
2	0,95
3	0,80
4	0,85

¿Cuál es la fiabilidad del sistema?

: **7.6** Vd. tiene un sistema compuesto por tres componentes en paralelo. Los componentes tienen las siguientes fiabilidades:

$R_1 = 0{,}90$ $\quad R_2 = 0{,}95$ $\quad R_3 = 0{,}85$

¿Cuál es la fiabilidad del sistema?

· **7.7** Un sistema de control hidráulico tiene tres componentes en serie con fiabilidades individuales (R_1, R_2 y R_3) como se muestra.

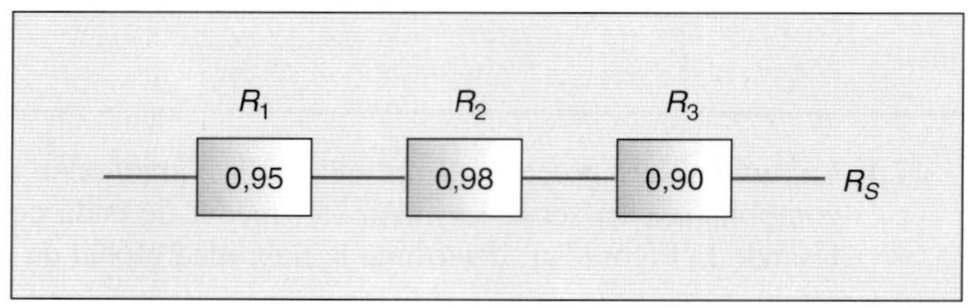

¿Cuál es la fiabilidad del sistema?

: **7.8** ¿Cuál es la fiabilidad del sistema mostrado a continuación?

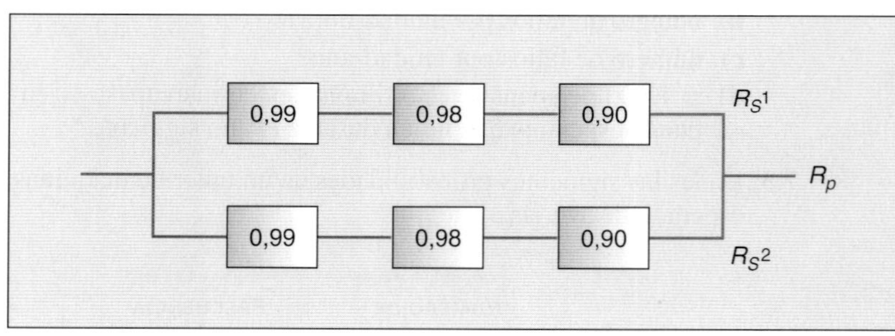

: **7.9** ¿Cuál es el impacto en la fiabilidad si el sistema de control hidráulico mostrado en el Problema 7.7 es cambiado al sistema paralelo mostrado en el Problema 7.8?

: **7.10** Su equipo de diseño ha propuesto el siguiente sistema con las fiabilidades que se indican:

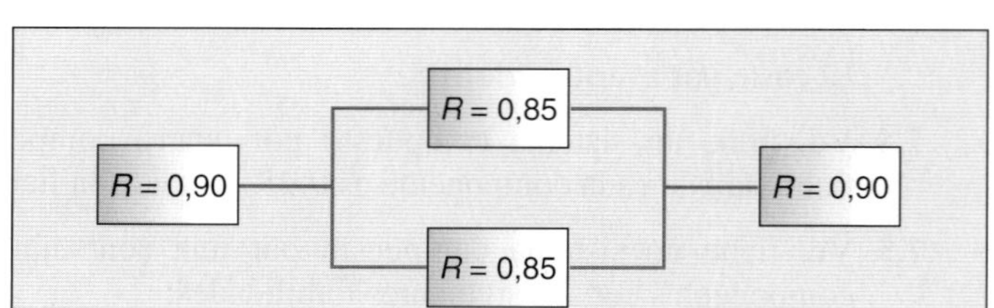

¿Cuál es la fiabilidad del sistema?

7.11 Randolph Manufacturing ha probado 200 unidades de un producto. Después de 2.000 horas, cuatro unidades han fallado; las restantes funcionaron durante las 4.000 horas la de prueba.

a) ¿Cuál es el porcentaje de fallos?

b) ¿Cuál es el número de fallos por unidad hora?

c) ¿Cuál es el número de fallos por unidad año?

d) Si Vd. vende 500 unidades, ¿cuántas son probables que fallen en un periodo de un año?

7.12 Wharton Manufacturaring Company tiene en funcionamiento sus 23 grandes y costosas máquinas pulidoras y torneadoras desde las 7 a.m. hasta las 11 p.m., 7 días a la semana. El pasado año, la empresa ha contratado a Simkin e Hijos para un mantenimiento preventivo diario (lubricación, limpieza, inspección, etcétera). El personal de Simkin trabaja entre las 11 p.m. y las 2 a.m. para no interferir al personal de fabricación. Simkin cobra 645$ a la semana por este servicio. Desde que firmó el contrato de mantenimiento, Wharton Manufacturing tiene un promedio de sólo tres averías por semana. Cuando una pulidora o un torno se estropea durante un turno de trabajo, le cuesta a Wharton unos 250$ de producción perdida y costes de reparación.

Después de revisar los registros de averías anteriores (del periodo anterior a la firma del contrato de mantenimiento preventivo con Simkin e Hijos), el director de producción de Wharton Manufacturing resume los datos que se muestran más abajo.

El director de producción no está seguro de que el contrato del mantenimiento preventivo con Simkin sea lo mejor para el interés financiero de Wharton Manufacturing. Él reconoce que muchos de sus datos son antiguos pero está casi seguro de que son representativos de la situación presente.

¿Cuál es su análisis de esta situación y qué recomendaciones cree que debería hacer el director de producción?

NÚMERO DE AVERÍAS POR SEMANA	NÚMERO DE SEMANAS EN LAS QUE OCURRIERON LAS AVERÍAS
0	1
1	1
2	3
3	5
4	9
5	11
6	7
7	8
8	5
Semanas totales de los datos del historial:	50

: **7.13** Alain Prost, un vendedor de Wave Soldering Systems, Inc. (WSSI), le ha dado una propuesta para mejorar el control de temperatura de su máquina actual. La máquina actual utiliza una cuchilla de aire caliente para quitar limpiamente la soldadura sobrante de los cuadros de circuitos impreso; ésta es una gran idea, pero el control de temperatura del aire caliente no tiene fiabilidad. Los ingenieros de WSSI, dice Alain, han mejorado la fiabilidad de los controles críticos de la temperatura. El nuevo sistema todavía tiene los cuatro circuitos sensitivos integrados que controlan la temperatura, pero la nueva máquina tiene uno de reserva para cada uno. Los cuatro circuitos integrados tiene fiabilidades de 0,90, 0,92, 0,94 y 0,96. Los cuatro circuitos de repuesto tienen todos una fiabilidad de 0,90.

a) ¿Cuál es la fiabilidad del nuevo controlador de temperatura?

b) Si Vd. paga un recargo, Alain dice que puede mejorar las cuatro unidades de reserva a 0,93. ¿Cuál es la fiabilidad de esta opción?

CASO DE ESTUDIO

Compañía Química Mundial

Jack Smith se secó el sudor de su cara. Era otro día de verano de calor abrasador y una de las cuatro unidades de refrigeración del proceso estaba estropeada. Las unidades eran críticas para el funcionamiento de la Fábrica de Fibras de la Compañía Química Mundial, que producía fibras sintéticas y copos de polímero para un mercado global.

En poco tiempo Al Henson, el encargado de producción del turno de día, estaba en el interfono, gritando su expresión típica de "van a rodar cabezas"si la unidad no estaba conectada de nuevo en una hora. Pero Jack Smith, el encargado de mantenimiento, ya había oído todo eso antes —nunca pasaba nada como consecuencia de aquellas pataletas—. "Se lo merece," pensó, "Henson está poco dispuesto a cooperar cuando queremos realizar un mantenimiento programado, así que no se hace y el equipo se estropea".

En aquel momento, Henson, furioso por el impacto que la avería del equipo tendría en las cifras de rendimiento del proceso, estaba reunido con Beth Conner, la directora de la fábrica, criticando que todo lo que el departamento de mantenimiento hacía era "estar sentado" y jugar a las cartas como bomberos esperando una alarma para ir a un gran incendio al otro lado de la ciudad. Era verdad que el método "fijado" para el mantenimiento le estaba costando a la fábrica una producción que era vital para satisfacer a los costes estándares y evitar desviaciones importantes. Los competidores extranjeros estaban enviando fibras de alta calidad en menos tiempo, a precios más bajos. Beth Conner ya se había llevado una bronca en la oficina central de la corporación por los niveles de producción que estaban significantemente por debajo de las cifras presupuestadas. El ciclo del negocio contenía variaciones temporales que eran previsibles. Eso significaba crear inventarios que serían almacenado durante meses, inmovilizando el capital escaso, una característica de la mayoría de los procesos continuos. La cifra de envíos mensuales sería mala. La cifra de envíos anuales hasta la fecha sería incluso peor debido a las averías de las máquinas y a la producción perdida hasta la fecha. Conner sabía que algo tenía que hacerse para aumentar la fiabilidad de la máquina. Era necesario disponer de capacidad para hacer frente a la demanda para responder a la creciente competencia extranjera. La falta de fiabilidad en el equipo de producción estaba poniendo en peligro el esfuerzo de TQM de la compañía causando variaciones en el proceso que afectaban a la producción de producto de alta calidad y a las entregas a tiempo, pero nadie parecía tener la respuesta al problema de las averías de las máquinas.

El departamento de mantenimiento funcionaba como un departamento de bomberos, corriendo hacia la avería con un equipo de mecánicos, unos que desmontaban la máquina, otros que se abalanzaban sobre el sistema eléctrico, y otros que buscaban piezas de repuesto en el almacén. Al final, dejarían la máquina bien otra vez, a veces sólo después de trabajar durante la noche para poner la línea de producción de nuevo en funcionamiento. El mantenimiento siempre se había hecho así. Pero, con los nuevos competidores, la fiabilidad de las máquinas se había convertido de repente en una barrera importante para competir con éxito.

Los rumores de un cierre de la fábrica estaban empezando a circular y la moral estaba por los suelos, haciendo que conseguir un buen rendimiento fuera cada vez más difícil. Beth Conner sabía que necesitaba soluciones si la planta tenía alguna oportunidad de salvarse.

PREGUNTAS DE DISCUSIÓN

1. ¿Podrían hacer algo Smith y Hensen para mejorar el rendimiento?
2. ¿Hay alguna alternativa al actual método de operaciones del departamento de mantenimiento?
3. ¿Cómo se podría compensar la pérdida de producción debida al mantenimiento programado?
4. ¿Cómo podría emplearse mejor a los mecánicos de mantenimiento?
5. ¿Existe algún modo de saber cuándo es probable una avería en una máquina?

Fuente: Patrick Owings bajo la supervisión de la Profesora Marilyn M. Helms, Universidad de Tennessee en Chattanooga.

BIBLIOGRAFÍA

Hayes, R. H., and K. B. Clark. "Why Some Factories Are More Productive than Others." *Harvard Business Review*, 64, no. 5 (September/October 1986): 66–73.

Joshi, S., and R. Gupta. "Scheduling of Routine Maintenance Using Production Schedules and Equipment Failure History." *Computers and Industrial Engineering*, 10, no. 1 (1986): 11–20.

Linder-Dutton, L., M. Jordan, and M. Karwan. "Beyond Mean Time to Failure." *OR/MS Today*, 21, no. 2 (April 1994): 30–33.

Maggard, B. N., and D. M. Rhyne. "Total Productive Maintenance: A Timely Integration of Production and Maintenance." *Production and Inventory Management Journal*, 33, no. 4 (Fourth Quarter 1992): 6–10.

Mann, L., Jr. *Maintenance Management*. Lexington, MA: Lexington Books, 1983.

Schneeweiss, C. A., and H. Schroder. "Planning and Scheduling the Repair Shops of the Deutsche Lufthansa AG: A Hierarchical Approach." *Production and Operations Management*, 1, no. 1 (Winter 1992): 22.

Sherwin, D. J. "Inspect or Monitor." *Engineering Costs and Production Economics*, 18 (January 1990): 223–231.

Vaziri, H. K. "Using Competitive Benchmarking to Set Goals." *Quality Progress*, 25, no. 10 (October 1992): 81.

APÉNDICES

APÉNDICE A
Áreas bajo la Curva de la Normal Estándar
APÉNDICE B
Valores de la Distribución Poisson
APÉNDICE C
Valores de $e^{-\lambda}$
APÉNDICE D
Tabla de Números Aleatorios
APÉNDICE E
Utilizando AB:POM

APÉNDICE A
ÁREAS BAJO LA CURVA DE LA NORMAL ESTÁNDAR

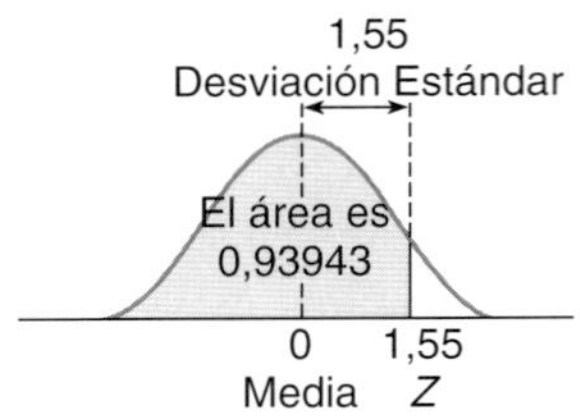

Para hallar el área bajo la curva de la normal, debe saber a cuántas desviaciones estándar está ese punto a la derecha de la media. Entonces, el área bajo la curva de la normal puede leerse directamente de la tabla de la normal. Por ejemplo, el área total bajo la curva de la normal para un punto que está a una desviación estándar de 1,55 a la derecha de la media es 0,93943.

	0,00	0,01	0,02	0,03	0,04	0,05	0,06	0,07	0,08	0,09
0,0	0,50000	0,50399	0,50798	0,51197	0,51595	0,51994	0,52392	0,52790	0,53188	0,53586
0,1	0,53983	0,54380	0,54776	0,55172	0,55567	0,55962	0,56356	0,56749	0,57142	0,57535
0,2	0,57926	0,58317	0,58706	0,59095	0,59483	0,59871	0,60257	0,60642	0,61026	0,61409
0,3	0,61791	0,62172	0,62552	0,62930	0,63307	0,63683	0,64058	0,64431	0,64803	0,65173
0,4	0,65542	0,65910	0,66276	0,66640	0,67003	0,67364	0,67724	0,68082	0,68439	0,68793
0,5	0,69146	0,69497	0,69847	0,70194	0,70540	0,70884	0,71226	0,71566	0,71904	0,72240
0,6	0,72575	0,72907	0,73237	0,73536	0,73891	0,74215	0,74537	0,74857	0,75175	0,75490
0,7	0,75804	0,76115	0,76424	0,76730	0,77035	0,77337	0,77637	0,77935	0,78230	0,78524
0,8	0,78814	0,79103	0,79389	0,79673	0,79955	0,80234	0,80511	0,80785	0,81057	0,81327
0,9	0,81594	0,81859	0,82121	0,82381	0,82639	0,82894	0,83147	0,83398	0,83646	0,83891
1,0	0,84134	0,84375	0,84614	0,84849	0,85083	0,85314	0,85543	0,85769	0,85993	0,86214
1,1	0,86433	0,86650	0,86864	0,87076	0,87286	0,87493	0,87698	0,87900	0,88100	0,88298
1,2	0,88493	0,88686	0,88877	0,89065	0,89251	0,89435	0,89617	0,89796	0,89973	0,90147
1,3	0,90320	0,90490	0,90658	0,90824	0,90988	0,91149	0,91309	0,91466	0,91621	0,91774
1,4	0,91924	0,92073	0,92220	0,92364	0,92507	0,92647	0,92785	0,92922	0,93056	0,93189
1,5	0,93319	0,93448	0,93574	0,93699	0,93822	0,93943	0,94062	0,94179	0,94295	0,94408
1,6	0,94520	0,94630	0,94738	0,94845	0,94950	0,95053	0,95154	0,95254	0,95352	0,95449
1,7	0,95543	0,95637	0,95728	0,95818	0,95907	0,95994	0,96080	0,96164	0,96246	0,96327
1,8	0,96407	0,96485	0,96562	0,96638	0,96712	0,96784	0,96856	0,96926	0,96995	0,97062
1,9	0,97128	0,97193	0,97257	0,97320	0,97381	0,97441	0,97500	0,97558	0,97615	0,97670
2,0	0,97725	0,97784	0,97831	0,97882	0,97932	0,97982	0,98030	0,98077	0,98124	0,98169
2,1	0,98214	0,98257	0,98300	0,98341	0,98382	0,98422	0,98461	0,98500	0,98537	0,98574
2,2	0,98610	0,98645	0,98679	0,98713	0,98745	0,98778	0,98809	0,98840	0,98870	0,98899
2,3	0,98928	0,98956	0,98983	0,99010	0,99036	0,99061	0,99086	0,99111	0,99134	0,99158
2,4	0,99180	0,99202	0,99224	0,99245	0,99266	0,99286	0,99305	0,99324	0,99343	0,99361
2,5	0,99379	0,99396	0,99413	0,99430	0,99446	0,99461	0,99477	0,99492	0,99506	0,99520
2,6	0,99534	0,99547	0,99560	0,99573	0,99585	0,99598	0,99609	0,99621	0,99632	0,99643
2,7	0,99653	0,99664	0,99674	0,99683	0,99693	0,99702	0,99711	0,99720	0,99728	0,99736
2,8	0,99744	0,99752	0,99760	0,99767	0,99774	0,99781	0,99788	0,99795	0,99801	0,99807
2,9	0,99813	0,99819	0,99825	0,99831	0,99836	0,99841	0,99846	0,99851	0,99856	0,99861
3,0	0,99865	0,99869	0,99874	0,99878	0,99882	0,99886	0,99899	0,99893	0,99896	0,99900
3,1	0,99903	0,99906	0,99910	0,99913	0,99916	0,99918	0,99921	0,99924	0,99926	0,99929
3,2	0,99931	0,99934	0,99936	0,99938	0,99940	0,99942	0,99944	0,99946	0,99948	0,99950
3,3	0,99952	0,99953	0,99955	0,99957	0,99958	0,99960	0,99961	0,99962	0,99964	0,99965
3,4	0,99966	0,99968	0,99969	0,99970	0,99971	0,99972	0,99973	0,99974	0,99975	0,99976
3,5	0,99977	0,99978	0,99978	0,99979	0,99980	0,99981	0,99981	0,99982	0,99983	0,99983
3,6	0,99984	0,99985	0,99985	0,99986	0,99986	0,99987	0,99987	0,99988	0,99988	0,99989
3,7	0,99989	0,99990	0,99990	0,99990	0,99991	0,99991	0,99992	0,99992	0,99992	0,99992
3,8	0,99993	0,99993	0,99993	0,99994	0,99994	0,99994	0,99994	0,99995	0,99995	0,99995
3,9	0,99995	0,99995	0,99996	0,99996	0,99996	0,99996	0,99996	0,99996	0,99997	0,99997

Fuente: De *Quantitative Approaches to Management*, 4th ed., by Richard I. Levin and Charles A. Kirkpatrick.

APÉNDICE B
VALORES DE LA DISTRIBUCIÓN POISSON

$$P(X \leq c; \lambda) = \sum_{0}^{c} \frac{\lambda^x e^{-\lambda}}{x!}$$

La Tabla muestra 1.000 veces la probabilidad de c o menos ocurrencias de un suceso que tiene un número medio de ocurrencias de λ.

	Valores de c										
λ	0	1	2	3	4	5	6	7	8	9	10
0,02	980	1000									
0,04	961	999	1000								
0,06	942	998	1000								
0,08	923	997	1000								
0,10	905	995	1000								
0,15	861	990	999	1000							
0,20	819	982	999	1000							
0,25	779	974	998	1000							
0,30	741	963	996	1000							
0,35	705	951	994	1000							
0,40	670	938	992	999	1000						
0,45	638	925	989	999	1000						
0,50	607	910	986	998	1000						
0,55	577	894	982	998	1000						
0,60	549	878	977	997	1000						
0,65	522	861	972	996	999	1000					
0,70	497	844	966	994	999	1000					
0,75	472	827	959	993	999	1000					
0,80	449	809	953	991	999	1000					
0,85	427	791	945	989	998	1000					
0,90	407	772	937	987	998	1000					
0,95	387	754	929	984	997	1000					
1,00	368	736	920	981	996	999	1000				
1,1	333	699	900	974	995	999	1000				
1,2	301	663	879	966	992	998	1000				
1,3	273	627	857	957	989	998	1000				
1,4	247	592	833	946	986	997	999	1000			
1,5	223	558	809	934	981	996	999	1000			
1,6	202	525	783	921	976	994	999	1000			
1,7	183	493	757	907	970	992	998	1000			
1,8	165	463	731	891	964	990	997	999	1000		
1,9	150	434	704	875	956	987	997	999	1000		
2,0	135	406	677	857	947	983	995	999	1000		

Fuente: Adaptado de E. L. Grant, *Statistical Quality Control*, McGraw-Hill Book Company, New York, 1964. Reproducido con permiso del editor.

APÉNDICE B
VALORES DE LA DISTRIBUCIÓN POISSON (CONTINUACIÓN)

λ	Valores de c																						
	0	1	2	3	4	5	6	7	8	9	10	11	12	13	14	15	16	17	18	19	20	21	22
2,2	111	359	623	819	928	975	993	998	1000														
2,4	091	308	570	779	904	964	988	997	999	1000													
2,6	074	267	518	736	877	951	983	995	999	1000													
2,8	061	231	469	692	848	935	976	992	998	999	1000												
3,0	050	199	423	647	815	916	966	988	996	999	1000												
3,2	041	171	380	603	781	895	955	983	994	998	1000												
3,4	033	147	340	558	744	871	942	977	992	997	999	1000											
3,6	027	126	303	515	706	844	927	969	988	996	999	1000											
3,8	022	107	269	473	668	816	909	960	984	994	998	999	1000										
4,0	018	092	238	433	629	785	889	949	979	992	997	999	1000										
4,2	015	078	210	395	590	753	867	936	972	989	996	999	1000										
4,4	012	066	185	359	551	720	844	921	964	985	994	998	999	1000									
4,6	010	056	163	326	513	686	818	905	955	980	992	997	999	1000									
4,8	008	048	143	294	476	651	791	887	944	975	990	996	999	1000									
5,0	007	040	125	265	440	616	762	867	932	968	986	995	998	999	1000								
5,2	006	034	109	238	406	581	732	845	918	960	982	993	997	999	1000								
5,4	005	029	095	213	373	546	702	822	903	951	977	990	996	999	1000								
5,6	004	024	082	191	342	512	670	797	886	941	972	988	995	998	999	1000							
5,8	003	021	072	170	313	478	638	771	867	929	965	984	993	997	999	1000							
6,0	002	017	062	151	285	446	606	744	847	916	957	980	991	996	999	999	1000						
6,2	002	015	054	134	259	414	574	716	826	902	949	975	989	995	998	999	1000						
6,4	002	012	046	119	235	384	542	687	803	886	939	969	986	994	997	999	1000						
6,6	001	010	040	105	213	355	511	658	780	869	927	963	982	992	997	999	999	1000					
6,8	001	009	034	093	192	327	480	628	755	850	915	955	978	990	996	998	999	1000					
7,0	001	007	030	082	173	301	450	599	729	830	901	947	973	987	994	998	999	1000					
7,2	001	006	025	072	156	276	420	569	703	810	887	937	967	984	993	997	999	999	1000				
7,4	001	005	022	063	140	253	392	539	676	788	871	926	961	980	991	996	998	999	1000				
7,6	001	004	019	055	125	231	365	510	648	765	854	915	954	976	989	995	998	999	1000				
7,8	000	004	016	048	112	210	338	481	620	741	835	902	945	971	986	993	997	999	1000				
8,0	000	003	014	042	100	191	313	453	593	717	816	888	936	966	983	992	996	998	999	1000			
8,5	000	002	009	030	074	150	256	386	523	653	763	849	909	949	973	986	993	997	999	999	1000		
9,0	000	001	006	021	055	116	207	324	456	587	706	803	876	926	959	978	989	995	998	999	1000		
9,5	000	001	004	015	040	089	165	269	392	522	645	752	836	898	940	967	982	991	996	998	999	1000	
10,0	000	000	003	010	029	067	130	220	333	458	583	697	792	864	917	951	973	986	993	997	998	999	1000

APÉNDICE C VALORES DE $e^{-\lambda}$ PARA USAR EN LA DISTRIBUCIÓN POISSON

VALORES DE $e^{-\lambda}$

λ	$e^{-\lambda}$	λ	$e^{-\lambda}$	λ	$e^{-\lambda}$	λ	$e^{-\lambda}$
0,0	1,0000	1,6	0,2019	3,1	0,0450	4,6	0,0101
0,1	0,9048	1,7	0,1827	3,2	0,0408	4,7	0,0091
0,2	0,8187	1,8	0,1653	3,3	0,0369	4,8	0,0082
0,3	0,7408	1,9	0,1496	3,4	0,0334	4,9	0,0074
0,4	0,6703	2,0	0,1353	3,5	0,0302	5,0	0,0067
0,5	0,6065	2,1	0,1225	3,6	0,0273	5,1	0,0061
0,6	0,5488	2,2	0,1108	3,7	0,0247	5,2	0,0055
0,7	0,4966	2,3	0,1003	3,8	0,0224	5,3	0,0050
0,8	0,4493	2,4	0,0907	3,9	0,0202	5,4	0,0045
0,9	0,4066	2,5	0,0821	4,0	0,0183	5,5	0,0041
1,0	0,3679	2,6	0,0743	4,1	0,0166	5,6	0,0037
1,1	0,3329	2,7	0,0672	4,2	0,0150	5,7	0,0033
1,2	0,3012	2,8	0,0608	4,3	0,0136	5,8	0,0030
1,3	0,2725	2,9	0,0550	4,4	0,0123	5,9	0,0027
1,4	0,2466	3,0	0,0498	4,5	0,0111	6,0	0,0025
1,5	0,2231						

APÉNDICE D TABLA DE NÚMEROS ALEATORIOS

52	06	50	88	53	30	10	47	99	37	66	91	35	32	00	84	57	07
37	63	28	02	74	35	24	03	29	60	74	85	90	73	59	55	17	60
82	57	68	28	05	94	03	11	27	79	90	87	92	41	09	25	36	77
69	02	36	49	71	99	32	10	75	21	95	90	94	38	97	71	72	49
98	94	90	36	06	78	23	67	89	85	29	21	25	73	69	34	85	76
96	52	62	87	49	56	59	23	78	71	72	90	57	01	98	57	31	95
33	69	27	21	11	60	95	89	68	48	17	89	34	09	93	50	44	51
50	33	50	95	13	44	34	62	64	39	55	29	30	64	49	44	30	16
88	32	18	50	62	57	34	56	62	31	15	40	90	34	51	95	26	14
90	30	36	24	69	82	51	74	30	35	36	85	01	55	92	64	09	85
50	48	61	18	85	23	08	54	17	12	80	69	24	84	92	16	49	59
27	88	21	62	69	64	48	31	12	73	02	68	00	16	16	46	13	85
45	14	46	32	13	49	66	62	74	41	86	98	92	98	84	54	33	40
81	02	01	78	82	74	97	37	45	31	94	99	42	49	27	64	89	42
66	83	14	74	27	76	03	33	11	97	59	81	72	00	64	61	13	52
74	05	81	82	93	09	96	33	52	78	13	06	28	30	94	23	37	39
30	34	87	01	74	11	46	82	59	94	25	34	32	23	17	01	58	73
59	55	72	33	62	13	74	68	22	44	42	09	32	46	71	79	45	89
67	09	80	98	99	25	77	50	03	32	36	63	65	75	94	19	95	88
60	77	46	63	71	69	44	22	03	85	14	48	69	13	30	50	33	24
60	08	19	29	36	72	30	27	50	64	85	72	75	29	87	05	75	01
80	45	86	99	02	34	87	08	86	84	49	76	24	08	01	86	29	11
53	84	49	63	26	65	72	84	85	63	26	02	75	26	92	62	40	67
69	84	12	94	51	36	17	02	15	29	16	52	56	43	26	22	08	62
37	77	13	10	02	18	31	19	32	85	31	94	81	43	31	58	33	51

Fuente: Sacado de *A Million Random Digits with* 100.000 *Normal Deviates*, The Free Press, 1955, p. 7, con permiso de The Rand Corporation.

APÉNDICE E UTILIZANDO AB:POM

Este apéndice técnico proporciona detalles adicionales a cerca de la utilización de AB:POM. Los módulos de programas específicos, como Previsiones o Inventarios, se muestran en sus capítulos respectivos. La intención de este capítulo es discutir las operaciones del programa en su totalidad y describir cómo el sistema puede funcionar en su computador en concreto.

En este apéndice, primero discutimos (1) Necesidades de Hardware, después (2) Menú Principal de AB:POM, (3) Pantalla Submenú del Módulo, (4) Entrada /Edición de Datos, y (5) Cómo Empezar. Este programa es tan fácil de usar que, dependiendo de sus habilidades y experiencia con el computador, Vd. puede elegir ir directamente a la Sección Cómo Empezar y comenzar con los párrafos llamados "Puesta en Marcha Normal".

NECESIDADES DE HARDWARE

AB:POM funcionará en cualquier IBM u computador personal compatible. Los programas necesitan menos de 384K de memoria disponible. El sistema tiene un diskette de 3,5 pulgadas de 1,44-megabyte. Los programas también pueden cargarse en un disco duro y ejecutarse desde allí.

No se necesita impresora para ejecutar AB:POM. Por supuesto, si quiere una copia concreta, es necesario tener una impresora conectada. No se necesita ninguna característica, carácter, instalación o impresora especiales: es posible imprimir la curva de aprendizaje, los diagramas Gantt, los gráficos de control y los gráficos de programación lineal ejecutando el programa de DOS GRAPHICS.EXE antes de arrancar AB:POM y presionando después la tecla **Prt Scn**.

MENÚ PRINCIPAL

El Programa E.1 muestra el Menú Principal de AB:POM, que consiste en 19 programas de aplicación individual más un comando de Ayuda **(Help)** y un comando de Salida **(Exit)** a DOS. Las selecciones en este menú se harán presionando la primera letra (o letra destacada) de cada comando de la pantalla o moviendo el cursor hacia el programa deseado y presionando la tecla de Entrada (Enter).

Si Vd. solicita Ayuda (Help) desde este Menú Principal, verá cuatro pantallas de Ayuda detalladas. El Programa E.2 muestra los comandos del programa y cómo pueden utilizarse las teclas de funciones.

LA PANTALLA DE SUBMENÚ DEL MÓDULO

El submenú del módulo aparecerá después de que se halla elegido el módulo.

Opciones de Submenú

Cada submenú tendrá las siguientes seis opciones, que pueden ser seleccionadas escribiendo la letra destacada (primera) o la tecla de función correspondiente como se muestra en el Programa E.2.

PROGRAMA E.1 ■ El Menú Principal de AB: POM

```
Main Menu

Help                              Inventory
Decision Tables                   Simulation
Quality Control                   Material Requirements Planning
Forecasting                       Sizing, Lot
Linear Programming                Aggregate Planning
Plant Location                    Job Shop Sequencing
Transportation                    Assignment
Operations Layout                 CPM/PERT Project Scheduling
Balancing, Assembly Line          Reliability
Waiting Line Models               Configure
Experience (learning) Curves      Exit to DOS

INSTRUCTIONS
Use highlighted letter or point with
arrow keys and then press ENTER (↵) key
to select option or press ESC key to exit
```

PROGRAMA E.2 ■ Pantalla de Ayuda Opcional para las Teclas de Funciones

```
Submenu Options
Submenu options appear on the last line of the data screen after a
module is chosen. The options are chosen by pressing the
highlighted letter. When you press the ESC key while editing the
data the options will become available. It is also possible to access
the submenu options by using the function keys which are listed
below.
  F1-Help-Displays the module or submodule help screen
  F2-New-Use this to start a new problem
  F3-Load-Use this to load a file from disk
  F4-Main-This returns to the module menu
  F5-Util-Customize colors, toggle sound, print to file, etc.
  F6-Quit-Exit AB:POM and go to DOS
  F7-Save-Save a problem/file on a disk
 *F8-Titl-Change the problem title
  F9-Prnt-Print the data or solution to a printer (or file)
F10-Run-Solve the problem
For most modules, ESC followed by the INSert key can be used to insert
```

Ayuda (F1)

Está opción presentará una breve descripción del módulo, los datos necesarios para el input, los resultados del output y las opciones disponibles. Merece la pena mirar esta pantalla al menos una vez para estar seguro de que no hay diferencias insospechadas entre sus suposiciones y las del programa. También puede accederse a la misma pantalla de ayuda desde la pantalla de datos, donde sea quizás más útil, porque entonces estará trabajando con los datos a los que la pantalla de ayuda se está refiriendo. Vd. puede examinar la pantalla de ayuda en cualquier momento; la pantalla aparece de forma instantánea y toma poco tiempo leerla.

Crear un nuevo conjunto de datos (F2)

Crear un nuevo conjunto de datos será una opción elegida frecuentemente. Después de elegir la opción de creación, aparecerá una de tres pantallas posibles, dependiendo del módulo. Para algunos módulos (tablas de decisión, previsiones, inventarios, localización de plantas, programación de proyectos y control de calidad), aparecerá un submenú modelo, indicando que existen diferentes programas disponibles dentro del amplio contexto del módulo. La opción deseada se hace de forma usual —utilizando la primera letra o fijando el cursor y apretando enter—. Después de seleccionar un modelo, se podrá ponerle un nombre al problema.

Cargar un conjunto de datos desde un diskette (F3)

Si Vd. tiene datos almacenados previamente en un diskette (que puede ser el diskette del programa AB:POM o cualquiera vacío), se pueden cargar los datos en la memoria. Si elige la opción de cargar datos, aparecerá una pantalla que contiene el nombre de la unidad, el nombre del subdirectorio (si hay uno), y una lista de los archivos disponibles.

Para cargar un archivo, simplemente teclee su nombre y presione **Return**. Los nombres estándar de los archivos de DOS *sin* extensiones son legales. En otras palabras, Vd. puede escribir hasta ocho caracteres, pero un punto es ilegal. Puede anteceder el nombre del archivo con la letra de la unidad en que se encuentra (con los dos puntos). Ejemplos de nombres de archivos válidos son **sample, test, b:sample, problema 1**. No importa si utiliza mayúsculas o minúsculas. DOS trata todos los caracteres como mayúsculas. Puede escribirlos en mayúsculas, en minúsculas o mezcladas. Los siguientes son ejemplos de nombres de archivos ilegales.

sample.1p El programa no le permitirá escribir el punto.

abcdefghij El nombre es demasiado largo; el programa emitirá un mensaje de error.

1pt1 Ésta es una palabra de DOS reservada.

Después de que al archivo está cargado, Vd. se situará en la pantalla de datos y puede editar o ejecutar los datos.

Volver al menú principal (F4)

La próxima opción de la lista del submenú en el Programa E.2 es volver al menú principal. Esta opción no es necesaria si todos sus problemas utilizan el mismo módulo. Sin embargo, si tiene que hacer problemas de más de un capítulo, ésta es una manera de ir de módulo en módulo.

Utilidades (F5)

Si se elige la opción de utilidades, aparecerá un nuevo submenú. Las opciones del submenú son de nuevo elegidas de la forma normal.

PERSONALIZAR LOS COLORES (CUSTOMIZE COLORS). La primera opción le permite crear un archivo de colores personal. Pueden cambiarse los colores de 13 partes diferentes (de la forma normal). Por ejemplo, para cambiar el color de los cuadros en AB:POM, mantenga presionada **b** hasta que esté satisfecho con el color. Los colores de los dos cuadros de la pantalla cambian cada vez que se presione **b**.

Si Vd. tiene un monitor en blanco y negro, necesitará que se presione ocho veces una tecla para que cambien las sombras. Tenga paciencia.

Después de que haya hecho todos los cambios de color deseados, dispone de algunas elecciones adicionales más. Por ejemplo, debe decidir si quiere guardar un archivo permanente de esos colores o no; si quiere guardar los colores, elija la opción de salvar colores. (Una vez guardados, estos colores pueden utilizarse arrancando el programa con **pom u**). Si quiere utilizar estos colores sólo una vez, elija la opción de abandonar (quit). Si quiere cancelar los cambios y volver a los colores con los que arrancó el programa, presione la tecla de la opción de restablecer los colores iniciales (restore initial colors).

ELIMINAR UN ARCHIVO (DELETE A FILE). Esta opción puede utilizarse para eliminar (borrar) archivos de su diskette. Si elige esta opción, una lista de archivos del módulo que se está utilizando aparecerá, junto con un mensaje preguntándole el nombre del archivo que desea eliminar. Para borrar un archivo, simplemente teclee el nombre. Esta opción debería utilizarse si tiene problemas para guardar archivos porque el diskette está lleno. Obviamente, una opción (borrar archivos) que debe utilizarse con mucho cuidado.

IMPRIMIR EN UN ARCHIVO EN DISKETTE O EN IMPRESORA (PRINT TO DISK FILE OR TO PRINTER TOGLLE SWITCH). Es posible mandar el output a un archivo en lugar de a la impresora. Si se elige esta opción, el programa pedirá un nombre para el archivo de salida. Todo el output será enviado al archivo nombrado hasta que esta opción se cambie a la impresora. Se puede utilizar una extensión (file.ext) para el nombre de este archivo.

CAMBIO DEL FORMATO FIJO (TOGGLE FIX FORMAT ON). En la mayoría de los módulos, Vd. puede fijar el número de espacios decimales visualizados en el output al activar el cambio del número de espacios decimales. Esta opción debe utilizarse con cuidado. (Presentamos esta opción más adelante en esta sección).

PITIDOS DE ERROR/SIN SONIDO (ERROR BEEPS/SOUND OFF). Utilice este flip-flop para apagar o encender el pitido que le avisa cuando ha ocurrido un error.

VENTANA DE LAS TECLAS DE FUNCIONES ACTIVADA/DESACTIVADA (FUNCTION KEY DISPLAY OFF/ON). Utilice este flip-flop para activar o desactivar la ventana de las teclas de funciones en la última fila de la pantalla de datos. Las teclas de funciones funcionarán aunque no estén visualizadas.

Salir (F6)

La última opción de la pantalla del submenú es la opción de salida. Esta es la opción que hay que elegir cuando haya completado todo su trabajo. La opción de salir devolverá el control a DOS. Si desea volver a AB:POM desde DOS después de elegir esta opción, debe reiniciar el sistema de la manera usual —escribiendo **pom** con cualquier opción deseada—.

(*Nota*: Si DOS no está en su diskette, el computador emitirá un mensaje estableciendo que COMMAND.COM se ha perdido. Si desea seguir trabajando, debe insertar un diskette DOS; sino, simplemente apague la máquina).

INTRODUCIENDO Y EDITANDO DATOS

Datos de caracteres y datos numéricos

Para introducir nombres y números, simplemente escriba el nombre o número y presione una de las teclas de dirección, la tecla enter, o una tecla de función. Si comete algún error mientras está editando, existen otras dos teclas de dirección a tener en cuenta: **Back Space** y **Del**, las cuales eliminarán el último caracter escrito.

Un pitido indica que ha escrito una tecla ilegal al introducir los datos. Aparecerá uno de los siguientes mensajes:

- Se escribió un caracter cuando se necesita un número (*Typing a character when a number is required*).
- Tratando de introducir un número mayor de lo permitido (*Trying to enter a number larger than permited*).
- Tratando de introducir un nombre más largo de lo permitido (*Trying to enter a name longer than permited*).
- Tratando de introducir más dígitos después del decimal de los permitidos (*Triying to enter more digits after the decimal than permited*).
- Tratando de introducir un carácter que no está permitido para esta entrada (*Trying to enter a character that is not permited for this entry*).

(*Nota*: El programa maneja el formato de las presentaciones numéricas. Además, cualquier número más pequeño que 0,00001 es visualizado como 0).

Entradas con opciones

Como ya se mencionó antes, no siempre se estará introduciendo datos. Algunas entradas se presentan con opciones —es decir, las entradas permitidas se han establecido previamente—. Por ejemplo, en el equilibrado de las cadenas de montaje, la unidad de tiempo puede permitir opciones. Puede cambiar de segundos a minutos, a horas y de nuevo regresar a segundos, moviendo el cursor a la parte de arriba de la celda de la columna con ceros y presionar la barra espaciadora tres veces. La unidad de tiempo cambiará cada vez que se presione la barra espaciadora. Así, cuando la unidad deseada aparece, simplemente continúe hasta la celda siguiente. De forma alternativa, Vd. puede llamar un menú con todas las opciones disponibles presionando la tecla **Enter**.

Mientras está editando los datos, las teclas de función mostradas en la última fila de la pantalla de datos están disponibles. El Programa E.2 dice lo que hace cada tecla de función. Téngase en cuenta que las teclas de función de **F1**a **F6** se corresponden exactamente con las opciones del menú desde el submenú. Ahora explicaremos las cuatro opciones que no hemos discutido.

Guardar (Save) **(F7)**: Esta opción es similar a la opción de cargar un archivo de datos. Cuando Vd. elija esta opción, aparecerá una pantalla con los nombres de sus archivos de datos, y le preguntará el nombre con el que guardar los datos.

Si le da al archivo el nombre de un archivo ya existente, será avisado si quiere reemplazar el archivo existente. El archivo existente será reemplazado por el más reciente si presiona y (o **Y**) o **Return**. Después de introducir el nombre, presione **Return** para guardar los datos. Como antes, se puede cambiar la unidad utilizando la opción de tecla **F1**.

También se puede utilizar la opción shell en la opción de establecer las utilidades de la pantalla de datos para cambiar la unidad o el directorio.

Título (Titl) **(F8)**: Cuando presiona **F8**, la línea superior de los datos pide que introduzca un nuevo título. Vd. podrá introducir un título de hasta 37 caracteres. El título es introducido de la manera usual, y aparecerá en la parte superior de los datos después de presionar **Return**, una tecla de dirección o una tecla de función.

Impresión (Prnt) **(F9)**: Esta opción imprimirá los contenidos de los datos o la pantalla de soluciones. Las líneas inferiores y la caja externa no aparecerá. (Se puede imprimir todo, caracter por caracter; utilizando **Shift-PrtScn**). El programa imprime en el archivo LPT1, el archivo de impresora estándar. Si su impresora no está conectada al LPT1 (si, por ejemplo, Vd. tiene una impresora en serie), necesita utilizar la instrucción DOS MODE para dirigir la salida al lugar apropiado; vea su manual DOS para las instrucciones. En uno o dos casos (más notoriamente, Programación lineal y MRP), el output no será exactamente como aparece en la pantalla. Se han hecho algunos cambios para presentar más de una pantalla de datos en la impresora.

Si ha utilizado la opción de utilidades, puede imprimir en un archivo. Más tarde, podrá utilizar un procesador de texto para editar este archivo. En la mayoría de los casos, ocurrirá una de estas dos cosas si presiona **F9** y su computador no está conectado a una impresora o su impresora no está encendida: que tendrá un mensaje de error o que el programa creerá que está imprimiendo cuando no lo está —lo que es inofensivo—. También puede que la impresora intente imprimir cada 30 segundos. Puede parar esto si presiona la tecla **Esc**.

Ejecutar (Run) **(F10)**: Después de que haya introducido todos los datos, puede presionar **F10** para resolver el problema. Las respuestas aparecerán además de los datos o en su lugar. En cualquier caso, cambiará la barra de teclas de función de la parte inferior de la pantalla. En todos los módulos, **F9** estará disponible para imprimir la solución. En algunos módulos, se definirán teclas de funciones adicionales para visualizar más información. Estas definiciones aparecerán en los capítulos de esos módulos. Después de ver o imprimir la solución, presione cualquier tecla para volver a la pantalla de datos.

Formatos para los datos

Todos los formatos para los datos están determinados por el programa. En general, el valor máximo que puede ser introducido para un número está determinado por el ancho del campo en el que aparece el número. Por ejemplo, el mayor número posible en un campo con seis espacios es 999.999. El ancho del campo también determina el número de posiciones después del punto decimal. En la mayoría de los casos, esto no supondría ningún problema. Sin embargo, habrá ocasiones en las que el número de posiciones después del punto decimal varíe dentro de una columna, aunque la pantalla aparecerá ordenada como si no hubiera variaciones.

Existe un equilibrio implícito en la utilización de esta opción: Para tener columnas ordenadas, debemos expresar los datos en números redondos. En muchos casos, redondear no supone ningún problema, pero le advertimos que utilice la opción de **formato** con gran cuidado.

Como empezar

Independientemente de la configuración de su sistema, debería empezar haciendo una copia de seguridad de AB:POM. Como AB:POM no está protegido contra copias, es muy fácil copiar con el comando de DOS **copy** *.* o **diskcopy**.

Arranque normal desde la unidad de diskette

Para ejecutar AB:POM, siga simplemente el procedimiento de más abajo. La descripción que sigue asume que Vd. tiene un sistema estándar de unidad de diskette y no están utilizando una unidad de disco duro.

1. Insertar un diskette DOS en la unidad a: (normalmente la unidad de la parte superior superior o la de la izquierda).
2. Encienda el computador.
3. Cuando aparezca el mensaje A> en la pantalla, inserte el diskette AB:POM en la unidad a:
4. Teclee **pom** con cualquier opción (descritas en la siguiente sección).

Si tiene problemas durante el arranque, pruebe escribiendo **go** (con cualquier opción) en lugar de **pom**.

(*Nota*: Si utiliza una versión de DOS inferior a 3.00, aparecerá un mensaje después de que haya escrito **pom**. La máquina le pedirá que introduzca la ruta del módulo de ejecución-tiempo. Para ejecutar el sistema, debe teclear una barra invertida (\ ) o el nombre de la unidad en la que AB:POM se está ejecutando (normalmente unidad a:). Cuando AB:POM está en la unidad a:, la respuesta correcta al mensaje es escribir a.\ seguido de **Return** o **Enter**. Nótese que el tercer caracter es una barra invertida, no una barra. En algunas máquinas, no se necesita la barra invertida. Alternativamente, se puede empezar el programa escribiendo **path** = \ antes de escribir pom. El archivo GO.BAT hará esto por Vd.)

Arranque normal desde una unidad de disco duro

Si Vd. tiene una unidad de disco duro, entonces la mejor manera de ejecutar el sistema es crear un directorio para AB:POM y ejecutarlo desde allí. Si se establece una ruta se puede ejecutar AB:POM desde cualquier directorio. Para preparar el sistema, realice los siguientes pasos:

1. Desde el mensaje C> escriba **MD ABPOM**
2. Escriba **CD ABPOM**
3. Inserte el diskette de 3,5" de AB:POM en la unidad A: y escriba **COPY A:*.*C:**

A partir de ahora para usar el sistema AB:POM

1. Encienda el computador
2. Escriba **CD \ ABPOM**
3. Escriba **POM** con cualquier opción

Existe un archivo en el diskette 3,5" llamado INSTALL que realizará los pasos anteriores. Si teclea INSTALL en el mensaje A:> o A:INSTALL en el mensaje C:> con AB:POM en la unidad A:, entonces install realizará los pasos anteriores y creará un directorio llamado ABPOM en su unidad C: y después copiará todos los archivos del diskette a su unidad.

Opciones de arranque

El programa arranca con el comando POM (o GO). Pueden añadirse las siguientes opciones.

UNIDAD DE DISKETTE PARA LOS DATOS. Las letras a, b, c, d, y e pueden utilizarse para especificar que unidad contiene los datos. (Esto también puede cambiarse desde el programa). Hay suficiente espacio en el diskette del programa para almacenar todos sus archivos de datos, si lo desea.

EJEMPLO

POM B indicará al programa que los archivos de datos pueden encontrarse en la unidad b:. La unidad por defecto es la unidad desde la que se arrancó AB:POM.

OPCIONES DE COLOR/MONITOR. La letra **m** puede utilizarse para indicar que el monitor es monocromático (monitor de un sólo color). El número 1 puede utilizarse para indicar que el monitor es de color, que deben utilizarse colores y que el color del fondo debe ser negro. El número 2 indica un monitor de color y un color de fondo que permite el sombreado. La letra **u** indica que debe utilizarse un archivo de colores del uduario llamado COLOR.POM. (Este archivo puede crearse y/o cambiarse desde el menú de utilidades dentro de AB:POM) Si no elige una opción de color en la línea de comandos, el programa le pedirá uno.

EJEMPLO

POM M o POM m utilizará un monitor monocromo.

POM 1 utilizará colores por defecto que incluye un fondo negro.

POM 2 utilizará colores por defecto que incluye un fondo azul y un efecto de sombreado.

POM U buscará el archivo COLOR.POM y utilizará esos colores.

NÚMERO DE LÍNEAS EN LA PANTALLA. El número usual de líneas es 25 y esta es la mejor visualización. Sin embargo, si utiliza la opción H (alta resolución) se utilizarían 43 líneas (si su monitor lo permite), y si utiliza la opción V (por VGA) entonces se utilizarán 50 líneas si su monitor lo permite.

OPCIÓN DE SONIDO. Si arranca el programa con la letra S, los pitidos que se genera cuando ocurre algún error se silenciarán. Esto puede cambiarse desde el programa, utilizando la opción de utilidades.

COMBINANDO OPCIONES. Las opciones pueden combinarse.

EJEMPLO

POM smb

silenciará los pitidos, mostrará todo en blanco/negro y buscará los datos en la unidad b:.

PROCEDIMIENTOS DE FORMATEO. POM F cambiará el procedimiento de formateado de AB:POM. Normalmente, AB:POM deja nueve espacios para números y puntos decimales. Si se elige esta opción, el número de lugares después del punto decimal es fijo. Esto ayuda a una visualización más ordenada, pero puede conducir a problemas. Como ya se explicó en la anterior sección de formatear, esta opción debería utilizarse con mucho cuidado.

SOLUCIÓN A LOS PROBLEMAS PARES

Capítulo 1

1.2 El coste de WARS aumenta por los fondos de investigación de Tarleton.

1.4 Donna Inc.: 47,04.
Kay Corp.: 54,15.

Capítulo 1 Suplemento

S1.2 **(a)** 14,31 hr.
(b) 71.550$.
(c) 947.250$.

S1.4 **(a)** 80%.
(b) 3,51.
(c) 3,2; 2,98; 2,81.
(d) 21,5.

S1.6 **(a)** 72,2 hr.
(b) 60,55 hr.
(c) 41,47 hr.

S1.8 748.240$ por el cuarto, 709.960$ por el quinto, y 679.942$ por el sexto.

S1.10 **(a)** 70 milicent./bit.
(b) 8,2 milicent./bit.

S1.12 26.755 hr.

S1.14 **(a)** 32,98 hr, 49,61 hr.
(b) El valor inicial es alto.

Capítulo 2

2.2 El G2 es artículo A. El F3 es el artículo B. Los demás artículos son C.

2.4 7000.

2.6 **(a)** 78.
(b) 250.
(c) 3.873,08$.
(d) 64.
(e) 3,125 días.

2.8 Coste descuento por cantidad = 41.436,25$.

2.10 Coste total = coste de pedido total + coste de almacenamiento total.

Q = 25	TC = 1500
Q = 40	TC = 1230
Q = 50	TC = 1200
Q = 60	TC = 1220
Q = 100	TC = 1500

Pequeñas variaciones en la cantidad del pedido no tendrán un impacto significativo en el coste total

2.12 **(a)** CLT + CAT = 1220$.
(b) Si pedimos un EOQ = 60 unid. CLT + CAT = 1200$.
(c) ROP = 24 unidades.

2.14 1217 unidades.

2.16 51 unidades., 1.901,22$.

2.18 Coste total = 753 @ 34 unidades.

2.20 Inventario para una demanda = 3.

2.22 2809 unidades.

2.24 100 unidades de estock de seguridad.

Capítulo 2 Suplemento

S2.2 0, 0, 0, 0, 0, 0, 0, 2, 0, 2.

S2.4 Beneficios = 20, −15, 20, 17,50, 20; media igual a 12,50.

S2.6 La simulación variará, dependiendo de los números aleatorios seleccionados.

S2.8

Llegadas	*Hora de llegada*	*Tiempo de servicio*	*Hora de salida*
1	11:01	3	11:04
2	11:04	2	11:06
3	11:06	2	11:08
4	11:07	1	11:09

S2.10 **(a, b)**

Nº COCHES	PROB.	PROB. ACUMULADA	INTERVALO DE Nº ALEATORIOS
3 o menos	0	0	—
4	0,10	0,10	01–10
5	0,15	0,25	11–25
6	0,25	0,50	26–50
7	0,30	0,80	51–80
8	0,20	1,00	81–00
9 o más	0	—	—

(c) Media del nº llegadas/hora = 105/15 = 7 coches.

S2.12 Cada simulación variará. Utilizando los números aleatorios de la columna derecha de la talla de números aleatorios, leída de arriba a abajo, en el orden presentado, resulta un coste de 9,20$. Este coste es mayor que el de 6,65$ del Ejemplo S2.3.

S2.14 **(a)** 5 veces.
(b) 6,95 veces, si.
(c) 7,16 calentadores.

S2.16 La demanda media es de 8,75; el plazo de entrega medio es 1,86; el inventario final medio es 6,50; las ventas perdidas medias son 4,04.

S2.18 Inventario final medio = 8,90; ventas perdidas medias = 3,41 coste total = 488.568$ ó 20.357/mes. Esta nueva política parece preferible.

S2.20 Aquí se presentan los intervalos de números aleatorios para los dos primeros departamentos.

De	A	Intervalo N.A
Examen inicial	Rayos X	01–45
	SO	46–60
	Observac.	61–70
	Salida	71–00

De	A	Intervalo N.A
Rayos X	SO	01–10
	Enyesado	11–35
	Observac.	36–70
	Salida	71–00

Cada simulación producirá resultados diferentes. Alguna incluso mostrará a alguna persona entrando dos veces en Rayos X.

Capítulo 3

3.2 **(a)**

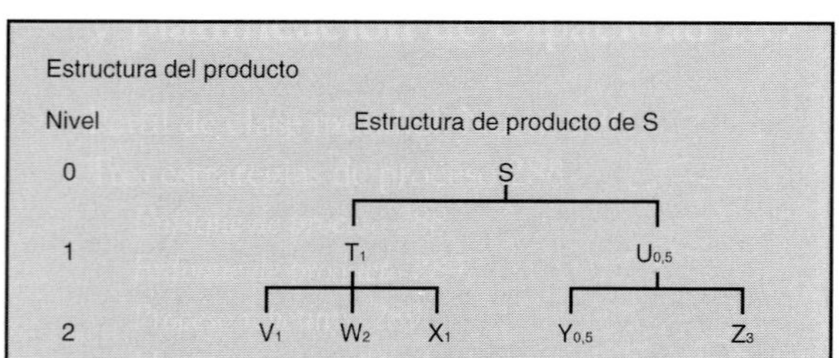

Plan de necesidades brutas de materiales:

Artículo	Semana 1	2	3	4	5	6	7	8	Lead Time (Semanas)
S Fecha necesidad							100		
lanzamiento orden					100				2
T Fecha necesidad					100				
Lanzamiento orden			100						1
U Fecha necesidad					50				
Lanzamiento orden			50						2
V Fecha necesidad				100					
Lanzamiento orden		100							2
W Fecha necesidad				200					
Lanzamiento orden	200								3
X Fecha necesidad				100					
Lanzamiento orden			100						1
Y Fecha necesidad			25						
Lanzamiento orden	25								2
Z Fecha necesidad			150						
Lanzamiento orden		150							1

(b) Plan de necesidades netas de materiales (sólo se presentan los artículos S y T):

Artículo	Semana 1	2	3	4	5	6	7	8	Lead Time (Seman.)
S Necesidad bruta							100		
Disponible							20		
Necesidad neta							80		2
Recepción orden							80		
Lanzamiento orden					80				
T Necesidad bruta					80				
Disponible					20				
Necesidad neta					60				1
Recepción orden					60				
Lanzamiento orden				60					

3.4 **(a)** Plan de necesidades brutas de material:

		Semana											
		1	2	3	4	5	6	7	8	9	10	11	12
X_1	Fecha necesidad								50		20		100
	Lanzamiento orden							50		20		100	
B_1	Fecha necesidad							50		20		100	
	Lanzamiento orden					50		20		100			
B_2	Fecha necesidad							100		40		200	
	Lanzamiento orden					100		40		200			
A_1	Fecha necesidad					50		20		100			
	Lanzamiento orden				50		20		100				
D	Fecha necesidad					200		80		400			
	Lanzamiento orden				200		80		400				
E	Fecha necesidad					100		40		200			
	Lanzamiento orden				100		40		200				
C	Fecha necesidad				200	50	80	20	500				
	Lanzamiento orden	200	50	80	20	500							

(b) Plan de necesidades de material (lanzamiento de ordenes planificadas):

		Semana											
		1	2	3	4	5	6	7	8	9	10	11	12
X_1	Fecha necesidad										20		100
	Lanzamiento orden									20		100	
B_1	Fecha necesidad											100	
	Lanzamiento orden									100			
B_2	Fecha necesidad									20		200	
	Lanzamiento orden							20		200			
A_1	Fecha necesidad									95			
	Lanzamiento orden								95				
D	Fecha necesidad							40		400			
	Lanzamiento orden						40		400				
E	Fecha necesidad							20		200			
	Lanzamiento orden						20		200				
C	Fecha necesidad						30		400	100			
	Lanzamiento orden			30		400	100						

3.6 Plan de necesidades netas de material (sólo se muestran los artículos A y H):

		Semana											
		1	2	3	4	5	6	7	8	9	10	11	12
A	Necesidades brutas								100		50		150
	Disponible								0		0		0
	Necesidades netas								100		50		150
	Recepción de orden								100		50		150
	Lanzamiento de orden							100		50		150	
H	Necesidades brutas									100		50	
	Disponible									0		0	
	Necesidades netas									100		50	
	Recepción de orden									100		50	
	Lanzamiento orden								100		50		

3.8 **(a)** EOQ = 57,4 unidades.
Coste teórico total: 1.723,42$.
Coste total actual: 2.362,50$.
(b) EOQ = 57,4 unidades.
Coste total teórico: 1.723,42$.
Coste total anual: 1.810,00$.

3.10 **(a)** EOQ = 1.992,50$.
(b) Lote por lote = 400$.
(c) Coste PPB = 220$.

3.12 Nuevo programa maestro de producción:

		Semana										
		0	1	2	3	4	5	6	7	8	9	10
P	Necesidades brutas		0	0	30	40	10	70	40	10	30	60

Plan de necesidades brutas de material:

		Semana										
		0	1	2	3	4	5	6	7	8	9	10
P	Fecha necesidad				30	40	10	70	40	10	30	60
	Lanzamiento orden			30	40	10	70	40	10	30	60	
C	Fecha necesidad			30	40	10	70	40	10	30	60	
	Lanzamiento orden		80			120			90			

Plan de necesidades netas de material:

		Semana										
		0	1	2	3	4	5	6	7	8	9	10
P	Fecha necesidad	0	0	0	30	40	10	70	40	10	30	60
	Disponible	20	20	20	20	0	0	0	0	0	0	0
	Necesidades netas				10	40	10	70	40	10	30	60
	Recepción orden				10	40	10	70	40	10	30	60
	Lanzamiento orden			10	40	10	70	40	10	30	60	
C	Fecha necesidad			10	40	10	70	40	10	30	60	
	Disponible	30	30	30	20			0			0	
	Necesidades netas	0	0	0	100			80			60	
	Recepción orden				100			80			60	
	Lanzamiento orden			100			80			60		

3.14 La limitación de 75 componentes por semana restringe la producción de componentes en las semanas 4 y 7. Se necesitará desplazar alguna producción a las semanas 2 y 5.

3.16 **(a)** Se necesitan 10 unidades para la producción y 10 para el servicio de reparación postventa.

Componentes	Cantidad
A	20
B	20
C	40
D	20
E	40
F	20
G	20
H	20

(b)

Componentes	Cantidad
A	20
B	18
C	18
D	13
E	30
F	15
G	14
H	10

(c) No se muestra aquí.

3.18 **(a)**

Necesidades	1	2	3	4	5	6	7	8	9	10	11	12
A.C.E.			40	100	80	70	20	25	70	80	30	50
A.C.O.		20	45	60	70	40	80	70	80	55		
A.F.			30	40	10	70	40	10	30	60		

Necesidades ajustadas por los Lead Times	0	1	2	3	4	5	6	7	8	9	10	11	12
A.C.E.		40	100	80	70	20	25	70	80	30	50		
A.C.O.	20	45	60	70	40	80	70	80	55				
A.F.			30	40	10	70	40	10	30	60			

Recepciones en el almacen de fábrica desde la fábrica	0	1	2	3	4	5	6	7	8	9	10	11	12
Necesidades brutas	20	85	190	190	120	170	135	160	165	90	50		
Disponible		80	95	5	15	95	25	90	30	65	75	25	
Recepciones planificadas desde fábrica	100	100	100	200	200	100	200	100	200	100			

(b) Lanzar todas las órdenes 2 semanas antes a la planificación anterior (la fecha de las "Recepciones planificadas desde la fábrica") Si el plan está retrasando, como se sugiere arriba, entonces la orden inicial para la recepción de la semana 3 debe ser para todas las necesidades anteriores a ella (por ejemplo, semanas, 0, 1, 2, y 3, por un total de 500 unidades). El plan de lanzamiento debería ser entonces:

	Semana						
	1	2	3	4	5	6	7
Lanzamiento de ordenes planificadas	500	200	100	200	100	200	100

Capítulo 4

4.2 Coste = 68.200$.
No, el plan 2 es mejor.

4.4 Coste = 214.000$ para el plan B.

4.6 Plan D; 122.000$.

4.8 Cada respuesta que se desarrolle será diferente.

4.10 Plan C, 92.000$; Plan D, 82.300$ suponiendo un inventario inicial = 0.

4.12 11.790$.

4.14 1.186.810$.

4.16 100.750$.

4.18 88.150$.

Capítulo 5

5.2 **(a)** 1-D, 2-A, 3-C, 4-B.
(b) 40.

5.4

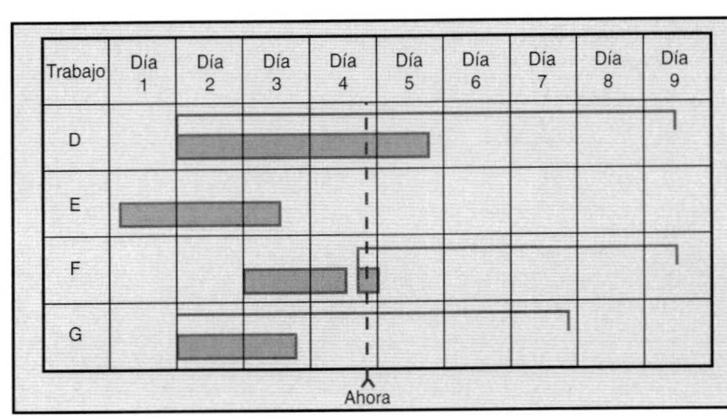

5.6 A-61 a 4; A-60 a 1; A-53 a 3; A-56 a 5; A-52 a 2; A-59 a 6; 150 hr.

5.8 A en 1–2 P.M.,C en 2–3 P.M.; B en 3–4 P.M.; Independiente en 4–5 P.M.; 75,5 de índice.

5.10 **(a)** ABCDE.
(b) BADEC.
(c) EDABC.
(d) CBADE.
SPT es el mejor.

5.12 DCAB es la secuencia para el índice crítico.

5.14 **(a)** A, B, C, D, E.
(b) C, A, B, E, D.
(c) C, D, E, A, B.
(d) B, A, E, D, C.
EDD es el mejor en retraso, SPT en las otras dos medidas.

5.16 D, B, A, C.
5.18 A, C, D, E, B.
5.20 4, 1, 2, 3, 5; tiempo de realización = 56 hr.

Capítulo 6

6.2

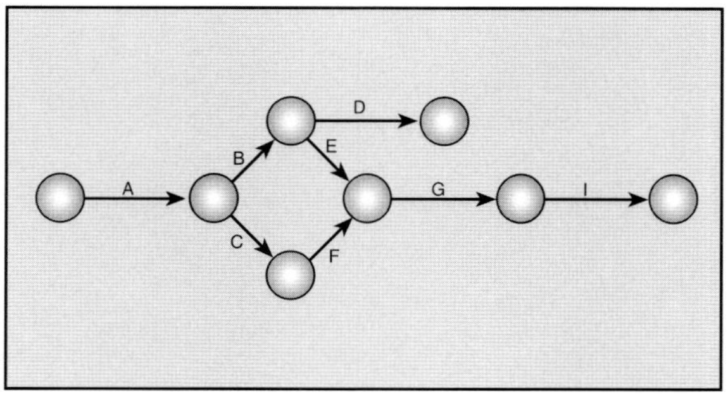

6.4

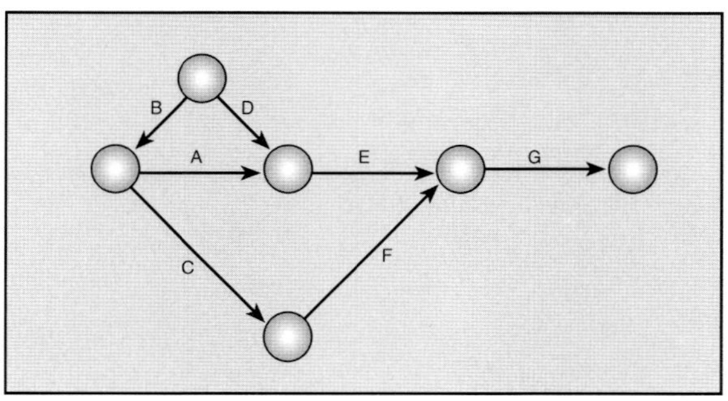

6.6

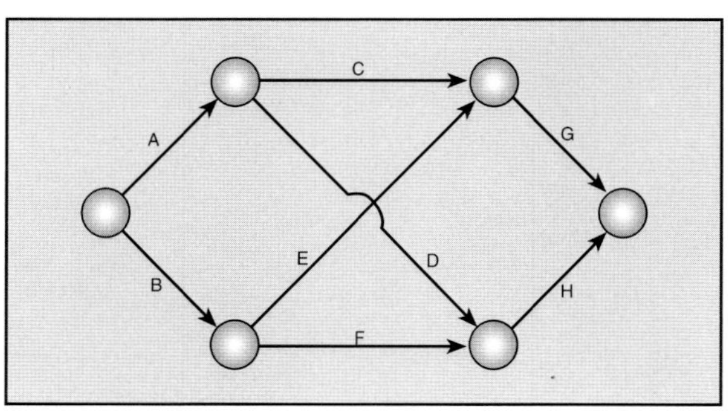

6.8 A, 5,83, 0,69.
B, 3,67, 0,11.
C, 2,00, 0,11.
D, 7,00, 0,11.
E, 4,00, 0,44.
F, 10,00, 1,78.
G, 2,17, 0,25.
H, 6,00, 1,00.
I, 11,00, 0,11.
J, 16,33, 1,00.
K, 7,33, 1,78.

6.10 0,9463

6.12 **(a)** 15 (A, C, E).
(b) 2.

6.14 **(a)** 16 (A, D, G).
(b) 12.300$.
(c) D, 1 semana por 75$.

6.16 A, C, E, H, I, K, M, N; 50 semanas.

6.18 **(a)** 0,0228.
(b) 0,3085.
(c) 0,8413.
(d) 0,9772.

6.20 **(a, b)** Camino crítico = A, B, J, K, L, M, R, S, T, U; tiempo = 18.
(c) Transmisión y tren de dirección no están en el camino crítico; reducir a la mitad el tiempo de construir los motores reduce el camino crítico en 2 días; acelerar la entrega de los accesorios no es crítica.
(d) Reasignar los trabajadores puede reducir la longitud del camino crítico.

6.22 Longitud = 34 semanas; el camino crítico está compuesto de las actividades 11, 13, 14, 16, 17, 18, 19, 21, y 23.

Capítulo 7

7.2 **(a)** 5%.
(b) 0,00001025 fallos/unidades–hora.
(c) 0,08979.
(d) 98,77.

7.4 $R_s = 0{,}8145$.

7.6 $R_p = 0{,}99925$.

7.8 $R_p = 0{,}984$.

7.10 $R = 0{,}7918$.

7.12 Coste sin contrato de mantenimiento = 1.255$/semana.
Coste con contrato de mantenimiento = 1.395$/semana.

GLOSARIO

Actividad Una tarea o un subproyecto de un diagrama PERT o CPM que sucede entre dos etapas o sucesos; un flujo del tiempo

Actividad ficticia Una actividad que no tiene tiempo, colocada en el grafo para mantener la lógica de la red.

Agente de compras Una persona con autoridad legal para efectuar contratos en nombre de la empresa.

Análisis ABC Método para dividir el inventario disponible en tres clases basadas en su volumen monetario anual

Análisis del camino crítico Un modelo de grafos para encontrar el camino más corto posible de una serie de actividades. Normalmente utiliza PERT o CPM.

Análisis marginal Cuando se aplica a los inventarios, una técnica que determina la política óptima de almacenamiento teniendo en cuenta el beneficio marginal (MP) y la pérdida marginal (ML).

Archivos de control Toda la información correspondiente a una orden concreta en un sistema MRP - el archivo maestro de la orden de taller y el archivo detallado de la orden de taller.

Archivos de planificación Un archivo maestro, un fichero de rutas, y un archivo maestro de centros de trabajo en un sistema de planificación de necesidades de materiales.

Camino crítico El camino(s) de máxima duración calculado a través de una red.

Carga Asignación de trabajos a los centros de proceso o trabajo.

Codificación de nivel inferior Un sistema de lista de materiales en el que un artículo se codifica con el nivel más bajo en el que aparece.

Compañías virtuales Compañías que satisfacen las demandas cambiantes a través de límites de organización flexibles y fluidos que confian en una variedad de relaciones con proveedores.

Comprador Una persona en el sector detallista responsable de la compra, venta, y márgenes de las mercancías que se venderán, o una persona en fabricación responsable de las compras, informando normalmente a un agente de compras.

Compras justo a tiempo (JIT) Sistema que reduce el despilfarro que se presenta en la recepción y en la inspección de entrada; también reduce el inventario, la baja calidad, y los retrasos.

Compras (o aprovisionamiento) La adquisición de bienes y servicios.

Consignación Un acuerdo por el que el proveedor mantiene la propiedad del inventario.

Conteo cíclico Una auditoría continua de los registros de inventario.

Control input-output Un sistema que permite al personal de operaciones gestionar el flujo de trabajo en la planta, realizando el seguimiento del trabajo añadido al centro de trabajo y del trabajo completado.

Coste de almacenamiento El coste de mantener el inventario en stock.

Coste de lanzamiento El coste del proceso de lanzamiento, su material y personal.

Coste de preparación El coste de preparar una máquina o un proceso para fabricar una orden.

Cuello de botella Una operación que limita la producción en una secuencia productiva.

Curva de aprendizaje La premisa de que las personas y las organizaciones realizan mejor sus tareas cuando estos se repiten; a veces se denomina curva de experiencia.

Decisión de fabricar o comprar Elección entre producir un componente o servicio o comprarlo a una fuente externa.

Decisiones de lotificación El proceso de, o técnicas utilizadas en, determinar el tamaño de los lotes.

Decisiones de programación táctica Realizar planes mensuales o trimestrales para hacer frente a las demandas fluctuantes.

Desagregación El proceso de descomposición del plan agregado en un mayor detalle.

Descuento por cantidad Un precio reducido para los artículos comprados en grandes cantidades.

Diagramas de Gantt Gráficos de planificación utilizados para programar recursos y asignar tiempo; desarrollado por Henry L. Gantt a finales del siglo XIX.

Distribución de probabilidad acumulada La acumulación de las probabilidades individuales de una distribución.

Distribución de probabilidad Beta Una distribución matemática que puede describir las distribuciones de las estimaciones de tiempo de las actividades en un diagrama PERT.

Equilibrio de unidades-período (PPB) Una técnica de gestión de inventarios que equilibra los costes de preparación y almacenamiento modificando el tamaño del lote para reflejar las necesidades del tamaño en el futuro.

Estimación de duración de una actividad El tiempo que se necesita para realizar una actividad en un diagrama PERT o CPM.

Estrategia mixta Estrategia de planificación que utiliza dos o mas variables controlables para establecer un plan de producción posible.

Estrategias de negociación Métodos utilizados por el personal de compras para desarrollar relaciones contractuales con los proveedores.

Fallo o avería El cambio en un producto o sistema desde una condición de trabajo satisfactoria a una condición que está por debajo de un estandard aceptable.

Fecha de entrega más temprana (EDD) Regla de programación de prioridad que establece que el trabajo con la fecha de entrega más temprana se realiza el siguiente.

Fiabilidad La probabilidad de que un componente de una máquina o un producto funcionarán adecuadamente durante un razonable período de tiempo.

Gestión de la fuente Un enfoque que busca proveedores idóneos, desarrolla su habilidad para producir, y negocia relaciones aceptables para ambas partes.

Gestión de las compras La gestión del inventario, más el transporte, la disponibilidad de suministro, y la calidad de los suministradores.

Gestión del suministro Control de la disponibilidad a largo plazo de las compras críticas o de alto precio.

Gestión de materiales Un enfoque que busca la eficiencia de las operaciones mediante la integración de todas las actividades de adquisición, movimiento, y almacenaje de materiales en la empresa.

Gestión de producción El estudio de la asignación de la capacidad (tal como asientos de avión) con el objeto de maximizar el beneficio o la utilización.

Gráficos log-log Gráficas que utilizan escala logarítmica en el eje x y en el eje y.

Grafo o red Una secuencia de actividades definidas por el inicio y fin de sucesos o etapas y las actividades que ocurren entre ellos.

Indice crítico (CR) Una regla de secuenciación que utiliza un número índice calculado dividiendo el tiempo restante hasta la fecha de entrega por el tiempo de trabajo que falta por hacer.

Informes de carga Un informe que muestra las necesidades de recursos en un centro de trabajo para todos los trabajos asignados actualmente a este, así como para todas las ordenes planificadas y esperadas.

Integración vertical Desarrollar la habilidad de producir bienes o servicios anteriormente comprados a través de la adquisición de un proveedor o distribuidor.

Intercambio electrónico de datos (EDI) Un formato estandarizado de transmisión de datos para comunicaciones informatizadas entre organizaciones.

Intervalos de números aleatorios Un conjunto de números para representar cada posible valor o resultado en una simulación por computador.

Intervalos de tiempo Una forma de permitir que un segmento del programa maestro sea designado como «no reprogramable».

Inventario Un recurso almacenado que se utiliza para satisfacer una demanda actual o futura.

Inventario de seguridad Esos extra para permitir una demanda por encima de la prevista; un «colchón».

Inventario justo a tiempo (JIT) El mínimo inventario necesario para mantener en funcionamiento el sistema productivo.

Kanban o sistema Kanban Palabra japonesa para designar a la palabra tarjeta, que significa una «señal»; un sistema Kanban mueve las partes a fabricar o fabricadas a través del proceso de producción mediante un sistema de «arrastre» dirigido por una «señal».

Keiretsu Palabra japonesa para describir a los subcontratistas que han pasado a ser parte de una coalición de compañías.

Lista de materiales (BOM) Una relación de los componentes, su descripción, y la cantidad necesaria de cada uno de ellos para producir una unidad de un producto.

Listas de módulos Listas de materiales organizadas en torno a los subconjuntos principales o a las opciones de producto.

Listas de planificación Documento creado para asignar un padre artificial a una lista de materiales. Un grupo artificial de componentes entregados juntos para facilitar la producción; también conocido como «kit» o «pseudo lista».

Listas fantasmas Listas de materiales de componentes, normalmente montajes, que existen solo temporalmente; nunca son inventariados.

Lote por lote Técnica de lotificación que produce exactamente lo que se necesita para satisfacer el plan.

Mantenimiento Todas las actividades asociadas con mantener en buen estado de funcionamiento el equipo de un sistema.

Mantenimiento correctivo Mantenimiento de reparación que tiene lugar cuando un equipo se avería y debe repararse bajo una hipótesis de emergencia o prioridad.

Mantenimiento preventivo Un plan que supone inspecciones de rutina, servicios, para mantener las instalaciones en buen estado y evitar averías.

Método de asignación o afectación Una clase especial de modelo de programación lineal que sirve para asignar tareas o trabajos a recursos.

Métodos de gráficos y tablas Una técnica de planificación agregada que trabaja con pocas variables a la vez para permitir a los planificadores comparar la capacidad proyectada con la capacidad existente.

Método del camino crítico Técnica de grafos que utiliza solo un factor de tiempo por actividad, que permite a los directivos programar, seguir, y controlar proyectos grandes y complejos.

Método de Monte Carlo Técnica de simulación que utiliza elementos aleatorios cuando existe azar en su comportamiento. La base de este método es la experimentación de los elementos que presentan azar mediante muestreo aleatorio.

Método del transporte de LP Una técnica heurística para resolver un tipo de problemas de programación lineal.

Modelo de cantidad de pedido de producción Una técnica de cantidad de pedido económica aplicada a las órdenes de producción.

Modelo de coeficientes de gestión Modelo de planificación formal construido a partir de la experiencia y trabajo del directivo; también se conoce como coeficientes de Bowman.

Modelo probabilístico Un modelo estadístico aplicable cuando la demanda de un producto o cualquier otra variable no es conocida, pero puede especificarse a través de una distribución de probabilidad.

Modelo robusto Un modelo que da respuestas satisfactorias aun con variaciones sustanciales en los parámetros.

Mortalidad infantil La tasa de averías al principio de la vida de los productos o procesos.

MRO Sistemas de mantenimiento, reparación, y operación.

Nerviosismo en el sistema Situación generada por frecuentes cambios en el sistema MRP.

Nivel de servicio El complementario a la probabilidad de la rotura de éstos.

Notificación de cambio de ingenieria (ECN) Una corrección o modificación de un plano de ingeniería.

Número aleatorio Una serie de dígitos que han sido seleccionados por un proceso totalmente aleatorio; todos los dígitos tienen igual posibilidad de ocurrencia.

Número de conjunto (Kit number) Véase Listas de Planificación.

Organización de proyecto Una organización creada para asegurar que los programas (proyectos) reciben la apropiada dirección y atención.

Pegging En los sistemas de planificación de las necesidades de materiales, rastrear hacia arriba en la lista de materiales (BOM) desde el artículo componente hasta el artículo padre.

Pert/Cost Una técnica de gravoso que encuentra el método menos caro para reducir la duración del proyecto.

Plan de necesidades brutas de materiales Un plan que presenta la demanda total de un artículo (antes de restar el inventario disponible y la recepciones programadas) y cuándo debe ser pedido a los proveedores o debe iniciarse la producción para satisfacer su demanda en una fecha determinada.

Planificación agregada Un método de determinación de la producción a realizar en cantidad e instante a medio plazo (normalmente de 3 a 18 meses).

Planificación de Necesidades de Materiales II (MRPII) Un sistema que permite, con MRP en funcionamiento, aumentar los datos de inventarios con otras variables de recursos; en este caso, MRP se convierte en «planificación de recursos materiales».

Planificación de las necesidades de materiales (MRP) Una técnica de demanda dependiente que utiliza listas de materiales, inventarios, recepciones esperadas, y el programa maestro de producción para determinar necesidades de materiales.

Planificación de los recursos de distribución (DRP) Un plan en el tiempo de reaprovisionamiento del inventario para todos los niveles de una red de distribución.

Plazo de entrega En sistemas de compras, el tiempo entre el lanzamiento de una orden y su recepción; en sistemas de producción, el tiempo de espera, movimiento, cola, preparación, y proceso para cada componente producido.

Primera entrada, primer servicio (FCFS) Una regla de prioridad de programación de trabajos por la que los que estos se realizan en el orden en que llegan.

Procedimiento de Wagner-Whitin Un modelo de programación para cálculos de lotificación que supone un horizonte de tiempo finito más alla del cual no hay necesidades netas adicionales.

Programación finita Una técnica interactiva con el computador que proporciona a los planificadores flexibilidad para manejar cualquier situación, que suponga cambios en las ordenes, mano de obra, o máquinas.

Programación hacia adelante Supone que el aprovisionamiento de materiales y las operaciones se inician tan pronto como se conocen las necesidades.

Programación hacia atrás Una técnica de programación de taller en la que la última operación de una ruta de producción se programa en primer lugar.

Programación nivelada (programación de material nivelada) Mezclar productos de forma que la producción de cada día satisfaga la demanda de ese día. (No se permiten grandes y largos lotes de producción del mismo producto para inventario.)

Programa maestro de producción Un programa que especifica lo que se va a hacer y cuándo.

Programar por simulación Un modelo de computador para encontrar la combinación de mínimo coste para la fuerza de trabajo y la tãsa de producción.

Pseudo lista Véase Lista de planificación.

Punto de pedido El nivel (punto) de inventario de un artículo, alcanzado el cual, se toma la decisión de reaprovisionar el artículo.

Regla de búsqueda de decisiones Modelo de algoritmo de búsqueda que trata de encontrar la combinación de coste mínimo de diferentes niveles de fuerza de trabajo y producción.

Regla de decisión lineal Un modelo de planificación agregada que trata de determinar una tasa de producción y un nivel de fuerza de trabajo óptimo durante un periodo de tiempo determinado.

Regla de Johnson Un método que minimiza el tiempo de proceso en la secuenciación de un grupo de trabajos a través de dos equipos productivos y minimiza el tiempo total de inactividad de los equipos.

Reglas de prioridad Reglas que se utilizan para determinar la secuencia de los trabajos en instalaciones orientadas al proceso.

Secuenciación Determinar el orden en que deben realizarse los trabajos en cada centro de trabajo.

Simulación Intento de duplicar los aspectos, apariencia, y características de un sistema real, normalmente mediante un modelo informatizado.

Sistema de arrastre Una red de distribución o producción puesta en marcha a nivel del usuario final cuando pide más stock.

Sistema de empuje Una red de distribución en la que las órdenes se reciben desde los puntos de demanda (usuarios) pero son evaluadas por los puntos de suministro.

Sistema de periodo fijo Un sistema que lanza las órdenes de reaprovisionamiento de inventario con una frecuencia de tiempo uniforme.

Sistema experto (ES) Un programa de computador que imita la lógica humana y «resuelve» los problemas como lo haría un experto humano.

Sistema MRP de bucle cerrado Un sistema que proporciona retroalimentación (feedback) al plan de capacidad, al programa maestro de producción, y al plan de producción.

Suceso ó etapa Un instante en el tiempo que señala el inicio o finalización de una tarea o actividad en una red.

Taller Un sistema de alta variedad, bajo volumen de productos; proceso intermitente.

Técnica de Evaluación y Revisión de Programas (PERT) Una técnica que permite a los directivos planificar, seguir, y controlar proyectos grandes y complejos empleando tres estimaciones de tiempo para cada actividad.

Tiempo de holgura La cantidad de tiempo que puede retrasarse una actividad individual en una red de gestión de un proyecto sin retrasar el proyecto completo.

Tiempo de preparación El tiempo necesario para la preparación de una máquina o un proceso para fabricar una orden.

Tiempo de proceso más corto (SPT) Regla de prioridad de programación de trabajos que asigna en primer lugar los trabajos de tiempo de proceso más pequeño.

Tiempo de proceso más largo Una regla de prioridad que asigna la prioridad más alta a aquellos trabajos con el tiempo de proceso más largo.

Tiempo medio entre fallos (MTBF) El tiempo esperado entre una reparación y el próximo fallo de un componente, máquina, proceso, o producto.

Tiempo optimista El «mejor» tiempo de realización de una actividad que puede obtenerse en un diagrama de red.

Tiempo pesimista El «peor» tiempo de la actividad que puede esperarse en una actividad de una red.

Tiempo probable El tiempo más probable para realizar una actividad en un diagrama PERT.

Unidad-período económica Aquel período de tiempo en el que el coste de preparación es igual al coste de almacenamiento.

Uso nivelado de material Empleo de lotes frecuentes, de pequeño tamaño, y de alta calidad que contribuyen a la producción justo a tiempo.

Índice Por Nombres

A

Abdou, G., 119
Abernathy, William J., 8n, 44
Akinc, U., 28, 162, 248
Anbil, R.E., 248
Armacost, R.L., 200

B

Ballot, Michael, 199n
Batta, R., 249
Bauer, A., 248
Beavers, Paula, 28n
Berkley, B.J., 90
Berry, W.L., 90, 200, 249
Billington, C., 28
Blackburn, J., 11n
Blackstone, Jr., J.H., 163
Blumenthal, D.E., 28
Bonney, Joseph, 18n
Bookbinder, J.H., 162
Bowden, R., 248
Bowers, M.R., 200
Bowman, E.H., 182n
Brennan, J.E., 119
Brown, R.G., 90, 162
Browne, J., 248
Brucker, H.D., 162
Buchanan, E., 119
Buetow, Richard, 13
Burns, L.D., 28
Buxey, G., 185n, 200
Buzzell, Robert D., 8n

C

Camm, J., 44
Campbell, G.M., 162
Campbell, H.G., 222n
Campbell, J.H., 28
Carbonne, J., 15n
Carter, P.L., 28
Chapman, S.N., 28
Clark, K.B., 319
Cleland, D.I., 297
Coker, J.L., 200
Cole, J.R., 119
Compaq, 144
Connors, Mary, 19n
Conway, R.W., 218n
Corey, Raymond, 44n
Cox, C.F., 183n
Cox, Jeff, 223n
Crouch, I.W.M., 119
Cunningham, James A., 31n, 38n

D

Daganzo, F., 28

Datar, T., 28
Davis, S.G., 162
Davis, T., 28
Dean, B.V., 297
Deleersnyder, J., 162
DeMatta, R., 182n, 200
DeMatteis, J.J., 139n
Ding, F., 162
Dolinsky, L.R., 163
Drtina, R., 28
Dudek, R.A., 222n
Duenyas, I., 163
Duggan, J., 248
Dusenberry, W., 297
Dutta, S.P., 119
Dyer, J.H., 28

E

El Najdaivi, M.K., 163
Evans, James R.,119, 206n

F

Farrell, Paul V., 12n
Fields, Debbie, 223
Fishman, G.S., 119
Flowers, A.D., 119
Flowers, G.A., 163
Ford, Henry, 54
Fordyce, James M., 140n
Forrester, Jay, 147n
Fox, M.S., 224n
Freeland, J.R., 28, 90, 163
Freund, L.E., 200
Frey, Jr., S.C., 28
Frick, M.D., 28
Fuller, J.B., 28

G

Gaimon, C., 248
Gardiner, S.C., 163
Garzadela, A.P., 119
Gelman, E., 248
Ghosh, S., 248
Gilbert, James P., 16
Gillman, Peter, 10n
Gilman, Andrew, 224n
Golden, B.L., 119
Goldratt, Eliyahu M., 223n
Golhar, D.Y., 28
Gopalakrishnan, M., 248
Gopalakrishnan, S., 248
Greenberg, I., 120
Greenwood, A.G., 119
Groenevelt, H., 90
Guinipero, Larry, 12n
Gupta, Y.P., 319

H

Haddock, J., 163
Hall, G., 44
Hall, R.W., 28, 56n, 90
Harris, Ford W., 58n

Hart, C., 200
Hart, C.W., 44, 174n
Hayes, Robert H., 319
Heinritz, Stuart F., 12n
Heizer, Jay, 119, 136n
Helper, S., 28
Henricks, K.B., 119
Heskett, J., 174n, 200
Hickle, R., 120
Hickman, A.M., 260n
Hickman, Anita, 297
Hodgson, T.J., 162
Hoey, James, 231n
Holt, Charles, 182n
Hopp, W.J., 163
Howell, S., 44n
Hubicki, D.E., 163
Hutchinson, J., 119

I

Inman, A.R., 28, 61n, 90

J

Jacobs, F.R., 163
Jarvis, J.P., 200
Jinchiro, N., 90
Johnson, S.M., 220n
Jordan, M., 319
Joshi, S., 319
Juran, J.M., 14

K

Karwan, M., 319
Keefer, D.L., 297
Keeler, R., 119
Kelly, J.E., 259
Kerzner, H., 297
Khumawala, B., 146n, 182n
Kim, S., 297
Kim, Y., 248
Kinard, Jerry, 89n
King, W.R., 297
King, R.E., 162
Kirkpatrick, Charles A., 322
Kleindorfer, P.R., 163
Koch, L.A., 162
Kolchin, Michael, 12n
Kraljic, Peter, 10n
Kulkarni, V.G., 119

L

LaForge, Lawrence R., 163
Landvater, D.V., 90
Larsson, Jan L., 32n, 44
Leachman, R.C., 297
Ledbetter, M.E., 163
Ledbetter, W.N., 183n
Lee, T.S., 163
Lee, W.B., 183n
Leone, R.A., 200
Leong, Keong G., 119, 260n
Leschke, J.P., 90, 163

Levin, R.I., 322n
Linder-Dutton, L., 319
Lopez, Dr. Jose Ignacio, 16, 8
Louis, R.S., 90
Love, Robert, 231n
Lyman, J., 224n
Lyons, G., 248

M

Magaziner, Ira C., 29n
Maggard, M.J., 163
Maggard, B.N., 319
Mann, Jr., L., 319
Martin, A.J., 163
Maxwell, W.L., 218n
McClain, J.O., 119
McLaughlin, Curtis P., 295n
McLeavy, D.W., 200
Meckler, V.A., 163
Mehra, S., 28, 90
Meyer, J.R., 200
Miller, D.M., 248
Miller, Jeffrey G., 10n
Miller, L.W., 218n
Miller, T., 182n, 200
Modigliani, Franco, 182n
Morse, P.M., 307n
Morton, Thomas E., 223n, 248
Mueller, Nancy, 124
Mukhopadjay, T., 28
Murdick, Robert, 184n, 200, 228n
Muth, John F., 182n

N

Nandakumar, G., 141n
Narasimham, S.L., 200
Nordwall, Bruce D., 308n

O

Orlicky, Joseph, 141
Ouchi, W.G., 28
Owings, Patrick, 318n
O'Conor, J., 28
O'Grady, P.J., 163

P

Pareto, Vilfredo, 50n
Patinkin, Mark, 29n
Patty, B., 248
Peck, R.D., 162
Penlesky, R.J., 200
Pentico, David W., 124n, 223n, 248
Pintelon, L., 90
Pinto, M.B., 297
Pinto, J.K., 297
Png, D.O., 163
Prescott, J.E., 297
Pruett, J.M., 249
Przasnyski, Zbigniew H., 119n

R

Rappoport, H.K., 119n

Rawlinson, R., 28
Rees, L.P., 119
Render, Barry, 28n, 94n, 120, 184n, 200, 249n, 297, 228n, 249
Rhyne, D.M., 319
Ritzman, L.B., 200
Roll, Y., 120
Rosenblatt, M.J., 120
Ross, S.C., 200
Russell, R.A., 120, 184n, 200, 228n

S

Sasieni, M.W., 264n
Sasser, W. Earl, 200
Savva, A., 163
Schartner, A., 249
Schlosser, M.M., 28
Schmitt, Tom, 19n
Schneeweis, C.A., 319
Schniederjans, M., 90
Schoenberger, Richard J., 16n
Schramm, W.R., 200
Schroder, H., 319
Seal, Kala Chand, 90n
Seidmann, A., 90
Sherwin, D.J., 319
Shingo, Shingeo, 54, 90
Simon, Herbert, 182n
Sivakumar, R., 249
Sloan, Jr., A.P., 136n
Smith, David B., 32n, 44
Smith, J., 44
Smith, M.L., 222n
Smith, S.F., 224n
Snyder, C.A., 163
Solomon, Susan L, 120
Spearman, M.L., 163
Sperber, Bob, 124n
Spizizen, G., 44
Sridharan, V., 163
St. Johns, R., 163
Stair, Jr., R.M., 94n, 119, 120, 248, 249n, 297
Steinberg, E., 223n
Stiemsma, Ronald L., 308n
Stonebraker, Peter W., 260n
Stoner, A.F., 292n
Sum, C., 163
Sunder, K., 28
Svaan, E., 28

T

Tanga, R., 248
Taubert, W.H., 183n
Taylor, M.L., 44
Tehrani, K., 249
Tersine, Richard J., 27n, 28
Thamhain, H., 297
Trunk, C., 120

V

Vaziri, H.K., 319

Venkatesan, R., 28
Verdini, W.A., 297
Vergin, R.C., 182n
Vollmann, T.E., 90, 163, 200, 249

W

Wacker, John G., 57n, 124n
Wagner, H.M., 163
Walker, M.R., 259
Wankel, Charles, 292n
Ward, P.T., 119
Wayne, K., 44
Webster, Francis M., 140n
Webster, K., 44
Weiss, E.N., 90, 163
Welsh, James, 13n
Whitin, T.M., 163
Whybark, D.C., 90, 163, 200, 249
Wright, T.P., 44
Wyckoff, Daryl D., 44

Y

Yang, K., 163
Yano, C.A., 248
Yuen, M., 162

Z

Zenz, G.J., 28
Zhao, X., 163
Zyser, V., 120n

ÍNDICE POR COMPAÑÍAS

A

American AirLines, 230

Anheuser Busch, 166–167, 169

Apple Computer Corp., 259

Auto Simulations Inc., 104, 224n

B

Beckman Instruments, 48

Blue Bell Company, 61

Boeing Aircraft, 92, 124

Booz, Allen & Hamilton, 259, 261

Burger King, 110

C

Chase Manhattan Bank, 228–229

Chips & Technology, 10

Chrysler, 4, 11, 16

Collins Industries, 122–123

Colorado General Hospital, 231

Compaq Computer, 169

Curtis-Wright Corp., 30

D

Delta Airlines, 259

Detroit Edison, 206

Donna Karan, 59

Dow Chemical, 206

Dupont, 259

E

Exxon, 206

F

Factrol, Inc., 224n

Fansteel, 48

Federal Express, 174, 175

Ford Motor Company, 124

G

General Electric, 312

General Motors, 6, 8, 15, 18, 19

H

Hardware Software, Inc., 259

Harley-Davidson, 18, 46–47, 48, 225

Huber Corporation, 12

IBM, 169

J

Jaguar, 6
John Deere & Company, 172, 225

K

K-mart, 52

L

Levi Strauss, 13
Libralter Plastics, 56, 57
Litton Industries, 49
LTV, 232

M

M.W. Kellogg Company, 259, 260
McDonald's Corporation, 184, 231
McDonnell Douglas, 304
Microsoft Corporation, 254, 259
Millikin & Company, 13
Motorola, 12, 13, 14
Mrs. Fields, 223

N

Nancy's Specialty Foods, 124
Nissan, 138
Nucor, 232

P

Paladin Software Corporation, 259
Penzoil, 206
Porges-Ruiz Enterprises, 176
Pratt & Whitney, 232
Prentice Hall, 169
Primavera Systems, Inc., 259
Procter & Gamble, 147

R

Remington Rand, 259

S

S3 Inc., 10
Samsung, 29
SAS Institute Inc., 211
Sears Roebuck, 168
Symantec Corporation, 259
Systems Modeling Corporation, 98

T

Tachikawa Spring Company Press Shop, 56
Temple University Hospital, 32
Texas Instruments, 7, 10, 36, 37, 224, 232
Toshiba, 61

U

United Parcel Service, 174
United Airlines, 302, 304

V

Visoneer, 10
Volkswagen, 6, 8

W

Westminster Software, Inc ., 259
Whirlpool, 168–169

Índice Analítico

A

Abdou, G., pág. 119

Abernathy, William J., pág. 44

Actividad, pág. 261

Análisis ABC, pág. 49

Agente de compras, pág. 4

Akinc, U., pág. 28, 162, 248

American AirLines, pág. 230

Análisis del camino crítico, pág. 265

Análisis marginal, pág. 76

Anbil, R.E., pág. 248

Anheuser Busch, pág. 166–167, 169

Apple Computer Corp., pág. 259

Archivos de control, pág. 208

Archivos de planificación, pág. 207

Armacost, R.L., pág. 200

Auto Simulations Inc., pág. 104, 224

B

Ballot, Michael, pág. 199

Batta, R., pág. 249

Bauer, A., pág. 248

Beavers, Paula, pág. 28

Beckman Instruments, pág. 48

Berkley, B.J., pág. 90

Berry, W.L., pág. 90, 200, 249

Billington, C., pág. 28

Blackburn, J., pág. 11

Blackstone, Jr., J.H., pág. 163

Blue Bell Company, pág. 61

Blumenthal, D.E., pág. 28

Boeing Aircraft, pág. 92, 124

Bonney, Joseph, pág. 18

Bookbinder, J.H., pág. 162

Booz, Allen & Hamilton, pág. 259, 261

Bowden, R., pág. 248

Bowers, M.R., pág. 200

Bowman, E.H., pág. 182

Brennan, J.E., pág. 119

Brown, R.G., pág. 90, 162

Browne, J., pág. 248

Brucker, H.D., pág. 162

Burger King, pág. 110

Buchanan, E., pág. 119

Buetow, Richard, pág. 13

Burns, L.D., pág. 28

Buxey, G., pág. 185n, 200

Buzzell, Robert D., pág. 8

C

Camm, J., pág. 44

Campbell, G.M., pág. 162

Campbell, H.G.,pág. 222

Campbell, J.H., pág. 28

Carga, pág. 208

Carbonne, J., pág. 15

Carter, P.L., pág. 28

Chapman, S.N., pág. 28

Chase Manhattan Bank, pág. 228–229
Chips & Technology, pág. 10
Chrysler, pág. 4, 11, 16
CFS, pág. pág. 215
Clark, K.B., pág. 319
Cleland, D.I.,pág. 297
Codificación de nivel inferior, pág. 129
Collins Industries, pág. 122–123
Colorado General Hospital, pág. 231
Compaq Computer, pág. 169
Compañías virtuales, pág. 9
Comprador, pág. 5
Compras, pág. 4
Compras justo a tiempo (JIT), pág. 15
Consignación, pág. 18
Conteos cíclicos, pág. 52
Control input- output, pág. 208
Coker, J.L., pág. 200
Cole, J.R., pág. 119
Compaq, pág. 144
Connors, Mary, pág. 19
Conway, R.W., pág. 21
Corey, Raymond, pág. 44
Coste de preparación, pág. 57
Costes de almacenamiento, pág. 57
Costes de lanzamiento, pág. 57
Cox, C.F., pág. 183
Cox, Jeff, pág. 223
Crouch, I.W.M., pág. 119
Cuellos de botella, pág. 223
Cunningham, James A., pág. 31n, 38
Curtis-Wright Corp., pág. 30
Curvas de aprendizaje, pág. 30

D

Daganzo, F., pág. 28
Datar, T., pág. 28
Davis, S.G., pág. 162
Davis, T., pág. 28
Dean, B.V., pág. 297
Decisión de fabricar o comprar, pág. 5
Decisiones de lotificación, pág. 137
Decisiones de programación táctica, pág. 168
Deleersnyder, J., pág. 162
Delta Airlines, pág. 259
DeMatta, R., pág. 182n, 200
DeMatteis, J.J., pág. 139
Desagregación, pág. 184
Descuento por cantidad, pág. 69
Detroit Edison, pág. 206
Diagramas de Gantt, págs. 209, 257
Ding, F., pág. 162
Distribución de probabilidad beta, pág. 264
Dolinsky, L.R., pág. 163
Donna Karan, pág. 59
Dow Chemical, pág. 206
Drtina, R., pág. 28
Dudek, R.A., pág. 222
Duenyas, I., pág. 163
Duggan, J., 248
Dupont, 259
Duración pesimista, pág. 264
Duración optimista, pág. 264
Duración probable, pág. 264
Dusenberry, W., pág. 297
Dutta, S.P., pág. 119
Dyer, J.H., pág. 28

E

EDD, pág. pág. 215

El equilibrio de unidades-periodo (Part Period Balancing) (PPB), pág. 139

El Najdaivi, M.K., pág. 163

El inventario Justo a Tiempo (JIT), pág. 53

Estimaciones de duración, pág. 264

Estrategia mixta, pág. 173

Estrategias de negociación, pág. 13

Evans, James R.,pág. 119, 206

Exxon, pág. 206

F

Factrol, Inc., pág. 224

Fallo, pág. 302

Fansteel, pág. 48

Farrell, Paul V., pág. 12

Federal Express, pág. 174, 175

Fiabilidad, pág. pág. 302

Fields, Debbie, pág. 223

Fishman, G.S., pág. 119

Flowers, A.D., pág. 119

Flowers, G.A., pág. 163

Ford, Henry, pág. 54

Ford Motor Company, pág. 124

Fordyce, James M., pág. 140

Forrester, Jay, pág. 147

Fox, M.S., pág. 224

Freeland, J.R., pág. 28, 90, 163

Freund, L.E., pág. 200

Frey, Jr., S.C., pág. 28

Frick, M.D., pág. 28

Fuller, J.B., pág. 28

G

Gaimon, C.,pág. 248

Gardiner, S.C., pág. 163

Garzadela, A.P., pág. 119

Gelman, E., pág. 248

General Electric, pág. 312

General Motors, pág. 6, 8, 15, 18, 19

Gestión de la fuente, pág. 9

Gestión de las compras, pág. 9

Gestión de los materiales, pág. 10

Gestión del suministro, pág. 10

Gestión de producción, pág. 185

Ghosh, S., pág. 248

Gilbert, James P., pág. 16

Gillman, Peter, pág. 10

Gilman, Andrew, pág. 224

Golden, B.L., pág. 119

Goldratt, Eliyahu M.,pág. 223

Golhar, D.Y., pág. 28

Gopalakrishnan, M., pág. 248

Gopalakrishnan, S., pág. 248

Grafo, pág. pág. 262

Greenberg, I., pág. 120

Greenwood, A.G., pág. 119

Groenevelt, H., pág. 90

Guinipero, Larry, pág. 12

Gupta, Y.P., pág. 319

H

Haddock, J., pág. 163
Hall, G., pág. pág. 44
Hall, R.W., pág. pág. 28, 56n, 90
Hardware Software, Inc.,pág.pág. 259
Harley-Davidson, pág. 18, 46–47, 48, 225
Harris, Ford W., pág. 58
Hart, C., pág. 200
Hart, C.W., pág. 44, 174
Hayes, Robert H.,pág. 319
Heinritz, Stuart F., pág. 12
Heizer, Jay, pág. 119, 136
Helper, S., pág. 28
Henricks, K.B., pág. 119
Heskett, J., 174n, pág. 200
Hickle, R., pág. 120
Hickman, A.M.,pág. 260
Hickman, Anita, pág. 297
Hodgson, T.J., pág. 162
Hoey, James,pág. 231
Holt, Charles, pág. 182
Hopp, W.J., pág. 163
Howell, S., pág. 44
Huber Corporation, 12
Hubicki, D.E., pág. 163
Hutchinson, J., pág. 119

I

IBM, pág. 169
Índice crítico, pág. 219
Informes de carga, pág. 141
Inman, A.R., pág. 28, 61n, 90
Intercambio electrónico de datos (EDI), pág. 15
Intervalos de tiempo, pág. 136
Inventario, pág. 48
Inventario de materias primas, pág. 49
Inventario de productos terminados, pág. 49
Inventario de trabajo en proceso (WIP), pág. 49
Integración vertical, pág. 6

J

Jacobs, F.R., pág. 163
Jaguar, pág. 6
Jarvis, J.P., pág. 200
John Deere & Company, pág. 172, 225
Jinchiro, N.,pág. 90
Johnson, S.M., pág. 220
Jordan, M., pág. 319
Joshi, S., pág. 319
Juran, J.M., pág. 14

K

K-mart, pág. 52
Kanban, pág. 55
Karwan, M., pág. 319
Keefer, D.L., pág. 297
Keeler, R., pág. 119
Keiretsu, pág. 8
Kelly, J.E., pág. 259
Kerzner, H., pág. 297

Khumawala, B., pág. 146, 182
Kim, S., pág. 297
Kim, Y., pág. 248
Kinard, Jerry, pág. 89
King, W.R., pág. 297
King, R.E., pág. 162
Kit number, pág. 129
Kirkpatrick, Charles A., pág. 322
Kleindorfer, P.R., pág. 163
Koch, L.A., pág. 162
Kolchin, Michael, pág. 12
Kraljic, Peter, pág. 10
Kulkarni, V.G., pág. 119

L

LaForge, Lawrence R., pág. 163
Landvater, D.V., pág. 90
Larsson, Jan L., pág. 32n 44
La técnica de revisión y evaulación de proyectos (PERT), pág. 259
Leachman, R.C., pág. 297
Ledbetter, M.E., pág. 163
Ledbetter, W.N., pág. 183
Lee, T.S., pág. 163
Lee, W.B., 1pág. 83
Leone, R.A., pág. 200
Leong, Keong G., pág. 119, 260
Leschke, J.P., 90, pág. 163
Levin, R.I., pág. 322
Linder-Dutton, L., pág. 319
Lista de materiales (BOM), pág. 126
Listas fantasma de materiales, pág. 129
Listas de módulos, pág. 128
Listas de planificación, pág. 129
Lopez, Dr. Jose Ignacio, pág. 16, 8
Lote por lote, pág. 137
Louis, R.S., pág. 90
Love, Robert, pág. 231
LPT, pág. 215
Lyman, J., pág. 224
Lyons, G., pág. 248
Magaziner, Ira C., pág. 29
Maggard, M.J., pág. 163
Maggard, B.N., pág. 319
Mann, Jr., L., pág. 319

M

Mantener/reparar/operar, pág. 49
Mantenimiento, pág. 302
Mantenimiento correctivo, pág. 306
Mantenimiento preventivo, pág. 306
Martin, A.J., pág. 163
Maxwell, W.L., pág. 218
McClain, J.O., pág. 119
McDonald's Corporation, pág. 184, 231
McDonnell Douglas, pág. 304
McLaughlin, Curtis P., pág. 295
McLeavy, D.W.,pág. 200
Meckler, V.A., pág. 163
Mehra, S., pág. 28, 90
Método de asignación, pág. 211
Método del camino crítico, pág. 259
Método de Monte Carlo, pág. 95
Método de transporte de PL, pág. 180

Meyer, J.R., pág. 200

Miller, D.M., pág. 248

Miller, Jeffrey G., pág. 10

Miller, L.W., pág. 218

Miller, T., pág. 182, 200

Modigliani, Franco, pág. 182

Modelo de cantidad de pedido de producción, pág. 66

Modelos de coeficientes de gestión, pág. 182

Modelos probabilísticos, pág. 72

Morse, P.M., pág. 307

Mortalidad infantil, pág. 307

Morton, Thomas E., pág. 223, 248

MRO, pág. 49

MRP II, pág. 143

Mueller, Nancy, pág. 124

Mukhopadjay, T., pág. 28

Murdick, Robert, pág. 184, 200, 228

Muth, John F., pág. 182

N

Nandakumar, G., pág. 141

Narasimham, S.L., pág. 200

Nerviosismo en el sistema, pág. 136

Nivel de servicio, pág. 72

Nordwall, Bruce D., pág. 308

Notificación de cambio de ingeniería (ECN), pág. 126

O

Organización de proyecto, pág. 255

Orlicky, Joseph, pág. 141

Ouchi, W.G., pág. 28

Owings, Patrick, pág. 318

O'Conor, J., pág. 28

O'Grady, P.J., pág. 163

P

Pareto, Vilfredo,pág. 50

Patinkin, Mark, pág. 29

Patty, B., pág. 248

Peck, R.D., pág. 162

Pegging, pág. 136

Penlesky, R.J., pág. 200

Pert/Cost, pág. pág. 274

Pentico, David W., pág. 124n, 223n, 248

Pintelon, L., pág. 90

Pinto, M.B., pág. 297

Pinto, J.K., pág. 297

Png, D.O., pág. 163

Plan de necesidades brutas de materiales, pág. 131

Planificación agregada, pág.168

Planificación de las necesidades de materiales II, pág. 142

Planificación de los recursos de distribución (DRP), pág. 146

Planificación de los requerimientos de materiales (MRP), pág. 124

Plazo de adquisición (Lead time), pág. 130

Plazo de entrega, pág. 65

Pratt & Whitney, pág. 232

Prentice Hall, pág. 169

Prescott, J.E., pág. 297

Programación hacia adelante, pág. 204

Programación hacia atrás, pág. 206

Programación finita, pág. 224
Programación nivelada, pág. 174
Programa maestro de producción, págs. 125, 184
Programar por simulación, pág. 182
Pruett, J.M., pág. 249
Przasnyski, Zbigniew H., pág. 119
Pseudo lista, pág.129

R

Rappoport, H.K., pág. 119
Rawlinson, R., pág. 28
Rees, L.P., pág. 119
Regla de búsqueda de decisiones, pág. 183
Regla de decisión (Linear Decision Rule) (LDR) , pág. 182
Regla de Johnson, pág. 220
Reglas de prioridad, pág. 215
Remington Rand, pág. 259
Render, Barry, pág. 28, 94, 120, 184, 200, 249, 297, 228, 249
Rhyne, D.M., pág. 319
Ritzman, L.B., pág. 200
Robusto, pág. 64
Roll, Y., 120
Rosenblatt, M.J., 120
Ross, S.C., 200
Russell, R.A., 120, 184n, 200, 228

S

Sasieni, M.W., 264
Sasser, W. Earl, 200
Savva, A., pág. 163
Schartner, A., pág. 249
Schlosser, M.M., pág. 28
Schmitt, Tom, pág. 19
Schneeweis, C.A., pág. 319
Schniederjans, M., pág. 90
Schoenberger, Richard J., pág. 16
Schramm, W.R., pág. 200
Schroder, H., pág. 319
Seal, Kala Chand, pág. 90
Secuenciación, pág. 215
Seidmann, A., pág. 90
Sherwin, D.J., pág. 319
Shingo, Shingeo,pág. 54, 90
Simon, Herbert, pág. 182
Simulación, pág. 92
Sivakumar, R., pág. 249
Sistema de arrastre (pull), pág. 147
Sistema de empuje, pág. 147
Sistema de periodo fijo, pág. 75
Sistema experto, pág. 224
Sistema MRP de bucle cerrado, pág. 141
Sloan, Jr., A.P., pág. 136
Smith, David B., pág. 32, 44
Smith, J., pág. 44
Smith, M.L., pág. 222
Smith, S.F., pág. 224
Snyder, C.A., pág. 163
Solomon, Susan L, pág. 120
Spearman, M.L., pág. 163
Sperber, Bob, pág. 124
Spizizen, G., pág. 44
SPT, pág. 215
Sridharan, V., pág. 163
St. Johns, R., pág. 163

Stair, Jr., R.M.,pág. 94, 119, 120, 248, 249, 297
Steinberg, E., pág. 223
Stiemsma, Ronald L., pág. 308
Stonebraker, Peter W., pág. 260
Stoner, A.F., pág. 292
Suceso (etapa), pág. 261
Sum, C., pág. 163
Sunder, K., pág. 28
Svaan, E., pág. 28
Symantec Corporation, pág. 259
Systems Modeling Corporation, pág. 98

T

Tanga, R., pág. 248
Taubert, W.H., pág. 183
Taylor, M.L., pág. 44
Tehrani, K., pág. 249
Tersine, Richard J., pág. 27, 28
Thamhain, H., pág. 297
Tiempo de holgura, pág. 265
Tiempo de preparación o de cambio, pág. 58
Tiempo medio entre fallos (MTBF), pág. 304
Trunk, C., pág. 120

U

Unidad-periodo económica (Economic Part Period) (EPP), pág. 139
United Parcel Service, pág. 174
United Airlines, pág. 302, 304
Uso nivelado de material, pág. 225

V

Vaziri, H.K., pág. 319
Venkatesan, R., pág. 28
Verdini, W.A., pág. 297
Vergin, R.C., pág. 182
Visoneer, pág. 10
Volkswagen, pág. 6, 8
Vollmann, T.E., pág. 90, 163, 200, 249

W

Wacker, John G., pág. 57n, 124
Wagner, H.M., pág. 163
Walker, M.R., pág. 259
Wankel, Charles,pág. 292
Ward, P.T., pág. 119
Wayne, K., pág. 44
Webster, Francis M., pág. 140
Webster, K., pág. 44
Weiss, E.N., pág. 90, 163
Welsh, James, pág. 13
Westminster Software, Inc .,pág. 259
Whirlpool, pág. 168–169
Whitin, T.M., pág. 163
Whybark, D.C., pág. 90, 163, 200, 249
Wright, T.P., pág. 44
Wyckoff, Daryl D., pág. 44

Y

Yang, K., pág. 163

Yano, C.A., pág. 248

Yuen, M., pág. 162

Z

Zenz, G.J., pág. 28

Zhao, X., pág. 163

Zyser, V., pág. 120